春秋并不传奇

贾杰 著

復旦大學出版社

引言

你乘坐过春秋航空吗？你是否曾梦想过一场与众不同的飞行体验？

当你搭载"飞往革命圣地"的红色文化主题航班，在客舱中观看一场跨越时空的歌舞表演时，你是否会被那份红色情怀感染，感受到精神和信仰的力量？

当你背起行囊，追寻心中的"诗和远方"时，是否也渴望着一份浪漫的邂逅？搭乘"相亲航班"，或许你会遇到心仪的他或她。

每当有人提起"春秋"，总会有大批媒体聚焦。众人纷纷竖起耳朵，渴望聆听这家传奇企业的故事。

春秋航空是一家在中国民航市场以低成本运营模式与其他航空公司激烈竞争的民营企业，其以低成本之剑，在群雄逐鹿中傲然挺立。"春秋"史是一部由奋斗与梦想交织而成的壮丽史诗。而这部史诗的书写者，便是被誉为"中国低成本航空第一人"的王正华。

王正华出生于普通人家，本过着平凡的生活。然而，不惑之年，他毅然决定下海经商，用 3 000 元搭建起了一个 2 平方米的铁皮亭子。谁能想到，这个小小的铁皮亭子，竟成为春秋旅行社诞生的摇篮。

一本书，如同命运的罗盘，改变了他的人生轨迹。十年磨一剑，凭借不懈的努力和独特的经营理念，春秋旅行社一跃成为全国最大的旅行社之一，春秋旅游的品牌也家喻户晓。但王正华并未满足于已有的成就，他怀揣着更大的梦想。

从书中汲取灵感，《美国西南航空》成为王正华破局的关键。他自创了散客为王、群狼战术、垂直分工管理模式等"王氏兵法"，与其搭档张秀智坚定不移地践行包机流量法则，探究跨界融合之路。连续三年，从未间断地向民航部门递交筹建报告。在各界的质疑声中，他们不懈地努力。终于，中国民航业迎来了第一家低成本民营航空公司——春秋航空。

王正华之名，自此与春秋航空相连，他一度被视为航空业的"搅局者"。在春秋的发展之路上，一个个险象环生的关口，犹如一幅幅惊心动魄的画卷，等待

着我们去展开。或许你会好奇,在那生死攸关的时刻,是什么样的决策让春秋人化险为夷?又是什么样的勇气让他们敢为人先?

"1元机票"的推出,就像投入平静湖面的巨石,激起千层浪。这一创新之举虽引发了诸多争议,但也让人们看到了春秋航空的勇气和决心。霸机者的"黑名单"事件,彰显了王正华坚守原则的一面。为"1瓶矿泉水"发愁,看似微不足道,却体现了他对低成本的极致追求。

不仅如此,他还勇立潮头,拥抱互联网,搞IT技术革命;开中国航司高层领导的首个博客;无论是"老王也想卖站票",还是"土炮"的传说,抑或"啄木鸟精神"……王正华的每一个故事都直抵人心。在"安全第一"的前提下,他坚持低成本运营,为老百姓提供低价机票,将省钱哲学和差异化服务进行到底,奉行节俭之道。终于实现了他和春秋人的梦想,让每个人都能坐得起飞机,上得了蓝天。

顺着时间的脉络,春秋集团成长的足迹清晰可见。改革开放以来,中国企业,尤其是民营企业,在市场经济中不断历练,求创新,谋发展。王正华以中国企业家的身份在旅游业和航空业创造了无数个奇迹,把无数个不可能变成可能。在这个过程中,我们见证了中国企业的蓬勃发展,看到了春秋集团在时代浪潮中的崛起与奋进。

王正华的成就并非偶然。他和春秋集团一路走来,实现了历史上的多个飞跃,推动了中国旅游产业的发展壮大,推动了中国民航产业的蓬勃兴起,推动了民营经济的茁壮成长。

或许在旁人看来,王正华的成功源于其敏锐的直觉和幸运的加持。从旅游业到航空业,再到航旅并重,自国内市场到国际市场,终至资本运作,他几乎踩准了时代的每一个节点。他常怀感恩之心,深知没有改革开放,自己就不会有下海经商的机会。

从草根、"小白"到商业大佬,四十多年的创业之路,其间之艰辛与磨难、绝望与坚持、战斗与拼杀,唯有王正华自己才能真切体会。任何瑕疵都可能被无限放大,遭受舆论的口诛笔伐。这种无形的压力,常人难以想象。

飞上蓝天的梦想属于每个人。乘坐春秋航班,跟随春秋旅游,满足了人民对美好生活的向往。对于耄耋之年的王正华来说，择一事，终一生。为了"我的飞机我的客"，他一直殚精竭虑。

从业路上，王正华始终在思考财富如何取诸社会，用诸社会。他和团队积极投身社会公益事业：在抗震救灾、抗击疫情等方面发挥了重要作用；在河北康保县等地公益造林，深入云南红河、青海果洛开展产业帮扶、就业帮扶、教育帮扶等多种形式的帮扶活动。不仅如此，他还念旧情、顾家人，悉心培养接班人。闲暇之余，他身着一袭白衣，习练太极拳，授人健康之道。

今日之"春秋"，已在海内外游客心中树起"中国服务之标杆"，更是航旅业践行中央"不忘初心、牢记使命"之典范。春秋，书写了一个创业励志的故事；王正华的创业经历，则是一部值得反复研读的商业教科书。

这本《春秋并不传奇》，其实早该付梓问世，但王正华一向低调谦逊，素来不喜谈及自身，更愿意将企业置于聚光灯下。尤值得一提的是，2025年是春秋航空首飞二十周年，也是春秋航空上市十周年，这愈发凸显了出版此书的重要意义。

在这片充满挑战与机遇的天空下，春秋人的故事，不过刚刚拉开帷幕……

序

春秋一日同风起
——原中国民用航空总局局长杨元元

得知王正华邀我为《春秋并不传奇》这本书写序,我十分乐意。拿起笔时,我的思绪瞬间被拉回到二十二年前。

至今仍有三件事,让我印象深刻。

一是在2003年,中国有计划地搞社会主义市场经济体制已十年。这十年来,经过各方努力,我国社会主义市场经济体制初步建立,以公有制为主体、多种所有制经济共同发展的基本经济制度已经确立,全方位、宽领域、多层次的对外开放格局基本形成。当年10月召开的党的十六届三中全会审议通过的《中共中央关于完善社会主义市场经济体制若干问题的决定》,提出进一步巩固和发展公有制经济,鼓励、支持和引导非公有制经济发展。我们党委的同志们都在讨论:如何根据民航业的实际情况落实中央的精神?那是民航发展风起云涌的时代,机遇与挑战并存。

二是亚洲航空创始人兼首席执行官——托尼·费尔南德斯(Tony Fernandes)来民航总局访问,他之前是华纳唱片公司亚洲地区总裁,是个搞音乐的人,却对与他完全不沾边的航空业产生了兴趣。他另辟蹊径,致力于将低成本航空推向新的高度,他的公司曾经连续几年获得"世界最佳低成本航空公司"的称号。尤其令我印象深刻的是,他送给我的飞机模型上,用英文写着"Now Everyone Can Fly"(现在人人都能飞),这深深地打动了我。

三是我国台湾地区的"船王"张荣发,他从船上杂工做起,多年致力于海运事业,做得风生水起,后来也改弦易辙从事航空业,他把船上的大副、二副送去学习飞行,成为当时民航圈里的奇谈。长荣航空于1991年正式起航。十年过去

了,他的航空公司数次在国际上得奖。

当时,国内也有一些民营企业找到民航,提出要出资办航空公司。其中就包括春秋国际旅行社的王正华。我们开始时对航空安全还是有所顾虑,大家都知道,飞行安全是民航业的生命线,民航是一个集专业性、技术性、国际性和准军事性于一体的行业,这些外行能做吗?是邓小平同志视察南方时的讲话"改革开放胆子要大一些……看准了的,就大胆地试,大胆地闯""对的就坚持,不对的赶快改,新问题出来抓紧解决"鼓舞和指引着我们!

2004年初,我们对外公布了这一信息,准备同意几家民营航空公司进入筹建阶段。在筹建初期,我和王正华及他的助手有过几次谈话,他给我的印象:一是务实,他是一位从2平方米铁皮亭子里走出来的企业家;二是朴素,虽然已是年收入几十亿元的企业总经理,出差仍坐经济舱,衣着朴素;三是谦虚,毛主席说"谦虚使人进步,骄傲使人落后",我们应当永远记住这个真理。我和春秋人谈话时,他们总是在记录。这种虚心好学的精神让我感动!四是敢于做主,他们对自己企业的情况了然于心。敢于同意,也敢于拒绝。

"他们率先提出走低成本航空公司的路,十分符合中国的实际,我相信他们能够实现。"我也曾向他们提出要求:"你们做旅游有自己的销售管理系统,能否办航空就不接入我们的售票系统,创造一条新路?"他们很快就答应了。

二十年过去了,春秋航空在成长过程中也遇到过磕磕碰碰。在飞行安全方面,就曾经发生过重落地事件。报告送上来后,我一方面要求管理局加强关注,政府要加强对安全法规的宣传、监督和检查,并派出得力的飞行教员,这方面华东局做得不错。另一方面,我让重落地的飞行员回空客公司重新进行改装训练,让公司的管理层切实认识到安全的重要性。在经营领域,春秋航空出现过低价机票引发行业争议的事件,这需要从政府的角度考虑如何平衡创新,确保市场秩序和公平竞争的规则。

今天的春秋航空正在茁壮成长,机队规模已然超过百架,客座率、飞机利用率、公司盈利等多项指标在行业内都名列前茅。事非经过不知难,这里面一点一滴都浸透着王正华的心血,我作为一名老民航人,向他致敬!

2024年10月16日,我在宁夏回族自治区中卫市遇见了春秋航空新掌门人王煜,他来和市里签署共同建立春秋航空本场训练基地的协议。我希望他能继续把春秋航空的故事演绎下去,以亚洲航空、美国西南航空为模范,把春秋航空打造成世界一流的低成本航空公司!中国还有十多亿人没有坐过飞机,人民对美好生活的向往就是我们办航空公司的奋斗动力!

《春秋并不传奇》这本书,将会栩栩如生地呈现春秋集团波澜壮阔的发展历程,让更多人了解王正华和春秋航空、春秋旅游背后的故事,感受其中蕴含的拼搏精神和创新力量。春秋航空的成功经验,将为中国民航业乃至全球航空业的发展提供宝贵借鉴。

序言的结尾,我想引用励志回忆录《勇者不惧》封底的一句话,主人公告诉读者:"当你有了高远的目标时,一定要从最卑微踏实的根基做起。'刻苦'不只会让你渡过难关,更能带给你法力无穷的'奋斗意志'。朋友!别怕油污弄脏了你的双手,这双手会帮你拼出灿烂的人生。"

目录

第一章：谁是王正华？ —————— 001

他，天生就是一个爱折腾的人，明明可以在仕途道路上高歌猛进，偏偏毅然抛却自己端了二十三年的铁饭碗，于不惑之年下海经商，鏖战旅游市场。

他，普通人家的孩子　　　　　　　　　　　　　　　　 / 001
时代的转折，开启另一种人生　　　　　　　　　　　　 / 003
旅游，20 世纪 80 年代的奢侈品　　　　　　　　　　　 / 006
诞生于 2 平方米的铁皮亭子　　　　　　　　　　　　　 / 008
一本书改变了他的人生　　　　　　　　　　　　　　　 / 011
第一家门店的"血雨腥风"　　　　　　　　　　　　　　 / 013
"官转商"，特殊时代的穿越　　　　　　　　　　　　　 / 016

第二章：时代变了，机会来了 —————— 019

他，定位清晰，目标明确，踏实肯干。一个不起眼的旅行社，竟大放光彩，十年时间，成为国内最大的民营旅行社。

他，抢占网络战略制高点　　　　　　　　　　　　　　 / 019
创新产品"领先一路"　　　　　　　　　　　　　　　　 / 022
旅游如何做成全国第一　　　　　　　　　　　　　　　 / 025
包机旅游全面开花　　　　　　　　　　　　　　　　　 / 028
做包机旅游没那么简单　　　　　　　　　　　　　　　 / 031
围绕包机的新闻大战　　　　　　　　　　　　　　　　 / 036

第三章：王氏兵法的"秘籍" —————— 039

他，深知布局决定结局。高手做事从来都不是先做事，也不是先做人，而是先布局。有人说，世界上最厉害的莫过于"时间＋复利"，王正华的"王氏兵法"更是将其发挥到极致，带来了别人无法取代的"复利效应"。

他，以"垂直分工"扩规模	/ 039
128条包机流量法则	/ 041
规模化的低成本运营	/ 044
如何打造品牌核心竞争力	/ 045
全员所有制的激励机制	/ 046

第四章：竞争对手养成记 —————— 048

他，40岁创业，悟到了成功的关键。聪明、勤奋只是成功的前置条件，而真正重要的是顺势而为。危机之中，与其追求利润，不如莫负游客。

他，危机中先想到游客	/ 048
创造"非典"后的旅游奇迹	/ 050
利他就是你的福祉	/ 053
"万人游"香港迪士尼	/ 055
跨界融合才是出路	/ 059
成为百年老店都会有疼痛	/ 062

第五章：飞啊，勇敢地飞 —————— 064

他，坚持三年递交民航报告，最终换来可以申报航空公司的喜报。在各界质疑声中，他以花甲之年少有的果敢，带领团队毅然迈入低成本航空的经营行列。

他，有一个航空梦	/ 064
何谓民航业的"廉价航空"	/ 067
变不可能为可能	/ 069
旅游和航空的碰撞	/ 075
打响低成本航空"第一枪"	/ 080
一波平，一波起	/ 085

第六章：门外汉如何颠覆行业 —————— 089

他，带领团队自主研发销售系统，让春秋航空成为唯一没有接入中航信直销系统的航司，逐步开启了"卖服务"的时代。

他，打出航旅"组合拳" / 089
架构优秀的团队 / 092
网络直销系统养成记 / 095
踏入禁地也要突围 / 099
三个阶段的 IT 技术革命 / 104

第七章：战略思维绝了 —————— 109

他，打破思维定势，古稀之年，用"1 元机票"、霸机者的"黑名单"、"取消免费矿泉水"等一系列颠覆性举措，挑战着民航业的传统，也书写着属于自己的传奇。

他，与同行"过招" / 109
"1 元机票"风波 / 113
"1 瓶矿泉水"的"烦恼" / 117
霸机者的"黑名单" / 120
老王也想卖站票 / 123

第八章：上市的高光时刻 —————— 126

他，一切靠实干。说他运气好，被老天眷顾；实际上，他还是靠春秋人的奋斗和坚持，带领春秋航空上市，一路领跑。

他，又一个十年颠覆 / 126
再见，罗森布鲁斯 / 130
需要时，也得借助"外援" / 131
上市融资，大势所趋 / 134
获批 A 股上市，迎来春天 / 139
坚持低价票，让"人人都能飞" / 141

第九章：我的飞机我的客 —— 145

他，受美国西南航空低成本经营战略的启发，博采众长，不断创新，以独特的"商道论"和差异化服务，在航空业取得了巨大的成功。

他，有很多"破局良方" / 145
花心思给客户"加菜" / 148
省钱哲学的"四两"魔方 / 151
为了客户，舍我其谁 / 154
敬畏之心长存 / 157
最安全的飞机，想飞就飞 / 160

第十章：怎么做到出奇制胜 —— 164

他，梦想很简单，让人人都能坐上飞机。为此，他创办了中国首家由旅行社起家的低成本航空公司。如今，这家公司走向国际化。它注定不走寻常路，必将在风口中散步、浪尖上跳舞。

他，带领春秋走向国际化 / 164
习惯在石头缝里求生存 / 167
在恰当的时机出手 / 170
走出低谷，逆风飞翔 / 172
老王的"博客人生" / 175

第十一章：身处风口浪尖 —— 181

他，深知身处风口浪尖，与其抬头焦虑，不如脚踏实地。专注自身优势，找准定位。想明白了，便不停往前走。

他，一个"孤独求败者" / 181
危机时刻，疾风知劲草 / 183
困境中，学会保本微利 / 186
"委屈奖"，其实并不委屈 / 189
舆论旋涡中的生死博弈 / 192

第十二章：引领新商业思潮 —— 196

他，既是改革开放后的第一代创业者，也是一个普通的人。然而，他和团队用坚持和努力将一个"春秋大梦"变成"春秋大业"。

他，用经历定义自己	/ 196
老王的世界观和方法论	/ 198
市场经济练就狼性团队	/ 200
与腾飞的民航发展共舞	/ 203
低成本航空：平民消费的繁花	/ 207

第十三章：党性与爱国 —— 211

他，深耕航旅市场，以党建引领企业发展，秉承感恩回馈的价值理念。通过构建覆盖全国的航旅服务网络，推进多元化战略布局，持续提升品牌核心竞争力。

他，永葆家国情怀	/ 211
党性照耀的企业是怎样的	/ 215
红色信仰融入航旅发展	/ 219
迎接新年第一缕阳光	/ 223
改革开放成就了春秋	/ 226

第十四章：与时俱进的"云浪漫" —— 229

他，不断学习积累，敢于创新创造。不拘泥于现状，常常迸发出奇思妙想。在云端上玩浪漫，只有你想不到的，没有他做不到的。

他，玩起了"元宇宙"	/ 229
主题航班，与市场接轨	/ 232
相亲航班，"天上"定终身	/ 235
动漫与F1赛旅，都是潮流范儿	/ 238
天空商城，云端上的分享	/ 241

第十五章：特殊时期这样过 —————————— 246

他，精神的指引者和传承者。在他的影响下，春秋航空和春秋旅游在他两个儿子的带领下，在疫情中彰显风范，勇担社会责任：抗疫生产自救，坚持不裁员，免费运输救援物资，包机运送海外的同胞回家。

他，是"幕后英雄"	/ 246
两个儿子的航旅分配	/ 250
非常时期的"非常举措"	/ 254
再加把劲儿，坚持就是胜利	/ 257
始终保持危机感	/ 261

第十六章：一颗精打细算的心 —————————— 266

他，以"抠门"著称，千方百计地降成本。但他心里有杆秤：安全生产不能降本、员工待遇必须上调。更大手笔的是，他把过半股份分给了核心层和骨干员工。这才是激发企业竞争活力和团队凝聚力的关键。

他，史上最"抠门"老板	/ 266
一张登机牌的故事	/ 269
一张餐巾纸的使用方式	/ 273
一套穿了二十年的"补丁"西装	/ 276
节约意识深入人心	/ 279

第十七章：诚信，是立身处世之道 —————————— 283

他，心怀梦想，矢志成为行业诚信推动者，缔造春秋百年大业。他告诫继承者和后辈们：既要低头拉车，也要抬头看路；既要居安思危，也要运筹帷幄；既要登高望远，也要脚踏实地。

他，行业诚信的推动者	/ 283
有一个"土炮"的传说	/ 286
不带任何隐患地飞上天	/ 292
我们都要终身学习	/ 296
也有委屈和隐忧	/ 300

第十八章：营谋方略 —————————— 304

他，高调做事，低调做人，骨子里既有霸道，又兼具人道，这正是他独特的营谋方略。他不拘一格选贤任能，认准一个目标就"死磕到底"。最终带领企业稳扎稳打，走向成功。

他，兼具霸道与人道的经营者 / 304
铁腕管理："99+0=0" / 308
认准目标"死磕到底" / 312
盈利是生存之本 / 315
创业要稳扎稳打 / 321

第十九章：文化铸魂 —————————— 326

他，精通为人处世之道，员工忠诚、伙伴信赖，在同行业中树立了标杆。他秉承"春秋"之名所承载的美好愿景和使命，勇往直前。

他，为何取名"春秋"？ / 326
品牌建设之魂 / 328
"传道之师"帮了大忙 / 332
"八字"核心价值观 / 335
对下属要有关爱的严 / 339
太极养生：健康快乐每一天 / 343

第二十章：酌水知源 —————————— 349

他，有魄力、远见和能力。弘扬企业家精神，肩负社会责任和使命，处处闪耀人性的光辉。在荒漠里种出了公益林，让大山里"飞"出了空姐空少。

他，不止步于公益路上 / 349
康保公益林，沙漠变绿洲 / 353
红河州扶贫，"山里娃"蜕变记 / 362
让爱飞翔，做温暖的春秋人 / 369

第二十一章:铁汉也有柔情 —————— 373

他,言传身教,"创二代"两兄弟王煜和王炜更加努力地带领春秋人奔赴各路商战。从守业、布局,到放手改革,"创二代"于变局中开新局,是他最好的期待。

他,缘何成功 / 373
两个儿子的星光灿烂 / 376
向善向上的感动,不止一面 / 380
见证、参与和创造历史 / 383
未尽之美,春秋四十四年 / 387

王正华哲思集锦 ————————— 391

他，普通人家的孩子

中华人民共和国的成立，开辟了中国历史发展的新纪元，改变了每一个中国人和每一个普通家庭的命运。1944年出生于上海的王正华，这个时候才刚刚5岁。

上海，这座与世界接轨的东方明珠，兼容并包，焕发着蓬勃的生命力。在这座国际化大都市，人们的思想更新潮，对外在事物的接受程度也更高。这里来往的外国人不少，带来了新鲜的思想和新奇的事物，王正华就是在这样的背景下出生和成长起来的。

他的父母皆是勤劳质朴的工人，兄弟姐妹七个，他排行老二，上面还有一个姐姐。他从小就比同龄人懂事。父母工作忙，经常深夜一两点才回家。为了能让家人多睡一会儿，他每天5点起床，当弟弟妹妹们还在熟睡时，他已在厨房帮姐姐忙活一家人的早餐。

改革开放初期，国家的各项物资供应都十分匮乏，虽然身处繁华的上海，人口多的家庭，也要精打细算过日子。他的母亲一天到晚盘算着如何省吃俭用。例如，他们家每次淘米后，都要把淘米水留下，用来洗脸。洗过脸的水，再用来拖地。母亲时常苦口婆心地教导他们："钱，一半是赚的，一半是省的。"这句话，

日后成为王正华的座右铭。

家里孩子多，生活过得拮据。王正华孩童时代的记忆，是缀满补丁的衣衫，是短得不能再短的铅笔头，是正反两面都写满了字的练习本。在这个时期，他练就了"记账"本领，即有计划地帮家里"省钱"。然而，他与父母一样，时常忧虑，一旦"算计"失误，全家便要喝"西北风"。

进入初中后，王正华依靠勤奋、乐于助人的品质，在学校小有名气，初二当上了学生会主席。而他接待外国学生来国内旅游的经历，亦在冥冥之中，为他日后创办旅行社埋下了伏笔。

按照他的资质与潜力，考取大学是八九不离十的事，偏偏命运弄人。一场突如其来的意外，使王正华错失了上大学的机会。他却没有闲着，一直坚持读书，后来还到复旦大学进修马克思主义相关课程。

1961年，王正华在上海市长宁区遵义街道谋得了一份养家糊口的差事。为了这份来之不易的工作，他拼尽全力，一门心思想要好好干。他的努力和付出最终得到了回报，他成为中央组织部挂号的干部。在工作上，他自谦还算称职，人比较实在，喜欢讲真话。

他被安排到团区委那段时间，还没有成家。每天早上4点多左右，他从机关骑自行车回家，然后帮着妈妈做一点烧饭的杂事，吃完饭又赶回机关上班。他家离机关很近，骑自行车大概10分钟。可一个星期内，他回家的时间累计只有四五个小时。

剩下的时间，他都是在机关加班。机关的条件很差，没有床铺，也没有什么生活设施。通常，他会睡在乒乓球桌上，一年四季都是如此。要干事的、想干事情的人，总会有干不完的事。在机关里，他没日没夜地工作，投入了很多的热情。像王正华这样的人，自然深得领导喜爱，可以随时随地"抓"他干活。

1975年，王正华响应政府号召，参加无偿献血，没想到却感染了乙肝病毒。最严重时，三个月暴瘦20斤，全身肤色蜡黄。他辗转看了好几家医院，西药一包一包地吃，半年后，不仅食欲变差，还吃啥吐啥，"整个人都垮掉了"。医生给他下了诊断，说他："最多还能再活十年！"

基于窘迫的家庭条件，倔强的王正华一赌气"干脆不治疗了"，要"坐在家里等死"。谁知,命运来了一个大反转。停药后不久,在母亲一日三餐的照料下,他的体重反而开始回升,脸色逐渐变得红润。

此后,经过一年多的调理,他的病情慢慢控制住了。除了加强营养,他也加强了运动,拜师习练太极拳。这不仅令他重获健康,亦使他获得了一种积极的生活态度。

都说大难不死,必有后福。既然"阎王爷"不收他,王正华便张罗着要继续干点什么。接下来的日子里,他开始涉足经济学领域,意识到"交通是经济的先行官",鉴于他在民政工作上的卓越表现,他顺其自然地分管了街道办经济口的工作。刚过而立之年,他已经在仕途上大放异彩,从基层一步步攀升到街道领导层的位置。

也是在这一年,他收到一个好消息,中央组织部部长要亲自来上海考察他,决定调他到北京重用。可就在他勾勒未来的美好蓝图之际,一张新的通知横空出世,对任命人员的年龄重新进行了界定。巧合的是,他的年龄刚好卡在不符合规定的 31 岁。最终,他的考察结果是:太年轻,不符合当时的需求。这令他与中央组织部失之交臂。然而,或许这正是冥冥之中的安排,让他有机会日后去创造奇迹。

选择了一条路,便意味着选择了一段人生;选择了一种生活态度,便决定了一种生活方式。多年之后,每当谈起这段往事,王正华总是感慨万千。一个普通人家的孩子,要想出人头地,必须通过自己的努力改变命运,一步一个脚印。

勇于肩负社会责任和时代担当,这决定了他日后所能到达的高度。

时代的转折,开启另一种人生

20 世纪 70 年代,拥有一份正式工作,是非常有面子的事情。在一些手捧"铁饭碗"的人们看来,只要有份工作,就应该好好干。对于他们而言,工作不

单单是实现自我价值，更是为了国家的经济建设。

随着命运的齿轮一次又一次转动，王正华又迎来了好消息。由于王正华的出色表现，他被任命为上海市长宁区遵义街道办事处副主任兼党委副书记，成为长宁区的重点培养对象。1978年，改革开放给大家带来新的希望，王正华敏锐地察觉到时代变革的气息。

1980年，春风拂面，万象更新，社会进入了新的时代。随着知识分子政策的落实，上山下乡的知青们通过各种渠道大规模回城，一时间形成一股大潮。这对知青个人、农村、城市乃至整个社会都产生了深远影响，在改革开放四十多年后的今天尤有回响。王正华的人生，在那个时候开始拐弯儿了。

上海一下子涌进来二三十万返城知青，负责接收的街道要帮他们解决就业问题。这个重担自然落在了专门处理民政问题的王正华身上，"指导思想"是：让他们有事做，有饭吃，有衣穿，不能冷落他们，更不能引发社会动荡。"党的号召就是命令"，王正华没有丝毫迟疑，"一肩任务千斤重，只为知青有事做"。

答应得爽快，困难随之而来。短时间内，要为如此多的知青安排工作，对他来说着实是一个巨大的考验。在那个时候，上海的经济相对繁荣，地方也大，但是原有的社会分工结构已经形成，为返乡知青安排工作，如同插队买票。如何妥善安置这批知青？这件事很难迅速解决。

上海用人市场已趋饱和，就业机会不多，固有的渠道、岗位已经没有位置，想要安排工作，难上加难。他绞尽脑汁，大胆变换思路，并很快找到了解决问题的关键：让工作来找人。这种"逆向思维"，对于刚刚经历改革开放的大多数国民来说，无疑是一场从保守封闭到进步开放的思想解放，还需要时间去适应和改变。

那是一个典型的跑马圈地时代，万物初生，野蛮生长。只要胆子大，敢闯敢拼，总能干出点事业。电视剧《大江大河》向我们再现了改革开放初期，普通老百姓积极谋取出路的故事。那个时代的核心竞争力，便是"胆子大，有闯劲"。

王正华在彼时便已准确地判断，市场的活力来自人。随着党的十一届三中全会召开，中央的工作重心转移到了经济建设上来，中国的社会经济必将会有比较

01 谁是王正华？

大的变化，而交通，则是经济发展的先行官。

路是人走出来的，想好了就要去做。王正华不顾那些"保守派"的劝阻，他决定办企业"淘金"。恰逢其时，正赶上国家政策支持，安排一个知青就业，能借款 500 元。就这样，他没用国家一分投资，利用各种关系，开办了一家又一家企业，包括汽车维修、客运、货运、出租车公司和旅行社等 5 家企业。

从 5 家企业的性质看，都与交通相关。王正华预感到一个新的时代已经到来。他虽在官场混迹多年，但做生意还是头一遭。不过，这些企业在他手里都办得有模有样。不得不说，他是那个时代的宠儿，他兴办的企业都在风口上，成长得特别快。没过多久，一些公司实现了盈利，并在三年后逐步走上正轨。

特殊的时代背景，恰恰给了有头脑的人一个绝佳的机会。在那个年代，凡是能够生产出来的东西，往往都能够卖得出去。

一开始，他在扬州创办了长途汽车售票站。当时，王正华带领回城知青在铁路边的一片荒地上硬生生地建起了一个停车场。这个停车场可以停放十几辆大巴车，这些长途大巴车发往扬州和沿路的主要城市。大巴车是汽车站的，他们负责卖票。由于业务好、客座率高，高峰时段，每天都有 40 多辆车在上海和扬州之间穿梭。

王正华没有将目光局限在汽车站上，他看到汽车维修领域的巨大潜力，便仿照欧美的做法，成立了一家名为"驰祥汽车修配厂"的工厂。他抓住上海刚刚引入出租车的契机，将业务开展得红红火火，他从最基础的汽车维修业务干起，预备培养出一批会修汽车的工人后，再考虑造汽车。这个时候的他，眼光独特，目光长远。

1982 年的下半年，他们的一群维修老技工不负众望，组装出了第一辆汽车，并以两万多元的价格售出。他开办的企业里，生意最好的，当属打包货运公司，如同今天的物流公司。在当时，这家公司一天能有 70 多笔订单，生意可谓做得如火如荼。大家干劲十足，企业经营也顺风顺水。这些成功，给王正华带来了前所未有的成就感。

20 世纪 80 年代的王正华，已经在实践着今日被中粮等企业奉为圭臬的"全产业链"了。

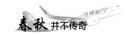

旅游，20 世纪 80 年代的奢侈品

当初为何有创办旅行社的念头？这与时代历史背景有很大关系。王正华认为，旅游业属于大交通。

1978 年 2 月，第五届全国人大通过的《政府工作报告》中明确提出"要大力发展旅游事业"，旅游业开始受到国家的更多关注。同年 3 月，中央批转的《关于发展旅游事业的请示报告》中，对旅游业产业属性的认识，有了历史性的发展，从外交事业转变到经济性产业。1979 年 7 月，邓小平在黄山发表了被誉为"中国旅游改革开放宣言"的讲话，拉开了全国旅游经济发展的序幕。

在 20 世纪 80 年代之前，中国人几乎没有个人旅游的概念，人们甚至将旅游视为地主和资产阶级的生活方式。虽然国内有零星的旅游业务，但在曾经的计划经济体制下，政府实际上对国内旅游推行的是"不鼓励、不提倡、不支持"的"三不政策"。

1981 年，《国务院关于加强旅游工作的决定》指出："近几年，我国国内旅游有很大发展。由于目前交通、食宿、旅游点等条件较差，暂不宜提倡发展国内旅游。"由于政策以入境旅游为主要导向，这也使得我国旅游业的发展主要集中在北京、上海、西安、杭州、桂林、黄山等少数重点旅游区域。直到国内旅游全面兴起，这一局面才得到根本改观。

改革开放初期，流通业相对繁荣。如广东，夜市兴盛，蛤蟆镜、喇叭裤等商品琳琅满目，许多人抓住机遇，从贸易起家。王正华却选择了看似不起眼的旅游业。当时，旅游业网点易设，经营主体准入门槛较低，但这片市场无人问津。

对于普通老百姓而言，"旅游"是一个稀缺词汇。人们日常能吃饱穿暖已经很好，哪有闲钱去享受？国内的旅游业务一是接待外国人入境游，二是组织国有企事业单位的旅游活动。要命的是，这些业务全都被国有旅行社垄断，民营旅行社只有眼巴巴看着的份儿。与国有旅行社抢生意，无异于以卵击石，自不量力。

市场环境不佳，这并非王正华个人所能左右。旅行社作为服务业，无法直接创造有形产品，加上与老百姓生活关联度低，经营难度可想而知。面对困境，王正华陷入深深的思索中。

没有人能够随随便便成功，成功的背后是自律和毅力。除了自身的努力和能力，还需要一个能打硬仗、甘于奉献的团队。王正华在回城知青的眼里，就是一个能够带领他们走向新生活的、充满人格魅力的"老大哥"。他虽是政府官员，却没有架子，顶着各种压力和困难，每天骑着自行车风里来雨里去，只为帮他们找到一份工作，一个安身立命的机会。

"一切都会好起来的。相信我，牛奶会有的，面包也会有的。"这句充满力量的话语，不仅是王正华对员工的承诺，也是春秋人代代相传的信念。他用梦想激励大家，描绘美好未来。岁月峥嵘，时光荏苒，他从未食言：面包有了，牛奶有了，超出预期的福利也有了。春秋的发展历史，正是对这一切的最好见证。

静思往事，如在目前。王正华是一个重感情的人，始终感念那些一路相伴的员工。创业初期，为了挖掘"第一桶金"，他举办旅游行业培训班，聘请的授课老师正是春秋的第一批员工，他们中有的毕业于西南联大，是中国最早、最优秀的旅游行业专业人才。

在组织培训时，他们也运用了很多技巧。例如，每次开班前，都会将授课老师的简历公布出来，借此扩大影响力。后来，这个培训班慢慢有了名气。这与王正华长期以来坚持的用人理念相吻合：但凡要做成一件事，首先要找到最优秀的人。

旅游如此，后来的航空事业发展也是同样的道理。当年培训班的学员，男生大多进了汽车修配厂，女生则进入旅行社。四十四年后的今天，仍有少数人坚守在春秋，有的即使退休了，也依然为企业的发展贡献着光和热。

是什么让这些老员工对春秋情有独钟？老一辈春秋人都说，最初加入春秋旅行社，最大的动力源于王正华对公司未来的规划和构想。在他的构想中，春秋的发展蓝图要分两步走：第一步，扎根国内市场，做强做大；第二步，扬帆出海，走向国际市场。他坚信，只有先将国内业务做强做大，才能为进军国际市场打下坚实基础。

对于境外业务，王正华也有着清晰的规划：第一，先服务好四类人群，即服务好华侨和港澳台同胞。第二，先抓住日本市场，再逐步开拓欧美市场。第

三,先做好入境游,再逐步开展出境游,先把外国人在中国旅游的生意做好,再做中国人去海外旅游的生意。第四,在入境游方面,先做好本地的地接服务,再向外地拓展业务。例如,先做好上海的地接服务,再派人去外地,做外宾的地接服务。

同一时期起步的旅行社,大多走一步看一步,做到哪里就是哪里,最终在大浪淘沙中销声匿迹。春秋的旅行社却越做越大,后来甚至创办了航空公司,还成功上市。人们不得不佩服王正华的眼光和智慧。他具有前瞻性的战略眼光,总能预判未来十年甚至二十年的市场发展趋势。他手头做的,都是未来的事情。

诞生于2平方米的铁皮亭子

人生大起大落,心态平和至关重要。我们身处时代洪流,更难独善其身。王正华却能够正确并理性地看待这一切,他在哪里工作,都是为党工作。成功看似偶然,实则源于日积月累的付出与沉淀。

经过三年商海沉浮,王正华心中始终有一事不能释怀,即他开办的企业中,只有旅行社一直盈利状况不佳。无论他如何努力,绞尽脑汁,旅行社的业绩始终平平,仅能勉强支付20平方米的办公租金,与其他盈利企业相差甚远。他一度怀疑是自己的选择有问题。

按理说,旅游业应该是一门投入少、易发展的生意。当时内地刚刚开放,人们对旅游行业还很陌生,自然对那些旅游产品信任度不高。用他们的话说就是:"旅游产品就像期货,钱付了,付款时只拿到一纸合同,至于产品质量,要等到旅游之后才能知道。"

如何让旅行社实现盈利?王正华冷静下来,继续寻找商机。启动资金又从哪里来呢?经过大量调查和研究,他发现当时的社会上正掀起一股"培训热",回城知青们为了能找到一份心仪的工作,都在积极参加各种各样的培训班,不是报这个剪裁班,就是上那个夜校,渴望通过学一门赚钱的手艺,来养活自己。有需求就有市场,王正华觉得这是一个机会,绝对不能放过。他请来一批旅游方面的老专家,高调开办了一个旅游培训班。

小时候便有记账习惯的他,自然懂得如何精打细算。他将报名费定为1元,学费每人40元,招生人数不设上限,培训期为一个月。也许是他的运气不错,又或许是新颖的培训内容吸引人,招生消息一出,大批知青一窝蜂涌向报名处。不到一个星期,便有1 600人报名。还没开课,王正华就有了1 600元的初创资金,这在当时也是一笔不小的收入。最终,他择优录用了34人进行培训,又获得了1 360元的学费收入。

有钱才敢办事。手握近3 000元的启动资金,王正华立即着手创办上海春秋旅游社,并在工商部门注册登记,注册登记号为007号。这不但是上海的第7家旅行社,更是中国最早的民营旅行社之一。即使是在当时的上海,民营旅行社也寥寥无几。

手里资金有限,不能租赁门面房,王正华只能安抚团队先过苦日子。在位于上海市长宁区的一条街边,七拼八凑焊了一个铁皮亭子。这个铁皮亭子比现在街道上的书报亭还小,只有2平方米,连一个小写字台都放不下。靠一家汽车公司帮忙,他们利用晚上的空闲时间,用吊车将这个铁皮亭子吊到了中山公园对面。

为了让这个简陋的铁皮亭子发挥作用,能够开展旅游业务,他们在亭子上面挂了一块"上海春秋旅游社"的招牌,开了个勉强能伸出一个人脑袋的小窗户。由此开始了他们的艰苦卓绝的创业生活,奏响了春秋旅游发展史的第一个乐章。

"世上无难事,只怕有心人。"经费不足,印不起名片和胸牌,怎么办?王正华带领团队手工制作。铁皮亭子里不通电、不通水,没有卫生间,上厕所要横穿车流不息的长宁路,到对面的中山公园。更难以忍受的是恶劣的天气:冬冷夏热,风也来,雨也来。冬天寒风刺骨,大家轮流穿一件棉大衣御寒;夏天高温四十多度,脖子上搭的毛巾都能拧出水,一天要从外面拎几桶水浸泡毛巾降温。老一代春秋人就在这样艰苦的条件下坚持了近两年。每每回忆起这段岁月,春秋集团的老股东们都忍不住热泪盈眶。当年的创业环境太艰苦了,这个小铁皮亭子是他们一辈子也抹不掉的记忆。

四十四年前,王正华率领的十几位知青、待业青年和一间仅有2平方米的铁皮亭子就是旅行社的全部家当。在20路电车终点站旁的一个小角落,他们开始了第一次创业。没有政府背景,没有财政支持,没有稀缺资源,他们依靠自己勤劳的双手,创造属于自己的幸福生活。

旅行社的第一笔生意,是组织20人的苏州一日游,连大巴车都是借来的。那次原本计划招募40人,结果花了很长时间,最终只卖出20张车票。车子座位接近一半是空的,收入甚至还不够支付车费,亏得要命。

即使首次尝试便以亏损告终,王正华还是不愿意改变自己立足于散客的经营策略。因为他坚信,旅游是一项个性化的服务,市场规律不可违背,关键在于更好地适应市场变化。

有了生意,随之而来的问题也接踵而至。有一段时间,王正华和团队动员了所有亲戚朋友,到处"讨汽油票"。由于不认识路,他们常常被司机责骂,到了目的地,客人吃好饭,他们帮着收拾碗筷,经常顾不上自己吃饭。晚上,还要帮司机洗车。虽然辛苦,但有生意做,等于有希望,一切的付出都是值得的。

头脑灵活的人,懂得以钱生钱的门道。王正华很聪明,他通过收学费,解决了创业前期囊中羞涩的难题。他和团队艰苦创业,并逐渐有了成绩。然而,王正华还是高估了自己的能力,低估了现实的残酷。缺乏必要的资金注入,企业后期发展乏力,逐渐面临停业的危机。

1981年的初冬,上海的大风天气特别多。王正华经常一个人呆呆地站在上海市长宁区中山公园的小铁皮亭子旁,任凭大风卷着落叶刮在脸上,心中一片茫然。

春秋在国有旅游公司的"围堵"下,已如同一座孤岛,陷入了困境之中。是产品不好,还是销售不力,又或者自己是扶不起来的职场阿斗?

彼时的创业环境远不如现在,有政府的扶持资金,有组织各式各样的助力。一段时间以来,王正华感到身心俱疲,觉得是时候要放弃了。强烈的无助感让他觉得无力改变现状,甚至想要"躺平",接受失败。

经过无数次痛苦的挣扎,王正华最终作出了选择:继续热爱旅游事业,努力做事情。支撑他作出这个决定的,是他的妈妈小时候教育他的那一句话:"养儿不努力,不如养头牛。"

一本书改变了他的人生

每个人的生命中都会有一段黯淡无光的日子,有无人问津的低谷期。王正华面对苦难时,不惧怕、不气馁。他于人生逆境中求索,甚至连那抢占散客市场的策略,也是在实践的摸爬滚打中摸索出来的。

那个时期,大多数旅行社都在一门心思做团队游,旱涝保收,钱赚得安稳的,多是国有旅行社。王正华的境况与他们相差悬殊,他的日子举步维艰,连房租都快交不起了。

理想和现实的差距,渐渐让王正华认清了现实,只有创业的激情是远远不够的,必须掌握足够的专业知识。尽管处于市场边缘,他还是想从书本中寻找发展的动力。只要一有空闲,他就往书店、图书馆跑,如饥似渴地阅读与旅游相关的图书。偶然机会,他得到一本由浙江大学的老师编著的教材,书名叫《世界旅游业及其哲学》。

刚开始,王正华只是被这个书名吸引,他不明白,旅游业怎么能与哲学扯上关系。通宵研读后,他不仅从中觅得绝佳的突破口,更汲取了诸多前卫的思想。书中的许多观点,代表了当时世界旅游业的先进理念。

如书中所说,在发达国家成熟的旅游市场中,散客旅游才是真正的市场主流,60%以上的游客都是自掏腰包的散客……他感觉自己得到了高人指点,仿佛打通了任督二脉,一些怎样做好旅游的经典案例,更是令他如获至宝,他从中受到启发。

阅读这本书,使王正华的旅游观逐步成型,这为他指明了旅游发展的方向。国内旅游同行,做的都是团队业务,而发达国家凡是经营有道的旅行社,都是把市场目标聚焦于本国的散客市场。

书中关于旅游的关键定义亦令他印象深刻:凡是出门 24 小时以上,距离居住地 100 千米以外,非居住性的空间转移行为,皆可称为旅游。这是非常大的一个概念。在中国,1981 年、1982 年,国内几乎都是做团队旅游,如工厂、企业、工会等组织的活动。书里所讲的旅游,应该是"一个个性张扬的过程,是一种自

我的选择、自我的放松。"而且，它非常强调内在的自我。

书里明确指出，欧洲旅游，散客自掏腰包出门旅游已成常态，占据了七八成的市场份额。他由此坚信，创业伊始，就要做散客市场。现在回头看，在重要节点做出最恰当的选择，事情就已经成功了一半。

王正华对这本书简直是爱不释手。他在旅行社经营上的得心应手，很大程度上得益于书中核心思想的启发。包括后来的包机业务、进军航空领域，很多决策都与那个时期的旅游基础有关，亦与时代发展的脉搏同频共振。应该说，一开始，王正华就有非常准确的市场定位，他借鉴了世界成功大师们的经验。这说明要做一件事情，必须先研究这个行业的发展趋势，确定好方向，按照这个趋势，咬紧牙关往前冲。

20世纪80年代的旅行社，大都是"国字号"，比如上海旅行社、中国国际旅行社、中国青年旅行社等，也有很多工会、青年团协会下属的旅行社。还有像亚洲旅行社、风光旅行社、东方旅行社这些民营企业，与春秋一样。不一样的是，那些民营旅行社都有三五十平方米的工作场地，春秋却蜷居于一个2平方米的小铁皮亭子里。在巨大的差距面前，王正华没有觉得"矮人一头"，反而想着如何突围而出，改变现状。

既然选择了做旅行社，一定要研究这个市场。他发现国旅、中旅、青旅这三家旅行社，肩负着民间交流往来的重任，某种程度上，可被称为"第二外交部"。在缺乏团体客源和成熟线路的情况下，王正华只好深耕被同行忽视的散客市场，以"打捞"社会上零星散客的方式起步，进入这块被同行忽视的市场。此后，他便开始了对中西方旅游业的"比较"工作。

通过研究，他总结出中外旅行社的十几项差异，涉及经营理念、运营手段和市场定位等方面。时光荏苒，进入21世纪，等他再回顾时，国内旅行社所做的一切努力，几乎都未出他当年所谋划，全在缩小这些差距。

渐渐地，他有了"散进团出"的经营思路，即先招徕散客，再打包组团。这个想法清晰地定格在他的脑海里，旅行社做散客业务的市场战略就这样确定了，王正华更加坚定了要将旅游这碗饭吃到底的决心。

旅行社创立初期，他手里没有一点儿钱，员工没有一个懂行人，专业知识一片空白，营业场所还是一个小摊位，经营十分惨淡。他告诫团队，创业维艰，必须艰苦奋斗。同时他鼓励员工"富贵本无根，尽从勤里来"，让大家克服困难，不怕吃苦，踏踏实实做旅游。

一边做员工的思想工作，一边以实际行动以身作则，言传身教。在火车票购买困难时期，他带着票务人员到火车站售票处通宵排队买票。白天奔波，晚上请旅游专家上课学习，完全形成了一种"白＋黑"模式。就这样培养出中国第一批导游队伍。

对于散客群体的来源，王正华从书中领悟到，要做旅游业，必须选择有闲钱、有闲时、有闲情的"三闲人群"。广泛地"搜捕"散客，正是国际旅游业发展的大趋势。这在今天看来，并不是高大上的新鲜话题，而在当时的情境下，完全可以称得上是王正华的"救命稻草"。

只是，在20世纪80年代初期浓重的计划经济氛围下，散客市场小得可怜，团队与散客的比例是9比1。何况，能到哪里去找符合这些特质的散客呢？上海中山公园是普通百姓休闲娱乐的地方，难形成购买力。火车站、轮船码头那里虽然人多，却都是乘车坐船的赶路人。四下寻找终究非长远之计，他此时想到租个门面，把营业部搬到"三闲人群"多的地方。

他们跑遍了整个上海，发现南京路、西藏路等地都是"三闲人员"最爱去的。几经走街串巷，一家一家地谈，他们终于在西藏路九江路口找到一户人家，这户人家孩子要结婚，急于出售房子。1982年，进军西藏路，标志着春秋的市场定位发生了重要变化。

第一家门店的"血雨腥风"

1982年下半年，王正华决定转型，专攻散客市场。他首先拼凑了6 000元，租下新的商铺门店，接着又花了5 000元进行店铺装修，门口还租了一辆老爷车，

作为点缀,像一个时代远去的注脚,也预示着一个新时代的来临。王正华决定"照葫芦画瓢",效仿欧美的旅游模式,制定度假路线。上海周边一日游、江浙沪五日游、海南岛七日游等,北到哈尔滨,东到鸭绿江,西到拉萨,南到三亚,想去哪里就能去哪里,凑足10人就可以发车。"散客拼团"的模式,像一颗石子,投入了平静的湖面。

上海,这座繁华的都市,从来不乏对新奇事物抱有好奇心的人和有资本消费的人。豪华地段的门面,气派十足的装潢,在口耳相传中,人们开始相信这是一家实力雄厚的旅行社。没几天时间,就有百八十人前来咨询。

西藏路门店开起来了,这是春秋的第一家门店。它收获的第一桶金,来自一位老师组织的普陀山之旅。这位老师在经过店门口时,被普陀山旅游的广告吸引,走进了店里。也许是被春秋员工的热情接待所感动,没费什么周折,他把普陀山旅游的 40 张门票全部包了下来。开张大吉,鼓舞了士气。王正华鼓励大家再接再厉,不但要迎接更多走进门的客人,还要主动出击,寻找潜在客户。

理想很丰满,现实却很骨感,事情远没有想象中容易。旅游在那个年代还是新事物,在很多人心里,旅行社就是骗钱的,信誉度很低。曾有一段时间,他们想要凑齐一个班次的旅客都异常艰难,经常要把不同班次的人合并到一起,才能勉强成行。

好在,王正华脑瓜灵光,在他的授意下,西藏路门店一边卖旅游产品,一边卖长途汽车票、羊毛衫等,甚至还有一毛钱一包的餐巾纸。处于繁华区域,小小的餐巾纸竟比旅游产品更受欢迎。这并不是什么好兆头。一家旅行社要生存,新颖的旅游产品最重要。

日子久了,王正华发现,他要找的"三闲人员",一定是条件好、有实力度假的人。只有抓住这部分人群,旅行社才不会饿肚子。而吸引他们目光的关键,在于是否拥有好的产品。游客产生共情、共鸣后,方能成为春秋的"菜"。

经过大刀阔斧的调整后,一款"觅知音"产品出炉,目标很明确:做第一批富起来的人的生意。此事看着目标大,实际操作起来充满挑战性和戏剧性。

怎么才能让更多人知道旅行社的定制游产品呢?王正华和他的团队拎着糨糊,走街串巷,碰到电线杆就把产品海报往上面贴,不料引来媒体的跟踪采访和报道。通过一系列别具特色的活动和多元的旅游产品宣传,一段时间之后,"春秋"这个名字,尤其是"觅知音"产品,逐渐被上海市民认可。在旅游的路上或许还能结成伴侣,成为上海街头巷尾市民的热议话题,春秋的招牌瞬间响亮了起来。

随着西藏路门店业务规模的不断扩大,几年后,许多旅行社纷纷效仿,在春秋的门店两侧开起了门店,整个西藏路变成了上海的旅游中心,有近20家旅游公司在此汇聚,其中不乏中国排名前20位的10多家旅行社。

找对路的春秋随即迎来增长。第二年,业务额增加到64万元。第三年,达到120多万元。当几个国有旅游巨头回过神来时,王正华已带领春秋跑在了最前面。春秋业务的旗帜,已经插遍了整个上海滩。

到20世纪80年代末,春秋的营业规模从1万元增长到1 415万元,利润从0元突破到44万元。从不起眼的小铁皮亭子起家的春秋,与其他旅行社拉开了距离。

1985年,王正华看到一项统计数据,发现原来国际上的大旅行社可以把营业额做到1 000亿元人民币以上。这给了他对未来的无限想象空间,而在2004年,春秋的营业额也不过30亿元。

良好的开端,意味着成功了一半。在王正华的平民经济学中,散客市场可解释为平民大众的市场,其潜力无可限量。他的经营之道既朴素也充满哲理,无论是建分社、重视散客,还是发展网络,不少旅行社都比春秋叫得响,但真正认真去做这些事情的还是很少。那些依靠垄断资源就可以吃喝不愁的旅行社,注定缺少春秋这种开拓进取的动力和决心。

那些大旅行社的体制问题,注定了他们无法长期有效地执行一项政策,总经理经常换来换去,常常是下一任完全推翻上一任的做法。而春秋自创办以来,都由王正华一个人做决策,这也形成了他的经营哲学。

别人眼中的他有着独特的经营理念,但其实他没有什么特别的天赋,也不比别人聪明。只是在做事情时,他会考虑未来,会思考市场的需要。"未来需要什么,你就做什么,要跟着未来走。"这个经营理念,今天依然适用。

那些年,发生在王正华身上的故事有很多,尤为特殊的是在争取优惠价格等方面。一次,他为了降低旅游线路的成本,亲自带领团队前往旅游目的地,与当

地的酒店、景点、交通公司等各类供应商逐一谈判。他仔细了解市场行情，对每一个细节都进行深入分析。

在与酒店商谈时，他不仅会比较不同酒店的价格和服务，还会提出长期合作的意向，以争取更优惠的价格。在购买景点门票时，他通过批量采购和合理安排游览时间等方式，降低门票购买成本。在与交通公司合作时，他和团队精心规划行程，提高车辆使用效率，竭力争取更好的价格折扣。

善于通过创新的合作模式来争取优惠，是王正华的诀窍。他与一些供应商达成互利共赢的合作协议，通过为对方提供宣传推广等服务，换取更低的采购价格。这种方式不仅降低了成本，也为供应商带来了更多的业务机会。

他注重成本控制和效率提升。通过优化旅游线路设计、提高团队运作效率等手段，减少了许多不必要的开支。

这些故事，都体现出王正华在争取优惠价格方面的智慧、决心和努力，这也是春秋旅游能够在市场上取得成功的重要原因之一。

"官转商"，特殊时代的穿越

在机关工作了近二十年，王正华家里的日子过得依旧清苦，经营的那几家企业虽大多盈利，但他一分不往腰包里放，仅拿国家给他的几十元岗位工资。知青们有个工作不容易，通过自己的劳动养家糊口更不容易。可是努力赚钱，为妻儿的未来努力，也是王正华内心深处的真实渴望。

不想，有两种声音在王正华心里激烈碰撞。这些办起来的企业都是集体经济，在经营之外，他免不了要和政府部门打交道，好在他有深厚的从政背景，对机关的办事风格和工作流程比较熟悉，做起事来还算游刃有余，可在处理企业业务的时候，还是觉得有些力不从心。他常常绞尽脑汁，不断琢磨旅行社和其他企业的"下一步棋"。

01 谁是王正华?

在那个风气渐起的时代,春秋日益发展壮大,王正华在当官与经商这两个选择之间有了矛盾。从政,要为民谋福利,落实政府的各项工作;经商,要让知青有饭吃,维持企业的运营。长期在官场和商场之间转换身份,让他身心俱疲。经过几年的商业打拼,他深感,自己敢想敢做的性格,更适合做企业。在这种情况下,他有了更深层次的思考。

"你追求极致的人生,人生才会给你极致的体验。"这是苹果联合创始人史蒂夫·乔布斯(Steve Jobs)说过的一句话。在人人以"铁饭碗"为荣的年代,想要扔掉它,需要足够的勇气。或许,只有如王正华这种智者,才能够参透生活,认清自己。

一个新生事物的诞生,总是会引发震动。"弃政从商",意味着扔掉众人艳羡的"铁饭碗"。扔掉"铁饭碗",就意味着没有饭吃,王正华要重新过上与小时候一样的生活,时刻担心要"喝西北风"。

做任何事情,都不能"一心二用"。王正华的人生改变,也许就从40岁这一年开始了。弃政从商一事在大家看来,既天真又执拗。他已经进入不惑之年,不再是当年意气风发的小伙子,如果这一步走错,就没有重新来过的机会。更何况,他的仕途之路是通畅的,有很大的晋升空间。

多少个不眠之夜,王正华看着熟睡的父母妻儿,离不离开体制内这个问题,一直在他的脑海中来回翻腾。他的妻子陈秀珍是一名小学老师,善良贤淑。为了这个事情,他们二人僵持了近两个月,就在意志发生动摇的时候,他告诉自己"咬咬牙,再坚持一下"。

终于有一天,妻子走到王正华身边,对他说:"你要想好了,你就放心干,我支持你,如果干不成,我还在你身边。没有工资,我还有铁饭碗可以养活你,只吃咸菜和稀饭也养你……"妻子的一席话,让王正华下定了决心。

虽然妻子在此事上妥协了,但看好王正华的几个领导,如当时的区委书记、区长、街道党委书记等,纷纷找他谈话,劝说他:"丢掉大好的前途,不值得。"或干脆有人说他矫情:创业成功了,皆大欢喜,如果失败,好一点的,一息尚存,犹有东山再起的可能。差一点的,灰飞烟灭,再无转型重生的希望。不过,王正华的个性也可能成为他在官场发展的阻碍,用上海话讲,他有些"拎勿清"

（反应慢），不会随风倒，不会真话假话混着说。

经过一年多的"拉锯战"，领导们终于"放手"了。在王正华离开体制的时候，街道只允许他从5家企业中带走一个，而且是最不赚钱的旅行社。给什么拿什么，他未作他求，并不因为是他自己手里有资源，只是他深知这个行业几乎不需要什么投资。在那个年代，旅游业在国内发展相对落后，无须大规模资金投入，也能发展。根据欧美国家的出行趋势，王正华早有预判，旅游业必将成为群众性、大众化的消费热点。

对于他的下海之举，还有一些质疑声。在他刚刚开办旅行社时，一些政府机关与他要好的同事和器重他的领导，有的说他扔掉"铁饭碗"，是"想钱想疯了"。后来这些同事和领导，得知他在街道办企业的头两年，跟随他的回城知青和待业青年每月都能拿到400多元，而他却只领取与机关相同的薪水后，收回了先前说的话，反过来劝他：干了这么多，该拿的还是要拿。

或许，这就是王正华与众不同的地方。他刚正、清白。在机关工作时，领导见他一家挤在一个小房间里，要分两间房给他，他反问领导：为何要专门分给他，而不分给其他同事。任何不属于他的东西，他都不要。如果不是一项工作任务，让王正华重新发现了自己的能力。他很可能在仕途上一路走下去，绝不会有下海的念头。

在当时，创业者都是一群"不安分"的人，这和他们的出身以及他们在社会所处的地位没有什么必然联系。王正华下海经商的目的很单纯，只是希望通过努力实现抱负。

如果将王正华的选择放到今天，40岁后的人生还有没有改变的可能？大部分人或许会回答：要是年轻10岁，我可能会考虑一下。回过头看，很多人会说："王正华是春秋集团的董事长，而我只是普通小市民，没有可比性。"此言或有道理，毕竟，40岁的普通人，工作发展早已进入瓶颈，上有老下有小，更是让人难以离开舒适区。但这种论断是否也是对自身可能性的放弃？

一开始，王正华便下定决心跳出体制，并有信心将旅行社做到极致。事实上，他早已用行动和绝佳的表现证明："弃官从商"这一跳，跳出了高度，走出了气势。他成功了！

第二章：时代变了，机会来了

他，定位清晰，目标明确，踏实肯干。一个不起眼的旅行社，竟大放光彩，十年时间，成为国内最大的民营旅行社。

他，抢占网络战略制高点

"不创新，就灭亡。"亨利·福特（Henry Ford）的这句名言，在商业世界中屡屡被验证，王正华正是创新求变的典范。

从创业的第一天起，王正华和他的团队在管理方面的创新能力与精神便已初露锋芒。随着时间的推移，寻求新的经营方式，成为王正华萦绕于怀的一件大事。

20世纪80年代末的网络化浪潮，就是对王正华的一次考验。1988年，内地旅游业三大旅行社之一的公司，花费几百万美元从美国引进购票软件和IBM小型机，另外两家纷纷效仿，旅游企业进入了"互联网+"时代。

当时的春秋，虽然没有雄厚的经济实力，但已经做得小有名气，业务量越来越大。然而，没有网络支持，麻烦接踵而至。虽不至于"大起大落"，但也足够让王正华和团队反思和警醒。

以散客成团业务为例，参团人数常变动：有的人提前半年报名参团，一家三口付了钱，两个月后，又增加两个人；再过了一个月，又加一个人；临行前半个月，突然有人不去了……业务员在本子上涂了又写，写了又涂，最终还是会发生

漏记的情况。全凭人工操作，票板需要手动涂改，庞大的业务量导致错漏频生，这就需要方便的信息技术管理系统来支撑。

1989年，春秋旅行社获得"上海市文明单位"的荣誉称号，这大大激发了春秋人的创新热情，他们开始了更多"敢为人先"的尝试。王正华郑重决定并宣布，要建立春秋旅行社自己的电脑网络体系。不选择B2C，企业就是在等死，如能通过电子商务闯出一条路，或许还能迎来新的生机。

最初，王正华与国内一些大学的互联网教授、学者等，合作研发旅行社IT销售系统。这些研发人员只停留在技术层面，对业务不够了解，这套IT系统因不能适应旅行社业务发展的需要，始终没有投入使用。

后来，他找到一位从英国留学回来的IT工程师，1991年开始，与公司的一个外号为"老法师"的王牌业务员合作编程，采用当时国际上比较流行的诺威尔（Novell）网。让人没想到的是，这两个人思路截然不同，今天你编，明天我改，整整吵了一年，最后还打了一架，甚至扬言"有他无我""有我无他"，准备撂挑子了。

王正华深信IT必将改变世界。他把公司的"老法师"打入"冷宫"，把IT工程师留下。宁可"冷藏"业务骨干，也要IT人才。最后，这位有主见的IT工程师与一位进公司不到半年的业务干部组成"搭档"。结果，只用了三个月时间，就大获成功。春秋旅行社的业务量开始逐年翻番，最多时，全国有4 000多个网点同时卖旅游产品，业务量一下跃居全国第一位。

网络系统的应用和迭代并非一帆风顺。从手工操作转向网络系统，对春秋旅行社来说，是艰苦卓绝的。首先是工作流程的不适应。一线业务人员使用新系统，不单意味着要改变原有的操作习惯，甚至有可能要改变原有的业务流程、组织架构和权力体系。加之新系统上线之初，功能尚不完善，需要一段时间的磨合。

那个年代，别的公司的电脑全作打字机使用，而春秋在创新理念和新技术的驱动下，将电脑直接应用于旅行票务销售系统。根据业务变化，系统随时调整，随时更新。以前，手工票板上卖掉一个座位，划掉一个座位。一个人买了票，过两天，又回来说家里有事，要退掉一张票，票板上便反复涂改。本以为这样就不会再有变化了，谁知两天后，这个人又动员了两个人买票，再次划掉两个座位。

来来回回，往往返返，票板最终混乱不堪，看都看不清楚。

一次，去北京的旅游团，一天有300多人报名，王正华亲自操作票板，最后还是涂改得面目全非。而网络系统做成后，销售数据一目了然，工作效率几十倍、上百倍地提高。王正华心中窃喜，这正是他所渴求的"放大效应"。

1992年，邓小平同志发表了著名的南方谈话："改革开放的胆子要大一些，敢于试验……看准了的，就大胆地试，大胆地闯。"在真正开始驶入发展快车道之前，春秋旅行社已经在上海单打独斗了十一年。王正华那时在上海，先开了一家分店，有盈余后，又开了一家。

20世纪90年代初期，正值中国早期互联网的开端。王正华从一开始就认准IT技术可能会深刻地改变这个世界。春秋散客成团的业务渐渐遇到瓶颈，业务拓展受到了限制，亟须IT技术的支持。这个阶段，就像瓶子颈部的关口一样，卡着王正华和他的团队，如果没有找到正确的方向，就很有可能一直原地踏步，甚至会倒退。

如何突破瓶颈期，究竟该怎么办？王正华时常自我反省，是不是他们做的工作还存在漏洞，是不是他们每次已经做到了极致？继而于漏洞之中，寻觅自己的突破口。

春秋人给自己的工作设定了目标和标准，便开始大胆地试、大胆地闯。没过多久，春秋人研发出诺威尔网散客软件售票系统，这是一个基于电话线建立起来的B2B网络平台。该平台向所有旅行社开放，不同旅行社之间可以通过这个网络平台分发、聚集旅客。既可以实现春秋旅行社全国联网销售，还能全国统一出票、统一财务结算，告别了先前的手工票板操作系统，开创国内"科技兴旅"之先河。

在上海成功运营后，春秋的IT工程师每天都要背着电脑去郊区、县城推广该网络系统，一个门店一个门店地安装，日复一日，年复一年，最终在全国形成了4000多个电脑联网的网络零售店。在其他同行依旧采用手工操作时，春秋已率先将电脑作为业务操作的主要工具，为招徕全国各地的散客奠定了扎实的基础。

1993年，春秋旅行社荣膺上海国内旅游市场份额第一，并在美国设立分公

司。时隔一年,春秋旅行社一鼓作气,一举夺得国内旅游第一,连续十六年蝉联榜首,其辉煌程度自不必说。

1994年,美国第三大商务旅游公司罗森布鲁斯的副总裁前来拜会王正华,听了他的经营理念后,这位美国人说:"你的理念跟我们一百多年前的创始人老罗森一样。"王正华笑答:"因为我们师从同一个老师——市场。"

这一年里,春秋实现了信息网络的全国布局,接待了100多万人次的游客,年总收入超过1亿元,于彼时而言,简直是天文数字。

经济学中,规模效应是指长期平均总成本随产量增加而减少。王正华深谙此理,他花了近十年的时间织成一张大网,由此产生的规模效应,使春秋旅行社独占全国第一的宝座多年,抢占了科技竞争和未来发展的制高点。

敢于开拓创新,打破固有藩篱,结合自身实际情况持续创造独特的"春秋方案""春秋智慧",这是春秋人创业、创新的重要经验,更是其所在时代赋予的机遇。面对难题时,没有条件创造条件也要上;面对问题时,勇于杀出一条血路来。王正华坚持开拓创新的精神,使得春秋在不断的改革发展中,始终充满生机和活力。

创新产品"领先一路"

科学技术是第一生产力。春秋凭借网络系统的成功研发,抢占了全国旅游市场的先机,并通过不断的产品创新,总是领先同行一步。这成为春秋发展历程中的一个制胜法宝,更是王正华经营战略中的一个重要模式。

1983年初,当上海大部分旅行社都在做苏州一日游的时候,春秋率先推出了杭州二日游;当同行们一窝蜂地做杭州三日游时,春秋已经先行开发武夷山、桂林等新项目;当其他同行开始涉足武夷山、桂林项目时,春秋已经包火车、包专列了。春秋人永远走在同行的前面。

企业无法凭空创造市场趋势，必须等待，敏锐地倾听市场需求。只有当市场的脚步声穿透重重迷雾时，方可一跃而起，及时捕捉变化的方向，顺势而为，调整发展战略。王正华的策略就是如此，春秋的旅游产品，总会根据市场变化、客户需求进行调整，努力唤起人们情感共鸣，从而激发市场兴趣和经济效益。

例如，旅行社设计的"火车跟着游客跑"产品，将上海至庐山、桂林、龙虎山等地的线路串联起来。白天游览，晚上睡卧铺。产品一经推出，车厢由10节增加到了16节，一次盈利就达20多万元。不久后，春秋又推出了"上海—普陀山—宁波"的轮船线路，这款包船旅游产品颇具市场吸引力，获得了消费者的认可。

1987年6月4日，上海长宁区政府经济技术协作办公室任命王正华为上海春秋国际旅行社总经理、法人代表，给予王正华高度的肯定，"春秋旅游社"也由此更名，并升级为国际旅行社。

同年，中国旅游业出现了迅速增长的势头。春秋通过抢占市场份额夺得一席之地，与中旅、国旅等国有旅行社相比，春秋虽然面临的挑战更多，机会更少，但已是获批可以开展入境游业务的国际旅行社。

王正华意识到，自己可以涉足的旅游项目更多了。他曾一度将经营重点放在入境游上，鉴于春秋旅行社与国有旅行社相比优势不大，其业绩上升虽快，与国有企业相比还是差了一大截。这让王正华心里多少有些"不痛快"。经过四五年的尝试，春秋旅行社的国际业务，不温不火。

时间一长，王正华总结，无论赚多少钱，旅行社只是靠着"小鱼小虾"养活，能吃饱，但长不大，这咋办，坐着等风来吗？进入90年代，涌现出一大批万元户、百万元户，老百姓兜里有点闲钱了，都想着消费享受一下。抱团旅游的人不少，有的觉得不够尽兴，便开始研究"个人游"，就是今天所说的"自由行"。在那个时代的快速变化中，如果没有勇气拥抱未来，是很危险的。

进入90年代中期，中国旅游行业的几乎所有旅行社，都将主要精力和关注对象放在了团队游上，而王正华却独具慧眼。基于对发达国家旅游市场变化规律的认真学习和深入了解，他相信，随着中国经济的持续发展，中国旅游行业的主

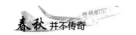

体一定会由团队转向散客,个性化的散客游是中国旅游行业的大势所趋,散客成团会是旅行社未来的主要经营模式。

对于散客成团的理念,王正华不只在春秋内部进行宣讲,更是利用一切可能的对外交流机会,频频向全行业传播。那段时间,只要提到"散客成团",行业里都会提到一个人的名字——王正华。

春秋在各地设立分公司,最重要的一个任务,就是落实王正华散客成团的战略理念。靠着"散客为王"的经营理念,春秋的散客越来越多,在国内的散客市场中占据了近50%的份额,王正华熬了十余年,终于熬出头,等来了自己"旅游王者"的桂冠。

回望改革开放之初,旅游之于普通人,还是遥不可及的一件事。我国旅游情况调查统计开始于1993年。那一年,国内旅游人数和旅游收入分别为4亿多人次和800多亿元。

1993年,《关于积极发展国内旅游业的意见》对国内旅游工作提出了"搞活市场、正确领导、加强管理、提高质量"的指导方针。随着双休日制度、黄金周的实行,百姓不仅有钱还有"闲",国内游市场逐渐呈现出强劲的发展势头。

终于等到了春暖花开。春秋旅行社的业绩噌噌上涨,王正华亦收获颇丰,这个时候的旅游市场,已不再是国有旅行社的天下。接下来,好消息不断。1992年,上海春秋国际旅行社不仅升级为"一类旅行社",还在美国洛杉矶设立分公司,打破了"华资旅游公司在美没有成功的先例"的历史。

随着改革开放的深入,国内散客旅游市场发展迅速,越来越多的旅行社开始重视国内游市场。1992年开始,春秋将战略重心转向国内游市场。次年11月,国务院办公厅转发国家旅游局《关于积极发展国内旅游业意见》的通知。

《通知》显示,1985年国内旅游人次约2.4亿,总收入达80亿元;到1992年,国内旅游人次达3.3亿,总收入达250亿元,年均增长率分别达4.7%和17.7%。同时还提出,要把国内旅游业的发展纳入国民经济和社会发展计划中。

得益于时代背景,这个《通知》进一步推动了国内旅游的发展。而春秋旅行社自创建起,便十分重视散客市场,早已经深耕国内市场多年,取得国内旅游业无可取代的地位。

进入新世纪之后,国内旅行社之间的竞争开始激烈起来。2002年,春秋旅行社在上海市区新开了一部分门店,遭到以中青旅为首的7家旅行社的联合围剿,他们效仿麦当劳跟随肯德基开店的竞争策略,在春秋新开门店附近开设门店,最终的结果是他们的门店关掉大半,而春秋的门店几乎全部存活下来。

如今看来,彼时"不可思议的事情"已经成为现实。一个公司只有通过不断创新,而且以"进入无人区"为创新基调,方能摆脱竞争,臻至自由之境。王正华的创新,在于抓住机遇、寻觅资源、探寻机会。从"领先一步"到"步步为营",他敢于打破自己的既有优势,不断创造新的优势。

领导有思路,企业就有出路,员工才有活路。王正华喜欢阅读,喜欢接收新事物,每期的《财富》杂志必看。他常说,应该师从"对手"之长,学习人家的成功之道。"走出去"的时候,需从战略战术层面思考问题、解决问题,一步一个脚印。正是这种坚持创新、不断学习的精神,带领春秋逐步走向巅峰。

旅游如何做成全国第一

经过几年与国有旅行社的竞争,王正华自知胳膊拧不过大腿,果断调整战略,将重心移至国内游。与此同时,入境游业务也在往前推进。1992年,他一手建立电脑销售体系,一手加速拓展代理商,开创了中国旅游业之先河。

拓展分社是大势所趋。王正华借鉴国外已成熟的代理商模式,通过优厚的佣金制度来吸引中小旅行社加盟。每一项旅游产品,他坚持"拿小头原则",只拿利润的10%,其他90%归代理商。"有肉大家一起吃",让他的代理商队伍越来越庞大,资源优势渐渐显露出来。

办法有了,资源来了,互联网有了用武之地。当时全国4 000多个网络终端发出的游客信息,都被一个不漏地传到春秋总部的电脑里,经过分析处理,游客们被重新归类。这样下来,春秋总部、各分社、门店和代理商之间,就构成了一

个"前台收客、后台处理"的庞大业务收揽和处理平台。专业人士认为,这种分离模式,极大地提高了运营效率,让规模化运作变得极为简便。

20世纪90年代后期,春秋旅行社在上海尝试开门店,在各区县设立门市部,通过"积少成多,散客成团"的模式积累经验。1992年,他开始布局全国,先后在山西、西安、北京、青岛、昆明、大连等地设立分社,发展代理商,招徕散客。

当时有句口号,风靡业内:"散客天天发,旅游找春秋。"最多的一年,春秋包机达8 000多航次,约合每天20架飞机的客人,都是春秋组织的,客座率达到了惊人的99.07%。

改革开放带来了新的生活和消费方式。旅游飞入寻常百姓家,王正华敏锐地抓住这一机遇。春秋旅行社迅速抢占市场份额,由此赢得了市场尊重,获得了可观利润。

抢占市场,需要群狼战术,而不是靠自己孤军奋战。王正华所推崇的"狼性"文化,不是逼着员工加班,而是鼓励员工有着像狼一样的野性,为共同目标不遗余力地拼搏。"狼性"文化浸润下的春秋人,奋斗不设终点,对事业有着如狼一般的"贪"与"痴"。

抓住了机遇,就要靠创新产品和高性价比的优势占领市场。通过大规模、席卷式的市场营销,春秋人在最短的时间内获得市场正反馈,获取"先人一步"的市场利润。在此基础上,王正华利用自家的成熟产品积极参与市场价格竞争,进而扩大和巩固了其在战略市场上的主导地位。随后,他启动了"有了钱就开分店,各地创建分社"的经营策略。

时间的车轮来到21世纪,春秋旅行社再次迎来春天。特别是2001和2002年,是旅行社快速扩张的两年,分社如雨后春笋,遍布全国主要城市,数量一度跃至近40家。

接下来的日子里,惊喜不断。春秋旅行社的触角延伸至海外,在美国、泰国、日本等地设立7家分社。而在2001年之前,春秋旅行社在全国各地开办成功的分社不足20家。

在拓展国际旅游业务初期,旅行社先从国内两个市场入手。第一个是广州,

02 时代变了，机会来了

那里是中国改革开放的前沿阵地，紧靠港澳地区。广州国旅为春秋送来客源的同时，也传授了很多国际旅游的知识。第二个是北京，北京的几家旅行社给春秋送来大量的欧美团。

当时北京旅游业同行多在酒桌上谈生意，喝一杯酒给一个团，市场环境存在一些潜规则。春秋旅行社在北京的团队，靠优质的地接服务获得客户的认可。王正华和时任总经理的张秀智，他们一起带着满满的诚意亲自洽谈。等广州、北京的市场打开后，紧接着，福建、西安也顺利拿下，国际旅游的地接服务遍地开花。

这是一场极为艰难的扩张。在国内各地建分社，每到一处，春秋旅行社都会遭到当地对手的残酷打压。即便如此，精打细算的王正华，仍然坚持每年投入500万到700万的资金，用于在全国各地设立分社，他几乎把全年的利润都投入这一战略中。可是这种"烧钱"的策略，在初期并未立即见效。春秋一旦成功，就会面临被当地竞争对手排挤的局面，任何一个地方，春秋想要落地生根，都有相当大的难度。年年设分社，年年亏损。

那段日子里，王正华的情绪一度非常低落。分社建立后，大多都面临亏损，互联网也没显示出多大作用。在当时的环境下，这些巨额投入看似打了水漂，员工们当然有意见，纷纷批评他是在瞎折腾。有人甚至直言不讳："利润不用来发福利、提待遇，全拿去开分公司了。你们好大喜功，你们都是理想主义者。"

这些话深深刺痛了王正华，他不禁开始怀疑自己拼命做的意义。他感到委屈，内心一阵酸痛，这让他纠结了好一阵子。但事情还是要做，工作还是要推动。台面上，他依然要与员工代表们表决心、绘蓝图，告诉大家：坚持下去，将这段难熬的路走过去。用事实证明他的决策是正确的。

创业就是这样，是量变到质变的过程，只是有些人性子急，没到质变的时候就放弃了。但王正华恰恰相反，越挫越勇的他，早已看出分社渠道和互联网是大势所趋。回顾他的创业历程，成功的关键就在于：在自己坚持不住的时候，再坚持一下。

实践证明，他的预见是正确的。经过几年的整合和发展，从1997年开始，

春秋旅行社各地的分社和网络平台都开始逐渐发挥出各自的作用。在冲破地方保护主义、尝试在外地实现本土化运作的道路上，他们闯过了一关又一关。

2001年，春秋旅行社终于开始盈利了。王正华随即变换招数：自行设计旅游线路，将旅游线路与交通、酒店等资源打包，整合成旅游产品；自行销售的模式也转变为以设计整合旅游产品为主，将销售工作交给代理商。这一变化再次引起多方争议，但他还是咬牙坚持了下来。

王正华并没有等待太久。三年后，他苦心打造的"分散式"联合舰队开始显现威力，仅上海地区门店的月营收就实现了60%～70%的增长。王正华总结："天下资源，不厌其碎，能最优整合者，方为胜者。"春秋散客模式的精髓在于，全国30家分社，每家送一个人到厦门，就能组成一个厦门团。2004年，王正华50岁，春秋旅行社一举登上了全国旅行社第一的宝座。

1993年2月，时任中央政治局委员、上海市委书记的吴邦国同志视察春秋国际旅行社时，曾题字"得意春风快马蹄"。时任国家旅游局局长的何光暐也指出：春秋旅行社在全国起到了表率作用，是全国旅行社行业的一面旗帜。

发展的道路越走越宽广。1994年，春秋旅行社成立了"春秋旅游联合体"，成为当年全国唯一一家由地方旅行社组建、在全国各省会城市设立分社并进行集约化试点的企业，开启了春秋网格化营销的新时代。也是在这一年，经过十四年的努力，春秋旅游成功跻身全国百强企业。

包机旅游全面开花

王正华从未料想，自己虽是凡夫俗子，但也能在旅游行业创造非凡的成就。赚得第一桶金后，他以超前的眼光和果断的行动，在五十知天命的年纪，将春秋旅游的业务从地面拓展到了天空，开启了网络批发和包机旅游的新模式。

尽管春秋旅游已经成为国内旅游行业的领军者，公司上下沉浸在一片喜悦之中，王正华却有些焦虑，他在思考旅行社的下一个发展战略。为此，他和张秀智带领团队先后考察了欧美运通、途易等大型国际知名旅行社，在仔细研究这些旅行社的发展历史后，他告诫员工，春秋与这些国际知名旅行社相比，差距巨大，甚至连人家的千分之一都达不到，眼前的成绩，不足以让春秋在这个行业内立足和发展，没有什么可值得骄傲的。当务之急，春秋人必须站在更高的位置，以更宽的视野、更大的力度来谋划和推进更远的未来。

客观上，国际大型旅游集团通常有三种发展模式：向金融领域延伸、向会务市场迈进和发展包机旅游。王正华最初希望模仿美国运通公司，推出类似"运通卡"的金融产品，可是当时国家对金融业的管理非常严格，经过分析评估，王正华认为很难在这方面有所突破。考量后，他决定将金融作为一个长期规划目标，等待未来机会成熟时，再择机而入。

他把目标转向了旅游和会展业务。他派专人去国外考察，成立了春秋会展公司，并成为大陆首家加入 ICCA（国际大会及会议协会）的中国旅行社。旅游会展业务虽然前景广阔，但要做大，也挺难。主要难点在于旅游会展业务的核心资源已被一些政府部门垄断，春秋旅游如果投入其中，不容易取得实质性突破。

为了进一步推动旅游业务的发展，让普通百姓坐得起飞机，需要引进新的生产力。1997 年开始，王正华、张秀智大胆尝试包机业务，即把整架飞机的座位都包下来。这种"航空+旅游"的模式是纯市场化的。在这方面，春秋旅游有庞大的客户基础，且集客能力强，不怕竞争。在旅游包机业务上，春秋可以大展拳脚。

不过，在当年的年度会议上，王正华发现了一个特殊现象：最受欢迎的旅游线路集中在上海周边，稍微远一点的，如海南和哈尔滨，很少有人去。

这是怎么回事呢？经过调查，王正华发现，对于普通老百姓而言，即使是在经济水平相当可以的上海，坐飞机仍是一件很奢侈的事情。

"能不能把航空成本降下来？"不久之后，王正华找到了突破口。他发现，国内一家航空公司的一架国际航班上，本可容纳 380 人，到了上海之后，往往空置 200 多个座位，再返回北京。究其原因，原来是游客反映飞机票太贵了，消费

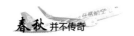

不起!他立即找到这家航司市场部的负责人,说200多个空位白白浪费了,还不如卖给他,他提出以市场价格的三分之一购买这些空置座位。这个负责人顿时傻了,价格竟如此之低。

王正华开始耐心地劝说他:"飞机空着飞回去,你们什么也得不到,一个座位市场价是800元,现在在'白送'两三百元给你们,何乐而不为?"几经周旋,双方终于达成共识:每个月必须卖5 000张机票,平均每天200张。凭借着春秋旅游庞大的网络客户,上海到北京航线每天超500人的流量,这笔买卖完全能做。

这笔看似冒险的交易,最终带来意想不到的收获。一架飞机的人均成本大概增加20元,空座位的票价仅几百元,一进一出之间,不增加任何投资。低价票引爆的流量,让这家航司班班爆满,第二个月机票销量达到1.5万张。

当初还不情愿将空置座位卖给春秋旅游的这家航空公司,结果最后受益最大。半年后,这家航空公司从中获利超过1亿元,而春秋也通过这一模式实现了双赢。王正华之所以敢达成这样的协议,是因为他心里有十足的底气——春秋此前在旅游市场上早已积累了庞大的客户基础。特价机票一经推出,便引发了抢购热潮。

这还仅仅只是一个开始。随着兜售机票业务的不断扩大,王正华、张秀智转换经营思路,于1997年成立了春秋包机公司,正式开启了春秋旅游的包机业务。

所谓"包机",即自己不买飞机,也不雇佣飞行员,而是采用"借鸡生蛋"的办法,在某一时间段内以某一价格承包几条飞机航线,他们认为这是一个"三赢"选择。当时旅行社选择的包机时间段,通常是晚上8点以后,这一时段航空公司的飞机大多处于闲置状态。对航空公司来说,包机既增加了航班利用率,又不需要承担机票出售的风险;对春秋来说,包机丰富了旅行社的出行方式;对游客来说,飞机票价与火车票相差无几,却实现了乘机飞上天的梦想。

第一次包机业务的成功,让王正华记忆深刻。那架飞机的乘客大都是来自苏州郊县的村民,飞机的目的地是海南。当时苏州和上海郊县附近的村民,赶上了改革开放的好年月,农副产品大丰收,手头比较宽裕,都想坐一次飞机,出省看看世界。

王正华永远也忘不了，他包租的第一架飞机腾空跃入天际的情景。虽然那架飞机是什么型号、什么颜色，装载了多少客人，他已经记不清了。

当飞机腾空而起时，王正华目不转睛地望着它，直至它消失在夜空中。他的心被震撼了，幸福感油然而生。

此时此刻，坐在飞机客舱上的村民们，想必也是满脸的幸福和期待。通过这种包机模式，越来越多的普通百姓，尤其是农民，开始享受与城市居民一样的生活，拥有一样的追求、一样的品味、一样的目标，有机会走出去看世界了。

包机业务不仅是春秋旅游的创新之举，也是全民旅游时代的缩影。包机业务在上海率先试行，经过一到两年的运作，获得了空前的成功。王正华决定迅速向全国各地分社推广，春秋的旅游业务实现迅速增长。

当社会上都在做散客成团业务时，春秋旅游已经采用了"网络+包机+批发商"的商业模式。春秋旅游的年营业额在1996年达到2 000万元，2000年增至1.9亿元；2004年突破31亿元，利润突破7 000万元。到2004年，春秋旅游累计包机3万余航次，覆盖全国30余座城市，平均客座率保持在99.07%，营业规模从4.1亿元扩大至28.9亿元，净利润从249万元增至6 603万元。

至2004年，全国一共拥有1.5万多家旅行社，年总利润达3亿多元。春秋旅游的利润占当年全国旅行社总利润的近三分之一。从这个意义上来讲，信息化的发展为春秋旅游插上了腾飞的翅膀。

蓬勃发展的包机业务，不仅提升了春秋旅游在旅游行业的话语权，也证明了民航业蕴藏巨大的商机。

做包机旅游没那么简单

路在脚下，不走出去，永远不知道方向在哪里。王正华深知包机旅游业务没有那么容易做。他制定了分三步走的包机旅游业务战略。即以北京、南京、广州

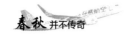

为第一梯队，以济南、昆明为第二梯队，以重庆等地为第三梯队，逐步向全国推广。此战略提出后，引来诸多争议，春秋各地分社主要依赖直客模式，无法完全靠直客撑起包机业务。然而，王正华的决心很大，他性格执拗，只要是他看准的事情，从来都不会让步。

但谁都知道，包机的核心在于上客率，春秋对上客率的要求是100%，一张不剩。围绕着"一张不剩"的理念，王正华、张秀智在上海专门召集了30家分社总经理开工作会议，要求每个分社都要开展包机业务，未完成任务的领导将被撤职。此后，他们的团队，不是在卖机票的路上，就是在开会的现场。春秋人的拼劲和工作氛围，同行们纷纷仿效和学习。"白加黑"的工作模式——员工们自愿加班，几乎没有定时下班的概念，甚至没有周六周日。随着一个包机接一个包机的销售循环，春秋人逐渐成为"旅游界铁军"。

2001年，春秋旅游重庆分社开始尝试海南包机业务时，这支队伍只有一个总经理和两个员工。如此小的团队，凭借什么力量敢于在没有经验的情况下挑战包机业务？王正华、张秀智在规划包机分社梯队时，主要依据各地机场的吞吐量、经济发展等多方面因素，重庆最初被划到了第三梯队。由于重庆是内陆城市，离大海较远，加上重庆分社极力争取包机机会，经总部研究，同意将重庆从第三梯队调整至第一梯队。这个调整，对于重庆分社来说，简直就是破茧成蝶式的机遇。

第一次包机，没经验的重庆分社吃了不少苦头：航班停飞、座位空置，甚至年终囊中羞涩。有暑期后，几班销售很是被动，航班过于密集，空位接连，被迫减少航班。重庆分社通过一段时间的销售，积累了一系列数据，掌握了一定的市场规律。

王正华、张秀智对此并未责怪，反而多次在大会上鼓励大家："要做好包机业务，一是保证流量，二是一次核准价格；保证包机100%的客座率，亏损无下限，盈利无上限。"这些话，打破了分社的精神枷锁，激发了他们不断追求更高业绩的动力。

经历了几度淡旺季交替，在千难万苦面前，重庆分社逐渐找到了市场规律，并始终保持着"不停飞、不空位、追求最大化利润"的策略。当时很多旅行社同行认为，拼命压低价格才能在旅游行业生存，这种价格竞争，必然导致旅行社和游客双输的局面。对于有着极大风险的包机市场来说，走出低价竞争的陷阱，是包机业务持续发展的关键。

以海南包机业务为例，其产品推向市场时，涵盖了爸妈之旅、纯玩团、自由行等多种产品，满足不同细分市场的需求，取得了显著的市场影响力。不得不承认，市场上竞争越激烈，越能体现春秋的不同之处，越能体现春秋的实力。

为了应对淡旺季间的过渡期，春秋人不再一味盯着低价市场，明显的淡季，春秋会选择与其他单位共同促销。比如，9月份与婚纱摄影名店合作；中秋节前与月饼厂家联合促销滞销航班，收效显著。这种创新的营销方式，逐渐摆脱了过去"拉家属团充机位"的局面。

为了贯彻包机机票"一张不剩"的原则，重庆分社不再只是坐在门市等着旅客上门，而是出门"晨练"，专找打拳、跳舞、打牌的地方，把目标市场对准了退休人员和有闲人群，甚至是他们的亲戚和朋友。他们在这个群体的假期上做起了文章，把工作做到了工厂、医院和办公楼，不惜"说干了口水，磨破了嘴皮"。特别是遇上黄梅天，雨持续下两个月，他们打着雨伞，在重庆最繁华的街区，从头走到尾，跑遍了这里所有的商店、医院办公楼。甚至为了最后一张剩票，他们几天几夜地不睡觉，直至售出。

从事旅游包机业务的人都很清楚，做好淡季的包机市场，全年的利润就有一定的保障；利用好每一个机位，才能使利润最大化。旅行社做好旺季市场不是英雄，做好淡季市场才是真正的好汉。

2002年6月，成都一批专做海南业务的工作人员进入重庆市场，推出地接价仅100多元的标准团线路，不含众多门票、零团费，专靠人头费拿回佣。这下把重庆分社的销售计划打乱了。后来，在张秀智的指导下，弄清了事情的真相，给予了反击，最终渡过难关。

重庆分社在2002年作海南包机总结汇报时说，包机的成功运作在于"人"。春秋和其他旅行社比较，别无长处，只拥有一支始终怀揣雄心壮志、不畏艰难、敢于付出一切代价、团结奋进、迎难而上的团队。春秋人共同朝着卓越目标迈进，奋力争取每一场胜利。

同等条件下，谁的决心大，谁的意志过硬，谁就能赢得成功。经过一段时间

的历练，重庆分社的包机人数和经济效益位居全国各分社之首。2001年11月至2002年10月，航次达250个，组团人数达22 125人。其中包机人数13 024人，客座率100%，营收2 744万元，接待人数1 303人，完成包机风险金100万元，净利润33万元。

这些亮眼的数据，验证了王正华告诫各分社的一句话："从没有不花心血的成果，没有不噙眼泪的微笑，路就在你的脚下。"但凡在春秋旅游做过包机业务的人，他们都体验过卖不掉票、夜里做噩梦的滋味。碰到淡季，机票不好卖，半夜里时常惊醒，这种情形早已是家常便饭。

春秋旅游全国20多家做包机业务的分社负责人都知道，不论是做海南航线，还是桂林、九寨沟、张家界等航线，不包机，不冒风险，公司业务就不能进步，但是真的做了包机，巨大的压力很容易把人逼疯。

做包机业务，一旦机票卖不出去，不管是20万还是30万，一分钱不能少，要赔给航空公司。利润点不大，但空一个座位，就是犯了大错，甚至被张秀智视为"要命"的事情。

更严峻的挑战来自市场竞争，一些团队负责人，拿着20万带着两三个人到外地闯市场。可是一到市场上，人家当地规模相对大点的公司就联合起来围攻他们，别看这些旅行社平时各自为政，遇到这种情况就空前团结。怎么办？春秋人只能硬着头皮，咬着牙，把要做的事情做得漂亮。

没有做过包机业务的人，根本无法想象春秋包机团队所承受的压力。有的干部说，好好的一个人，到了春秋，就像犯了精神病，夜里惊醒过来，有时候大喊大叫，有时候大哭大闹，有时候哈哈大笑，什么洋相都出过。这些表现，都与机票卖得好坏有关系。

春秋的包机业务，以高客座率为盈利模式，展现了春秋人不放弃、不抛弃、不达目标誓不罢休的拼搏精神。无论市场如何艰辛和残酷，每年包机旅游的旺季，春秋人都坚守在岗位上。尤其在出现空位时，无论是刮风还是下雨，几乎公司所有的人都在打电话。每当卖掉剩余空位的时候，大家都会在微信群里发红包，相互庆祝，相互鼓励。

对王正华来说，这也是他管理公司取得的最大成就。任何时候，说起他的员工,他都认为是最棒的。大家在一起,团结奋进,必然无所不能,战无不胜。多年来,春秋集团依托全体员工的爱岗敬业精神迎接挑战,共同应对了许多危机与难关。

关于包机与网络的关系,在一次会议中,王正华给出了深刻的见解:"网络和包机不是先有鸡还是先有蛋的关系,而是左脚和右脚的关系,离开谁都不行。不管是先迈左脚,还是先迈右脚,另一只脚必须得跟上,步伐要协调一致,交错进行。谁走慢了,不行。谁走快了,也不行。"

尽管在那次会议上,分社的总经理们对包机业务能否顺利开展都疑虑重重。但春秋的风格是:在会上大家可以畅所欲言,发表各自的意见。一旦董事长王正华拍板定下来的事情,不管有多大的疑问,也不管有多大的困难,都必须坚决执行,并保质保量地完成任务。

在那段开展包机业务几近"成魔"的时光里,包机业务的高强度,让大家深有体会:"流量下来,血压就高了;流量上去,血压就低了。"这些经历,都深深烙印在每一个春秋人的心里。待若干年后再回忆时,春秋人不会为虚度时光而后悔,他们每一个人都会成为一道光,照耀后辈前行的路。

随着包机旅游业务的启动,春秋旅游逐步取得了一定的成绩。春秋总部在四川航空增加了新的航班,将原来一周两班的包机业务,逐步增加到一周五班。航班加密了,王正华、张秀智的各路人马,有时忙得都"找不着北"。一次,在飞机起飞前三天,旅行社还没把客人名单发给川航,没有名单,不能提前出票,这样会影响客人出行。细究原因,原来是当时春秋旅游重庆分社的负责人将新增的加密航班给忘了。三天时间,还有156张机票没卖掉,大家心有余悸。

王正华、张秀智得知情况后,没有责怪员工,立即发动大家一起想办法。他们联络当地所有的售票点,外地渠道同样被动员起来,就连财务也加入阵营做起了临时销售。春秋旅游包机业务的原则,空一个座位,等同于"犯罪"。春秋总部发出了全国总动员的号召,最后一天,还有一张机票,而在春秋的企业文化里,"99+0=0",99等于之前的努力都是白费。重庆分社一个女销售员,走了七八家旅行社,硬是"消化"了这张机票。

虽然事后王正华表扬了重庆分社,但也警示大家:三天卖掉一架包机的机票

是个奇迹，但此事太过惊险，今后不要再发生。对此，川航负责人高度评价，称"春秋人了不起"。

更让人惊讶的是，1997年开始，王正华、张秀智开始正式接触航空业，他们带领团队包遍了国内所有航空公司的主要旅游航线。七年的时间，春秋旅游包机总量突破了3万航次，客座率位居行业第一，创下全世界旅行社包机史上前无古人、后无来者的巅峰纪录。

包机业务的成功，为王正华日后筹办航空公司奠定了基础，良好的市场效果，更是坚定了他进入民航业的决心。

围绕包机的新闻大战

20世纪90年代中期，海南正在经历痛苦的楼市泡沫，地产商纷纷撤退，当时几乎没有一架飞机飞三亚。王正华说服团队，由上海总部组织包机前往海南。2001年，正式启动海南包机旅游战略。该年3月11日，重庆飞三亚的第一架包机起飞，一炮打响，之后海南包机业务便进入了高速发展的轨道。

这一年，春秋旅行社的业绩令人吃惊。2001年，注册资本只有1 000万元的春秋旅行社招揽游客人数达130万人次，营业额达15亿元人民币，排在第二名的旅行社国内游营业额仅为7亿元。同年，"三大旅行社"之一的中旅全年营收为13亿元，首旅集团旗下的劲旅和凭借出境游业务称雄的康辉旅行社营业收入为14亿元。

2002年，春秋旅行社虽然受某些事件影响，未完成25亿元的营业额计划，但仍创下了近19亿元的营收，继续保持国内市场第一的位置。当时有媒体和知名咨询公司评价：在最困难的情况下成长起来的春秋旅行社，有着非常清晰的发展路径，是一家没有借助任何特权资源、完全依靠市场成长起来的旅行社。这显示出它顽强的生命力。假如有外国公司进行并购的话，它的估值将大大超出财务报表显示的价值。

春秋的创业征途并非一帆风顺。在包机业务刚刚起步时，一场新闻大战在重庆打响。这个新闻大战的核心是海南的包机旅游，目标直指春秋。没有导演，却也分出了胜负。

事件的始作俑者是某经济报的记者，他写了一篇名为《海南豪华游要触礁》的文章，声称春秋的旅游包机是个陷阱，叫大家千万不要上当。一石激起千层浪，当地几乎所有的媒体都开始热炒此事，一时间众说纷纭。有人断言：包机之路如飞蛾扑火，将自取灭亡。针对此事，王正华、张秀智亲自出马，商量应对之策，并派出秘书长斡旋，随即报纸陆续发表了《春秋百架飞机问鼎海南》《春秋包机顺利返航》《一半是海水一半是火焰》《机遇与风险同在》等文章，双方开始了正面交锋。

与此同时，青旅、新亚等 8 家旅行社联合包了一架飞机飞往海南，春秋的一架包机也从重庆飞往海南。由此，"八万人去海南，旅行社火拼旅游市场""旅游价格雪崩"的说法开始流传。北京、香港的多家媒体相继来访，热度空前，这一事件成为全国热议的话题。

其间，王正华与许多老百姓交流，一些想跨省旅游的老人告诉他，包机旅游如何受到大家的欢迎，像春秋这样能提供包机服务的旅行社应该坚持做下去。听到此话，王正华坚定了做包机的决心。一个月后，青旅宣布停飞西南航空的一架包机，正式退出了包机市场，而春秋的包机业务却做得如火如荼。一场新闻大战，就此尘埃落定。

包机业务，既是为了求生存，也是为了求发展。经过此事，春秋在对外媒体方面变得格外谨慎和小心。业务方面，王正华和张秀智每天都会亲自打电话到各分社，询问销售情况、票务进度，询问卖完的票有多少收回票款了等。每一个数据，都反映了包机业务的流量和坡度关系。根据反馈数据，他们二人针对各分社的"病灶"，分别把脉、开方。

对于新闻宣传，王正华向来重视。尤其是在包机初期，他掏出真金白银，投入大量资金用于广告宣传，以提高知名度。各分社的包机广告清样都要先传真到上海总部，经过王正华的严格把关后，方能对外发布。就连发给销售网络和同行

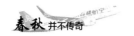

的传真件,他也要逐一检查,并跟踪效果。他曾多次强调,春秋不能欺骗游客,旅游产品宣传时不能夸大其词,要实事求是。

春秋的质量管理体系更是严谨。质检部门的质量安全员时刻关注游客的反馈,游客有一点不满意,他们都会迅速响应。公司通过每周一次的质量讨论会和每月一次的质量监督公报来解决这些问题。如果哪个业务经理或分社负责人违反了总部的质量要求,轻则批评警告,重则罚款,甚至可能被辞退。

每次召开新闻发布会,春秋人都要携带台式电脑主机,通过电话线远程连接到公司的诺威尔网,实时进行机票操作演示。有一年,在西安举办发布会的前一天,发现会场电话线是分机而不是直线,无法连接网络。会务组人员满大街跑,找线缆销售门店,可有的关门、有的没有相匹配的电线。他们跑了大半座城市,终于找到一位维修负责人并将其请回会场,请他帮忙制作符合规格的电话线。最终网络成功连通,会议顺利举行。张秀智在后期总结会上说,春秋旅行社是小公司,不但要努力拼命,更要严谨细致,时刻都要战战兢兢,一点都大意不得。

正是凭借对每个细节的极致追求,春秋旅行社一批又一批分社的包机业务很快步入轨道。回望过去,曙光在那时已初现。

第三章：王氏兵法的"秘籍"

他，深知布局决定结局。高手做事从来都不是先做事，也不是先做人，而是先布局。有人说，世界上最厉害的莫过于"时间+复利"，王正华的"王氏兵法"更是将其发挥到极致，带来了别人无法取代的"复利效应"。

他，以"垂直分工"扩规模

春秋旅行社的模式可以被模仿吗？恐怕很难。首先，它依赖庞大的网络建设，而建设网络非一朝一夕之功。其次，春秋的成功，不单单靠着几个分社和互联网网络的支持，还因为王正华坚持"垂直分工"的先进管理模式。

所谓"垂直分工"模式，是旅行社特有的一种运作模式。这种模式有利于保障市场竞争处于有序的状态，有利于形成规模经济，能够获得更优的市场绩效。

春秋旅行社是第一个在内部运营上推行"垂直分工"系统的国内旅行社，即按照市场的不同环节进行部门划分，由不同的专业人员分别负责。整个流程犹如一条流水线，每个人在岗位上只负责其中一部分。这与国内旅行社通行的水平管理模式不同，即销售业务员掌握旅游链上的多种资源，一旦他们走了，企业就垮了。这很容易造成产品雷同，不利于产品创新。

王正华具有远见，他率先在公司内推行"垂直分工"系统，设立独立的导游、采购、旅游线路设计和监督职能部门，结构上的调整，加强了高层对各部门的管控。他认为，春秋旅行社未来必然要面对一大批迅速崛起的竞争对手，新进入行业的公司一定会充满憧憬，而逐渐失去垄断优势的国有旅行社则通过横向收购来

扩大规模，试图继续保持竞争优势。

一位旅游业研究者指出，若不解决内部"水平分工"方式导致的混乱状态，横向扩张依然无法使这些旅行社的竞争力得到质的提升。通过"垂直分工"管理，春秋旅行社成功地实现了规模扩张。

在实行"垂直分工"管理模式前，公司也曾尝试过"水平分工"的管理模式：一是当时国内主要的几家旅行社都在推行这种管理模式，大家觉得这种模式见效快；二是在那个时代背景下，社会上普遍主张划小核算单位，强调负责到人。因此，大家追捧这种管理模式就不足为奇了。

王正华尽管不愿意尝试这种不科学的管理模式，但基于群众的呼声高，便放话让大家去做。然而，1995年5月的一件事，给王正华敲响了警钟。他突然接到一个通知，负责招揽外地游客到上海旅游的华东部的十几个员工，都被部门经理带去了另一家旅行社，瞬间这块业务就"瘫痪"了。

事情既然已经发生了，王正华痛定思痛，决定大刀阔斧地组织改革。为了改造春秋旅行社的组织架构，他几乎解散了整个华东部的人员。这个华东部主要组织全国各地的游客到上海及其周边地区游玩，但这个部门连续三年都没做出成绩。

改革经营管理模式，必然会经历一些阵痛，也产生了一定的经济损失，每个人都有自己的利益需求。如一个员工招来了10个客户，这个员工与客户之间自然就形成了某种利益纽带。

王正华在面对春秋旅行社内部分工问题时，毅然作出了"宁可你走光，我绝不做妥协"的决定。他要求每个人只专注于自己的岗位职责，做招揽就做招揽，负责房调就负责房调，负责车调就负责车调。各司其职，各负其责。

如此大刀阔斧的改革，也付出了代价。有的人因为不适应新的管理方式，带着情绪离开了。原本，在组织架构调整初期，春秋旅行社总经理室就多次要求外联与计调实行分工，但华东部就是不执行公司改革的要求，先是几位骨干人员分别辞职，最后在华东部经理的带领下集体离社，带走了旅行社的很多客户和导游，给公司造成了很大损失。

即便如此，王正华还是没有改变初衷，依旧坚持自己的决定，继续改革。毕竟，多数人还是支持他的决定。他一边抽调人员组建新的华东接待部，一边继续改革这套业务架构。

过了不久,推行"垂直分工"管理模式的华东部,业务量有了大规模提升。王正华算了算,推行"水平分工"管理模式那几年,华东部每年的业务量约在2万人次,但推行"垂直分工"管理模式的第一年,业务量居然猛增到20万人次。事实说明,"垂直分工"管理模式使企业的规模优势得到了充分发挥。虽然这个"革新"过程非常痛苦,带来不少经济损失,却为旅行社迈向规模化经营和全国布局创造了条件。

这起事件,深深触动了王正华。他认识到,一个企业,没有铁打的营盘不行,经商就像打仗,如果队伍松松垮垮,一冲即散,形不成战斗力,如何打胜仗?

不过,光有营盘还不行,还要有流水的兵。他安慰自己,对任何一个组织而言,要想维持经营,取得发展,不新陈代谢是不可能的。想要获得成功,就要牺牲一些东西。

其间,春秋旅行社虽然尝试过一些"多元化"合作项目,但最终还是停止了,并坚定以旅游为唯一的主业。对于融资和合资同盟战略,王正华逐渐表现得无动于衷,主要是他对那些侵略性过强、总想取得控股权的外资无法产生好感。

他越发确信,春秋旅行社依靠自己的力量可以发展得很好。从长远发展角度看,他不想失去自己的控制权。

128 条包机流量法则

春秋旅行社为何能把包机业务做成功?最关键的两个词:奋斗、拼搏。

包机伊始,张秀智给全国各分社负责人定下铁的纪律:不准空一个座位,空一个座位就是犯罪。

抓包机机票销售是马虎不得的。白天,张秀智有很多对外事务,跑航空公司,

跑政府部门，跑旅行社，晚上回到公司，经常连饭都顾不上吃，就要先听计调和包机线路的汇报。哪条线路卖了多少，还剩多少，有什么问题，如何解决，这些都是必须处理的事情。

最紧张的时候，只要市场有波动，同行有排挤，就要一边做市场调研，一边分析流量，查找问题，等把情况摸清楚，就要关起门来开会，商量对策和办法。等这些会议开完，还有全国分公司总经理的电话会议，通常是在晚上10点或11点开始。一段时间下来，张秀智的身体严重透支，但她还是咬牙坚持。看到领导身先士卒，不辞辛苦，团队形成了一种"玩命工作"的氛围。

每次会议，各分社都会相互交流经验，互帮互学，你追我赶。只怕自己落后，没有包机业务的分社要帮助有包机业务的分社销售、做广告、组图，和地接社互相配合，保证业务的质量。地接价格要适应市场，一切为了包机，一切服从于包机。年底的工作会议，由上海总部负责培训、组织实习，严格实行末位淘汰制度。

第一批启动包机业务的四个分社，分别是北京分社、重庆分社、南京分社和济南分社。北京分社实力最强，重庆分社最积极。南京分社靠近上海，在机票销售遇到困难的时候，总部的网络销售还可以给予支持。最困难的是济南分社，他们启动包机业务的时候，营业执照还没办下来，只能以办事处的名义对外开展业务，做批发，不能做零售。但对他们来说，率先启动包机业务，既是求生存，也是求发展。

在张秀智"春秋包机旅游，全国一盘棋"的统一指挥下，各地有包机业务的分社忙得昏天黑地，只有晚上才能静下来进行头脑风暴。会议开到凌晨两三点是常事，这样的节奏，对于张秀智和整个公司来说，不是偶尔为之，几乎天天如此。那时有句口号一直沿用至今："加油吧，春秋人！奋斗是实现梦想的途径，拼搏是最美的人生状态。"

对于很多旅行社来说，包机业务能达到60%到70%的客座率，就算很是成功了。33万航次、99.07%的高客座率，就是由这样一群忘我工作的春秋人创造出来的。能取得这样的成功，旅游产品的广告宣传固然重要，但王正华、张秀智的"独门秘籍"才是关键。"空位储蓄池"的建立就是一例。

日常工作中，春秋各分社包机业务团队成员深入到社区、学校、合作伙伴的公司等场所，调动所有能调动的资源，包括亲朋好友、退休职工、广场舞阿姨、酒店家属或合作旅行社等，提前告知他们，公司将不定期地推出特价机票和特价旅游产品。以此为基础，建立起春秋包机业务的"空位储蓄池"。如果不提前储备客源，把这批客人准备好，淡季的时候，常常临时出现空位，无法找人来填补。做一件事情，如果能全力以赴，做到极致，你就赢了。

基于诸多包机业务的实战经验，春秋旅行社总结出"128条包机流量法则"，作为全国各分社执行包机业务的关键指导原则。该法涉及包机业务的方方面面，例如广告如何投放、网络怎么建、价格怎么定，既全面又详尽，既有理论高度，也有实战指导价值。

2001年，春秋旅行社的工作会议在成都举行。张秀智在现场讲授包机流量法则。会议期间，不发任何材料，一条条讲解，所有参会者一条条记录。学习结束后，第二天要逐一考核。王正华在会议上也作了补充，强调包机业务的重要性，分析当时市场的销售渠道、客群、冷热门产品的改良创新方向，并提出下一步的发展目标。

跟了王正华多年的老员工们都说，凡是他认准的事情，成功的概率很高。只要设定好销售目标，全员竭尽全力，努力起跳，一定够得着。

万物有灵，天地有序，万事万物皆有它的规律。王正华自然也有他的经营管理方法论。以春秋旅行社西藏路门店某个月的营业额测算为例，综合过去若干年当月的销售数据和走势，加上对现有市场环境的预估，就能把这个门店下个月的营业额数据推算出来。

春秋旅行社的包机业务也有规律，有"大年"和"小年"之分。"大年"赚钱多，包机的旅行社少，机票就卖得好。大家一看包机挣钱，便一窝蜂地开展包机业务，结果市场拥挤，价格战兴起，生意自然惨淡，这就是所谓的"小年"。

别人不做，春秋人坚持做，肯定能赚钱。在对大势准确分析和预测的基础上，如果有效地安排人力、部署各种资源，就可以把事情做得很有章法。经营企业，不能靠拍脑袋做决定，而要充分把握和正确利用历史的规律、市场的规律、数据

的规律。

春秋还有一条"铁律"。包机机票经由网络销售渠道商销售之后,实行48小时的收款制度,且至今还在延续和执行。在中国改革开放四十多年的发展历程中,因为现金流出现问题而倒闭的企业数不胜数。

旅游行业,想要做强的太多,垮掉的也不计其数,有的人甚至付出了生命的代价。不论做旅游还是做包机,王正华信奉一条准则:绝不欠别人的钱,也不允许别人欠自己的钱。只有这样,企业才能保障现金流不出问题。

与春秋打交道多年的一位合作商深有感触。按照合同规定,每月10日之前春秋向其付款。有一年国庆节,从2号开始,财务催促合作商在9号前把发票和凭证给到他们,便于打款。这位合作商觉得,晚几天打款并无大碍,也没太在意。可是春秋的财务坚持必须按合同约定时间支付款项。这位合作商感慨做生意多年,像这样追着给钱的合作旅行社,只有春秋。

正是因为春秋人秉持着这一作风,民航业才有人说,在绝不欠款这件事上,春秋开了先河。王正华由此感慨:可能正是因为不欠钱,我们才得以生存发展。

规模化的低成本运营

春秋旅行社从国内游起家,逐步发展壮大。1994年,旅行社接待了100万人次的旅客,当年收入超过1亿元。这在当时是一个天文数字,可谁又知道,那时的短途旅游费用只有几元,中途的也只有三五十元。众所周知,国内游的利润非常低,如上海2001年前后国内游的净利润仅在0.7%左右。

通过销售网络、包机和互联网三者的有机结合,春秋旅行社有能力在不降低服务水平的前提下,有效地降低运作成本,在国内游市场站稳脚跟并取得迅速发展。王正华反复思考,以散客市场为主的旅行社何以做大?唯一的方式是发展强大的网络系统,但其发展模式不应是集中式的"航空母舰",而应是分散式的

"联合舰队"，分社的分布广度决定了旅行社能做多强。

1997年，春秋推出的包机策略，使它具有了价格竞争优势。包机业务需要强大的规模来支撑，而春秋旅行社恰恰在上海及全国铺设了强大的销售网络，从而实现了业务的快速扩张。

虽然每一个销售点可能只有少量的游客，但这些看似细微的流量经过销售大网络逐渐汇聚成庞大的市场份额，使得春秋在与众多"小、散、差"旅行社竞争中拥有了绝对的价格优势。它的低价不是以降低服务水平为代价的，而是以有效降低成本为基础的。久而久之，春秋旅行社以适中的价格、优质的服务获得良好的品牌声誉。

这种独特的战略和模式不仅让春秋旅行社的业务蒸蒸日上，还吸引了许多同行的关注。上海地区有些规模不大的旅行社，私下交流时常会提到：有些产品即使把成本压到最低，也没有春秋旅行社的报价便宜。这些旅行社，后来大多成了春秋的代理商。

如何打造品牌核心竞争力

纵观古今中外，成功的企业，无一例外都积淀了深厚的企业文化，拥有卓越的品牌影响力。春秋旅行社也不例外，从建社起就重视内部质量建设。

首先，导游管理是春秋旅行社成功的核心之一。旅行社作为服务型行业，导游的优质服务必不可少，是旅行社与众不同的基础，是其他旅行社难以跨越的"进入障碍"之一。一方面，旅行社本着"业务上抓培训提高，生活上关爱共赢"的原则，对现有导游加强管理，严格奖惩措施。另一方面，也注重对员工加强技能培训和继续教育。

其次，分社管理至关重要。王正华计划把上海50家门店的管理模式推广到全国，小到整齐划一的门店布局、员工的微笑服务，大到整体的管理模式，以此

来彰显其品牌效应。

再次，加强对出境旅游目的地的质量控制。春秋旅行社把在国内培养导游的经验运用到国外分社，以春秋旅行社的理念来培养国外的导游，确保出境游的导游服务质量同样得到保障。

对于很多创业者来说，上海是个非常好的码头。就王正华个人而言，这里不仅是他的家，还是他事业开始、发展并要做大做强的地方。春秋品牌不仅立足于上海，更致力于走向全球，成为国际化的旅游品牌。

王正华深知，成功的秘诀在于顺应市场规律，同时找到自己的定位和优势。他认为，创业的关键是：第一，要想明白，结合自己的优势找准定位；第二，持之以恒，选定了目标就不要轻易放弃，努力前行，高效做事，最终会收获你想要的果实。

春秋成功的法宝，还在于王正华制定的"规矩"："把客人当作衣食父母，把春秋的'啄木鸟精神'发挥到极致。"他在大会小会上对管理人员提出严格要求：要生存下去，必须做到质量第一，没有任何其他优势。

春秋人还要当好"丫鬟"，服务好游客。王正华不但自己践行这个理念，也将这个理念同步传递给所有合作伙伴和一线员工。1983年，春秋旅行社在同行中率先建立严格的管理制度，独创质量回访方式，对每个旅游团进行上门质访，这些举措为春秋品牌的建设奠定了坚实的基础。

1986年，受国家旅游局国内旅游司委托，王正华参与编撰出版了国内第一本旅游培训教材《国内旅游必读》，成为业内佳话。

全员所有制的激励机制

"任何一个时代，大到一个国家，小到一个企业，都需要一种精神，一种信仰，带领几百人甚至上万人去完成既定的目标。"这句发人深省的话，出自春秋公司内部的学习文件。

当外部扩张已经步入正轨后,王正华意识到,要将公司提升一个台阶,首先必须从内部进行改造。恰逢旅游局领导发出信号:旅游业需要引入多种产权形式,可以由私有制企业来把市场蛋糕做大。

实际上,王正华早在1990年前后就已开始研究企业体制改革,还起草了一份"全员持股计划"的报告。之后,他兴奋地跑到北京,把报告交给当时负责全国体制改革的高层领导,得到的批复是"很好"两个字,但没有具体落款。如有明确的落款,王正华一定会将这个计划付诸实际。

2002年上半年,春秋旅行社完成了股权改革。作为创始人和总经理,王正华成为公司最大的股东。职代会、上海市长宁区政府和春秋的几位管理层骨干分别持有一定比例的股份。经过股权改制后,春秋旅行社本质上成了一个全员所有制的民营企业。

所谓"全员所有制旅行社",即旅行社全体成员共同占有企业的生产资料,实行劳动股权定额的所有制产权组织形式。全员所有制下,企业产权明晰,极大地激发了员工的内在动力和积极性。

春秋旅行社的股金来源主要有两个方面:每个员工的个人奖金的15%,旅行社基金中补充近15%,即个人和旅行社各产生15%,合起来占员工奖金的30%,这部分将转化为股金总额。这样,奖金的多少直接关系到股金的多少,形成了一个相互促进的激励机制。

每到年底,春秋旅行社会根据业绩分发股息,员工每人持有一张金卡,届时个人提取多少,旅行社补充多少,能分多少股息,员工一目了然。这将有利于调动企业全体员工,尤其是企业行政、业务、技术骨干的积极性、归属感和责任感,有利于这些骨干与企业共同成长、共同发展,而不仅仅是关心薪水和红利。

在春秋,员工们都全身心投入工作,这样一种发自内心的工作激情和忘我的工作态度,使得春秋内部先进的管理理念和管理方法得以顺利实施,成为公司持续发展的重要动力。

第四章：竞争对手养成记

> 他，40岁创业，悟到了成功的关键。聪明、勤奋只是成功的前置条件，而真正重要的是顺势而为。危机之中，与其追求利润，不如莫负游客。

他，危机中先想到游客

2003年，突如其来的"非典"疫情席卷中国大地，中国旅游业陷入前所未有的危机之中。春秋旅行社作为国内最大的"包机+网络"旅游批发商，包租了20多条航线，每周包机280个航次，每月仅包机损失就达1.5亿元。

王正华清醒地认识到，每一次的危难都是一次洗牌，强者存活，弱者淘汰。压抑的需求，也会在危机后暴发。旅游企业能否活下去，或者能否活得更好，最终取决于企业自身。虽然国家或地方政府的帮助和支持是必不可少的，但若企业自己不努力，依然会面临巨大的风险。

王正华有一个很好的习惯，就是喜欢研究旅游产品流量表，重视数据分析。在春秋旅行社开展包机业务时期，他每天都会检查包机销售流量表。通过数据分析，来预测市场未来的趋势。

在"非典"疫情暴发前的3月中下旬，他察觉到高端旅游产品的销售量同比2月下降了40%～50%，通过连续几天的数据搜集和分析，他得出结论："非典"疫情会对当地旅游市场产生重大影响，这种影响的传播具有"五先五后"的特征：先国外游客后国内游客、先散客后团队、先高端产品后大众产品、先沿海后内地、先城市后县乡。

为了尽量减少损失，王正华带领团队在"非典"疫情初期就采取了果断行动。尽管3月底4月初，"非典"疫情对国内旅游行业的影响尚未显现，当时旅游业的市场价格仍在上涨，一些旅行社甚至为即将到来的黄金周待价而沽，春秋旅行社却在一片质疑声中，决定停退包机。

4月1日，春秋旅行社正式向国内各大航空公司递交了停飞报告。4月5日，包机部所有人员被派往各家航空公司，商讨损失分担方案。

所有航线停运之前，已包下的多数航班要提高上座率。4月底，这支强大的春秋团队已卖掉99%的座位，损失被降到最低。统计下来，停退包机、降价出票还是造成了600多万元的经济损失。但如果当时只顾惜眼前利益，不采取急救措施，整个公司的潜在损失将超过1亿元，企业无疑将被置于死地。而要获得重生，又要付出更大的代价。

《易经》说"一阴一阳之谓道"，提醒人们凡事要同时看到两个方面，看到"死地"，同时也要看到"生地"，这样人生就永远不会失去希望。做事如此，做人也同理。谁的人生都是起起伏伏的，每个人的一生都在不停地过关斩将。顺则谨慎而为，逆则要满怀信心，这是"死地"给王正华的启示。

有了如此感悟，王正华作出了一个不寻常的决定——允许游客退款。他认为，危机之中，与其追求利润，不如莫负游客。当时，国内部、海外部、入境部、票务中心、各地分社等共计退款总额高达6 070万元。当时的2 000多名员工心里明白，公司将会承担巨大的经济损失。上海总部西藏路门店的员工，平均每天都要接待数千名游客，办理数百万退款，出纳人员点钞的手指累得僵硬，这是谁也不愿意看到的。

信心比黄金还重要，团结一致方能积蓄力量。危机之中，有人退缩，有人哀叹，有人悲观。王正华当即在公司内部发布了一篇名为《莫惊慌练内功，春秋大厦坚如磐石》的文章。

内容大致如下：由于"非典"疫情对旅游业的冲击，很多春秋同仁在默默奉献，也有人在积极探讨企业在"非典"疫情冲击面前应有的反思。从干部到群众，从北疆到南疆，从沿海到西部，无数春秋人表示"春秋兴亡，匹夫有责。愿

与春秋同甘苦,同生死,分文不取,共渡难关"。这是春秋旅行社之所以能取得国内旅游"全国第一"的重要原因,即坚不可摧的员工的决心和力量。

有一名言警句称:"当你失去了财产,你只失去了一点;当你失去了荣誉,你就失去了许多;当你失掉了勇敢,你就把一切都丢掉了……"

在员工大会上,王正华提出"大难当头,勇者胜",这是针对当时许多员工,包括网上对"非典"疫情缺乏充分认识、麻木不仁的人提出的。他向员工大声疾呼:莫惊慌、练内功,春秋大厦,坚如磐石。春秋旅行社在"非典"疫情期间不仅加强业务培训、完善规章制度,还进行了网络升级,积极为未来的竞争做准备。

可以看出,无论是在商业竞争中"用兵",还是在个人的人生经历中,王正华都展现了正确的战略方向、合理的策略方法,以及强大的心理素质。

突围"非典"的日子里,除了实习生和返聘人员暂时待岗外,春秋旅行社没有辞退一名员工,也没有一名员工离开公司。王正华始终相信,即使眼前有巨大的损失,春秋人的精神还在、春秋人的信心还在。

王正华和他的团队都坚信,在新的征程上,春秋人的前途,一片光明。

创造"非典"后的旅游奇迹

最好的时候,要有最坏的打算。最坏的时候,要有最好的希望。

他要求全员上下在疫情期间练内功,一方面组织培训,另一方面系统地调整规章制度。当"非典"疫情稍稍趋于平稳,包机部开始与航空公司协商恢复包机业务,进行谈判。业务部门开始搜集有关酒店的房价信息并与重要客户保持联系。

机会都是靠自己争取的,即便面对灾难,也不应放弃希望。春秋旅行社早期就一直关注港澳旅游产品。但当时,上海直飞香港的航线比较少,价格也贵。凡到香港、澳门旅游的人一般都是先到广州或深圳,然后再到香港、澳门。上海旅游市场上国旅、中旅的产品一般行程为3天、5天、8天不等。要赶超别人,必须在产品的差异化上下功夫。

珠海是个新兴的海滨城市，当时只有南航在飞，鲜有人问津，客座率相对较低。趁着"非典"疫情逐步得到控制的机会，王正华安排专人到珠海进行实地考察，并与南航驻珠海分公司负责人研讨，商量如何利用这条航线开拓"港澳游"产品。双方一拍即合，春秋旅行社采用每天包位50个的合作方法，拿到了比广州优惠近一半的价格，提升了其"港澳游"产品价格的竞争力。为了与市场上其他产品相区别，春秋旅行社在产品形式上作出调整，将传统的5日游缩短为4日观光游。

"港澳游"产品方案确定后，"非典"病例虽在当年的端午前一个多月没有新增，但旅游业尚未完全恢复。打有准备之仗，是春秋人的一贯做法。根据推算和分析，春秋旅行社与南航敲定，计划在2003年的7月10日开售。这款提前预售的创新产品，很快受到了市场的青睐。仅仅两周，9月23日之前的出行日期就已全部售罄。

7月10日11点，春秋旅行社的第一个"港澳游"旅行团正式启程，成为全中国"非典"疫情后，首个恢复旅游的旅行社。毫无疑问，春秋旅行社已经捷足先登，拿到了"港澳游"的机票、酒店等紧俏资源，成功抢占旅游市场。在接下来井喷式的"港澳游"中占据优势。

人们往往容易"好了伤疤忘了疼"，这一次，旅游从业者着实需要进行深入的自我反思。"非典"疫情打破了旅游业原有的相对稳定的环境，从业者需要对新的发展模式、运营模式、管理模式进行探索，对服务质量等提出了新的挑战。王正华总结经验和教训，并告诫团队，只有不断学习和适应，才能走得更好、更稳、更远。

乘势而为，在变局中开新局。王正华、张秀智这对"完美搭档"，又将目光转向了中南半岛的包机旅游上，它是春秋旅游华东部推出的首个包机组团出国的旅游产品。2008年前，吴哥窟几乎是一条鲜有人问津的线路，柬埔寨首都金边航线开通后，也一直是条冷线，几乎没有人做相关旅游产品。

吴哥窟是对吴哥古迹群的统称。昔年间一座由宫殿、寺庙、花园、城堡组成的完整城市，已成今日斑驳的断壁残垣，然而其气势宏伟的建筑及精美卓绝的浮

雕艺术，愈发使人心往神迷。电影《花样年华》里，男主角梁朝伟向着吴哥窟的树洞倾诉心底秘密的结局，更增添其神秘魅力。

面对市场的空白，王正华、张秀智决心尝试开发这条鲜有人涉足的旅游路线。经过多轮考察、行程制定、设计产品、人员培训，与国际地接社确定落地服务，与航空公司沟通机票，以及对目的地等进行多元化、多渠道、立体式的宣传，中南半岛的旅游包机产品正式开售。起初，市场反应冷淡，300个座位半个月只卖掉50多张，但春秋人不放弃，迅速加大推销力度，在集团各部门和分社的帮助下，最终售出了所有座位。

市场是无情的。春秋旅行社要进一步发展，一定要与同行合作。然而，同行认为春秋做直客，与他们抢客人，因此并不愿意合作。这种情况下，王正华提议成立工作室类的平台，吸引更多的同行拼团，实现批发和零售共赢。此想法立即得到张秀智的响应，她马上组织人开展相关工作。

"吴哥达人工作室"应运而生，"吴哥窟6日4晚全景纵览五星纯玩团"大受欢迎。一年一度的"吴哥达人摄影大赛"，也成为热门旅游项目，吸引了众多旅游爱好者兼摄影达人，一同"柬"证这座东方古国的建筑奇迹。

为了保护知识产权，春秋旅行社申请了"吴哥达人工作室"商标，并于暹粒举办的2010年风云榜"封尚大典"上亮相。据春秋官方通报，春秋旅行社的商标在2009年到2013先后被认定为上海市著名商标和中国驰名商标。

除了吴哥窟，春秋人还积极开拓台湾旅游市场，克服诸多困难实现了多赢。2009年7月，春秋旅行社获得了赴台湾游组团资质。此前国旅、中旅等已获得该资质。台湾游既要融入台湾的特色文化，又要控制好成本。为了制定让游客喜爱的产品，王正华费了不少工夫。那个时期，大陆游客赴台湾旅游的还比较少，唯有好的创意产品才能引发同频共振。平溪是台湾新北市下辖的一个市辖区，每年农历新年后的放天灯是最为人熟知的活动之一。如果组织游客去台湾放天灯，共同祈祷和平吉祥，将成为旅游亮点。于是，一款以天灯为主题的旅游产品就诞生了。

产品一经推出，市场好评不断，有1000多人前来报名。然而，到了8月，台风灾害来袭，报名情况不乐观，而重阳节的"三九天灯聚会"再次受到游客欢迎,仅仅一个月,散客报名就达到1 300人。接下来,春秋旅行社独家的"放天灯活动",持续收获良好的经济效益和社会效益。台湾有10多家媒体对此作了专题报道。

利他就是你的福祉

  利他就是最高境界的利己。与对手良性竞争,利用对方的优势,取长补短,既能减少摩擦损耗,还能省下精力提升自身核心竞争力,何乐而不为?

  当春秋旅行社进驻西藏路初期,很多已经在黄浦区开设门店的旅行社对春秋嗤之以鼻,觉得春秋是最大的竞争对手。甚至黄浦区的多家旅行社一度结成联盟,通过各种手段,想把春秋赶出去。

  随着春秋旅行社在西藏路门店的生意日益火爆,越来越多的同行开始进驻西藏路。1994年,上海教育系统在福州路附近创办了一家名为上海新世界的旅行社,向王正华请求支持。自古以来,同行是冤家,这是众所周知的,因为同行之间存在着利益冲突。很多人认为,这是不可能伸手帮忙的事情。

  不料,王正华爽快地答应了,他特意指派销售骨干去悉心指导,直至对方的员工熟练掌握业务。未等外面的人评价,春秋内部先起了质疑声:对方把店都开到家门口了,不仅不阻止防备,还出手相帮,实在不能理解。王正华则说,他是在"培养竞争对手",只有竞争对手强大了,春秋才能更强大。通过不断竞争,方可成为强中手。

  现在想来,王正华的做法,实际印证了他经常和员工说的一番话:"对待竞争对手,要有良好的心态,能够真正战胜对方,这才是你的成功。"企业也需要在反对声中、在竞争中更好地成长。

  果然,上海新世界旅行社很快成了上海旅游行业的一颗新星,成为春秋强有力的一个竞争对手。国内各大旅行社相继入驻西藏路摆起了"龙门阵"。这个原

本很平常的街巷，发展成著名的"旅游一条街"。在激烈的市场竞争中，春秋人越战越勇，先是进入上海国内旅游"三甲"。不久后，位居上海第一。

"我们要么不干，要干就是第一。"这是王正华对春秋旅行社发展理念的核心表达。为了应对中国加入WTO后激烈的市场竞争，春秋旅行社发起并联合中旅、广之旅、东莞青旅等共同创办了"中国国内旅行社现代企业管理沙龙"，每年举办一次，每年确定一个主题，然后邀请专家授课，并围绕主题开展辩论、研讨，最后总结共同成果。王正华的用意，是要在全国范围内"培养竞争对手"，期待十几年后，参加沙龙会议的旅行社中，能涌现出全国性的大型旅行社。

2004年4月中旬，第一届国内旅行社沙龙会议在上海由春秋主办。各单位纷纷拿出过去一年"最得意的一盘菜"，包括创新理念、经验等。同年11月，东莞青旅和广之旅在东莞和广州举办了第二届，之后活动地点每年轮流更换。2010年，中国国际旅行社总社与春秋共同发起会议，引入了淘汰机制，规定每年新增成员不低于三分之一。

自2011年起，沙龙活动在张家界和长白山相继召开。2024年，春秋继续发起并组织了第20届中国旅行社沙龙活动。王正华希望，根据新时期、新旅游、新玩法、新消费、新营销方式的情况，与各旅游头部企业进一步分享交流。

企业要在激烈的竞争环境中杀出重围，占据一席之地，前提条件就是思考如何提高企业竞争力。企业的竞争力重点在于硬实力，即有竞争力的产品和利他的思想境界。竞争对手成长的同时，春秋同样有收获。2012年，根据国家旅游总局发布的旅行社排名，春秋旅行社位列中国百强旅行社首位。

《道德经》里说："善行无辙迹。"真正的善良不必宣扬，不必自我标榜，更不必吹嘘，而是不动声色地成全。王正华的企业哲学与《道德经》中的思想高度契合：举办沙龙活动，培养和提高了行业的竞争标准。在互相学习的过程中，各旅行社开阔视野、推动创新，提升管理水平，形成中国旅游界互利多赢、繁荣发展的新局面。

从企业自身角度来看，王正华的经营理念也体现在三个"依据"上：依据"智者不惑"的理念，以智慧创新、与时俱进，打造时代的企业；依据"仁者不忧"的理念，以仁爱之心爱人，厚德载物，构建企业、社会、自然的共同体；依据"勇者不惧"的理念,强调企业要敢于担当、勇于奋斗,价值分配要激励奋斗者,导向真正为企业作出贡献的人。在王正华的思想观念里,经营管理春秋的商道,即他的做人之道。

企业想要做成事,应该从利他开始。王正华喜欢学习《道德经》里的微言大义,里面藏着很多人生的智慧。他从《道德经》中的"圣人后其身而身先"和"物或损之而益,或益之而损"中汲取智慧,领悟到"肯为他人付出,不会因此受损,反而会获得更多"的真理。王正华强调,企业发展必须坚持"三利原则",即利员工、利旅客、利同行。利员工,让员工有奔头、有前途;利旅客,让旅客得到高性价比的航旅服务;利国家,多缴纳税金,为社会发展出力;利同行,真诚相待,不欠一分钱,不晚缴一个时辰。王正华的社会责任感也延伸至扶贫和环保事业:利扶贫,倡导干部扶贫,每一个部门扶贫;利环境,反对一切铺张浪费,一切够用就好。

由此看出,王正华的共赢思维,不仅在企业内部实现双赢,更在行业内推动了共同发展。作为企业家,他在思考企业生存和发展时,不是孤立地从企业自身的利益出发,而是在寻求同行业、同地域企业做大做强的宏观战略与策略。企业应通过自身的努力,获得自己应有的份额。

"万人游"香港迪士尼

2003年的"非典"阴霾逐渐散去,中国大陆出境游市场开始复苏,这让境外的旅游机构感到振奋。在这片蓬勃发展的蓝海中,出境旅游市场的后起之秀——春秋旅游出境部,异军突起,受到了业内外人士的关注。

时间到了2005年,香港特区政府耗资600亿港币与美国迪士尼合作建造的香港迪士尼乐园计划在当年9月13日正式开园。美国可口可乐公司也不失时机地利用新乐园开幕的机会,推出了一个大型有奖销售活动——"喝可乐,揭金

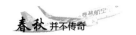

盖,游香港迪士尼"。具体是由可口可乐公司向消费者提供13亿瓶易拉罐饮料,其中有1万名购买饮料的幸运消费者,可获得试营业期间免费游览香港迪士尼乐园的机会。

如此大规模的旅游营销项目,迪士尼公司和可口可乐公司都希望与一家实力雄厚的旅游企业共同完成。一时间,这个项目成为旅游圈的热门话题。为了选择旅游合作伙伴,可口可乐公司中国区早在2004年初就与一些知名旅行社进行谈判,几经周折,却没有找到心仪的合作旅行社。

上报总部的时间已经迫在眉睫,恰好在这个时候,王正华派人给可口可乐公司送去了一份《春秋旅游发展概况》的介绍材料,可口可乐抱着一丝希望紧急安排与春秋会面。

2004年6月中旬,可口可乐驻中国办事处总经理来到了春秋位于定西路的办公室,带着几分审视。他们展示了活动方案和招标事项,并称春秋三天后拿着投标计划书,再详谈。要想赢得这场竞标,就必须得放下身段,计划书就是主要的"敲门砖"。时间只有三天,对于从未操办过万人规模出境活动的春秋人来说,这无异于一场严峻的考验。

针对此次活动的几个难点,王正华紧急召开工作部署会。他首先成立了"交通预算组",要求将目前所有能飞香港的航空公司的班次、时刻、价格予以集中比较,活动期间的机票价格也要进行预估。由于这部分交通费是由可口可乐公司承担,审核非常严格,旅行社在报价上不能有半点偏差。如果报价高,可口可乐公司不会认可;如果报价低,旅行社就会面临亏损。经过反复论证,最终他们制定出一套既有依据又兼顾各方利益的交通费用预算,形成了具有强大竞争力的报价优势。

其次,他成立"联络组"办理港澳通行证。2004年,香港游仅在国内的几个大城市得以开放,非开放地区的获奖者必须委托周边城市的指定旅行社办理通行证。他们按照东北、西北、华北、华南、中南、华东区域来寻找委托单位,并让出部分利润,提高协作积极性。由于是外部操作,出错的可能性很大,春秋制定了详尽的办证具体操作流程,以避免不可预测的错证损失。特别是和各地中奖者打交道,更是一项艰巨的任务。他们必须学习各地方言,甚至包括新疆少数民族语言，确保每个环节，从中奖登记、办证填表、申报证件、确定交通时间到车辆接送等都无一疏漏。

再次，"接待组"负责做好接待费用的承担工作。可口可乐公司对此次活动承担交通和入园门票费用，游客在香港的住宿、用餐和其他景点游览等费用都要旅行社自行消化。为了分散成本压力，团队分头找赞助，寻找酒店、餐厅、车队等供应商，要求他们提供免费或部分免费的接待。考虑到人数多而分散、环节多而紧凑，春秋还建立了应对突发事件的机制，特意协调深圳的边防检查站，开辟游客特别通道，提升游客的出境体验。

通过以上对交通航班的编排、价格的制定、全国各地同业的联络、香港接待安排等事项的梳理，一份近百页的《万人游香港迪士尼乐园计划书》，在王正华和团队连续三天不眠不休的努力下，终于出炉，比可口可乐公司要求的时间缩短了一半。或许是对方被春秋这块精心制作的"敲门砖"所感动。几天后，旅行社就收到了"中标"的好消息。中标了，情绪上的激动过后，便是真枪实弹的操作时刻。春秋人明白，他们必须用行动来证明自己。旅行社成立了以出境部负责人为首，包含企划、业务、计调、票务、香港分社等多方代表组成的工作小组，先后调动了26个省市的27个分、子公司，组建了由160多名领队和导游组成的庞大工作团队。

随着王正华一声令下，旅行社上下统一行动。通过确认中奖、报名、办证、行程确认、接送、游览等"一条龙"服务，成功组团260多个。春秋人高度集中统一的组织体系和超强的执行力，让可口可乐公司赞不绝口。

辛苦如常，冷暖自知。联络组由四个刚工作不久的小姑娘组成，为了提高自己的方言识别能力，她们用录音自学，在与近万名游客的沟通过程中，与每个中奖者至少要打10通电话。不到一年时间，姑娘们平均每天要打七八十个电话，为了保证通话效果，她们常常在夜晚拨打电话。累和困交织在一起，她们往往趴在桌上就能睡着。

有十几个从未出过远门的新疆和内蒙古的中奖者，需要先坐马车到县城，然后转汽车到省会城市，最后才能乘飞机到广州。几个小姑娘连续几周与这些游客沟通安排，在出发前几乎每天都要电话联系。一位游客在感谢信中写道："第一

次出远门就能免费游香港,还能碰到服务这么好的旅行社,梦里都会笑出声来。"

委托各地分、子公司办理通行证的过程中,他们经常会发现姓名中"音同字不同"或简繁体字差异造成的差错。为保证在出境过程中机票、证件和出境名单的一致性,领导小组向各地派出检查员,落实责任,反复核对。

最终,整个活动中,近万名游客和导游的出入境没有发生一例差错,没有一个人因联络不畅而不能成行,也没有一个人因证件延误而耽误行程,更没有发生一起书面投诉的情况。越是在困难的时刻,越能凝聚同舟共济的力量;越是在困难的时刻,越能见证春秋人并肩作战的真情。边防站领导称:"春秋人创造了一个奇迹!"

此次活动,春秋不仅收获了 20 多个城市的一手票价,即使在 2005 年 8 月民航发布通知要"增加燃油附加费 80 元 / 张"的情况下,仍实现了近 50 万元的利润。更重要的是,此次活动的社会效益不可估量,带来了显著的广告效应。13 亿瓶可口可乐饮料罐印上了春秋的"3S"LOGO,如果按每罐 0.01 元计算,春秋就节省了 1 300 万元的广告费,能够在全球知名跨国公司的产品上印上春秋的品牌,其在社会层面的影响远远超过了经济效益。

这次大型活动,成为行业领域一段关于奋斗与拼搏的佳话。当时,因没有旅行社能提供一年后全国各地飞香港的机票价格和交通价格,无法消化在港的万人吃住费用,更做不到中奖者的免费接待,没人敢接这个大团。可口可乐公司中国区总裁这样评价道:"以前我真不知道中国的旅行社有春秋这块牌子,还有一群如此有激情的员工。"

不仅如此,在旅游淡季举办香港迪士尼万人游活动,为春秋航空赢得了可观的业务量,春秋地接社成功填补了接待空窗,分、子公司的团量也大幅增加。更可喜的是,出境游业务队伍得到了茁壮成长。春秋人不仅成功把握了机遇,让同行和社会各界刮目相看,更为春秋旅游与国际著名品牌的联袂合作开启了大门。

"没有困难要春秋人干什么?"这是王正华常说的话。回忆这段艰难历程,所有参与过这个项目的春秋人,都难以用语言来表达内心的感受。当有人问:"春秋为何会接下这笔别人都做不了的生意?"王正华神回复:"做别人不愿意做的事,才更容易成功。"

跨界融合才是出路

创新，是发展的引擎；文化与旅游，则如孪生兄弟，密不可分。人文资源是发展旅游的基础。春秋集团深谙此道，视创新为生命之源，将跨界融合视为破局之道。2017年，党的十九大报告作出了"中国特色社会主义进入新时代"的重大判断。在新时代，融合发展对于完成时代使命具有更加重要的作用和意义。

在文旅融合的崭新时代，春秋集团发挥了至关重要且积极的作用。春秋旅游有长线、短线产品，也是业界最早的文旅融合发展典范。为打造上海旅游景点品牌和上海人文旅游新名片，春秋上海总部及各地分、子公司持续创新"春秋微游"品牌建设。

这个微旅游产品，巧妙地结合了"城市行走"的理念，以深入浅出且健康低碳的旅行方式，紧扣时代特色，着眼市场游客需求，挖掘和整合优质旅游文化资源和内涵，以文、旅、商跨界融合的创新形式，推出一系列主题各异的城市微游精品线路。上海总部的立意，在于让更多市民和游客深入上海的马路、弄堂，了解上海丰富的人文、历史、老建筑、民俗风情等，从而发现和体验上海的都市之美。

春秋航空也不遗余力地推动文旅融合。在航班上，通过播放各地的文化宣传片、举办丰富多彩的文化主题活动等方式，向旅客广泛传播不同地区的优秀文化。同时，春秋航空还积极踊跃地开辟一些通往文化名城和旅游胜地的便捷航线，为促进文化交流和旅游发展搭建了便捷通畅的空中桥梁。

2020年初，新冠疫情突袭全球。在中国，疫情先在武汉暴发，后波及全国，各行各业歇业、停摆，影响严重。3月15日，上海宣布恢复本地游，"上海人游上海"活动重新拉开序幕。2022年1月20日，《2022年上海市政府工作报告》发布，首次提出要"打响上海旅游品牌"。

王正华提出破局思路："疫情之中，集团上下要静心谋出路、转型求发展。"疫情限制了人们的出行，也使春秋人打破惯性思维。城市居民和商旅客人在碎片时间里产生对高品质旅游的需要，希望借此释放工作压力，发现生活新乐趣。

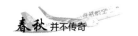

春秋旅游始终坚持防疫第一，积极、创新开展本地游，不躺平，不摆烂。他们紧紧围绕上海三大文化品牌——红色文化、海派文化和江南文化，把文化元素融入产品之中，丰富了游客的体验。"微游上海"系列产品，正体现了文化、商业、旅游的有机融合，使各类产品不断创新和富有黏性。

足不出沪，讲好城市故事。这既符合王正华提出的全国各地分社要创新发展的主基调，也是春秋人秉承的理念。春秋上海总部的"微旅游"活动，直接带动了全国各地分社陆续推出本地游产品，亮点频传。

春秋人做什么都是"一战成名"，这是业界对他们的评价。"建筑可阅读"活动正是春秋创新精神的又一体现。原上海市文化和旅游局局长方世忠曾公开评价春秋：在疫情发生后，主打本地客源深度游的"春秋微游"项目，在不到两年的时间里，历经6次迭代，创新研发出150多个产品，让21万人次从不同角度重新阅读这座城市，微旅游产品已成为春秋旅游板块的新增长点。

2021年1月1日，"迎接新年第一缕阳光"微旅游活动，由全国各地春秋分、子公司联合启动，该活动延续至今。活动围绕"自然追光"和"精神追光"两大核心，让游客在不同的目的地、不同的风景中，以不同的旅游方式和服务，感受迎新的美好。在革命历史的熏陶中，游客可以充分提振信心，为新一年注入更多的精神力量。这不仅是春秋人的精神所在，也充分体现了文旅融合产品优质、向上、正能量的特性。

然而，能量无止境。需求不等于产品，一个高质量的旅游产品的打造要对客群进行细分。春秋集团的都市观光巴士，便是一大特色，目前已在上海经营十多年，在一个半小时的观光行程中，游客能直观地领略城市的面貌。

这些建筑和空间背后，有什么故事？生活在这座城市中，人们拥有着怎样诗意、休闲的状态？哪些名人曾经与这座城市有过交集？这些问题，成为春秋人谋求创新和活力的一个突破点。

2010年，王正华提出发展春秋都市观光巴士项目，得到了上海市文化和旅游局、市交通委的大力支持，并在同年顺利启动。一辆辆双层敞篷红色巴士，涂绘着上海著名景观图案，吸引着来自世界各地以及国内游客的目光。

春秋的调查数据显示，在 2020 年前，都市观光车的乘客中，30% 为境外游客，其余多数为外省市来沪游客，每年接待 180 多万旅游人次。观光巴士的出现，满足了来沪人员碎片化、高效率欣赏和感受上海的需求。

2020 年后，乘坐都市观光巴士迅速成为申城市民的休闲、旅游体验方向，极大地丰富和提升了市民对上海的了解。有业内人士评价：将城市资源转化为旅游资源，都市观光巴士正是一种有效方式。

2023 年中国旅游日期间，上海观光巴士携手开心麻花推出全国首台戏剧演绎观光车——"开心巴士"，它变身移动剧场，将城市观光、剧场演艺、沉浸式体验、导览和互动等元素融合，打造出上海文旅创新的新标杆，引发广泛关注。

同年 9 月，春秋购入 8 台新能源双层巴士并投入运营，接过敞篷车的"接力棒"。让人没想到的是，春秋策划的一系列敞篷车"告别季"活动，吸引了来自四面八方的粉丝，纷纷前来排队等候体验末班车。

每一场主题互动活动中，前来拍照和乘车的队伍都要蜿蜒数十米。来自 70 余家媒体的近 900 篇报道，都在讲述敞篷车的"退役"新闻，表达市场及游客对敞篷车深深的喜爱之情。这场利用社交媒体和新闻媒体进行品牌建设的战役，在微信公众号、抖音、支付宝等渠道为春秋赢得了净增粉丝 10 万余人。

为了让乘客有更好的乘坐体验，上海春秋观光巴士团队不得不忍痛割爱，采取限流限售的措施。一位多年老粉，特意拍摄了一段敞篷车怀念视频，转载量破 10 万。这位公交达人，持续几年为春秋的观光巴士直播，打 Call 宣传。得知敞篷车即将"退役"的消息后，他着手编写视频剧本，自费跟拍，耗时半月有余，可见他对春秋的喜爱。

春秋旅游年度工作报告显示，春秋观光巴士 2023 年度完成营业额 5 618 万元，销售车票 85 万余张，较 2019 年增长 28.8%，反复乘坐率提升至 42%。上海观光巴士实现净利润 2 355 万元，全年人次达 110 万，均创历史新高。现今，观光巴士已从上海走向了广州、南京、福州、厦门、哈尔滨，成为行驶在繁华街头的流动风景。

成为百年老店都会有疼痛

有人说过,不逼自己一把,永远不知道自己有多优秀。王正华也认同这一点:凡是能让人变好的事情,过程都会伴随着疼痛。这些话说的看似是浅显的道理,但回顾他这些年的创业历程,可知许多事看着不难,做起来却并没有那么容易。

他习惯经常作总结,在春秋集团"航旅景营"大会上,春秋人每次都能听到他充满励志色彩的话语以及商业战术分析。他的言谈中,充斥着激情、决心,甚至是誓言,鼓励了无数的春秋人。

无论外部环境如何萧条,市场如何变化,春秋人的身心始终保持着亢奋、狂热的状态,他们不知疲倦、不计条件地投入随之而来的市场竞争中,以至于有人说进入春秋的人都被"洗脑"了。

用王正华的话来说:"春秋人,任何时候都要拼命工作,持续努力。因为努力会让今天的你更有价值。你不会总停留在一种愿景里,真正属于你的成功总有一天会到来。"

最动人的战鼓,总要淬炼成最锋利的刀刃——在春秋,每个誓言都化作攻城略地的行军路线。

春秋人强大的执行力,在业界是出了名的。旅游板块的业绩,就是一个很好的证明。2020年以来,他们实现了扭亏为盈。

上海、深圳的"泰国旅游团"率先出行,是全国首个恢复出境团队游的项目;上海都市观光巴士经营效益、客座率刷新历史纪录;前往南极和南美的旅游团客单价再创新高;长江三峡邮轮销售,实现了旅游创新与高端市场的双重突破……另据春秋旅游信息快报披露,2023年8月,2023年至2024年长白山雪季产品开启早鸟计划预售,开售仅8个小时,营业额突破500万元。

疫情对人们的生活产生了不可逆的改变,比如人们的消费更加理性,要便宜、要品质,还要服务好,会玩能花,货比三家。王正华摸透了当下游客的心态,他提醒和告诫团队,要将其当作新的机遇,要不断地思考,为游客提供更优的价格、更好、精准的服务,加快春秋集团"航旅景营"融合的发展步伐。

未来，旅行社业务仍然会是春秋集团的主营业务之一。王正华在集团大会上屡次强调，游客体验至上的理念要保持下去，需要从细节入手，让旅游服务变得个性化、品质化、交互化、沉浸化。从传统到多元的路，春秋旅行社在走，其他旅行社同样也需要走，这样旅行社才不会消失。

时间来到2024年，有人说"旅行社会消失"，王正华认为"这不太可能"。放眼望去，不只旅行社在做旅游，不同行业的人或机构也在进军文旅业。他很赞赏新东方的转型，几年前，新东方还在为停止小学和初中学科业务的线下招生发愁，转眼间，便华丽转身，打造"东方甄选"，跨界成立旅行社。新东方推出的文旅产品值得借鉴。

在产品升级的路上，春秋人经历了很多酸甜苦辣，即使在疫情的背景下，仍不断地尝鲜、试错，陆续推出了各类特色项目，包括春秋微游、春野秋梦露营、春秋都市观光巴士"换新车"等。这一匹匹黑马，焕新了人们的旅游视角。2023年10月，文化和旅游部联合5个部门遴选"第一批交通运输与旅游融合发展"典型案例，春秋的都市观光巴士率先入围。

虽已年近80岁，王正华依旧紧跟时代步伐，在文旅产业转型的浪潮中，这位行业先锋笃信：深耕需求端的创新产品将成为撬动产业链升级的支点。时代在变化，社会在发展，旅行社更应该走在进步的路上。旅行社仍会是旅游业的支柱产业，不但不会消亡，还会发出更强有力的声音，更好地满足人们对"美好出行"的需求。

持续的向好，少不了利好政策的加持。2024年两会后，有关淄博、哈尔滨等网红城市作为文旅目的地持续上热搜，各项文旅政策规划纷纷出台，旅游市场正在得到自上而下的规范以及专业化的引导发展，这使得有关文旅正能量的声音越来越多，王正华更加坚定对旅游业的信心。有关春秋旅游的故事，也在不断上演。复苏、回暖、向好的主旋律下，他把春秋集团的目标定得更远、更大——打造百年老店。

从四十不惑时毅然下海的创业家，到八十耄耋仍运筹帷幄的实业家，王正华始终坚信，伟大的企业，因目标而伟大。企业想要增长，就要改变做"麻雀"的心态，择高而立，树立一个高远的目标，成为"雄鹰"。只有目标又高又远，企业家才有大格局，企业才能实现大增长。

第五章：飞啊，勇敢地飞

他，坚持三年递交民航报告，最终换来可以申报航空公司的喜报。在各界质疑声中，他以花甲之年少有的果敢，带领团队毅然迈入低成本航空的经营行列。

他，有一个航空梦

经过股份制改革的春秋旅行社，如猛虎添翼，焕发出蓬勃的生命力，已经成长为年营收超过35亿元、年组接团人数达160万人次，连续十二年国内旅游排名第一的旅行社，旗下拥有包括7家境外公司在内的38家全资子公司。

然而，在前所未有的成功面前，王正华没有一丝骄傲与自满，经历过激情岁月洗礼的他，深刻理解"打铁必须自身硬"的意义。要想在竞争中立于不败之地，必须苦练技能，紧随社会发展，与时俱进。

当众人都沉浸在兴奋中时，只有王正华一直在考虑交通运输的问题。经过初步核算，交通费用在旅行成本中占比高达50%。对此，许多旅行社无能为力，压缩了旅游产品的价格空间。如果能成立一家航空公司，或许能将旅游产业链上的交通环节牢牢抓在手里。

大多数人觉得，此时60岁的王正华已经功成名就，完全可以退隐山林，享受生活。一些最早跟随他的老部下多次提议，奋斗这么多年，无论是旅游业务，还是包机业务，都做到了全国第一，是否可以适当提高分红比例，改善一下生活？真正了解王正华的同事，被王正华视为左膀右臂的张秀智却深知，老板根本停不下来，他一定又在思考新的领域、新的突破点。

她猜测得一点儿没错，在春秋旅行社包机业务取得巨大成功之际，王正华带着张秀智等人拜访了全世界最大最强的十家旅行社，认真考察了美国、欧洲具有代表性的20多家航空公司。作为中国包机业务最成功的批发商和排名第一的民营旅行社，王正华的到访，也为这些公司了解中国和中国市场提供了绝佳的机会。

每一次出访，王正华都会与对方各级管理人员进行深入交流。他在《西南航空》这本书中，看到了美国西南航空的成功经验，心中埋下了一个"廉价航空"的种子。他敏锐地意识到，结合中国国情，发展廉价航空是最具可行性的选择。

在走访调研中，他发现，但凡市场经济成熟的国家，航空公司的主体都是民营企业。他认为，中国的市场经济改革一定会不断深化，民航业的垄断一定会被打破。

他开始深入分析春秋成立航空公司的可行性。一方面，中国地广人多，对航空交通的需求很大，只是机票价格较高，将很大一部分潜在客户拒之门外，廉价航空在中国必然大有可为。另一方面，廉价航空既能使春秋旅行社的旅游产品具有巨大的价格优势，又能有效提升其品牌形象。

一个整合产业链上下游，极具互补性和联动效应的"旅游+航空"的大图景，在王正华的脑海中浮现了出来。当他把这些想法与大家分享时，没有一个人同意，都认为他"发烧了"。尽管这个时候春秋旅行社已经做到了全国第一，可是要成立民营航空公司，岂止是隔行如隔山，简直是痴人说梦。

旅游业的利润最高只有1.5%，如此微薄的利润，如何承担飞机如此大的开销？那个时候，春秋的旅游业务已经忙得不可开交，还要涉足民航业这种资本密集型、回报低、周期长的行业，简直是天方夜谭，具有极大风险。

春秋最初只是一个起步于2平方米铁皮亭子的小旅行社，如今刚刚挺起腰杆，就要挑战这种高难度的行业，无异于拿鸡蛋碰石头。面对这些不同意见，王正华笑称：经常做"白日梦"的人，更容易成功。

执拗的王正华，尽管大家都在劝他要理性，要清醒，要有自知之明。但一旦他的倔强劲上来，谁也拉不住。他向大家详细地阐述"民航业词典"，实际上，此事在他心里已经足足酝酿了三年多，他觉得时机不成熟，就没向团队公开宣

布。他和大家说:"什么是航空?它是人们出行24小时以上,在100千米以外的非居住性转移,这跟旅游一样,都在一个大范畴之内。"这些理论,他早已烂熟于心。

春秋之前做的旅游包位、包机,都是为进军航空业所做的准备,已打下了一个很好的客源基础。当初王正华打造"散客为王"的初衷,就是要改变"旅游为何只是有钱人的生活方式,而不是平民百姓大众的生活情调"的现状。

随着时代的发展进步,市场经济形势的好转,老百姓对航空出行的需求越来越强烈。况且,中国民航业经过多年的发展,积累了一大批优秀的航空人才,他们渴望新机会,愿意冒险,这为民企进入航空业提供了充分的人力资源保障。

在可预见的时间内,外资航空公司还未被允许在中国任意两个城市之间组织客源,而组织散客又是春秋旅行社的强项。王正华坚信,中国民航业未来一定会有民营企业的身影,而春秋旅行社,一定是最有机会也最有可能的一家。

2004年,中国的改革开放已经走过了二十六个春秋,加入WTO也已三年,那个做任何生意都要先问"姓资姓社"的年代早已成为历史,那种由国家分配一切资源的岁月早已渐渐远去,市场竞争正在成为中国经济生活的一种常态。

王正华越想越觉得此事可行,他便开始讨论自建航空公司的可行性。在当时的中国,出门坐飞机绝对是一种奢侈消费,包机旅游的火爆,足以说明老百姓日子好了,生活富裕了,都有了"世界那么大,我想去看看"的美好愿望。

早在1997年,王正华成立春秋包机公司时,就加紧了对民航方面的关注,他大量订阅民航类的报纸杂志,逐字逐句地研读。

包机的成功,让王正华意识到,这不是一个结果,而是一个开始。他暗下决心:要让中国老百姓都能坐上飞机,坐得起飞机。每一个决定,都饱含着他的深思熟虑,每一次投资,他都是有备而来。

王正华用了十年的时间"备课",脑子里装满了各个国家航空公司的成功案例,如韩亚航空、日本航空、汉莎航空的子公司康多尔航空、澳大利亚快达航空等。特别是美国西南航空的经营理念,他更是学到了骨髓里,这与他做低成本旅游的理念不谋而合,为他日后打造"低成本航空"奠定了坚实的理论和实践基础。

通过多次考察，他逐渐了解航空公司的一些行业惯例。每逢淡季机票打折，一到旺季机票就单方面涨价。他在做包机路线时就深有体会，旅游的利润微乎其微，大头都给了航空公司。

正是基于这种不甘心为他人做嫁衣的心态，他才萌生了自建航空公司的想法，希望通过降低运营成本，让利于消费者，使乘飞机就像坐火车卧铺一样便宜。一个成功的企业家绝不会安于现状，对未来的发展，他胸中自有沟壑。早在1994年，春秋旅行社开始蝉联国内旅游全国排名第一时，王正华已经萌发了转战"蓝天"的想法。

十年旅游发展历程，王正华始终处于蓄势待发的状态。说他了解航空市场，又不完全了解。基于航空业的水太深，从事旅游业的他，对这个行业充满了期待，这让他更坚定了"下水一试"的决心。

在这个过程中，王正华深入研究了美国西南航空公司的运营模式，包括航线规划、机型选择、成本控制、市场营销等方面，并将这些成功经验与中国市场的实际情况相结合，逐步形成了春秋航空独特的经营策略。或许在那个时候，他在想象自己成功的模样时，嘴角会不自觉地上扬。

何谓民航业的"廉价航空"

低成本航空公司的兴起与发展，从根本上说，源于经济发展带来的航空旅行模式的转变——从昔日的豪华奢侈，走向今日服务大众的经济出行。调查数据显示，中国年均每15人中有1人乘坐一次飞机，而美国每人年均乘机2.5次。除了物质水平的差距外，美国低成本航空的蓬勃发展也是重要因素。

探究海外航空业发展史，低成本航空并不是什么新鲜的事情。早在20世纪，美国西南航空就开创了廉航的先河，其运营模式已成为行业教科书，这得益于美国1978年的航空管制放开，为廉价航空的崛起创造了绝佳的机遇。

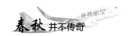

何为低成本航空公司？它又被称为低价航空公司，主要经营客流量大的短程航线，采用波音737或空客A320、A321等中型客机，多在二级机场起降，不提供免费餐点、咖啡等附加服务。由于经营成本大幅压缩，低成本航空公司的票价比传统机票价格低得多，甚至仅为主流航空公司票价的五分之一。

近年来，尽管世界民航市场遭受沉重打击，但以美国西南航空公司、欧洲瑞安航空公司为代表的低成本航空公司却一枝独秀，利润节节攀高。

曾几何时，航空服务被视为一种公共产品，受到严格监管。美国民用航空局决定航空公司是否可以获得某条航线的运营权，以及航班频率和运价，并规定票价需达到12%的投资回报率。

显然，航空公司是这一机制的既得利益者，与之对应的就是低效率和高价格，机票价格和飞机一样高高在上。这种低效的管理模式在1978年结束了，在多方推动下，美国航空业终于逐步放开管制，行业迎来了市场化的发展，开始了激烈的竞争。

放开之后，大量公司涌入市场，1975年，美国航空公司仅有36家，到1980年，航司数量达到63家，到1985年，航司数量更是达到102家，几乎翻了三倍。如此一来，价格战不可避免，在激烈的竞争下，行业加速洗牌，大量航空公司申请破产。

1979年至1989年，美国航空客运业的净利率明显下滑，有高达88家航空公司申请破产保护。企业效益降低，大量航空公司破产，行业陷入低谷。而美国西南航空就是在这样的背景下崛起的。航空管制放开后，这家公司迅速扩张航线网络。

接下来，就是很多人耳熟能详的故事了。美国西南航空坚持低成本战略，坚持短程直飞模式，避开航空枢纽，选择二线机场降本增效，同时只运营一种客机，以降低运维成本。在舱位设置上，西南航空选择单一舱位，不设头等舱和商务舱，以降低单位座位成本。此外，由于不提供机上膳食，不需要餐车，飞机可腾出空间增设座位，进一步降低了单位座位的成本。

通过一系列降低成本的手段，西南航空在美国航空业留下了不可磨灭的一笔，它实现了超越行业的增长速度，甚至在行业面临危机时还能逆势扩张。洗牌之后，低成本航司逐渐占领市场，成为美国航空业不可或缺的一部分。

国内航空业的发展，可以说很大程度上借鉴了美国的发展路径。20世纪80年代，中国的土地上，正经历着一场巨大的变革。航空业在经历了几十年的发展后，终于在2004年迎来了新的机遇。党中央宣布要打破国企对民航业的垄断，允许非公有资本进入民航业。

改革的春风，吹来了管制放开的利好政策，民营企业拥有了诞生的土壤。由于中国人口多，整体经济相对欠发达，人民群众对低成本、低票价的航空服务有着更强烈的需求，中国的低成本航空公司有着更大的发展空间，中国必将会成为低成本航空公司发展的沃土。

恰恰在这个时候，王正华已经做好了准备，也等来了他的机遇。凭借着清晰的战略定位，他在中国首创低成本航空模式。

变不可能为可能

稻盛和夫的《干法》是一本关于工作方法和态度的书籍，向读者传达了一个重要的观点：将"不可能"变为"可能"，需要坚定的信念、积极的行动，以及不断地努力和成长。王正华也坚信，只要坚持，梦想总是可以实现的。

奋斗，努力把不可能变为可能，是王正华的信条。王正华对未来公司的前景很乐观。但想是一回事，做又是一回事。航空公司不同于旅行社，旅行社门槛较低，春秋要办航空，面临的最大挑战之一是市场准入要求。

2000年初，民航业还是一个完全没有民营企业涉足的领域。谁听说王正华要办航空公司，都觉得是天方夜谭，就连他自己的团队亦是如此认为，上海市、区政府部门以及各方领导也持相同态度。

为了劝阻王正华，春秋团队多次"组团"寻找"中间人"，试图让他"悬崖勒马"。他们觉得，春秋搞了这么多年包机业务，一直在和航空公司打交道，更

加了解民航业的复杂和深不可测。在旅游从业者眼中,旅行社看航空公司,就好像地球上的人看星星,高不可攀。而航空公司的人看旅行社,如同看地球上的小蚂蚁,不屑一顾。

王正华的一些老部下还公开表示,包机业务做得热火朝天的时代,民航业是国有企业完全垄断的市场。不要说成立民营航空公司,光是有这个念头,在很多人看来,都是荒诞不经的。民营企业想做捅破天的事情,做起来难不说,光是"民营企业"这四个字,就足以将这个想法扼杀在摇篮里。

时任上海市人大常委会主任的龚学平,听说王正华要办航空公司,专门约谈了他。见面伊始,他就语重心长地说,不要乱来,航空公司竞争激烈,行业复杂,全世界大部分航空公司都在亏钱,你们亏得起吗?此人担任过上海市副市长,一直以来,王正华都很尊重他。他知道龚学平的劝告并非责备,而是出于对他和春秋的关爱,担心春秋会吃亏。

王正华的汇报语调却异常笃定:我们从2平方米的铁皮亭子起家,像这种既没有背景,也没有靠山的民营企业,哪有单纯且轻松的生意等着我们?只有到竞争最激烈的行业中去拼搏闯荡,才有可能找到一条出路。从自身发展定位看,以旅游包机为例,最开始不被看好,但靠一点一滴积累,结果做得都还不错。

2002年11月,党的十六大明确提出:推进垄断行业改革,积极引入竞争机制。2003年年末,电信、民航和铁路等垄断行业终于向民营企业敞开了大门。

就如王正华所料想的那样,路都是自己走出来的,馅饼不会从天而降,民航业的开放是迟早的事情。可让他没有预料到的是,民航业的开放会来得如此之快。2004年1月,在国务院新闻发布会上,时任中国民用航空总局(2008年更名为中国民用航空局)局长的杨元元说:"关于低成本航空公司在中国怎么实现,大家还有不少议论。在中国,有些民营企业和大型旅行社,已经向中国民用航空总局提出了关于低成本航空的申请,中国民用航空总局准备同意他们开始筹备。"

这次会上,杨元元还清晰地指出中国民航业改革的总体思路:以开放促改革、促发展,分阶段实现航空运输市场和服务保障市场的基本开放,消除市场准入方面的制度性障碍,充分发挥各类投资者投资民航业的积极性。

听到这个利好消息，王正华激动不已，他深知杨元元提到的大型旅行社就是春秋旅行社。因为在发布会前一天，杨元元的秘书曾电话通知他，要注意按时收看新闻发布会。看完发布会，他仿佛看到了曙光，在春秋的大旗下，一支精锐的廉价轻骑兵部队已集结，只待他一声号令，将势如破竹般地冲向国内外航空市场。

是什么给了他超越常人的自信和底气？面对困难重重的现实，王正华不甘心，更不愿意坐以待毙。他早已付诸行动。

自2001年以来，他给民航部门写报告，一写就是好几年。每三个月，春秋都要向中国民用航空总局递交一份报告，报告内容特别丰富。比如旅游包机是怎么回事，旅行社、游客、航空公司各有什么获益，包机成功的关键点在哪里，怎么提高航班客座率等。正是这些报告，才有了民航局运输处领导"关注春秋现象、关注春秋模式"的批示。

春秋的报告主要送往中国民用航空总局的两个部门，一个是办公室，一个是运输司。王正华明白，成立航空公司，必须得到运输司的批准。刚开始递交报告时，中国民用航空总局根本不予理睬，他们认为旅行社与中国民用航空总局并没有任何关联，甚至将报告扔置一旁，置之不理。

对于被冷落的事情，王正华说起初报告没有得到回复是正常的，他自己也知道，春秋只是一家不起眼的旅行社，连航空公司都不是，一架飞机都没有，人家怎么会感兴趣，更别提理睬他了。甚至有人嫌他烦，说："你一个开旅行社的，怎么比国有航空公司来的次数还多？"可他偏偏不为所动，依旧充满信心。他坚信，只要认认真真写，写的东西一定是有用的，总有一天他们会认识到"老王"对市场是有些独到见解的，而且相信春秋是有实力把航空做好做强的。

为何要花费大量心血，组织人员收集材料，甚至专程跑到北京递交报告呢？王正华的想法是，任何时代，想做成一番事业，哪能不受委屈。尤其对于从事服务行业的人来说，这点委屈根本不算什么。每一次，他都和张秀智两个人亲自去，拿着报告，说着好话："请领导看看，请领导看看。"

这些报告，不说空话套话，只写实用的内容，列举实际案例，讲述真实故事。为了准备这些报告，春秋下足了功夫，专门成立了一支精干的报告创作团队，来完成资料的收集和报告的写作。

王正华对报告提出三点要求：第一，报告内容，必须以讲故事为主。要让人读着感兴趣，不要让人读了生厌，更不能让人读了头痛。第二，每个报告，必须重点讲一个故事。其他面上的情况，用五分之一甚至更少的笔墨交代清楚即可。第三，每个故事必须有代表性。要么体现春秋旅行社的特点，要么体现春秋旅行社对民航业的深度认识，不能为了报告而报告。

撰写报告这件事，充分说明了一点：王正华的成功，并不是完全靠运气，也并非仅仅得益于时代所赋予的机遇，更多的是他、张秀智以及团队对已认准事情的全力以赴和努力。

春秋旅行社曾在张家港组织当地农民到三亚去旅游，当时有一家航空公司的一架飞机因为某些合同的原因停飞。到了晚上8点，他与航空公司协商，要把这架飞机租给春秋，支付一些燃油费和飞行员的小时费。最终，他以很便宜的价格租到了飞机。他将此事专门写成报告，递交给中国民用航空总局。类似这样鲜活生动的"故事汇"，每个季度都会呈送到中国民用航空总局。

持续不断地送了"N+"次报告后，他们的努力有了回报。中国民用航空总局运输司原副司长吴克旺，在连续审阅了春秋旅行社的多份汇报材料后，作出了特别批示，他要求运输司的相关同事，专门调研和研究春秋现象，思考：为何一家旅行社，能够把航空公司都做不到的事情做得这么好；为何一家旅行社，能够为国家创造这么大的财富；为何一家旅行社，能够既让游客满意，也能让航司和自己都获利……

吴克旺早年曾在中国民用航空总局驻美国办事处工作多年，在民航内部，他一向被视为最有国际化视野的学者型官员。当春秋旅行社得到吴克旺的青睐后，中国民用航空总局内部，人人都知道上海有家全国最大的民营旅行社，他们的老板王正华非常能干，他想办一家航空公司，并且一直在为此做各种准备。

情况确实如此。春秋旅行社的包机业务做得全国有名。最成功的案例便是热门的海南航线。每年有约28万名游客通过春秋旅行社的包机奔赴海南旅游。其中通过北京春秋国旅包机前往的游客有六七万人次，几乎达到了365天每天一班、每班153人的规模，利用客源优势和成本优势，春秋旅行社让游客以更优惠的价格畅游海南。

有业内人士称，参照日常旅行社获得的包机折扣，低成本航空公司的票价自然会以更低的折扣出现，2折、3折并非不可能。以上海至海南的包机游为例，机票折扣已低至3.5折左右，而低成本航空公司，票价势必会更低。

很多时候，机会就是留给有准备的人。2004年春节前夕，王正华正式向国家中国民用航空总局提交申请成立春秋航空公司的报告。大年初三，杨元元局长作了批示。

同年4月27日，趁着来上海参加"国际航空论坛"的机会，杨元元接见了王正华。这是他们的首次会面，没有多余的寒暄，杨元元开门见山，第一句话就是："你们要办航空公司，能不能不进中国民航信息集团有限公司（后简称"中航信"）系统？"王正华不假思索地答应了。

事后，他的决定在春秋内部引发了轩然大波，所有的航空公司都靠中航信系统卖票，春秋不进这个系统怎么卖票，只做旅游航线能赚钱吗？一时间，质疑声、讨伐声接踵而至。

面对这些质疑，王正华只当是小插曲。他仍在为建这个航空公司做积极准备，因为国家已准备开放民航市场，中国民用航空总局最先想到了他，说明他每月一次、连续三年投递的"报告"起了作用。

没过几天，他接到来自民航华东局的电话，约他去局里谈谈。4月29日，王正华准时赴约，时任华东局副局长的郭有虎告诉他："你们开始准备合格审定吧。"他这才知道此前杨元元局长见他时，早已将一切安排妥当，并叮嘱郭有虎，要花精力帮助春秋、关心春秋，尤其是在安全方面。

要深入了解中航信系统，才能更好地理解春秋当时的处境。航空运输业是一个高度依赖信息技术的行业。中国大陆几乎所有的航空公司，包括中国国际航空、东方航空、南方航空（后简称国航、东航、南航）等三大航空公司在内的航班数据、票务数据，甚至机票的代理结算清算，都通过中航信的平台进行，中国大陆所有机场的航班进出港数据，全部来自中航信的平台。大陆几乎所有的机票代理销售公司，都在中航信的平台上完成机票销售。

另据民航业内人士透露，各大航空公司都曾或明或暗地试图改变这种被动局面，做过了各种尝试，但在利益、惯性和各方博弈的影响下，这些尝试要么无疾而终，要么半途而废。

中航信不但掌控着中国机票分销系统，还通过和各地机场合资成立名为"凯亚"的公司，把控着机场的离港系统。离港系统的机票数据和业务数据全部来自销售系统。也就是说，凯亚公司既是各地机场离港系统的运营和管理方，同时也代运营着许多机场的信息系统。

离开中航信，机票无法售出，乘客无法乘机，飞机无法离港。要打破民航的垄断，最先要从摆脱中航信系统开始。即使面临这样的困境，王正华还是一如既往地坚持自己的决定。话已说出，坚决不能收回。他更明白杨元元局长的深意：这是要实现中国加入"WTO"的承诺，中航信的独家垄断是与WTO精神相悖的。几个月后，中国民用航空总局同意民营资本经营航空公司，春秋航空成为国内首批民营航空公司之一。

2004年4月，春秋航空开始排兵布阵，选派精兵强将组建团队，开始春秋航空的全面筹备工作。与此同时，他和团队开始着手独立开发一套IT系统，这种离港系统技术十分复杂，需要24小时不停运转，一刻也不能出现差错。

之前提到，王正华从1992年开始，陆续投入2 000万元开发了一个统一的电脑技术网络，这个系统一度帮助春秋旅行社成为国内最大的散客资源聚集商。即将成立的春秋航空，同样需要这样一个信息服务系统。

王正华就是这样一个人，你让我做，我就会努力去做。当然前提是已经论证了这件事的可能性和必要性，而且坚信自己会做得更好。

后来，当他向杨元元提出"我们愿做试验田"的承诺时，杨元元告诉了他自己不想让春秋航空加入中航信的良苦用心。如果由春秋航空自己开发B2C系统，其运营成本就会降低很多；如果依靠中航信，那就会多出一笔很大的开销。对于初创的航司来说，节约成本为上策。

2004年5月26日，得到中国民用航空总局的批准后，春秋航空公司正式扬帆起航。6月8日，春秋航空在上海召开新闻发布会，宣布由春秋旅行社和春秋包机公司共同组建春秋航空。一架象征着希望与变革的战鹰，振翅翱翔于蓝天之上，开启了中国民航业"低成本"的新纪元。

旅游和航空的碰撞

春秋航空的筹备工作，可谓是"一波三折"。一群从事旅游业的人要进军航空领域，大家都是"门外汉"。然而，这并非劣势，反而是一种优势。正所谓"才子为才所累"，专家往往会被自己丰富的专业知识束缚思维；反而"无知者无畏"的"门外汉"能够天马行空，通过旅游思维，攻克一道道航空难关。

老天是公平的。王正华带领的这群"门外汉"，虽然缺乏技术和知识，但拥有自由发散的思维，以及成功企业家所具备的极富创造力的思考方式。那个时候，旅游从业人看航空公司，就跟地上的蚂蚁看天上的星星一样，完全是仰望状态。公司新成立的时候，传统航空公司过来的干部，对老春秋的人"看不上"，也是人之常情。

为抓紧一切时间学习，王正华组织团队在工作中边干边学。进入筹备组后，春秋旅行社的干部面临的第一个任务就是和航空公司的同事一起编写手册。民航业是一个对安全高度重视，特别讲求精细化管理的行业，手册化管理是其基本特征。遇到问题，先查手册，是民航业的基本工作方法。如果出现手册上没有涉及的新问题，则必须在问题得到解决后，第一时间写入手册。

如何更快地让之前从事旅游行业的春秋员工转变成航空专业人士，人力部门绞尽脑汁，组织了大量的业务考试，并且规定80分为及格分数线。这是典型的春秋风格，通过强化培训，达成全员共识。在开展包机业务的时候，春秋旅行社曾总结出"128条包机流量法则"，要求所有总经理和业务骨干人员必须全部牢记，烂熟于心。

然而，这一做法却遭到了来自海航的春秋航空运控中心筹备组负责人的反对。他认为：背熟了，记住了，又能怎样？时间长了也会忘记，甚至还有可能记错。在航空公司，遇到问题不能靠死记硬背，而要靠手册说话，一切以手册为准。

以机供品登记手册为例，在这些产品登记问题上，春秋人最初的想法是直接用人力三轮车将机供品运进停机坪，然后再靠人力搬上飞机。当他们把这个设想告诉民航华东管理局的领导时，对方简直不敢相信自己的耳朵。

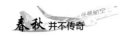

正是通过这个"幼稚"的想法问询,他们才了解到机供品进入机场有一系列复杂且规范的检验流程。最终,经民航华东局许可,他们可以使用金杯汽车来运送机供品,但前提是登机手册必须通过审核。于是,他们便参考其他航空公司的手册,结合自身特点进行修改,最后顺利通过了考核。

让王正华头疼的事情之一是,他培养起来的旅游干部与航空业专业人士相遇时,如何实现彼此之间的快速融合、默契配合。这既是他面临的一大难题,也是每一位参与筹备的干部都要面对的一个新课题。

2004年9月24日,王正华在给时任民航华东局副局长郭有虎所作的筹建工作汇报中提到,根据局方提出的组建领导班子、招聘各类民航专业人才、组织相关手册撰写、运行管理等有关软件开发建设、飞机购租谈判等工作要求,他们已经引进了一批专业人才。有来自境外的卡塔尔航空公司的飞行人员,有来自中国澳门航空的飞行人员,有来自兄弟航空公司的领导骨干和复合型人才,以及来自民航局和航空公司的退休资深专家。

此外,按照局方要求和春秋航空低成本的运营模式,他们还组建了飞行部、维修工程部、运行控制部、安全监察部、运输部、保卫部等业务部门,以及办公室、财务部、规划发展部、人力资源部等职能部门。

在陆续准备、筹备的三年时间里,包括王正华、张秀智在内的团队没有休息过一天,他们总有各种写不完、改不完的手册,开不完的会,解决不完的问题。旅游干部与航空人员之间的交流,也曾闹出不少笑话。

一次开会,会议的主题是讨论购买哪种飞机机型,大家七嘴八舌地发表意见。一位从山航来到春秋航空的老总突然发起火来,他拍着桌子,大声说道:"你们都是航空人了,能不能专业点,不说外行话,什么机翅膀、机尾巴的?那叫机翼、机尾!"

旅游从业人也觉得自己很委屈。虽然人家嘴上尊重你,恭维你是领导,协助航空工作,但在内心深处,还是有一些芥蒂。这些芥蒂主要是因为他们对春秋的企业文化、管理风格既不了解,也不认同。"不断磨合,都要体谅、理解。"王正华两边劝解,要他们多加强沟通,多学对方所长,大家一起攻克难关。

然而,还有比这更重要的事情,需要王正华抓紧敲定——飞机选型。对于航空公司来说，飞机选型非同小可，绝非仅仅是挑选一个设备品牌，或选择一种普通的交通工具，它关乎着企业的命脉。

从更广阔的视角来看，飞机选型需要综合考虑飞机性能、航线经济性、发动机匹配性、航线实用性、机场适应性等因素。而其关键在于对安全性、实用性、经济性的考察指标。

每一项决策，都必须慎之又慎，如履薄冰。那一段时间，王正华和他的团队吃住都在公司，废寝忘食地工作。王正华协调各方资源，谋划战略；张秀智率队指挥并兵分多路推进筹备事宜，同时想方设法去"挖"各路航空人才。

筹建组其他成员也日夜不歇地收集各方信息，计算飞机的市场价、租赁费、航材等各项费用，并进行大量的评估，特别是不断地将波音与空客的各项参数进行比较。于是，就出现了这样一个场景：每天中午，王正华、张秀智等春秋航空筹建组成员的核心成员，几乎都在同一张饭桌上用餐，大家随时保持着高效的沟通，连片刻零碎时间也不放过。

从当时的市场情况看，空客和波音无疑是世界上最先进的机型，他们初步考虑选择波音737。但最终，为何春秋航空选择了空客A320？王正华给出了"四个"关键原因。

其一，体系不同。本地化和产业合作是空客在中国市场战略的核心关键词。空客在中国的本土化程度较高，有独立的售后服务保障团队。波音奉行全球化、多元化的合作战略，虽然在中国设有服务保障团队，但缺乏直接的销售团队。

其二，重视程度不同。波音中国团队仅派出了两位负责人进行谈判，但其销售权限有限，合同话语权仍掌握在总部美国。春秋航空的一些主要筹备人员都参加了那次谈判，但最终并没有谈出结果。空客中国团队则由一位高级副总裁带队过来拜访，一切商务和合同事宜都是这个副总裁"一手抓"。

现实是，当时的春秋航空还没起步，被人瞧不起也是情有可原。往往在这种时候，做对一个选择，显得尤为重要。波音中国的谈判价格坚挺，在市场上呈现出供不应求之势，态度上难免有一些"傲娇"。空客中国这一方则极力地推介着自己，在价格上、语气上，都显得诚意满满。

最让王正华无法接受的一点是，波音不仅回馈信息慢，一个问题，最快要等

待三五天才能得到回复,最慢的甚至要等上一周的时间。而且他们传过来的资料都是英文版本的,要想弄懂,还要现找翻译帮忙。空客在这个环节上,显得人性化十足。他们提供的资料,中英文版本都有,而且回复信息相当快。在重视程度上,两方形成了鲜明的对比。

权衡再三,王正华、张秀智开始向空客这方倾斜。从技术角度看,空客A320很先进,也更成熟。这是由欧洲空客公司研制生产的单通道双发中短程150座级客机,虽然载客容量不能与波音系列相比,但也仅次于波音737系列,是历史上销量第二的喷气式客机。更重要的是,它在性能优越的同时,还兼具成本较低、安全性较高的优点。

其三,价格上的差异。从价格角度看,无论是购买还是租赁飞机,抑或航材费用,波音都比空客高出大约30%。虽然筹建航空的参与人员中有熟悉波音的,但与飞行副总沟通后,他们都一致认为,即使选择空客,在维修上也没什么大问题。

其四,时间的紧迫性。由于当时春秋航空向民航华东管理局汇报的计划是"七月份要飞",时间异常紧迫。如果选择波音,需要层层审核、批复,程序很慢。而如果选择空客,飞机交付的时间则不存在任何问题。综合各方因素后,王正华、张秀智等决定选择空客A320。2005年1月,王正华向董事会报告了这一决定,很快通过。

春秋航空在飞机选型上的这一决定,后续引发了国内民营航空公司的纷纷效仿。如鹰联航空、东星航空、吉祥航空等都选择了类似的策略。春秋航空的示范效应,成为空客打开中国市场的风向标。

但此事,却让王正华意难平。2005年,美国参议院议员来春秋航空访问时,曾问及春秋开航时飞机选型为何没有选择波音。一向沉稳的他终于可以一吐为快:波音诚意不够,回应速度慢,给出的价格和后续支持等不符合当时春秋航空的实际情况。

这位议员回国后不久,波音中国负责此次谈判的负责人便被解雇。但这个结果,并不是王正华想要的。他认为,合作双方,诚意是第一前提。随着春秋航空的日益壮大,波音也逐步加大了对春秋航空的重视程度,所提供的合作条件也远胜于 2004 年。2012 年，春秋航空日本株式会社（以下简称春秋航空日本）成立时，一方面为了平衡与各方的关系，一方面为了满足地方战略发展的需要，在飞机选型上，春秋航空日本最终选择了波音 737。

实践证明，春秋航空选择空客 A320 机型是正确的。单一的 A320 机型为春秋航空在运营、维修和管理方面节省了大量的资金，也为春秋航空的起步和快速发展创造了有利条件。

"兵马未动，粮草先行。"机型选好了，紧接着就是解决相应的航材问题。而航材当中，周转件是重中之重。春秋人用智慧解决了飞机零部件的 POOLING（航材共享）保障问题，同时在国内航空公司中开创了飞机零部件 POOLING 保障的先河，紧接着一些航空公司纷纷效仿甚至照搬了这个模式。

航空公司成立了，飞机到位了，相应的航材问题也解决了，但这并不意味着可以马上把游客装进飞机，因为在这一切之上，还横亘着一道至关重要的安全关卡。这也是王正华最担心的事情。只有确保安全没问题，春秋航空才能顺风顺水地发展下去。一边筹备春秋航空，一边制定安全制度条例，条例多次修改，纸张摞起来有一人多高。这些安全条例的制定，也离不开中国民用航空总局的大力支持。

令他没想到的是，时任中国民用航空总局副局长的高宏峰和中国民用航空总局政策法规处的袁耀辉，居然亲自帮助春秋航空完善了规章制度。袁耀辉专程飞到上海听取王正华的汇报，严肃认真地对他说："这不是春秋航空一家的事，而是民航改革的需要，原有的一些政策法规，要从你们身上开始修改。"

对于春秋航空要发布成立公告的稿件，袁耀辉也毫不客气地指出："你们说话太冲，严格意义讲，你们作为企业这样做无可厚非，但容易引发矛盾。"后来春秋航空对外公布的稿件，是袁耀辉和高宏峰重新写的。袁耀辉还告诉王正华，大的改革不能单一地谈是非，而要平衡各方观点和利益。

为了确保春秋航空的安全运营，杨元元特别嘱咐郭有虎，华东局必须确保春秋航空在前三个月的飞行中，每架航班的驾驶舱内都必须配备经验丰富的教练员。如果春秋航空没有足够的教练员，华东局一定要帮着想办法，就是借也要把人借到。同时，要配备与之相适应的空勤、机务维修、运输业务和经营管理等人

员,全力保障春秋航空的顺利运营。

路就在脚下,光明就在前方。王正华心怀感恩,他总把"谢谢"挂在嘴边:感谢自己赶上一个好时代,遇上支持他的好领导,他一定全力以赴去干事创业。民航局对安全条例的严格审查,以及提出的高起点、高要求、高水平的期望,都是对春秋航空未来发展的最大期许。

打响低成本航空"第一枪"

20世纪70年代至80年代,飞机出行还是一种奢侈品。国内的航空业一直高居云端,直到春秋航空的出现。也就是从投身航空业的那一天起,王正华便一直怀揣着希望,一路朝着阳光走。

春秋航空的诞生,让普通百姓也有机会分享民航业发展的红利。春秋航空精准地定位于以观光度假游客和中低收入商务旅客为主的低成本航空市场。这个市场定位,正好与中国民用航空总局关于"民航的发展必须让更多的老百姓受益,民航要进一步大众化,让更低收入水平的人也可以享受现代交通工具",以及"在成本下降的曙光里,蕴涵着票价下降的可能,使更多的人能够坐得起飞机"的精神相契合。

2004年5月,春秋航空确定了低成本运营的方针,王正华在上海宣告:春秋人"酝酿了十年,尝试了七年,呼唤了五年,终将以春秋航空的飞机刺破蓝天为标志,吹响了春秋'第二次创业'的号角!"春秋航空的成功起航,不仅为王正华的事业版图增添了浓墨重彩的一笔,也为整个行业注入了新的活力,带来了全新的竞争格局。

这个大胆喊出的"低成本航空"口号,轰动了整个航空业,这一年王正华60岁。他担任春秋航空股份有限公司董事长,公司首席执行官由跟随他二十年的张秀智担任。从一家从事包机业务的旅行社到一家航空公司的华丽转身,堪称国内旅游业的一个奇迹。

当时的韩亚航空中国部总经理告诫王正华，要做好连亏七至十年的准备，并表示其对手只有大韩航空一家，却也苦苦熬了九年才盈利，而春秋航空要面临如狼似虎的东航、上航等巨头。王正华也有过担心，但他必须带领团队咬牙挺过去。

虽然租赁 3 架空客 A320 客机，几乎倾尽了旅游业务积攒的 8 000 万家底，但王正华依旧沉稳淡定，并未像其他人那样为投资成本何时收回而焦虑。他始终坚信："既然选择了这条路，就要竭尽所能，做出一番精彩的事业！"

2004 年 7 月 17 日，春秋航空获得了飞行合作审定。7 月 18 日，国内首家高举低成本航空旗帜的民营航司，便带着寓意安全、微笑、真诚的"3S"标志刺破了蓝天，飞出了第一架航班。当这架承载着梦想的飞机从上海虹桥机场起飞，飞往山东烟台时，180 张仅售 199 元的低价机票早已销售一空……

自此，春秋航空的一切动向，都成为广大旅客和业界的关注焦点。

当首航航班飞回上海虹桥机场时，机组人员惊讶地发现，作为春秋航空董事长的王正华，正带着机关工作人员在客梯车下列队等候。他们此举并不仅仅是为了迎接机组的凯旋，更是为了亲自登上飞机打扫卫生。为了节约成本，早期的春秋航空没有清洁队，乘务员既是服务员，也是售货员，既当导游，也收客舱垃圾。航后的保洁工作，则由机关工作人员轮流完成。

飞机上天了，春秋航空声名大噪。王正华的心事多了起来，之前他的行事风格向来低调。一下子要在各大媒体频繁亮相，接受各类采访，他开始有些不适应。但转念一想，他需要在航空刚起步的时候，大力宣传自己，让更多的人认识春秋、了解春秋，选择乘坐春秋航空。作为春秋航空的掌门人，公司在不能进入中航信系统的前提下，必须走市场路线。市场如战场，宣传即利器，不宣传，将默默无闻。

为了打开市场，他接连推出了 299 元、199 元、99 元，甚至 9 元、1 元的超低价机票。春秋航空的廉价之矛直刺对手的软肋。这些前所未有的低价票，引发的连锁反应，像是一枚枚凝固汽油弹，对中国航空市场进行着地毯式的"轰炸"。王正华再次以低廉的票价，吸引住了大家的目光，深深打动了万千民众的心：我

们终于可以坐上飞机，去想去的地方了！

相关数据显示，在春秋航空执飞的前三个星期内，4条航线、108个航班的平均客座率保持在97%，远远高于其他航空公司平均70%的客座率。2006年1月至8月期间，春秋航空盈利约1 000万元，平均客座率达到95%，当年营收高达5.4亿元，盈利3 000万元。

没有人比王正华更了解春秋航空，他相信春秋人能够"带大"它。事实如此，2007年1月至4月，春秋航空的营收比上一季增长了29%，分配前利润更是飙升了174%，航空业务产生的税利首次超过了旅游业务。2007年全年，春秋航空盈利8 000万元。

春秋航空惊人的变现速度，让韩亚航空中国部的总经理大跌眼镜。甚至连汉莎航空、美国联邦航空和新加坡航空等国际航空巨头都认为这是"天方夜谭"。但王正华做到了，春秋航空做到了。

取得骄人的成绩，让人羡慕嫉妒恨。中国航空市场，多年来一直风平浪静，鲜有新的进入者，也缺乏爆炸性新闻。王正华和春秋航空的加入，无疑成了一个"另类"。时任东星航空董事长的兰世立同样是民营出身，称王正华做民营廉价航空就是在"滚地雷"，认为这是一份动了很多人奶酪的危险事业。在当时看来，王正华所做的，不只是在滚一枚地雷，而是在趟一片雷区。

早在2004年筹建航空公司时，王正华和他的管理团队就已经预见到，上海未来的航班时刻资源将会变得异常紧张，因此春秋航空一定要有属于自己的第二基地。这一意识无疑是具有前瞻性的，但建造一个航空基地又谈何容易？

选择海口、三亚、珠海、桂林还是昆明，这让王正华犯了难。原计划将此事提上2008年的日程，可计划永远没有变化快。2006年，正如王正华所预料的那样，上海的航班时刻资源变得空前紧张，这迫使他们不得不提前启动第二基地计划。而这一看似麻烦的难题，也成了春秋航空进军海南市场的"催化剂"。

与此同时，春秋在海南的旅行社也遭到了当地同行的排挤。当地小、散、差、弱的旅游企业所造成的低价竞争，以及屡禁不止的"零负团费"现象，使得一来，春秋旅行社的"品质团"无论如何卖力推介都销不出去，业务无法开展下去。

今天看来，各行各业都存在着激烈的竞争，被碾压、被打击都是市场竞争中常见的现象，也是旅游业发展过程中必然要经历的痛苦过程，这无疑是市场经济发展尚不充分的必然结果。在这样的困境之下，被逼无奈的王正华只好在2006年8月给海南省政府写了一封信。其中有这样一段话："市场经济似乎是大型企业主导的经济，像春秋这样的民营旅行社的利益得不到很好的保障。"信中还提到了他想在海南设立春秋航空第二基地的设想。

王正华写这封信原本是想倒倒苦水，没想到一个星期后，一个惊喜从天而降，海南省政府最高领导给予了重要批示，专门成立了"春秋做大做强服务小组"，全力支持王正华在海南的发展。其实同样的想法他在很多省都谈过，但大多数地方政府要么态度敷衍，要么不以为然。或许是因为他们尚未走到这一步。而走在改革开放前沿的海南，已经率先品尝到了低价竞争、零负团费的痛苦。

更令王正华欣喜的是，面对复杂的旅游市场乱象，海南省委、省政府清醒地、带有前瞻性地提出了"大企业、大航线、大团队进入海南旅游业"的战略构想，这让春秋航空这个"外来者"感受到了政府的信任和支持。

2006年10月23日，春秋旅行社与海南省旅游局签订完《大企业、大航线、大团队进入海南旅游业》的合作协议后，王正华感到，在海南遇到了旅游业发展的最好时机。他没有回上海，待在海南的酒店里亲自起草了《上海春秋国际旅行社关于启动"百万游客来海南"的行动计划》，并将其传真给分散在各地的董事进行评审。

"百万游客来海南"行动，在《海南日报》全文刊发，内容如下：

2007年1月，春秋航空第一架飞机将有可能在三亚或海口过夜；2007年4月，春秋航空第二架飞机将有可能在三亚或海口过夜，并将建立春秋航空海南分公司；开通新航线，除目前上海飞三亚、上海飞海口航线外，计划在广州、北京、济南、南京、重庆、成都、武汉等备选城市中选择5至7个城市开辟海南出发的新航线；2007年底前形成100辆旅游汽车规模；计划组织40万旅客赴海南休闲、度假、观光，其中六成为高端客，主要品牌包括贵族之旅、纯玩团、自游人、高尔夫之游、会议旅游、奖励旅游。

从2008年起，计划每年新增旅客20万人，至2010年旅客达到百万人，高端旅客占比从六成增至七成，境外客从3万增至10万，飞机机队规模从9架增

加到15架。至2015年，计划组织旅客200万人，其中高端客占八成，境外客达到30万，飞机机队规模达到30架。

几天后，海南省相关领导在听完王正华的汇报后，对这一行动计划表示支持，他们认为春秋现在进入海南市场是恰逢其时，会在海南旅游转型升级的发展中获得更大发展空间。

同年10月28日，《春秋简报》显示，将把发展海南市场的各项指标纳入对各部门明年的考核指标中。一周后，公司召集国内及国外分公司老总聚集海口，共商如何开发海南国际游高端产品。有分公司老总建议，要把上海的都市购物旅游与三亚的度假休闲游组合起来，开发更有吸引力的旅游产品；也有分公司老总提出，面对欧美市场多年不变的中国游"老三篇"（即北京、西安、上海）三地游格局，已经到了该改变的时候。这时候推出海南热带海岛游，主要问题是在促销上如何才能说服欧美客人从夏威夷、地中海等地来到海南岛……

有了政府的支持，王正华当机立断，从五个城市中直接选择了三亚作为第二个战略基地。然而，迎接他的却是海航控股的三亚凤凰机场送来的一份意想不到的"见面礼"：机场维修厂房的租金，每平方米价格是10元。与上海虹桥机场每平方米仅0.5元的租金相比，竟相差了整整20倍！牵引车的使用费，比虹桥机场高出了4倍以上。

面对这不合理的收费，王正华深知硬碰硬绝非明智之举，唯有见招拆招，另辟蹊径。他不仅推出了低价票，还同步启动了"百万游客来海南"的计划，以实际行动响应了海南省政府提出的关于推动海南旅游市场由大到强、由量到质转变的号召。与此同时，他还力排众议，开辟了"西安—三亚"的航线，并重点推出一系列高端旅游产品，取得了不菲的成绩，屡战屡胜。

这一步，走得酣畅淋漓，给刚刚起步的春秋航空一针强心剂。低成本航空路线走对了，如此低廉的价格，会不会是赔本赚吆喝？王正华用行动证明，绝对有钱可赚。对此自信满满的他，用四个字总结春秋的成功之道：事在人为。另外，他还计算过，节约成本的方式有几十种，在确保航班安全的情况下，都可以进行尝试与操作。

如今再回首这段经历，海南当初所探索的解决办法，对海南乃至中国旅游业而言，都堪称具有划时代意义的重大事件。也许那个时候会有人不理解，但置身于今天的市场环境，我们便会发现，这是旅游市场管理走向成熟的重要标志。

对王正华和他的团队而言，这仅仅是一场刚刚开始的"战斗"。在这之后，春秋航空、春秋旅游，一个翱翔于"天上"，一个深耕于"地下"，携手并肩，一路"战斗"，自此之后不断刷新着中国航旅业的一项项纪录。

一波平，一波起

2005年2月25日，国务院发布《关于鼓励支持和引导个体私营等非公有制经济发展的若干意见》，因文件内容共36条，被业界人士简称"非公36条"。《意见》提出，允许非公有资本进入垄断行业和领域，加快垄断行业改革，在电力、电信、铁路、民航、石油等行业和领域，进一步引入市场竞争机制。同年8月15日，《国内投资民用航空业规定（试行）》正式实施，这标志着长期以来由国有资本一统天下的航空业，终于向民营资本敞开了大门，国有航空公司垄断航空市场的格局也将由此被彻底打破。

凭借时代红利和政策机遇，王正华带领团队奋战，开辟出了一条前人未至的新路，创造出了中国民航史上的多个"第一"：第一家由旅行社创办的航空公司，第一家自主研发销售系统的航空公司，第一家定位是低成本、大众化商业模式的航空公司……

如今，网络上流行着一个热梗，叫"遥遥领先"。虽然春秋航空"遥遥领先"，但"搅局者""异类""特类"等带着些许贬义的标签也随之而来，行业内嘘声一片。无论是弃政从商、探索科技转型，还是跨界航空业，王正华都是一位真正凭借着自己的实力，一步一个脚印干出来、拼搏出来的企业家，这一点，谁也不能否认。

管理大师彼得·德鲁克（Peter F. Drucker）曾说，企业家精神是一种实践，

它包括对机会的敏锐识别、对资源的有效利用，以及为了实现创新所必需的组织和领导能力。王正华认为，企业家精神就是不断追求创新、探索充满风险的新可能性，即使这些新的可能性蕴藏着巨大的风险。在市场残酷的"搏杀"中，春秋航空同样被弄得遍体鳞伤。在提出低成本航空的理念后，他敢于"下血本"，的确感动了许多老百姓，让更多的人可以实现"蓝天梦"，可他与航空巨头们硬碰硬，也面临着不小的压力。

2006年12月，相关部门认为春秋航空扰乱了市场规则，罚款15万元，以示警告。虽然最后罚款并未实际缴纳，仅仅只是一个"美丽的误会"。但这无疑给王正华敲响了警钟，让他郁闷了好一阵子。不过，在重新振作起来后，他便开始积极布局自己的"航空帝国"。

在此之前，春秋航空已在民航业掀起千层浪。2005年6月29日，中国民用航空总局在上海召开了"春秋航空旅客服务差异化听证会"。这是中国历史上第一次为航空公司专门举行听证会。此次听证会的主要内容，是讨论春秋航空作为中国低成本航空的"试验田"所提出的种种差异化服务措施，这意味着春秋航空要做"第一个吃螃蟹"的。

听证会的内容大致包括：限制免费行李重量在15千克以内；除一瓶300毫升的矿泉水外，不提供免费餐食；航班延误时，航空公司将尽快安排旅客恢复旅行，不供应餐食；因航空公司自身原因造成的延误，如延误4小时以上，提供配备洗漱设备的标准间住宿；对于非团队的商务旅客，如航程取消或延误超过3小时，可选择乘坐下一航班或退票款，票款将在14天后退还；不设复杂行李转运服务；不使用离港系统；采用可重复使用的塑料登机牌，以减少不必要的地面服务；降低收费标准；支持飞机快速过站；减免起降费等。

王正华提出的这些"低成本运营"措施，几乎条条踩到民航的规定"雷区"。但他坚持认为，通过服务上的差异化，可以把票价降下来，从而让更多的普通老百姓坐得起飞机。生活中，很多事情，走着走着就忘了初衷。几乎每个人都听过"不忘初心，方得始终"，却少有人知道下一句"初心易得，始终难守"。王正华和他的团队，一直在不断擦拭着自己的初心，朝着既定目标，勇敢前行，不懈奋进。

对于春秋航空的"低成本"谜团，或许只有亲自登上春秋航空的客机，才能逐一解开。简明扼要地说，春秋航空借鉴了美国西南航空公司的低成本服务模式，在空中服务方面与现有航空公司以及现行的民航管理规定存在很大区别，让游客有了与其他航司不一样的"特别飞行体验"。

听证会上，他所发表的这些"言论"，在民航界引起了巨大的争议。他的飞机上不提供免费的餐食小吃，没有头等舱，减少免费行李额度，乘务员既要服务旅客，又要负责售卖商品……这一系列的操作，让王正华一次又一次地被推到了风口浪尖。

特别是客舱里的"提篮小卖部"，更是让空乘人员得以施展另一种才能。在春秋航空的第一堂空乘培训课上，王正华告诉空姐空少，要把自己锻炼成一流的推销大师。在他看来，两三个小时的飞行，对于旅客来说是乏味的，这恰恰是最容易吸引旅客注意力的时候，也就是向客人推销产品的黄金时间。

事实上，低价票和低成本运营在国外早已屡见不鲜了，只不过是一些航空公司常用的市场促销手段和经营方式而已。但面对迎面而来的非议，以及不断出现的突发性麻烦，王正华觉得，"这些都是必须经历的，新事物总要经历一个被人认识和接受的过程"。

这些问题又怎么能难倒王正华呢？他善于以一个问题推动一类问题的解决，以一个危机化解另一个危机。面对突发的问题和危机、不可控的市场竞争和公众情绪，有的人在危机面前蹭了一脸灰，有的人把公关变成了"送命题"，王正华却一次次地借"危机"圈了一波又一波粉丝，不得不说，这是他最高级的智慧。

让春秋人欢欣鼓舞的消息来了。中国民用航空总局在2005年给春秋航空的《关于对春秋航空有限公司旅客服务差异的批复》中明确指出："根据现行有关法规、标准的规定，综合听证意见，经研究，现对你公司提出的旅客服务差异批复如下：一，同意你公司关于旅客携带行李的服务差异，但你公司有通过一切必要方式告知旅客的义务；二，鉴于法规和规章尚未对飞机上免费餐食、饮料供应和航班延误补偿作出强制性规定，由你公司依据民航法和总局指导意见自行决定服务差异等。"

如今看来，王正华决定减少飞机上不必要的服务，如简化餐食供应，这一举

措看似大胆，却是在精准的市场调研和成本核算基础上作出的，既满足了大部分乘客对低价机票的核心需求，又有效控制了成本。

正如现代管理学之父彼得·德鲁克所说："企业的目的是创造顾客，因此企业只有两个基本功能：营销和创新。"王正华将营销与创新工作都开展得恰到好处。如果没有营销和创新，企业的其他功能，就失去了其存在的意义。

第六章：门外汉如何颠覆行业

他,带领团队自主研发销售系统,让春秋航空成为唯一没有接入中航信直销系统的航司,逐步开启了"卖服务"的时代。

他,打出航旅"组合拳"

深谙"他山之石,可以攻玉"之理,王正华在每一次冒险与创新前,总是要对成功的西方经验进行一番审慎的借鉴,但借鉴之后的改造和执行,才是他一步步实现"春秋梦"的基石。

在企业发展战略层面,王正华打造低成本航空,是为了逐步增强春秋旅游品牌产品的价格竞争力。尽管春秋已经在国内首屈一指,可王正华绝不会就此满足现状。因为他深知,春秋旅游庞大的散客优势、频繁的包机航次,以及高客座率,无疑都是助力春秋航空的坚实基础,运营风险、成本自会随之降低。

有资料显示,西方发达国家一张机票的平均价格占其人均年收入的0.5%,我国却高达10%~15%。有专家指出,由于我国人口多,整体经济发展水平相对较低,人民群众对低成本、低票价的航空服务有着更强烈的需求。中国市场呼唤能提供大众化价格的经济型航空公司。这也意味着中国的低成本航空公司将拥有更加广阔的发展空间。

王正华对此更加胸有成竹。他敏锐地察觉到,我国观光度假客与中低收入商务客市场风起云涌,呈现快速增长势头。如春秋旅行社在1998年送往海南三亚

的游客仅为2 000人，1999年、2000年和2001年分别增长为8 000人、2万人和7万人。2002年，虽有"红眼航班"限制，游客数量仍超过11万人。2003年，尽管受"非典"影响，游客数量也接近20万人。

春秋旅行社包机业务所覆盖的纯旅游景点，如张家界、九寨沟、桂林、黄山和武夷山等，都蕴藏着十分宽广的市场空间。一些观光客与商务客兼有的城市，如北京、昆明、成都和长沙等地，都有着无限的商机。

种种现象表明，王正华坚持创建航空公司的观点极具前瞻性。他曾坦言："我们做包机的利润真的很低，感觉就像给航空公司打工一样。"如果摒弃包机模式，全部由春秋航空来运营，利润无疑会相当丰厚。

用王正华的话说，他进军航空业绝非一时兴起，前后酝酿和策划了多年。早在1994年，春秋旅行社成为国内旅行社第一名之后，他就开始潜心研究企业发展的下一个制高点。经过数年的反复酝酿，他逐步将未来的发展战略重点聚焦到民用航空领域。

说到竞争优势，春秋航空和竞争对手们最大的不同之处，在于它拥有春秋旅游的品牌和业务支撑。相比之下，其他航司仅仅提供单纯的运输服务。春秋航空的优势可以用"七个方面"概括：

一是品牌优势。凭借春秋旅游在当时的行业地位，春秋航空比其他对手，尤其是民营航空的起点、站位要高，这无疑能够更快地吸引客流。

二是客源优势。春秋旅游拥有庞大的客源市场，将这些客源引流至春秋航空，不仅能够确保客源的稳定性，而且几乎无须额外的营销投入。此外，依托上海总部作为强大的后援基地，春秋航空能够更加有效地构建中转枢纽。

三是拓展优势。航旅结合，能给客户带来"机+酒"及各类旅游套票服务，这种一站式的打包服务，不仅在价格上极具竞争力，而且能够让老百姓得到更多实惠。

四是产品优势。在春秋旅游的官方网站上，醒目地标注着"春秋航空——中国首家低成本航空公司"的字样。这种鲜明的产品定位，指向"省之于旅客，让利于旅客"。了解这一点的广大旅客，自然会逐步接受春秋航空所提供的差异化服务和各项优惠措施。

五是销售优势。尽管不加入中航信系统，让春秋内部觉得王正华缺心眼，实际上他的这个决定，使春秋航空成为唯一不进中航信系统的航司，打造出了自己的销售系统和网上电子商务订票平台。

六是运管优势。春秋属于民营性质，这使得其在运营和管理上更具主动性和灵活性，这体现在管理决策、资金使用、员工聘任、市场营销等各个方面。相比之下，国有航空公司或国有旅行社在自主经营和决策方面则受到较多的限制，一旦发生市场波动，很难迅速作出反应。

七是信息优势。自成立伊始，春秋便不断加强信息技术的自主研发和运营创新，打造出了一支规模越来越庞大的IT队伍，有力支撑了春秋航旅业务的迭代升级和快速发展。

王正华精心谋划的这套航旅"组合拳"，早已在他心中形成了一幅清晰的蓝图。无论是旅游业还是航空业的发展，万变不离其宗。而打破常规，先育人后办企，这是摆在王正华面前的一个重要命题。他敏锐地意识到，航空业已从原本的豪华奢侈逐渐向大众化方向发展，发展低成本航空公司是一种必然趋势，而将航空业务与自身的旅游产品相结合，则更能够发挥出春秋的优势。

生存或者死亡，往往只在一念之间。春秋航空是一家自负盈亏的民营企业，没有得天独厚的社会背景，能够取得今天的成就，离不开王正华的睿智和胆略，也离不开团队努力、坚持和不服输的精神。当然，环境和时代红利，也发挥着不可或缺的重要作用。

春秋航空要如何活下去？不论在任何时期，春秋航空的战略都是致力于活得更长久、活得更好。在当时，最为紧迫的任务，就是利用这些优势，迅速提升春秋航空的"差异化"特征，使其转化为排除万难的绝对优势，从而在不久的将来，实现稳健发展。

相关人士认为，像春秋航空这样的民营资本进入航空领域，有着别人不具备的优势和无可替代的价值，意味着民营资本将逐步成为中国航空业的一支新生力量，促进整个行业的发展，国内航空业的投融资体制也将更加市场化。从国有到民营，再到民企独家经营航空公司，这标志着民营经济在中国航空业发展中扮演着越来越重要的角色，也表明民营经济正在国家经济体制改革中发挥越来越重要的作用。

架构优秀的团队

"真的英雄,其实不问出处。从现在起,我开始谨慎地选择我的生活,我不再轻易让自己迷失在各种诱惑里。"这是捷克小说家米兰·昆德拉(Milan Kundera)《不能承受的生命之轻》中的一句话。

王正华经常强调,英雄不问出处,团队不看起点。由一群学艺不精的"门外汉"组成的春秋团队,从来不缺乏创新激情。在发展初期,春秋人便第一个自主开发并实现电脑联网,创立"网络+包机"模式,建立航空公司,闯出了许多行业第一,努力实现让"人人都能飞"。

春秋之所以能取得些许成就,离不开时代的眷顾,更离不开每个春秋人共同的精神与信仰。王正华深信,一个优秀的团队,对于创业的成功起着举足轻重的作用。一个理想的团队,应能让人各尽其才,每个人只需专注自己所长,其余事务则由团队其他成员分担。很明显,王正华对建立优秀团队有着坚定的信心和决心。

为了让垂直分工系统更好地落地执行,王正华有独特的"用人观":其一,走掉的人不再聘用;其二,在其他旅行社干过的人一律不要。这个奇葩招聘标准一经抛出,便引发了行业内的热议。关系好的合作伙伴私下提醒他,是不是招聘信息上少了一个"没"字,让他好好检查下,甚至有人认为他"学艺不精,在做外行事"。

他坚信,旅游业虽是服务行业,却也容易积弊,一旦沾染恶习,便难以在短时间内革除。相比之下,新来的大学生更容易培养良好的习惯。他推崇"官教兵,兵教兵"的内部培训机制。春秋与一些知名大学联合办学,每年选送数百名员工参加不同形式的内外机构培训。

对于外界的议论,王正华无暇顾及。他坚持按照自己的团队架构来进行人员选拔,希望能够招募到未经"水平分工"模式"污染"的新人,避免他们被"怀旧情结"所束缚,能够迅速接受这种垂直分工的改革新模式。

足见王正华的管理思维确实独树一帜。在他看来,旅游业是服务行业,也是最容易让人挑出毛病的行业。从游客订票到上车，到景点游玩，再到吃饭住宿，抑或在行程中购物，一路上要经历的事情很多。不仅要面对很多麻烦，还要面对一些突发的问题。因此，团队的整体素质、精神风貌、服务水平必须达到高标准。

创业初期，王正华从2平方米的铁皮亭子起步，带领着队伍一步一个脚印，最终实现了"飞上天"的梦想。他刚开始经营旅行社时候，运营模式还很简单，后面几个做事的后勤人员处理琐事，前面几个能说会道的外联人员招揽客户，这生意就起来了。

随着时代的变迁，人们的消费习惯和需求也在不断变化，王正华的团队逐步成熟起来。那么，该如何管理这支队伍，带领大家朝着共同的目标前进呢？王正华为此花费了不少精力，下了很多功夫。

有人问他，什么是团队？他总结道："人们在一起可以做出一个人所不能做出的事业。智慧、双手与力量的完美结合，几乎可以创造一切奇迹。"尽管这些话语看似朴实无华，但打造学习型团队、艰苦朴素型团队和奋斗进取型团队的理念，早已深深融入春秋集团各个层面的管理实践之中。

先说高层架构。王正华早年曾担任党工委干部，而CEO张秀智则曾是上海纺织厂的车间主任。由于他们都有远见卓识和管理能力，才能在一起搭班子，共同创建春秋旅行社。为公司研发网络系统的，是一名来自跨国公司的IT高级工程师。正是这样一支看似由"外行人"掌控的管理团队，却在短短数年间，让春秋集团脱胎换骨，横扫国内外。归根结底，这一切都离不开从2平方米铁皮亭子时代便传承下来的朴素的原则：领导以身作则、上行下效，让整个团队形成良好的行为习惯。

1987年，北京的旅游业务增长快。临近国庆，火车票的采购突然出现大麻烦，眼看着每天有三四百张的火车票缺口。那么多人滞留在北京，是要出大乱子的，王正华马上想到要派人去北京进行应急处理。他第一时间想到了当时担任北京部业务经理的一位员工，她一手参与了北京部创建，和北京各方关系都很熟络。可当时的情况是，这个经理刚刚生完小孩，正在家里坐月子。如果去了北京，肯定要让孩子断奶，这让王正华于心不忍。然而，思前想后，他却没有找到

比她更适合的人选。

无奈之下,他走进这位业务经理的家,向她说明了情况。这位经理理解公司的难处,咬着牙答应了下来,并立即动身赶去北京,成功处理了这次危机。这就是王正华管理下的团队力量,关键时刻,敢于牺牲小我,顾全大局。

尤记得,当这位业务经理决定动身去北京时,王正华当场抱起年幼的孩子,动情地说:"这个孩子就是春秋的孩子,以后绝不亏待这个孩子。将来,如果孩子上进,春秋会资助他去国外念书。"随后的日子里,这个孩子无论是上小学,还是升初中、念高中,王正华都予以各种支持和帮助。高二那年,这个孩子成功申请到美国的留学机会,王正华特意给这个"春秋的孩子"开了一个隆重而热烈的欢送会。

此外,春秋最显著的特点在于拥有一个学习型团队,他们将学习与实践相结合,在实干中不断创新。正如众人划桨才能开动大船,共同的愿景凝聚了团队的向心力。春秋旅行社成立至今,赢得了无数荣誉。至于王正华本人,也是"风光无限好",获得不少荣誉。

仅以近年来为例,2018年,他上榜了由中央统战部、全国工商联评选的《改革开放40年百名杰出民营企业家名单》;2019年,获得首届"杰出社会企业家"奖;2021年,当选中国光彩事业促进会第六届理事会名誉副会长;2023年,荣获第十五届香港国际武术比赛"太极传承终身成就奖"。主要著作有《新编中国旅游必读》《中国旅游必备》《现代旅行社管理》《走向二十一世纪上海国内旅游业论文集》等。

丰厚的利润展现了春秋集团的市场竞争力,而社会荣誉说明了王正华管理团队的能力。他带领团队的秘诀就在于建构学习型组织。他深知学习的重要性,常常告诫团队"时代在变,你不变就Out了"。他坚信毛主席说过的一句话:"情况是在不断地变化,要使自己的思想适应新的情况,就得学习。"

他平时喜欢记录自己的心得体会,四十多年来,他积累了百余本记事本,其中不乏很多经典语录,以下摘选一段关于督促学习、保持热爱的内容:

任何时候,无论你是在职场还是创业期间,只有不断学习和进步,才能应对快速变化的市场和行业环境,在激烈的竞争中保持优势并取得更大的成功。而在其过程中，保持对知识的渴望和对学习的热情，是不断提升个人能力和素质的关键。

梳理王正华构建学习型团队的策略，可以发现他特别注重以下"五大基本功"：

其一，建立共同愿景。为共同奋斗目标努力，打造航旅融合新传奇，做世界500强。

其二，改造思维模式。在日常工作中，倡导平和的沟通方式，一点一滴地纠正错误思想。有问题抓内因，挖掘本质，而不是一味地归咎于外部环境。

其三，加强团队学习。学习并非流于形式的简单阅读，而是要通过理论学习和工作技能的提升，切实增强团队的协作能力。

其四，运用系统思维。遇到问题时，学会用联系的、全面的观点看问题。企业文化、党建文化与业务理论之间并非相互对立，而可以相互促进，要学会积极拥抱各种有益的元素，从而构建一个营养均衡的企业。

其五，加强内功修炼。学会主动作为，实现自我成长，要获得"一加一大于二"的奇效，培养打不垮、打不散的企业文化精神。

学习，其实很累很苦。王正华为何要难为自己、难为团队呢？原因令人动容：民营企业的生存和发展实在是"难于上青天"，一不小心，就会让你"一无所有"。从始至终，王正华从不认为自己是聪明人，更没有什么独门秘籍，公司的发展，都是他与团队在边干边学中不断磨炼的结果。

网络直销系统养成记

时势流转，生命或许就是一个轮回。从早年的IT技术变革开始，王正华面对跨界创业的新挑战，再次肩负起技术创新的重任，决心开发一套属于春秋航空自己的信息处理系统。

2004年7月,春秋航空召开了一次筹备组会议,会议的主题是确定春秋航空的定位,并同步启动直销系统的开发工作。与会者普遍认为,生存下去才是根本,因此首先要熟悉民航业的游戏规则,适应市场的规律,等解决生存问题后,才能有时间、有能力去考虑其他方面的发展问题。

对此,王正华有着不同的见解,他提出了以下"六个"观点来支撑他的看法:

一、美国西南航空的成功,代表低成本航空是民航业的未来,是一种行之有效的商业模式。

二、作为一家新成立的航空公司,春秋航空如果仅仅是重复传统航空公司走过的路,不仅没有前途,更谈不上长远发展,甚至难以生存。

三、创新决定未来。无论是旅游业还是航空业,只有通过不断创新,才能在激烈的竞争中找到生存和发展的机会。春秋航空的发展壮大,足以说明,唯有创新,方能生存。

四、对于普通百姓而言,乘坐飞机出行仍然是一件高级和奢侈的事情,飞机只不过是交通工具,凭什么坐飞机的要高人一等。让更多人坐上飞机,既利国利民,也符合未来的发展趋势。

五、一家民营企业,要有独特性、差异性,才有竞争优势。在不断的竞争中,企业才能逐渐强大,适应未来。

六、自主研发IT系统,建立完善的网络分销体系,进而优化分销渠道布局,能够以相对更低的成本实现获客,从而最大限度地提高公司的盈利能力。

在筹建过程中,最有争议的焦点莫过于"自建直销系统"。在一些老民航人看来,春秋航空刚一成立,就做机票直销,近似于把自己隔离在中国民航通用的信息系统之外,重新搭建自己的IT系统。还有人说,春秋做旅游和包机是行家,做航空显然稚嫩。采用B2C的直接售票模式在中国根本行不通。

万事开头难,做网络直销更难。那时中国电子商务的环境不好,而从美国的经验来看,直销是低成本航空公司的必然选择。不管做什么,思路清晰很重要。这一点毋庸置疑。王正华先认清问题,后理清思路。

IT系统是什么?那是一个公司的灵魂和生命线。什么是创新?就是做前人没有做过的事情。

选择挑战、选择风险、选择创新，这是王正华一路矢志不渝的信念。前面提到，他和张秀智带队考察美国西南航空等知名企业，这些考察经历都验证了他的观点、他的坚持，是与其分析和判断相吻合的。他坚信：只有进行一场技术信息革命，才能让低成本航空真正腾飞。因为票价足够便宜，用户自然会被吸引来访问电子商务网站，完全不用担心没有客户。

采用电子直销系统的另外一个好处是可以摆脱对中航信系统的依赖，从而大幅降低机票销售成本。举例来说，国内航空公司销售机票时，使用的是中航信开发的系统，每销售一张机票，中航信都要向航空公司收取高额的系统使用费。

王正华因此更加笃定，机票销售再难，也不能加入这个系统，饮鸩止渴的事情绝不能做。虽然中航信当时也开出了很优惠的条件，但他还是礼貌地谢绝了人家的好意。在中航信这样的大型分销平台上，春秋航空作为一家新成立的航空公司，简直微不足道。如果使用这个平台，春秋航空不但没有发言权，可能连定价权都会被剥夺。

既然别无选择，那么必须开发直销系统平台。2005年3月，一个严重的问题浮出水面。王正华发现，由于决策层没有参与到IT系统的研发过程中，这导致IT系统彻底偏离了方向。这个系统几乎就是中航信系统的翻版，没有体现出任何B2C的特征。于是，他果断地撤换了主要负责人，并重新起用了一位由春秋自己培养的年轻干部担任负责人，同时要求这个IT团队必须在三个月内重构一套全新的B2C直销系统。

至于启用年轻人，王正华的想法与别人不同。新技术靠的既不是人多，也不是经验。他坚信新技术就是生产力，要大胆地启用有才华的年轻人，给他们施展的空间，要毫无保留地支持他们。他告诫各级管理者，一定要把这些年轻人当自己的孩子看待。

那些被临时点将的干部，大多是忐忑的，有的甚至连计算机程序都不懂，又该如何管理IT部门呢？一些外部专家质疑，他们一针见血地指出了春秋航空发展直销面临的基本困境。2003年淘宝刚刚上线，2005年支付宝成立不到一年，当时的中国电子商务环境极其不成熟，无论是用户的网上购物习惯，还是网络支付体系，都还很不健全。

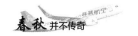

在这种环境下，任何质疑都是有道理的、有依据的。然而，关于未来的发展方向，最终还是要有人来拍板。王正华坚决地拍了板，他告诉 IT 部门放手干。过了不久，该系统的研发步入正轨，最显著的变化，便是业务部门开始主动配合 IT 部门的工作。

经过一段时间研究和开发、上线再到试行，王正华投入了几十万，终于将这个系统成功地开发了出来。2005 年 7 月 10 日，春秋航空电子商务网站正式上线，B2C 直销系统开始投入运营，距离春秋航空首航日不到一周时间。

2005 年，春秋航空的成立，是当年最大的社会新闻和热点事件。在 B2C 直销系统上线之前，王正华组织了多场媒体新闻发布会。热门话题、低价机票，一下子抓住了大众的眼球。自该系统上线那天起，网站的在线注册人数和交易量就超出了预期计划，日交易额很快便突破了 10 万元人民币。到春秋航空成立的第二年，日交易额更是达到了 1 000 万元人民币。

爆炸性的用户增长，也给系统带来了巨大压力。面对铺天盖地的交易数据，IT 部门不得不紧急增加服务器的数量，以提升系统的处理能力和运行的稳定性。此时，王正华下达了死命令，IT 部全体人员白天在市场部接电话，指导用户如何注册，如何一步步购买机票，以及如何一步一步完成支付过程。遇到其他疑难问题不能当时解决的，要逐一记录下来。等晚上回到 IT 部，根据客人的要求和意见，一个一个地改，一个一个地回复。

他时刻不忘鼓励 IT 部，所有开创先河的事情，都会遇到困难。有问题，不可怕，只要解决掉，每一个问题都会转化为他们自己的能力。问题越多，困难越大，他们的价值越大，他们的力量就会越强。回想起来，王正华和 IT 部人员当时展现出来的那种拼劲、闯劲、干劲，也正是中国电子商务和网上支付得以蓬勃发展的重要推动力之一。

付出总有回报。春秋航空的数据显示，从 2006 年 1 月到 11 月，这套由王正华为春秋航空量身打造的 IT 系统，安全而稳定地执飞了 6 007 次航班，累计输送旅客 102 万人次。切实，追求卓越，不断突破和创造奇迹，王正华和他的团队又一次赢得了胜利。

"互联网+"行动的探索者马化腾曾经说过，内心不渴望的东西，你永远不可能靠近。王正华在总结会上也曾说过："越渴望，越能靠近目标。对奇迹深信不疑，努力激发出蕴藏至深的奋斗潜能，就能创造奇迹。"

踏入禁地也要突围

"几千年来，中华民族一直秉持着'天行健，君子以自强不息'的精神，这是我们创造奇迹的力量源泉所在。"王正华一边激励全员，一边带领 IT 团队的年轻人，打造出了一套在中国民航业独一无二的 B2C 直销系统。这壮举堪与当年他一手创建的全国最强旅游网络系统相媲美。而这，只是一个开始。

春秋航空成立之初，中国所有机场使用的离港系统都是由中航信开发的，其运营维护则由中航信与地方机场成立的凯亚公司执行。春秋航空没有加入中航信系统，也就是说必须有自己独立的一套离港系统。

所谓"离港系统"，又称机场旅客处理系统，主要指飞机起飞前的服务，包含了旅客值机、地面服务等。1988 年开始，国内航空公司的离港系统由中航信集团管理。这样，一旦中航信后台系统出问题，便会"牵一发而动全身"，导致整个机场的前端系统无法运作。近年来，因系统发生故障导致机场"瘫痪"的事件，已不止一次地发生过。曾有民航专家提醒王正华，有国有大型航空公司试图研发自己的离港系统，耗资不少却无果而终，让他"三思而后行"。

王正华当然想过"花钱徒劳"的后果，但打破中航信的垄断，早已得到中国民用航空总局的支持。筹建伊始，时任中国民用航空总局局长的杨元元希望春秋航空能够开发自己的订座系统和离港系统。成功是可预见的，依托自身强大的 IT 实力，春秋旅行社自主开发的旅游销售系统，促进了旅游业务的大幅提升。

上海虹桥机场是春秋航空的"大本营"，是春秋航空部署离港系统的第一家机场，为了能让春秋航空的离港系统顺利入驻虹桥机场，王正华和张秀智两个人差点跑断了腿，他们不知给机场值班人员鞠了多少次躬。

为何一个董事长、一个CEO要给机场人员鞠躬？由于春秋航空的离港系统和中航信的系统在操作流程和使用方法上差别较大，春秋人只能将虹桥机场的值机员们一批接一批地邀请到春秋航空总部——航友宾馆进行培训。

一有值机员的培训，王正华、张秀智就会亲自到场，感谢大家支持春秋航空的工作，并为新的软件系统给大家带来了麻烦表示歉意。由于春秋航空在运营初期航班数量有限，值机人员轮岗操作春秋系统并不频繁，难免会生疏遗忘，类似的培训课程便需要定期举办。每次过来，他们都会向值班人员鞠躬。弄得值班员们有些不好意思，其他航空公司的董事长、CEO长什么样，根本就没机会见到。每次去春秋航空，他们最大的领导竟都会出来鞠躬，这让值班人员既感动又敬佩。

谈及部署、推进和落实离港系统的艰难，王正华感慨万千，但他始终坚信：新技术的成功，永远不会一帆风顺。早在创业初期，就是在推动诺威尔网的时候，他曾遭遇到业务部门的排斥和层层阻力。好在公司的事他说了算数，只要下了命令，IT部门要求改，业务部门必须改，没有任何余地。

可是到了离港系统推广的时候，情形就不一样了。对于机场业务部门，春秋航空说了不算，需要不停地沟通、协调。在这种情况下，唯一的出路便是拿出过硬的技术实力和十足的真诚，去打动机场人员。

离港系统的重要性非同一般，只要出一点问题，客人就无法登机。客人登不了机，在机场是要闹翻天的。在系统磨合初期，总是需要付出一些代价。前一两年，隔三岔五地就出事，出了事就要赶过去"救火"，鞠躬、说好话，流了无数的眼泪。但要突破一个行业的禁地，光靠敬业、鞠躬和眼泪，还远远不够，实际的困难远比预想的更加复杂。

回顾那段峥嵘岁月，自主研发并成功实施离港系统所遭遇的困境，可以概括为以下"五大"难题：

一难，缺乏离港业务系统的专业知识，IT团队只能现学现卖。他们不得不临时抱佛脚，一方面系统地学习中航信以及国外先进的离港系统理论知识和核心功能，另一方面还要前往机场一线，体验操作习惯，以便取长补短，优化系统设计。

二难，硬件设备捉襟见肘，几乎一穷二白。例如没有专业打印机，IT 团队只能厚着脸皮，去虹桥机场借专业设备——打印机。

三难，研发时间紧，人员少，任务重。只有三四个月时间，IT 团队必须快马加鞭、夜以继日地工作，才能勉强赶在春秋航空首航之前完成离港系统的开发任务。而且 IT 团队仅有十余人，除了离港系统，还有电子商务、航班调配、订座系统等共计 4 套系统要一并开发。

四难，系统软件研发成功后，各地机场领导大多支持，一线人员却十分排斥：为何要用 2 套不同的系统？既要熟练掌握原有的中航信系统，又要学习一套全新的系统，不仅增加了工作量，还延长了培训周期，增加了工作强度。

五难，离港系统的实施，使春秋航空遭到了中航信的封杀。一份现场会议纪要在网上疯传：如果有哪家机场让春秋航空的离港系统进入，当地公司的总经理将被就地免职。同时，中航信还制定了一套对应的策略，谁对付谁，谁对付哪一块。

面对这前所未有的巨大压力，王正华却异常冷静，他告诫大家：自己踩到了别人的禁区，遇到的阻力越大，困难越多，就越是能鞭策我们在研发离港系统时，做得更认真，设计得更便利，更符合"安全性"需求。

2006 年，春秋航空开通了上海往返青岛的航班，张秀智专程飞青岛，就离港系统进驻青岛机场，和青岛的中航信的负责人进行谈判。尽管对方每次都口头承诺会提供协助，但春秋航空的 IT 工程师每次背着服务器每次到青岛时，对接人员总是提出各种各样的要求、问题，加以阻挠，称外来系统进来必须经过一系列烦琐的安全认证，还要等 2008 年奥运会结束才能考虑。尽管困难重重，但春秋人从未放弃，直到奥运会结束，离港系统服务器终于进驻青岛机场。

厦门机场发生的事情更是离谱。每当春秋航空的值机柜台开始办理值机手续，机场方面就会频繁接到电话，称离港软件系统不见了。旅客已经准备登机，系统却消失了，IT 人员与厦门地面服务人员简直跟疯了一样，手忙脚乱地重新安装，抓紧调试，往往好不容易将所有旅客送上飞机后，他们的衣服也都湿透了。但是，安装不到两天，系统又不见了。之后，此现象三天两头地出现。

忍无可忍之下，王正华和张秀智亲自飞往厦门，和厦门机场就深度合作进行

协商，谈到离港系统经常被人恶意删掉，已经影响到工作，以及关于加密航班的事宜，实在没时间不停地安装系统。后来，厦门机场在值机系统上安装了摄像头，抓到一次恶意删除软件的现行，终于把这事给遏制了。时间久了，各大机场的工作人员被春秋人的拼搏精神所感动，有的悄悄地帮着把服务器放进机场，小心翼翼地试运行，试着试着，服务器就在那儿放安稳了。

2007年的时候，春秋航空的IT人员在桂林差不多待了半年时间，通过与机场的反复磨合、沟通，离港系统得以成功进驻机场。这算是好的。三亚机场的进驻阻力很大，各部门"踢皮球"，对于春秋航空要将自己研发的软件放到机场的事宜，以各种理由推诿，迟迟不落实。无奈之下，春秋航空的地面服务人员只有在IT人员的指导、培训下，用笔记本电脑传输数据。

所谓"笔记本值机"，就是每天深夜，将所有早班飞机旅客的数据做好备份，由上海总部传输到三亚的一台笔记本电脑上，然后由机场值机员在这台没有联网的电脑上进行值机操作，值机操作结束后，再把值机数据传回上海总部。鉴于电脑是人在操作，为防止病毒侵入，要专门安排值班人员对数据进行加密，让旅客能够顺利值机、登机。

这里面还有一个很大的问题，就是离线操作永远无法确保数据的实时性。网上购票系统是24小时开放的，用户可能会临时购票，也可能会临时退票，或发生各种意想不到的情况。哪怕有一个客人的数据没有录入，都会成为一个大问题。春秋航空的IT团队、航空地面服务人员，时时刻刻都要有人去盯着系统，一点儿也不敢马虎大意。

广州机场也遇到了问题，当时IT团队负责人带队去谈。哪曾想到，第一面就被拒之门外："什么春秋航空？没听说过。要安装自己的软件进机场，怎么可能？"多次沟通无效后，工作人员只好采用了笔记本电脑操作，时间长达三五个月之久。

此事能够破解，源于王正华在一个低成本航空论坛会议上碰到了广州机场负责人，王正华立即与其沟通并将情况说明。这位负责人听后，当即安排人员给予配合接洽。不久后，春秋航空的离港系统软件便在广州机场落地实施。

本来自主研发的离港系统进驻各大机场，就是一件很难的事情，再加之中航信的抵制，更是雪上加霜。让人不可置信的事情春秋航空做成了：最初进驻机场时，离港系统不仅不花钱，还把服务器放在人家那里，免费存放。时至今日，王正华和 IT 团队在谈起此事时，都很感谢各大机场的助力，虽发生过一些不愉快，也有过谈判波折，但最终都成为合作伙伴，变成了良友。

多年之后，有机场负责人说起这段往事，不住赞叹春秋人的执着专注、一丝不苟，以及他们的敬业精神。就连几度排斥的机场一线人员，都觉得春秋航空的离港系统操作比原来使用的系统要便捷得多。这样的评价，正如王正华所期待的那样：你的诚意足够，你的东西能给人带来最大化的利益，你的合作伙伴自然就会多起来，春秋航空的品牌效果就出来了。

电视剧《狂飙》点燃了 2023 年全民追剧的一个热潮。而主演张颂文的走红，也引发了人们对于"熬"的深刻思考。回首王正华和春秋航空一路走来的历程，何尝不是一部"狂飙"式的发展史？所谓的"一夜成名"，不过是比谁更能熬。生活就是如此，人生没有白走的路，每一步都算数，人定胜天。王正华和他的团队，从一无所有到身经百战，只为告诉我们，去做自己喜欢的事，不要怕走得慢，没有任何人的进步是在短时间内发生的。

按常理讲，不是所有的系统都要自己开发，特别是那些通用的、基础的系统软件，可以买别人的，成本也不高。例如，春秋的 OA 办公系统，就没有必要自己开发，但是王正华认为，关系到公司核心的交易运营系统，必须掌握在自己手中。因为从技术的角度看，任何软件开发商都很难根据企业不断发展的业务需求，提供量身定制的系统，这一点国内传统航空公司都曾碰到过。

差异化竞争也是王正华始终坚持的原则。2005 年，八大航空公司曾在武汉联合封杀东星航空，不允许代理商卖东星航空的机票，而春秋航空却凭借着其灵活的系统优势，巧妙地化解了危机。

销售系统和离港系统的成功研发，极大地鼓舞了春秋航空 IT 部门的士气，也增强了他们的信心。一边在全国各机场与凯亚公司斗智斗勇，艰难地推进离港系统在各地机场的部署实施，一边开始了新的计划——研发机务管理系统和自助离港系统。

2006 年初，春秋航空的自助离港系统几经磨难，终于研发成功，并在虹桥

机场率先投入使用。随后,青岛机场、厦门机场等陆续引进并投入使用。与此同时,由王正华主导实施的机务管理系统,也受到了民航华东地区管理局的高度好评。

据说,不久之后,中航信便派出了一支近20人的团队到虹桥机场考察,对春秋航空这套自主研发的软件系统赞叹不已。没料到,正好被王正华和IT部门的人撞见。在听取春秋航空IT人员的介绍时,他们不时还能看到有乘坐春秋航空航班的旅客使用该系统便捷地值机、登机,对此感到不可思议,春秋航空的IT团队实力太强大了。

随着公司业务的快速发展,春秋航空的国际航线越来越多,其离港系统也拿到了民航组织的国际认证。截至目前,春秋航空的离港系统已成功部署到十几个国家、几十个国际机场,更好地为春秋航空航班的旅客提供值机、登机服务。

有媒体曾评价,春秋航空在中国民航史上创造了多个"第一":第一个实现了机票与航意险的组合销售;第一个实现网上选座;第一个允许旅客在线购买额外的行李额等服务。这些"第一"之所以能够实现,都是因为有了春秋航空自己IT系统的支撑。正是这套系统,赋予了春秋航空业务的灵活性,使其能够更好地适应低成本航空的运营模式。反过来,只有依靠系统技术支持,才能创造更灵活的营销方式。

三个阶段的IT技术革命

王正华坚信,IT技术改变世界。

紧跟时代潮流,春秋航空的可持续发展,源于业务的快速提升与IT的深度融合。春秋航空的IT技术变革可分为三个发展阶段:

第一阶段,批发和代理系统初创。早期旅行社都是依赖烦琐的手工操作,20世纪90年代王正华带领团队研发的系统,是利用外网进行组网,用终端的技术进行网络组建。手工操作错误会阻碍业务的发展。采用这套系统后，航空包机加上网络批发，业务量逐年翻番。

第二阶段，电子商务直销崛起。2003年，国内第一家C2C电商网站淘宝网出现。从春秋旅行社发展到春秋航空，公司自主研发旅客服务系统，第一家以电子商务直销为核心模式的航空公司正式起航。而后一系列航空应用系统的研发，都指向一个目标：进一步巩固和推进低成本航空的运营模式。

第三阶段，人工智能、大数据、云计算、AI等前沿技术的应用。2018年10月15日，备受关注的上海虹桥机场T1航站楼终于改造完成，春秋航空的航班由虹桥机场1号航站楼A岛转至D岛运营，"自助值机、自助托运、自助验证、自助登机"等一站式智能化服务，给旅客带来了更舒适、更省时、更先进的体验。

据多家媒体报道，当天凌晨到上午9时，春秋航空早高峰2 239人次的旅客中，有86%的旅客选择了自助值机、自助安检查验等流程，有效缓解了高峰期的排队现象。这是春秋航空联手机场打造的全流程自助服务，新科技的应用给旅客带来全新乘机体验，促进了航空服务高质量发展。

在王正华看来，IT的价值在于通过IT技术为企业创造商业价值。在企业实现商业价值的过程中，IT技术像一把锋利的刀，是贯彻和推动企业战略的有效武器。如今，互联网、大数据、云计算、人工智能、AI等新兴技术，正在对越来越多的行业和产业发展产生赋能效应。新技术渗透的诸多领域，都在不断形成新质生产力。

顺应时代发展，王正华更是不断寻找"外脑"，提升创新能力，致力于创建一个IT技术生态系统，实现高水平提升与超循环发展。但在求新创变的路上，他时常遇到壁垒。一旦业务落地，改变一些流程和模式，都会引发业务惯性与技术创新之间的碰撞。如何应变局、育新机、开新局，是摆在王正华面前的重大任务和考验。

没有永恒的成功经验，因为市场本身在变化。王正华对其互联互通的特点深有体会。一次成功的创新，固然令人激动，创新表面光鲜，背后却往往伤痕累累。世界在改变，而万物是互通的，任何人都要接受这个现实。接受时，你就会发现，这就是经济的特点，变是正常的，不变才是不正常的。如何在变革中赢得

美好未来呢？企业只有不断自我革命，才能够让自己保持领先的位置，才能获得持续的成功，否则只能收获阶段性的胜利。

春秋人的技术创新经验：做好自身只是一个前提，外部还有很多东西影响组织绩效，需要将内外因素融会贯通。在企业发展过程中，王正华和团队见证了整个互联网的历史进程，并一直践行着低成本运营模式。不管是旅游业抑或航空业，都需要不断变革的技术支撑，业务发展才能得以接续、延伸。

过去的几十年里，技术进步一直是推动社会发展的重要力量。如果企业不重视创新，必将付出惨重代价。柯达最早发现了电子照相机，诺基亚最早研发出触摸屏，但由于对技术不重视，对未来趋势把握出现错误，最终被时代抛弃，连一声再见都来不及说。

事实上，早在春秋航空成立之初，王正华就已经预判到，中航信的分销系统作为商业系统，迟早是要收费的，前期的免费，只是为了更好地"绑定"他们。结束在美国的考察后，他更加清晰地认识到，航空机票销售，中间环节越多，出现的问题就越多。

原因有三点：第一，代理人的佣金；第二，分销系统的服务费用；第三，分销商的回款速度。回款速度越慢，财务风险越大，春秋航空是刚刚成立的小公司，根本承担不起巨大的财务成本。

站在业务角度层面，王正华不得不思考这些问题。传统航空公司将所有服务都整体打包到机票中，但在低成本航空公司看来，用户需求是存在差异的。当180名乘客坐上飞机后：有人想吃饭，有人完全没有胃口；有人想靠过道，图个出入方便；有人则喜欢靠窗，看看机舱外的蓝天白云。"差异化"的存在，意味着低成本航空公司通过低票价吸引到足够多的乘客后，可以为不同的用户提供不同的服务，而这些不同的服务，就蕴藏着创造增值收入的机会。

关于辅助收入，王正华曾明确提出，辅助收入对春秋航空未来的经营和生存，有着至关重要的作用。只有做好辅助收入，低成本航空公司才有可能真正实现盈利。之后的在线选座、餐食供应、托运行李，正在拓展的酒店业务，都印证了他当初的判断。

春秋航空的IT团队大大提高了公司的主观能动性和积极性，深刻地体会到了领导的良苦用心和充分信任。继而，创造历史的艰苦而光荣的任务，就落在了IT部门的肩上。从后期取得的一个又一个丰硕成果看，王正华具有远见卓识，能够在复杂多变的形势下，以战略家的头脑运用战略思维，把握事物发展的方向，总揽全局，预测未来。

随着春秋航空的规模越来越大，信息化的成本越来越高，信息化项目的规模也越来越大。几乎所有的大型企业中，信息化建设都存在着一个难以调和的矛盾——面对业务部门无穷无尽的项目需求，IT部门有限的生产力常常显得捉襟见肘。

如何解决业务部门不断增长的项目需求与IT部门有限的生产力之间的矛盾，是摆在春秋航空管理层面前的重要挑战。2015年，春秋航空成立信息化委员会，由时任春秋航空副总裁的王煜担任主任，委员则由公司的副总裁及主要业务部门的总经理们组成。从信息化委员会的人员结构可以看出，信息化委员会有着跨部门且超越具体业务部门的职能属性。

恰逢中国民航业新一轮大发展开始起步，中国民航业急需更加多样化的信息系统解决方案。基于过去十余年的不断锤炼和自我成长，春秋航空有能力也有愿望为中国民航业提供全方位的自主研发的信息系统解决方案，小翼科技应运而生。

作为完全独立于中航信之外的唯一全封闭全链条的航空公司IT系统，春秋航空的整体信息化解决方案很自然地成为航空公司们学习的标杆。应运而生的小翼科技，成为春秋航空向民航市场输出信息化解决方案的通道和出口，这为中国民航市场提供了多样化的产品选择。

此外，还有两点至关重要，那就是学习和创新。

首先，持续学习。春秋航空学习世界旅行社鼻祖托马斯·库克（Thomas Cook），由旅行社创办航空公司，春秋人并没有简单地照抄照搬，没有复制国航、东航、南航的服务模式。而是结合我国国情实际，建立了中国首家低成本航空公司，自第一个整年开始盈利，前五年淡季利润一直保持在2 000万上下，全国第一，世界领先。

其次，不断创新。当年在全国培养自己的代理商、建立分社时，王正华通过

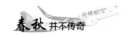

去国外考察大型旅行社的运作模式，得到灵感，学习型组织的重要性凸显出来，并结出了丰硕果实。有趣的是，他带头学习携程、飞猪等电商方面的知识，在此基础上，一直多措并举地支持和推进跨境电商的多元化发展。近年来，旅游板块通过研发 AI 小程序的尝试，促进业务的持续增长。

既要"时时放心不下"，又要"事事心中有底"。创业至今，王正华始终把学习、奋斗、创新、安全放在重要位置。从航空业等各个市场来看，自身的学习和创新，仍是市场和客源的源泉。

当市场有需要时，在实践中成长起来的春秋人不比学校里培养的航空专业学生差，这也是王正华引以为荣的事。筹建春秋航空的时候，他和员工们看了很多书，做了很多考察笔记，并把学习到的知识转化为行动，这使得春秋航空这些年来一直"扶摇而上"。

数据显示，春秋航空为节省中航信第三方售票系统费用，自行研发值机系统。这虽导致消费者无法在其他旅行 APP 购票，但王正华坚信，真正有需求的客户会主动前来。此举每年可节省上亿元。

春秋航空乃至春秋集团的信息化建设，也为行业内其他企业提供了参考和借鉴，推动了整个航旅业的信息化进程。许多航空公司和旅游企业纷纷效仿春秋集团，加大在信息技术方面的投入和研发力度，提高了行业的整体信息化水平。

第七章：战略思维绝了

> 他，打破思维定势，古稀之年，用"1元机票""霸机者的'黑名单'""取消免费矿泉水"等一系列颠覆性举措，挑战着民航业的传统，也书写着属于自己的传奇。

他，与同行"过招"

春秋人做事有个特点，做之前要慎重地研究、分析、推敲，定下来了，就有"咬定青山不放松""不破楼兰终不还"的韧劲和魄力，死活也要拼下去。

与同行"过招"，王正华奉行"和气生财"的理念。前文提到他在上海西藏路"培育竞争对手"，便不难看出他的格局和气度。平时生活中，他是一个不招风、不惹事、不树敌的人。作为企业的掌舵者，王正华展现出《礼记·儒行》中"其特立独行，有如此者"的风骨，可这也仅仅是他的商业之道。

他的战略智慧和日常中想出来的点子、招数，既有他自己一些头脑风暴的成果，也有些是从行业"大哥们"那里学来的。在他看来，同行之间实际上是在"互相传授"，彼此学习经营技巧。在竞争中学习，在对抗中融合。

共同良性发展，这本来只是王正华的一厢情愿。2006年5月，东星航空推出了低价促销活动，结果引起了一些国有航空公司的反感，据说多家航空公司私下研究要共同抵制东星航空。东星航空最终选择将此事闹到公堂，导致双方都下不来台，引发社会热议，直到相关部门出面调停，才算了事。

王正华也有类似的经历和遭遇。在济南"1元机票"事件结束之后，那些老

牌航空公司开始对王正华进行"围剿"。当时,南航对郑州至上海的机票打了2.5折的优惠,票价为200元,不过要求旅客必须提前预订,而且数量有限;东航在同一路线上推出了199元价格的机票,不过仅限每天3个航班、每个航班20张,售完即止。

面对航空巨头们的"出手",王正华自然早有心理准备。他选择跟这些老牌航空公司"对着干"——把每条航线中的"99元"机票投放比例从30%扩大到40%。春秋航空的新闻发言人宣称:虽然我们是草根出身,但是我们从来不惧怕打压,春秋航空的客座率仍然在95%以上。

无独有偶,2005年7月,春秋航空首航时,王正华试探性地推出了13张单价199元的"上海—烟台"特价机票,结果没几天他和公司就收到了工商部门的责令,要求其"必须遵守禁止令"。业内人士都知道,这是其他航空公司打了"小报告"。

尽管春秋航空与东航有着相似的境遇,王正华却能理性地看待和处理此事。他将199元机票全部停掉,之后发挥自身航旅结合的优势,推出了"300元的机票+酒店特价套餐""买机票赠红酒"等销售模式。这种聪明的应对之策,既绕过了"禁折令",还借此机会搞了一下促销。

关键时刻,王正华去了趟中国民用航空总局,跟有关负责人讨论弹性票价的"可行性"、社会价值和企业生存意义。最终,他得到了默许,低价机票得以继续推出。

或许在某些时候,王正华与其他航司的关系还真不错。虽然表面上竞争激烈,但私下多是好朋友。2006年底,他面临着是否进入干线市场的抉择。由于干线竞争十分激烈,不是有胆子就能"狭路相逢勇者胜",他谨慎地召开了一次决策大会。

此事要放到以前,他认准的事情无人能够阻挡,这次,他却犹豫不定了。这条航线,国内已经有几家实力雄厚的航空公司在飞,若是春秋航空介入,优势小,压力会很大。为了征求意见,王正华给时任东航集团董事长的李丰华打去电话。当时东航也在飞这条航线,李丰华的回复意见竟然不是反对,而是绝对支持:"为什么不飞?一定要飞。"

有了同行朋友的支持，王正华最终下定决心，向中国民用航空总局申请了上海至广州的航线。而实际运作下来，航空客座率、利润率都十分可观。

一家媒体采访王正华时，他曾真诚坦露："每次开新航线，我都会主动登门拜访当地的主流航空公司，拿些具体数据给他们看，告诉他们春秋航空到达哪个城市，就会让哪里的旅客总量有所提高，不会减少当地航空公司的客流量。"

或许在很多人看来，在市场上，只有永远的利益，没有永远的敌人。但王正华并不这么认为。他觉得，无论是国有航空还是民营航空，终归都是一家人，适度的竞争能为企业带来活力，促进企业成长，并非要把谁置于死地。他认定的"竞争对手"不在国内，而是国外的旅行社和航空公司。为什么不团结起来一致对外呢？

相反，恶性竞争也许能让企业暂时获取独占性利益，但会影响行业技术革新、制约行业发展壮大、破坏消费者体验价值提升，最终无法有效提升企业核心竞争力，更不能使企业长期利益最大化。

王正华曾在公开场合发表过一段独白："我从来没有随便树敌，推行低成本航空策略，最大的目的，只是为了适应市场需求，满足普通百姓坐便宜飞机的梦想而已。即使没有春秋航空，这类群体也会选择其他航空公司的飞机。"

直到今日，他和春秋航空不是跟这些行业"老大哥"抢客源，也不是在分割市场，而是在帮助同行拓展新的市场。正因为这种"融合之道"，才让王正华和春秋航空能够和气生财，刚柔并济，所向披靡。

同样，春秋旅行社在刚起步阶段战胜同行的策略，不是排挤，不是搞不正当竞争。王正华常说，人最大的竞争对手，往往不是别人，而是自己。想做第一，必须拼尽全力，才能接住好运。因而，对于旅游产品的创新，他不仅重落实，对产品的质量，更是实行全方位的"监管"。

春秋旅行社创立之日起，王正华就成立了质量监督科，被内部员工形象地称为"啄木鸟"，只要一发生质量问题，他和相关领导就会一起找负责人谈话，帮助分析解决问题，以提高旅游产品的质量。

春秋旅行社西藏路门店生意进入火爆之时，迎来的是各种检查。自己公司的"啄木鸟"，市里和区里的旅游局、文明办，有的会提前通知，有的直接带着人马

就来了。

每年春、秋季和寒暑假期，是西藏路门店的旺季。客人太多了，从早到晚，收银员数钞票数得手抽筋。也是在这个时候，最容易收到王正华的质量周报批复。对于公司的质量周报，王正华每份必看，只要发现任何问题，他都会勾画出来，并写上批复。

对于那些属于"小来小去"的质量问题，王正华会问质量管理人员怎么办？但如果一个问题多次出现，批复就不客气了，如"睡着了吗？""你是怎么管的？"特别是批评人的时候，他根本不讲情面。他觉着，客人只要不满意，根源一定在自己身上。质量的问题，往往是从小事开始，逐渐变大的。因此要防微杜渐，在小事情上，绝不能含糊。对当事人，不仅要处以罚款，还必须写检查。

如果遇到大问题，被总部质监部门评为"差团"，当事人不仅要写检查，更要追究各级领导的责任。比如，一些其他旅行社的导游刚来春秋旅行社时，可能还保留着一些原来旅行社的老习惯，这样的导游最容易带出"差团"来。一旦出现这种情况，王正华就会一路批评下去，从张秀智等领导，一直到部门经理，每个人都要罚款。他自己也会扣钱，而且和张秀智扣得一样多。

三亚一家与春秋旅行社合作的旅行社负责人，对春秋人"99+0=0"的质量管理理念是又爱又恨。恨的时候，信誓旦旦说再也不接春秋旅行社的团了，因为春秋旅行社实在过于较真。爱的时候，又称春秋旅行社的做法，帮自己团队也提升了质量管理水平。

一次会议上，这位负责人对春秋旅行社三亚分社总经理说出了自己的心里话："你们的团一来，我们餐厅的服务员都站得笔直。因为只要站得不直，你们的客人就会投诉，说这个餐厅不行，服务员都站得东倒西歪，你们就会写在质量周报上，扣我们餐厅的钱。在全国所有的旅行社里，春秋旅行社是要求最高、要求最多，同时也是要求最严格的。你们的客人，尤其是你们培养出来的像'啄木鸟'一样挑剔的质量监管人员，在那几年里，把我们三亚整个酒店的管理水平都提高了一大截。"

形成一种惯例后，全国各地分社的人一看到总部质检科的人来了，或是接到质检科的电话,就知道一定是发生了质量投诉。虽然这种情况是极少数,但对所有员工的警示作用还是很大的,由此在市场上树立了良好的口碑。"要旅游,找春秋,到春秋最放心",逐渐成了游客的口头禅。

质量这件事情,确实神奇。只要把质量做好了,生意真的是多到做不完。多年之后,王正华还常和员工们讲西藏路门店那个时期的辉煌景象。门店对面是一家旅行社,旁边也是一家旅行社。其他旅行社门可罗雀,而春秋旅行社的门店却是"里三层外三层",忙得不可开交。

"没有对手,只有客户",是春秋人的座右铭。因为他们知道,要做好质量工作,必须把这种理念融入每个人的工作、学习和日常生活中去,让每个人都有一种强烈的把事情做好的愿望。有些时候,王正华似乎更期盼竞争。有了竞争,团队才有可能更激奋、更富有激情地投入下一场"战斗"中。

"1元机票"风波

春秋航空等低成本航空的崛起,改变了只有少数富人能够坐得起飞机的局面,低廉的票价,让普通老百姓获得了轻松坐上飞机的机会。

如何做好市场营销,他经常盘算着:飞机飞上天不算什么,要让它飞进旅客心里。可很多时候,要满足消费者需求却是很艰难的一件事,他将"让大众百姓以低价享受飞机旅行"视为自己的"春秋大梦",以及重要的获利点。

低成本航空公司的票价,究竟会低到什么价位?王正华在接受《经济日报》记者的采访时曾表示:"如果政府允许,非常态的营销手段都有可能。"

2006年12月中旬,这个"非常态的营销手段"便成为现实。迫于国内一家航空公司在厦门至济南航线上的压力,王正华决定,在上海至济南航线上推出限时限量的特价营销活动,计划用"1元机票"作为突围手段。在国外,"1元机票"很"流行",比如从爱尔兰首都柏林飞往欧洲25个机场的航线都有"1元机

票"。但国内推出"1元机票"是首次,他要慎重行事。

上海至济南航线,是一条夜间航线,尤其恰逢冬季旅行淡季,能搭载商务旅客的可能性非常小,客座率很低,很多座位因此都空着。为了最大限度地利用空置的座位,王正华想,与其让座位空着,不如低价卖出去,至少还能让一些普通百姓坐得起飞机,看一看外面世界的繁华。

万万没想到,春秋航空这个仅限网上购票的400张"1元机票"刚刚推出,山东省济南市物价局很快便找上门,并向其开出了一张15万元的罚单,理由很简单:1元超低折扣机票"违规"。这是当时国内航空公司首次因票价问题而受到政府部门的行政处罚。

这次营销活动,推广期是2006年11月30日至12月10日,"1元机票"所售座位占航班总座位数的10%。活动首日,"1元机票"销售一空。为此,引发了第一轮互联网传播浪潮。有人抱怨没有抢到票,有人询问什么时候还有,还有人说春秋航空是在作秀……

此番热议还没有褪去,一张"天价罚单"让春秋航空再次被推上风口浪尖,触发了第二次传播热潮。主流媒体的广泛传播,推动了互联网的传播巨浪,大量的网民第一次了解春秋航空,纷纷发出自己的声音:这家名为春秋航空的公司,竟然可以把机票降到1元钱,这么利民的事情却被物价部门以扰乱市场的名义给"搅黄"了。社会舆论开始向着有利于春秋航空的方向推进。

这一边,听到消息的王正华马上赶过去"扑火",并根据程序规范要求,于两天后向物价部门递交了举行听证会的申请,同时递交了中国民用航空总局对春秋航空实行差异化服务的批复文件,以及中国民用航空总局2005年颁布的关于深化民航改革的文件,其中表示将逐渐放开机票价格的下限。

关于春秋航空提出的举行听证会的申请,是任何一家企业都拥有的基本权利。即使在今天,当企业面对政府部门的强势干预时,都会习惯性地选择放弃权利,主动退让。春秋航空恰恰相反,在第一时间选择了主动应对。

中国民用航空总局对春秋航空差异化服务的批复,引发了公众对济南市物价局处罚合理性的质疑,而这个批复结果吸引了大批记者前往春秋航空、济南市物价局、中国民用航空总局进行采访。第三轮传播浪潮席卷而来,来自主流媒体和互联网网民的声音，开始全面转向对春秋航空的正面传播。

就在媒体和专家纷纷预测听证会的结果时，2006年12月26日，春秋航空召开新闻发布会，宣布撤销听证申请。始料不及的是，第四轮传播热潮将矛头指向了济南市物价局，以至于物价局不得不出面澄清，希望春秋航空能够撤销听证申请。出于共同解决问题的目的，春秋航空接受了这一提议。

"济南市物价局15万元罚单"事件持续了近一个月，在全国主流媒体和互联网媒体掀起了四轮传播热潮，这是一次全国范围内针对普通公众的高频次、低成本航空知识的普及教育，不但传播了春秋航空的品牌，更强化了公众对低成本航空的认识。

此事，最后有了一个好的结果。在有关政府部门的协调下，15万元罚款并未执行。王正华在离开物价部门时，接待的工作人员笑脸相迎："这次你们要感谢我们了，我们替你们做了一次免费又轰动的广告。"

当初为何开出这张罚单？2004年的《国内航空运输价格改革方案》规定，机票价格的下浮不得超过45%，济南物价局采取处罚也是于法有据的。"1元机票"，是市场法则与传统规章的一次冲撞。虽然"躲过去"了罚单，但之后一些航空公司开始对春秋航空进行围追堵截，纷纷压低价格，试图通过价格战将其扼杀在摇篮之中。

有人认为，春秋航空的所谓"搅局"，给航空"价格同盟"带来巨大冲击，受到"封杀"是意料之中的事。自2005年7月首飞以来，春秋航空一直坚持低成本运营，这是一条不被看好的路。

零点研究咨询集团董事长袁岳对此给出评价，未来庞大的航空市场给予了从业者们充分的竞争空间，在国有航空公司的羊群之外，生存着一只野生的狼，只要能够实现"有利润的增长"，春秋航空的发展就是必然的。

王正华接受《新京报》采访时坦言，一边是管制，一边是市场需求，国内低成本航空公司推出低价机票这个策略已经陷入两难的境地。有一点是可以肯定的，运作飞机旅游业务的成本将至少下降20%，届时这种优惠会直接通过票价的降低，回到旅客的口袋里，这体现在旅游产品中。

如果按照国家发展改革委和中国民用航空总局下浮不得超过45%的规定，

春秋航空既不是第一家,更不是唯一一家以低于底线价格销售机票的航空公司,很多全服务航空公司普遍作出了淡季打折的选择,而且折扣率显然低于45%的底线。这说明航空公司根据市场需求来调节票价,是符合市场经营需要的正常手段。

可是这样的"限价令",从未被国内航空公司认真执行过。当年物价部门开出罚单的根据就是事发两年前发布的"限价令",其早已被视为一纸空文,却成为竞争对手打击春秋航空的护身符。有意思的是,《国内民航机票价格改革方案》颁布时,还没有一家民营航空公司诞生。

应当说,春秋航空的初步成功跟中国民用航空总局的扶持分不开,不顾国有航空公司的抗议,允许春秋航空实行差异化服务就是最好的证明。不过,随着春秋航空在低票价的道路上越走越远,竞争对手的心理压力越来越大。随之而来的,是陆续有其他航空公司上书管理部门,投诉春秋航空的价格违规行为。

王正华没有抱怨,反而会觉得,现在民营航空与国有航空公司的竞争,就好比是"老鼠与大象的较量"。规模小是民营航空公司最大的劣势,如果跟国有航空公司站在同一起跑线上,民营航空就只能坐以待毙。要想谋得生存空间,民营航空必须依靠灵活的机制,出奇制胜。

有鉴于此,春秋航空积极推行差异化服务,用缩减服务项目来换取低票价的策略吸引旅客,围绕价格做文章,推出了少量超低票价,以此吸引市场关注,打响知名度,为自己的生存和发展争取更大的市场空间。

事实正如他预想的那样,航空旅行不是"非富即贵"之人的专属,应该让更多的人坐得起飞机。中国还有80%的人从来没有坐过飞机,在淡季的时候,航空公司的座位显然坐不满,与其让座位空着,不如让更多的人享受飞行体验,让更多的人有机会坐飞机出门旅行,以此培育和扩大航空市场的需求。

2007年3月,春秋航空不得不退出上海至济南航线。王正华高度总结了此事:"现有法规尚未放开'1元机票',在这种特殊背景下,想要往前走,就必须先遵守当前的规矩。未来的营销活动,既要符合改革开放精神,又要顺应民意。"

面对国外低成本航空的蓬勃发展,中国民用航空总局也在积极为国内低成本航空的发展创造"软环境"。何时放开票价管制？有关部门在2007年6月发布的《中国航空运输发展报告》中称，将在年内修订《国内航空运输价格改革方案》，基本原则是放开对机票价格的管制。

2016年11月1日起执行的《关于深化民航国内航空旅客运输票价改革有关问题的通知》、2020年12月1日起执行的《关于进一步深化民航国内航线运输价格改革有关问题的通知》等政策的出台，意味着中国民航国内运价市场化改革的步伐不断加快，机票价格更加适应市场。

对于春秋航空来说，放开机票价格管制，更像是解下了套在头上的"紧箍咒"。只有提供老百姓可以接受的机票价格，低成本航空才能真正实现蓬勃发展。

"1瓶矿泉水"的"烦恼"

在差异化服务的探索过程中，王正华遇到的难题远不止"1元机票"。一瓶小小的矿泉水，也曾让他大伤脑筋。

2005年6月29日，在中国民用航空总局召开的春秋航空有限公司旅客服务差异化听证会上，春秋航空提出，飞机上除了提供一瓶300毫升的矿泉水外，不提供免费餐食等。唯一提供的这瓶免费矿泉水，也在执行不久之后，就宣布取消了。看似微不足道的一瓶水，让王正华着实烦恼了一阵子。

事情起因是这样的。春秋航空为了降低运行成本，一开始对旅客实行有别于传统航空公司的差异化服务，在客舱中仅为每位旅客免费提供一瓶300毫升的矿泉水，若旅客需要额外的食品和饮料，需自付费用。

但一段时间后，根据客舱清洁统计，有将近80%的矿泉水都没有喝完，造成了严重浪费。经过反复考量，春秋航空决定从2006年1月1日起，停止发放这瓶免费矿泉水，并倡导旅客坐飞机时不要食用自带食品，以维护客舱环境卫生。

此消息发布后，引发了截然不同的反应，有媒体甚至认为春秋航空与旅客签

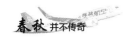

订的是"霸王条款",如此一来"坐飞机就如同坐监狱"。更有不少网民发出灵魂拷问,指责、质问春秋航空"太抠门了",连一瓶水还如此算计,有的还说春秋航空"服务缩水"。

这瓶免费矿泉水到底该不该发?王正华和他的团队犹豫了许久。尽管每趟飞机上发放矿泉水的成本不过180元,但"一滴水一分钱,当思来之不易"。如果能将这些浪费的钱省下来,让更多人有机会买到199元的特价机票,岂不更好?

王正华专门安排人组织召开新闻媒体通气会,会上他以一贯低调而诚恳的语气,请媒体记者出点子,共同探讨怎样才能更好地实施差异化服务。他也坦诚地表示,大家之所以对春秋航空的决策有误解,是因为他们的工作做得不够细致,没有事先与媒体通气。

通气会上,媒体记者们得知,为了更好地执行差异化服务,王正华曾专程赴厦门观摩了亚洲航空的航班,并与亚航驻厦门领导进行了座谈。借鉴亚航的成功经验,春秋航空的空乘开始在机舱内加大宣传力度,通过广播倡导旅客不在机舱内食用自带食物,特别是带有瓜皮果壳的零食,从未发生过一起与旅客的冲突与争吵。

此外,王正华还向媒体朋友举例说明。例如,乘坐火车的旅客普遍会食用方便面,但在水温80摄氏度以下方便面不易泡开,而水温80摄氏度以上,在高空飞行的客舱中是不安全的,因此在飞机上不宜食用方便面,客舱食用的食品应由航空公司选择。

春秋航空把低成本、低票价的理念付诸实施的时候,吸引了大量原本习惯乘坐地面交通工具的旅客,这就需要让这些旅客了解并遵守航空业的一些约定俗成的习惯,尤其是那些第一次乘飞机的旅客。

在新闻通气会之后,又有记者找到王正华,询问他:"为了一瓶矿泉水的事,专门召开一次新闻通气会,是否有必要?"他的回答还是如此谦逊:这么多年来,春秋航空习惯了在石头缝里求生存,从不敢"牛"。

"1瓶矿泉水"事件,最终还是以春秋航空向外宣布"所有航班将取消免费供应矿泉水服务"的决定告终。春秋航空算了一笔账:以每天两个航班,每个航班搭载150人计算,一年下来能节省约150万元。

春秋航空着重强调，为了营造一个更加洁净舒适的客舱环境，旅客在机舱内不可食用自带食品，但乘客可以在春秋航空的飞机上买到这些食品。目前，机上食品种类繁多，价值大致为：咖啡15元一杯、八宝粥12元一罐、麻辣花生10元一包、矿泉水5～10元一瓶、炸酱面30元一份、可乐雪碧10元一瓶、气泡酒18元一瓶等。

到了正式停止免费发放矿泉水的日子，有细心旅客发现这个"缩水"计划被推迟了，飞机上仍有免费矿泉水提供。后有媒体报道称，原因是有不少旅客早就订购了1月初的机票，如果立即停止发放免费矿泉水，对已购买机票却不知情的旅客不公平，考虑到这点，这一计划暂时延缓。

如此看来，春秋航空的"省钱+赚钱"策略的真实意图就显露出来了，有需要食品和水的旅客，可自行在飞机上购买。截至目前，还没有旅客对春秋航空的差异化服务提出具有实质性影响的异议。

为此，王正华组建了一支质量监察队伍，跟踪调查每趟航班的旅客反映，定期出版"质量周报"，以更好地提升春秋航空的服务质量。

这瓶矿泉水赠送还是不赠送，这并不是问题的关键。关键在于怎样提升乘客的满意度。王正华比较担心的是，如何在不断缩减服务项目的同时，又能坚守住不触及旅客"痛点"的底线。省钱虽然是好事，但如果把旅客"省"怕了就麻烦了。

春秋航空的这种超低价策略，在欧美国家早已屡见不鲜。比如美国西南航空就是一家有着40多年历史的低价航空公司，它降低成本的策略是航班次数比别人多，工作人员比别人少，工资比别人低，同时承诺所有员工不会被解雇。尽管给旅客的服务项目很少，但凭借优质的服务态度和高效的运营管理，美国西南航空自始至终处于盈利状态。

对于刚刚起步的春秋航空来说，如何在有限的资源下，最大限度地减少不必要的成本和浪费，同时保证旅客的基本需求，是企业经营管理的重中之重。对于一些经常需要乘坐飞机旅行的人来说，春秋航空等低成本航空已是他们的首选。春秋航空的服务可能会略显简单，机票价格却非常具有吸引力。

随着越来越多的航空公司进入低成本航空市场，这个行业将会越来越成熟，提供的服务也会越来越完善。

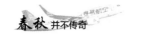

霸机者的"黑名单"

对于经常乘坐飞机的人来说,恐怕都会经历几次航班延误。关于航班延误后的是是非非,各人有各人的说法。可是一个深层次的问题却不容回避,由于国内航空公司缺少航班延误的赔偿标准,中国民用航空总局等主管部门又没有出台相关的硬性规定,才造成了延误后各种纠纷不断。而春秋航空,是这些纠纷的"重灾区"。

早在 2007 年、2010 年、2012 年,春秋航空就遭遇多次旅客"霸机"事件,王正华在无奈下推出了"暂无能力服务旅客名单"(后简称"黑名单")。用媒体的报道标题就是:"你'霸机',下次不让你坐飞机。"

一些旧事还需重提。要了解王正华的这一举措,就必须回顾一下当年发生的几起"霸机"事件。

2007 年 7 月 19 日,由于大连机场天气原因,春秋航空上海往返大连的航班被迫延误,几十名旅客要求赔偿,他们从 19 日下午 2 点 14 分开始"霸机",直到次日凌晨 5 点 30 分才离开,形成了春秋航空短暂历史上时间最长的"连环霸机"事件。

这次"连环霸机"事件,严重扰乱了春秋航空 7 月 19 日至 20 日的整个航班运行计划,在得到王正华指示后,相关人员被迫使原定由该飞机执飞的"上海—厦门"往返、"上海—绵阳"往返的 4 个航班的旅客长时间延误。

更糟糕的是,在不得已的调机过程中,波及上海至桂林、三亚、沈阳、重庆等往返的 8 个航班。"霸机"使 690 位旅客延误了 5 个小时左右,还使 1 000 余名旅客延误了 1 至 3 个小时。

这起突发事件,造成了严重影响,王正华决定出手"治理"。他一边安排召开媒体新闻发布会,向网友、旅客致歉,一边对"霸机者"采取相应措施,极个别号召者被纳入"黑名单"。在王正华看来,相比于让极少数旅客占机、霸机,造成一连串的连环延误,损害后面十倍、百倍旅客和游客的合法权益,采纳依法起诉或追究"霸机"旅客的法律责任,才是息事宁人,让社会成本和公司成本最小化的有效办法。

一段时间以后,这一"黑名单"淡出了人们的视野。2010年世博会期间,春秋航空再次遭遇"霸机"事件,12个航班的678名旅客,采取"霸机"、罢乘、闹事索赔等过激行为,最终被春秋航空列入"黑名单",占此期间旅客总数的0.02%。

基于春秋航空的人性化服务,这份"黑名单"不是永久性的,而是随时更新的。如果当事人此前对于公司条款并未直接知情,在重新查阅条款后表示愿意继续认可春秋航空的服务,只要本人传真一份签名同意书,公司系统便会将其移出这个名单。

"黑名单"推出后,引发广泛争议。赞成的网友认为"霸机"旅客的行为造成航班连环延误,损害了大多数无辜旅客的合法权益,春秋航空此举属于"自卫"和"保护大多数人的利益"。反对的网友则认为,以这种方式不让旅客订票,侵犯了旅客的权益。各方意见,争论不休。

面对各方争议,民航华东管理局认为"这是企业的自主行为"。既然没有相关法规限制航空公司这么做,那么,春秋航空从保障绝大部分旅客的利益出发,可以设立"黑名单"。当然也有人指出,如果依据《中华人民共和国消费者权益保护法》规定,消费者有自主选择权,春秋航空的做法是否剥夺了乘客的选择权?

有律师发表看法,称春秋航空的做法,从法律上来讲无可厚非,公司和乘客之间存在合同关系,双方都可以自由选择,航空公司有自由选择特定的消费群体。"霸机"乘客的做法"主张合理,方式不妥"。目前,航空延误赔偿不高,乘客作为弱势群体,权益得不到保护,因此做出过激行为,完全可以理解,但他们的行为侵害了其他乘客的权益,干扰了航空公司正常的经营秩序。

不到两年时间,2012年,"霸机"事件再次上演。当年4月30日,由于天气原因,上海浦东机场能见度较低,大量航班延误。春秋航空执飞上海浦东至哈尔滨的航班,于20时46分抵达浦东机场,21时10分通知该航班176名旅客登机,实际登机时间却推迟了4个多小时。通知登机后,部分旅客提出索赔,要求春秋航空赔偿每人700元或500元不等的损失,但遭到了拒绝。于是,这些旅客便选择罢乘,导致航班延误了3个多小时。

在现场,部分旅客不仅堵塞了登机口,阻碍要登机的旅客,还辱骂工作人员,有的甚至向工作人员投掷方便面。王正华得知此事,立即责令相关负责人赶来处理,并要求工作人员必须做到"打不还手,骂不还口",这是铁的纪律。备受委屈的工作人员最后不得已向机场公安求助,飞机才得以起飞。

2013年4月,又因大雾晚点,春秋航空在长沙机场遭遇"霸机"事件,致使整个飞机延误了两个多小时。尽管在旅客购买机票时,春秋航空就履行了差异化服务条款的告知业务,但真正出现纠纷的时候,旅客的情绪依旧十分激动。

每次航班出现较长延误时,春秋航空都会向旅客免费分发蛋糕、方便面和矿泉水等,每半小时进行航班延误广播,告知旅客机票可以办理退改签,需要退改签的旅客,还会被安排到宾馆休息。

与此同时,"霸机""霸乘"的旅客会被春秋航空列入"黑名单",这一举措引发了媒体和公众问责。即便历经磨难,遭遇很多误解,春秋航空依然坚持执行"黑名单"制度至今。只有实行差异化服务,低成本航空公司才能正常运营,更好地服务社会和旅客。

好在,也有许多不赞成霸机的旅客纷纷在春秋航空官网或王正华的博客上留言,认为"极少数旅客的做法很过分,毕竟霸占飞机影响的是更多乘客的利益""霸占飞机是违法行为,有些人只顾自己,根本不考虑别人"。

许多媒体也对春秋航空的遭遇表示同情。《新民晚报》曾报道,"低成本航空公司遭遇'倒春寒'";《金融时报》称"为人民服务不容易";《北京青年报》表示,"春秋航空的'黑名单'体现企业选择权","霸机"现象令春秋的低成本航空探索十分尴尬。

多年以后,包括铁路在内的公共交通部门,终于都开始陆续推出"黑名单"制度,春秋航空服务部受邀去中国民用航空总局作专题汇报,向各部门介绍这个计划的执行情况和执行方法。春秋航空当时迫于无奈的"超前之举",再一次得到政府和社会大众的认可。

归根结底,旅客的误解才是廉价航空最大的隐忧。在全球范围看,春秋航空不是第一个制定差异化条例的航空公司,低票价也就是低投入,全世界的廉价航空公司,都需要通过这种方式来降低成本。甚至春秋航空鼓励旅客选择自助来值机,与超重行李一样,人工值机未来也将收取额外的服务费用,成为一项增值服务。

对于缺乏契约精神、严重扰乱航班秩序的旅客,将其暂时列入"黑名单",也是市场倒逼企业进步的一种无奈之举。随着航班量增多,旅客满意度增加,春秋航空的差异化服务已被绝大多数旅客接受。在这些差异化服务中,不提供餐食服务,旅客接受起来不难,行李额度问题也基本可以解决,最大的难度仍集中在航班延误不赔偿问题上。

中国民用航空总局在2004年出台了《航班延误经济补偿指导意见》,却没有制订统一的"民航延误航班赔偿标准"。根据《指导意见》,航空公司因自身原因造成的延误要对旅客进行经济补偿。这属于"只有原则,没有细则""只有指导意见,没有硬性规定"的"指导意见"。从根本上说,"标准不细化",则标准形同虚设。

老王也想卖站票

作为我国第一家尝试低成本运营的航空公司的掌舵人,王正华总有惊人之举。

2009年,春秋航空对外声称,准备尝试卖站票,最快可能年内就向民航局提出申请。"只要政府敢批准,我就敢在飞机上卖站票",这位颇有点"老派"意味的老王,怀揣着执着又单纯的梦想,想将飞机打造成"公交车"一样的交通工具,让大家都能乘坐飞机出行。特别是让春运买不到车票的农民工,也能坐上飞机回家过年。

这个想法源于2008年那一年的紧张春运,只是这样一个市场需求,涉及好多方面和环节,需要得到飞机制造商、适航部门、消费市场等各方面的认可。

根据王正华最初的设想,让乘客换个姿势,一架飞机至少可以多载40%的旅客,公司成本能在现有基础上再摊薄两成,机票价格自然会有更大的下浮空间。

他还曾向媒体描述了飞机站票区的景象：站票位置类似于吧台座位，旅客可以站着斜靠在一块板上，背部有软垫，肘部有扶手，胸部有安全防护横挡，臀部有突起物可以提供支撑；旅客从肩膀到胸口，将会交叉绑上安全带；可以选择半坐，也可以选择直立，乘飞机过程将是安全的。

飞机站票的设想，其实是低成本航空一直在追求的最大化使用机舱内空间的尝试。飞机上能搭载的乘客越多，那么平均到每位乘客身上的成本就越低，这寓意着机票价格也可以大大降低。

在2014年举行的一场春秋航空新航线发布会上，他再一次呼吁民航管理部门批准设立站票，并提出了一个被称为"另类"的三舱布局设想：将飞机客舱划分为商务经济座舱、经济舱和站票舱。这样可使票价下降30%～40%。

然而，由于涉及安全问题，这一计划后又遭到适航部门和飞机制造公司的反对。

为推进此事，王正华做了很多努力。在提出卖飞机站票时，他向空客公司进行过咨询，当时一位销售人员表示技术上可以达到。但在之后的进一步沟通中，空客技术人员推翻了之前的说法，并认为飞机站票的实行还是存在安全隐患。此外，中国适航部门也明确表态飞机站票不安全。

在2010年7月8日闭幕的"2010中国国际航空航天高峰论坛"上，时任春秋航空董事长的王正华，时隔一年后，首次向媒体透露了这个计划的进展。春秋航空虽然作为飞机站票的率先倡导者，但出于安全原因，飞机卖站票一事暂时搁浅。

此前，根据英国媒体报道，瑞安航空计划出售站票，从6美元（约合人民币42元）起售。这一举措的灵感来源却是中国的春秋航空。现实是，目前没有一个国家批准飞机站票，没有任何一个航班在卖站票。

《航空知识》杂志副主编王亚男评论，春秋航空的飞机站票确实有市场的需求。飞机站票，理论上是有存在价值的，西方人也考虑过，甚至已研发出站票的试用座椅，可飞机站票一定要经过法规许可和安全性的检验。

王正华和春秋航空的目标，是为大众提供低廉的机票，让每个中国人都可以坐上飞机。在春秋航空的航班上，时常会有第一次乘坐飞机的乘客。王正华依旧期待，如果卖站票这一设想能够实现，未来中国将有更多人可以乘坐飞机出行。这将更好地实现民航局提出的大众化战略。

每当看到旅客坐在春秋航空的航班上，透过窗户欣赏着壮丽的云海，露出喜悦、惊讶的表情，王正华都会感到莫大的欣慰，他觉得自己做的事情都是值得的。而他的真情流露，让很多人为之动容。

在王正华的记忆中，20世纪90年代开始，种种坐飞机不便的情况逐渐有所改善，越来越多的老百姓选择坐飞机出行，对于路途远一些的地方，都愿意坐飞机去。当时，我国机场的建设还不完善，通往机场的路都很不好走。王正华仍记得，当时去上海虹桥机场的路，只有一来一回的两条很窄的车道。再看看现在，又是宽马路，又是立交桥，通往机场的路四通八达。

王正华第一次坐飞机，还是在区政府工作的时候，在搞军民联欢活动时被部队邀请坐飞机过去。那个年代，能坐飞机是一件很光荣的事情。不是所有人都能像现在这样轻松地购买机票，只有县团级以上干部才能坐飞机。当时的机票没有打折一说，航线也不多，飞机更不普及。不像现在，飞机已成为一种比较大众的出行工具，特别在远程航线上，越来越多的人会选择乘坐飞机出行。

第八章：上市的高光时刻

> 他，一切靠实干。说他运气好，被老天眷顾，实际上，他还是靠春秋人的奋斗和坚持，带领春秋航空上市，一路领跑。

他，又一个十年颠覆

刚刚开航一年的春秋航空，就在行业内"发光发亮"了。

或许有人质疑，但中国民用航空总局2006年已经给出权威的答案，春秋航空连续两个航季获得由中国民用航空总局评定的"五率"加权总评分第一名。"五率"为：公司原因飞行事故征候万时率、公司原因航班不正常率、旅客投诉万人率、正班执行率、民航建设基金缴纳率。

2006年9月，王正华向媒体公布，春秋航空拥有4架飞机，年旅客运输量113.7万人次。为旅客带来了2.5亿元的低价实惠，在比市场同行票价平均低36%的情况下，还产生了3 061万元利润，缴纳税金2 628万元，相当于每架飞机创造了1 000万元利润。自开航以来，春秋航空营业收入已逾5亿元。

这样的营收、盈利在今天看来不算多，但要知道，当时的春秋航空还只是一家刚刚起步的民营航空公司，有此成绩已足够引来各界关注。

因为在那些天，国内几家主要的航空公司先后发布了上半年的亏损状况，最多的甚至亏损超过10亿元。面对民航业的集体不景气状况，初出茅庐的春秋航空显然给那些"老大哥"公司上了一课。一举打破新航空公司三年才能赚钱的行业魔咒，王正华和春秋航空，只用了不足一年时间，便实现了盈利。

这个时候公布公司的盈利情况，在一些人看来，王正华此举似乎有点不厚道，因为他挑了个同行们最尴尬的时间。事情远不只那么简单。这不仅仅是谁更风光的问题，而是一直遭受业内对手打压的这家民营航空，终于宣布盈利了。

谁又曾知道，春秋航空在刚开航时，也是"赔本赚吆喝"。最初，他的计划目标是"一年内实现收支平衡"，可从前几个月的财务报表看，每个月的亏损都高达几百万元，如此情况下，王正华也曾怀疑自己的收支平衡目标是否能够按时实现。

尽管刚起步时处于亏损状态，但春秋航空的各项运营指标却时不时成为行业翘楚。2006年，春秋航空便获得中国民用航空总局财务司颁发的"费、金缴纳第一名"的荣誉称号，从不欠交航油费、机场起降费、飞机租赁费等，哪怕是一个小时。这些荣誉的获得，让逐渐走出亏损阴影的王正华略显踌躇满志，这也让他更加坚信，自己选择的这条低价航空之路，确实行得通。

当年，春秋航空自主开发的IT系统也为公司带来了足够大的利益。例如，销售系统开发费用只有几十万元，但在2006年一年内，节省代理费2 500万元。实践证明，王正华遵循时任中国民用航空总局局长杨元元的高瞻远瞩所走出的道路完全正确。

2008年金融危机以来，民营航空死的死，卖的卖，航空业一片低迷。作为民营企业的春秋航空，颇显稳健局面，这是一个奇迹。数据显示，当时，春秋航空客座率高出行业平均水平17.4%，小时生产率高出33%，吨千米油耗低28%，人均排放低40%。

这就是春秋航空的速度。例如，在春秋航空进入前（2006年至2008年），石家庄至上海航线吞吐量连续三年徘徊在每天400人次左右；在2009年7月春秋航空进驻之后，仅仅用了11个月的时间（到2010年6月），该航线的旅客吞吐量突破了每天1 800人次，在一年不到的时间里，上海至石家庄航线吞吐量，实现了3倍多的增长。

到2010年7月，春秋航空运营着21架飞机，从上海等地出发，开通了至广州、石家庄、深圳、重庆、昆明、厦门等近40条航线。与此同时，春秋旅行

社已发展成为中国最强的国内旅行社。其国内旅游业务成绩连续四年蝉联全国第一，拥有境内外48个全资社，位居全国第一，拥有4 000多家旅游代理，位居全国第一，以及从不欠款的良好信誉。

这是一个加速发展的时代。春秋航空航线所到的广州、重庆、昆明、厦门、珠海、大连等地，都迎来了客源的井喷式增长。春秋航空不仅为这些城市带来了大量的旅客，也推动了其他"老大哥"航空公司加速发展，所到之处机场的航线吞吐量迅速膨胀，极大地激活了航空运输市场，带动了当地的物流、资金流、信息流……进而促进机场所在地区的经济快速发展。

再以沈阳机场为例，在春秋航空未开航的2007年之前，沈阳至上海的旅客吞吐量常年维持在60万至70万人次。2007年春秋航空首航后，此航线一路高歌猛进。经济危机影响中国的2008年，该航线的旅客吞吐量突破了110万人次，实现了70%的增长，其中春秋航空贡献了20万、其他航空公司竟然也增加了20万。到了2009年，该航线的旅客吞吐量更是超过了140万人次，比2007年翻了一番。

以上列举的种种数据和事例，都是春秋航空的成绩和对行业的颠覆性影响。不过，在王正华心里，早有了清晰认知，成长必须付出痛苦的代价，民营航空真不是那么"好玩"的。

王正华的飞机上天之后，春秋旅行社的包机业务瞬间惨淡。更令他和春秋航空犯愁的是，大航空公司纷纷停止与春秋旅行社原有的包机、包位合作。上海原来运营的十几条包机航线，到2005年差不多全停了。只有少数公司与春秋旅行社还有业务往来，而且多是一些国外的航空公司，还有中国香港航空公司。

春秋航空才刚起步，就引起竞争对手的一系列反应，这是王正华预料之中的事情。春秋航空一进入这个市场，就开始了"价格战"，而且持续不断，打得十分激烈。尽管后来关于他的故事，被媒体和网友以"大放厥词"的方式进行传播，但王正华始终坚定地依靠最强的旅游力量，春秋航空在上市之后更是"大杀四方"。

"我不想往死里拼，只想按计划做好自己的事。"事实上，与对手和平相处实在太难，关键在于如何面对困难。作为一个企业的领导人，王正华认为应该考虑这些，绝不是要"干掉谁"。一个人最痛苦的时候，不是吃不上饭的时候，而是想努力改变却没有机会的时候。敢于斗争，勇于智取，方得生存，这是中华民族亘古传承的生存法则，也是他做事的态度。

客观地讲，从春秋航空成立那天起，其年盈利无法与国内航空三大巨头比肩，与世界顶级航空公司相比，更是难以望其项背。可是春秋航空的年收入及盈利，却一直以近乎几何级数的规模在增长。这说明那些不期而至的困难和挑战，虽然构成春秋航空前进道路上的波澜和曲折，但只要能勇敢地将其克服，跨过去，便是发展和前进。

2009年，这一年可谓中国民航业发展的分水岭。一方面，东航并购上航、国航接盘深航，三足鼎立的国有航空公司继续抢占民航业的大部分资源；另一方面，与春秋航空同期起飞的民营航企，大多遭遇重创，或退出市场，或改弦更张。春秋航空却坚韧地逆流飞翔，当年实现了利润1.58亿元，同比增长高达524%。

春秋航空即使没有得到政府一分钱的注资，2008年仍获得盈利。2009年1至9月利润情况更加向好，累计利润14 058万元（不含政府基金返还），比2008年全年2 017万元的利润增长了近6倍，比历史最好的2007年全年7 085万元的利润增长了98%。这些逆风飞扬的数据，充分说明王正华在逆境中，非但没有被打倒，反而站起来了。

每每谈起往事，王正华都会感谢那些给自己制造过磨难和困难的人，正是因为这些人，他和春秋航空才会跑得更快更稳。度过了这段生存危机，坚守下来的民营航空，赶上了中国民航业爆发式增长的黄金岁月，这让王正华对企业的发展前景充满了信心。

2010年1月召开的中国民用航空总局的年会上，总局的领导专门把"平民航空"放在一个非常重要的位置，并就中国民航发展提出了"三大战略"：第一是安全战略，第二是平民战略，第三是全球战略。很显然，中国民用航空总局已经将"平民航空"提升至一个很重要的战略高度。王正华听后，感到无比温暖，他更加坚信，将来国家会逐步出台更多有利于民营航空发展的政策，而他和春秋航空，能够尽享政策红利，加快发展步伐。

果然，这一年成绩斐然。2010年，中国民航业的整体盈利创下了434亿元的历史新高。春秋航空对外披露的财务数据显示，春秋航空净利润达到4.7亿元，同比增长240%，营业收入增加了62%，达到了43.2亿元。

彼时的王正华，不无得意地把"定位、客户群、市场需求"归结为春秋航空活下来的法宝。接下来，他还要进一步扩大企业规模，凭借资本运作来提高资金使用效率，这已成为春秋航空发展的当务之急。

再见，罗森布鲁斯

在王正华的创业生涯中，并非所有尝试都一帆风顺。与外资企业罗森布鲁斯（Rosenbluth）的那段合作经历，至今仍让他记忆犹新。

"改革开放后的中国，有一句流行语，叫作'和时间赛跑'。回顾我的创业历程，总觉得时间是那样的富有魔力。"如今王正华已经80岁，一路走来，有多少的无缘、错过和不可求，或许连他自己也没有仔细想过。

早在1994年，中国的旅游业已经对外资开放，春秋旅游却从未有过合资的传闻。这里面还有一段故事。

如果时光倒退三十年，王正华觉得某些事情也许可以做得更好一些，例如和罗森布鲁斯的合作。

罗森布鲁斯是当时世界上最好的商务旅游企业之一。1994年，由于国际客户在中国的商务活动逐渐频繁，罗森布鲁斯着手在中国寻求合作伙伴。而春秋旅游则是他们的第一个合作伙伴。

故事围绕一个台湾人和王正华的"斗法"而展开。这个人的身世富有传奇色彩。他是清末刺杀安徽巡抚恩铭的革命烈士徐锡麟之孙，是蒋经国长媳徐乃锦之弟，在台湾经营旅行社多年。

为了更好地开展业务，他被委派到上海，代表罗森布鲁斯和春秋旅游合作。合作条件非常不错，春秋旅游在国内成立一个罗森部，由这位总经理负责专门处理罗森布鲁斯在境内的业务。"亏了算罗森的，赚了算春秋的。"

然而，这位总经理上任之后，真的是"天天亏，月月亏"，每月的营业额只有一二十万元人民币。面对如此惨淡的业绩，罗森布鲁斯总部开始怀疑合作的正确性。两年后，这位总经理坐不住了，主动找到王正华，情愿让出大权。王正华接管之后，"罗森部"的业绩开始突飞猛进，每个月的营业额都成倍增长，很快做到了每月500万元人民币。当时，杜邦、英特尔等知名企业都是"罗森部"的客户。

王正华只管了不到一年，这位总经理就将权力收了回去。很快业务又开始下滑。王正华总结说："他可能是个营销高手，但不是个管理高手。"

突然有一天，这位总经理在"太平洋"设下酒宴，邀请了春秋旅游"罗森部"的全体员工，唯独没有请王正华。为什么呢？这个人想借机挖墙脚，他在宴会上向这些年轻人许以高薪，并承诺只要跟他走，可以送他们去美国接受培训。这个价码对这些年轻人产生了极大的诱惑力。结果，他如愿以偿，"策反"了王正华的部下。春秋旅游与罗森的合作便戛然而止。

此举让春秋旅游损失惨重，一朝被蛇咬，十年怕井绳。从那以后，王正华不再青睐外资，不愿意给自己套上紧箍咒，做起事情来反而束手束脚。另外，他掌管的"春秋系"也鲜有"海归人士"。在各地建立分社时，除了总部会派出经理与财务人员外，他坚持用没有太多经验的当地人。他始终觉得，参与全球贸易竞争的关键还是人。

早在20世纪80年代，王正华就主动放弃了那个在当时很炫的称呼——"经理"，自称"社长"。公司当时也有经理，只不过这些经理得听他的。因为他喜欢超脱一点，有一两人能够分担具体的事务就好。

余下的时间，任他恣意驰骋他的想象力。就是现在，偶有突发奇想，他还会叫上几个人一起海阔天空地畅想，展望三年、五年，甚至十年后的模样。

需要时，也得借助"外援"

春秋航空成立不到一年便实现了盈利，这不得不让之前对王正华和春秋航空持怀

疑态度的人刮目相看。然而，在2008年的全球性金融危机中，春秋航空遇到了第一次严酷的挑战。尤其在中国民营航空市场上出现一幕又一幕悲壮的"蓝天大撤军"。

在这样的大环境下，王正华的日子也不好过，春秋航空虽有盈余，净利润还是骤减了70%。加上当年汶川地震、北京奥运会等多重外界因素，给春秋航空的运营带来了不小的压力，另外赶上航油高企和市场的不景气，整个民航业一片惨淡。

这是一场生死攸关、异常惨烈的叩关之战。与其他民营航空一样，春秋航空同样负伤失血，同样没有国家资金输血，但不同的是，春秋航空独具平民基因，那是一种自我造血、顽强不屈的基因。

2008年1月至10月，春秋航空的利润较2007年同期下滑70%，11月首次出现了亏损。"降本增收"是"过冬"的首要方法。王正华令旗一挥，立即拿出了应对之策。在内部会议上，他宣布全体管理层和股东减薪30%，并向基层员工们承诺不裁员、不降薪。实质上，高管主动降薪省下的钱很有限，他们的薪水本就远低于业内平均水平，例如CEO张秀智的年薪仅20万元。此举措，意在用"将领们"的身先士卒，激发"士兵们"的奋勇争先。

为了在各个环节实现降本增收，王正华还专门成立了航油节约、航材、会计、创收等八个委员会，通过群策群力的方式，来共同应对危机。他的理论是，油价高不是一家高，大家都在面临这个问题，就看谁可以先把成本降下来，谁可以把其他的成本也降下来。只有把油耗降下来，才能更好地生存下去。

与此同时，民航局也发布了应对金融危机的十项措施，其中明确指出要鼓励航空公司退订或者推迟飞机交付。这项措施对航空业"过冬"很有帮助，比如民航建设基金返还半年这一项，春秋航空就可以节省2 000万元成本。

尽管面临着如此严峻的形势，春秋航空仍然在2008年被民航局授予"2007年安全荣誉奖"，成为19家新成立的航空公司中唯一获此殊荣的企业；同时，春秋航空是民航局SEMS（安全管理体系）空防安全试点单位中唯一的航司。

深陷困境之中，一些企业无力重振，往往会选择收紧盘子、勒紧裤腰带过日子，王正华出人意料地采取了"对外扩张"战略。2009年3月，他购买的第一架空客A320飞机，从空客总部法国的图卢兹飞到上海，并很快投入兰州、乌鲁木齐、张家界、贵阳等西部新航线的运输队伍中，这时的春秋航空机队规模已达到

12架。这一系列的举动，被外界解读为王正华的"西进运动"。

非常时期用非常举措，王正华也是"霸王硬上弓"。春秋航空与其他民营航空一样，承受着消费萎缩和市场寒流的冲击。在资源获取方面，民营航空与国有航空面临不同的情况。不能等死，唯有自救，依托最强有力的支柱产业旅游谋求生存空间。他在对内作出一系列调节后，开始考虑对外的融资问题。

前面刚刚提到他曾经吃过"外资"的苦头，一直心有余悸。但王正华不是一个固执的人，随着市场竞争的加剧，他也认识到，"外援"助力对企业今后可持续发展的重要性。一个优秀企业比平庸企业更愿意借"外力"提档升级。

其实早在2008年，王正华就计划将春秋航空"包装"上市。在他看来，春秋航空是一家市场化的民营企业，其首长制和家长制色彩比较浓厚。公司的发展，需要通过制度来保障，而不是一两个领导人。

航空业是高风险行业，国有航空的资金大多来自国有银行，民营航空要得到此类贷款比较困难。而且大多数民营航空在资信记录方面都存在着一些不足之处，这让他们的融资难上加难。

这个时候，春秋航空却显得与众不同。从创办春秋旅行社开始，到创立春秋航空至今，公司的信贷记录一直良好，从不拖欠任何人一分钱。因此被政府、金融机构，以及一些中外机场和飞机租赁公司、航油公司等，清晰地标注为"最高诚信"等级。

根据春秋航空财务数据显示，公司的资产负债率在整个行业中处于最低水平，不到60%；资金流动比率超过全行业平均水平的3至4倍；财务费用也远低于行业平均水平；汇兑风险全行业最低，规避了因疫情导致的人民币汇率波动所带来的巨额汇兑损失。

可以看出，无论从政，还是从商，王正华都咬定一个信念：捧着良心做事，勤勤恳恳做事。他将诚信看作经营的前提条件，也是企业必须坚守的一条基本的伦理底线。

在一次对外交流活动中，王正华以"诚信"为主题，分享了自己的经营理念。他认为，企业的信念来自《道德经》："上善若水，水善利万物而不争。"对自己、对社会、对旅客、对员工、对供应商以及批发商等所有合作伙伴，都要恪守诚信之道。

还有一个值得点赞的情节：当 2008 年金融危机到来时，特别是在各行各业资金奇缺的节骨眼上，春秋航空的门前却出现了奇迹：国内外一些银行蜂拥而入，争先恐后地要贷款给春秋，这让人百思不得其解。

在春秋航空于 2009 年 3 月举行的首架飞机抵达上海的新闻发布会上，有记者问专程从德国赶来的德国北方银行信贷总经理："你们德国北方银行银根如此吃紧，美元紧缺，为什么却要以最低的银行利息贷款给春秋航空呢？"

这位德国信贷总经理称，银行存在一天，绝不会没有资金，缺的就是好客户。从 2004 年春秋航空批准筹备开始，他们银行即对其前几年办旅行社的资金情况，近五年的诚信经营情况进行了长期跟踪了解。因此，总行的态度是，不管多低的利息，都势在必得，一定要贷款给春秋。

据说，全世界的许多大投资机构都来找过王正华，像花旗银行、德意志银行、美林、雷曼兄弟等，并对春秋航空表示出兴趣，频繁与春秋航空接触。也有银行表示，愿意支持春秋航空购买 40 架飞机，甚至可以由银行作为财团，参与到春秋航空的战略投资之中。

面对融资，王正华心中五味杂陈。之前创办春秋旅行社的时候，无论多么难，他都没有想过走这条路，而是始终坚持依靠自己。现在情况不同了，春秋航空就是个胃口大的"孩子"，单凭自己来养活，还是有些力不从心。

慎重考虑后，王正华选择了德国北方银行。一方面是为了钱，另一方面是为了引入现代企业制度。在确定了上市前的筹资计划之后，王正华抓紧了对金融知识的学习，公司全面进入上市辅导期，并在中国证券监督管理委员会上海监管局辅导备案，上市辅导期为一年。

上市融资，大势所趋

王正华有一个特点，这或许也是他的处世哲学。他做事，会把事情想得比较明白，包括它的来龙去脉，可能的危机在哪里，这样才使他带领团队一步一步慢慢地向上发展。对上市融资一事，他是斟酌又斟酌，思量又思量。

2010 年，春秋航空净利润达到了 4.7 亿元，同比增长 240%，营业收入增长 62%，达到 43.2 亿元，成为当时国内最成功的低成本航空公司。

2012 年 7 月 1 日，在证监会公布的拟上市企业名单中，春秋航空的名字赫然在列。在三大航尚未公布 2011 年全年净利润的前提下，王正华率先公布了春秋航空 2011 年的业绩，净利润 5 亿元。

在当时的情境下，这些都是很好看的数据。在王正华看来，脚踏实地地赚钱，比上市重要得多。从长远看，上市也是打造百年老店的一条道路，而且符合春秋航空的"三点"市场定位：一是发挥旅游优势；二是做出差异化；三是想尽一切办法降低成本，即蓝海经济。

之所以选择公开向媒体曝光上市的想法，王正华不过是想证明春秋航空不只是夹在三大航缝隙中的残喘者，还是一个有自己独立活法的低成本民营航空公司。终于，在 2011 年 1 月，春秋航空正式启动国内 A 股上市的计划。根据春秋航空的公告显示，春秋航空的注册资本已经从成立之初的 8 000 万元扩充至 3 亿元。

王正华加紧春秋航空上市的步伐，是因为他预估到，上市融资会增强春秋航空的"四个"优势：

一，能够规范公司运作。上市可以降低公司内部交易的成本，实现财务透明化和决策民主化。经过完善的董事会决策机制，能够有效避免"一言堂"现象。

二，能够继续筹资购买飞机，扩大机队规模。如果政府允许，2015 年春秋航空要实现 100 架飞机的预增。

三，能够有效实施股权激励。为激励员工和留住人才，给予高层管理者和骨干员工股票和期权，公司融资上市后，这些人会感到自己是企业的主人，还会获得巨大的经济效益。

四，能够合力优化资本结构。航空业是资本密集行业，如果上市融资，可以降低公司的资产负债率。从财务角度出发，能够"曲线"增加企业利润。加之春秋航空良好的资金流管控及高信用等级，增强了金融机构对其的融资信心，能够获得更多的资本。

此外,上市还会让公司的股票流动性大大提升,为未来的股权融资和股权激励创造有利条件,并最终提升公司的品牌价值和发展潜力。

王正华一直学习的是美国西南航空的运营模式,这家航空公司在1971年6月8日就通过纽交所发行股票,以每股11美元的价格发行了65万股普通股,一下子缓解了资金压力。

既然"师傅"都走了融资这条道路,作为"徒弟"的王正华和春秋航空也要紧随其后,他越研究越兴奋。数据显示,中国正在朝"休闲时代"迈进,这是旅游和航空业大发展的绝好机会。这一时期,外部条件对他十分有利,政府正在逐步打破对电信、民航、铁路等行业的垄断,给了王正华向外突破的机会。

在起步阶段,春秋旅行社办得有声有色,让不少人萌生了分一杯羹的想法。欲将旅行社迅速做大,寻求大笔投资自然是最快的方法。可王正华没有走这条路:"那时我对产权还没有概念,虽想到过,但是拿谁的钱就要让谁管,所以我不想要别人的钱。"王正华就这样带着春秋人,扎扎实实干事,踏踏实实成长。

很多年以前,浙南山区的一些地方为了吸引王正华去投资,请他到那里"圈地",并承诺给地、给政策、给配套设施,他却没有踏进这块领域。他是一个行事追求稳妥的人,不进入不熟悉的领域。踏出每一步之前,他都要进行充分的准备。如他所言:"不打无准备之仗,不做无把握之事。"

原因在于,王正华对资本有防范心理。自春秋航空创办以来,他没有接受任何外部投资。过去那些年,无论是风险投资公司、股权投资公司,还是国内外航空公司都曾找过王正华谈投资入股。他担心外部资本进入后,会对经营和管理进行干涉。外人未必能全部理解、认同春秋航空的管理。

然而,面对激烈的市场竞争,故步自封只会导致企业"被逆袭"。他不想如此不思前进,被时代淘汰,更不能草率去做力所不能及的事。因此,在兼并收购方面,他格外慎重。要知道,所有的发展,都是在一次次的"波动与不平衡中",取得平衡稳健而最终实现快速发展。

没有断臂求生的勇气与毅力,只会被淘汰。企业做到一定规模,通常要考虑跨入更大的平台,实现新发展,上市只是其中的一个选择。

究竟应不应该上市?对王正华来说,上市是一件颇为慎重的事,内部论证了

08 上市的高光时刻

很长时间。上市会带来很多便利和优势,也会受到很多限制:诸如要规范信息披露、三会治理;要做好投资者回报,所持股票不是想减持就减持;要受证监会、交易所、市场、投资者、媒体等多方监管监督,戴了不止一副"金手铐"。还有,在很多事上,独立董事或股民肯定会"叽叽歪歪"。

综合考虑后,王正华和他的团队决定上市融资,以此寻求更规范的治理和新的台阶。换个角度看,王正华也没错。想清楚一定要上市之后,什么时候启动上市就变得很关键了,这要从政策环境、市场趋势、企业状况等方面来综合判断。

2012至2013年,国内的股市很浮躁。上市的人进来就想圈钱。股民恨不得"今天进去,明天出来",投机心理非常重。这不是一种投资行为,违背上市的既有原则。中国的股市显得有些磕磕碰碰,上市的人不成熟,股民也不成熟。对于中国的股市,短期内,王正华并不看好。

春秋航空虽然表现出众,但航空业毕竟是资本密集型行业,资金始终是小航空公司做大规模的瓶颈。为了获得充足的发展资金,王正华从2006年开始筹备公司上市。由于期间遇到金融危机和IPO(首次公开募股)的暂停,上市计划只有一推再推。

有关春秋航空上市引发的各种讨论,对王正华影响不大,他坚信,闷头做事就好。如果顺利,春秋航空有望成为继东航、南航、国航、海航之后,第五家在国内上市的航空公司。

夹缝中生存的春秋航空怎样才能飞得更高?春秋航空内部每年几次的高层战略会上对此有激烈讨论。二十年、三十年以后的春秋航空是什么样的?全世界、全中国未来的市场、未来的航空公司运行方式是什么样的?讨论这些问题的上述会议被公司内部戏称为"春秋大梦"。

例如,2011年,春秋航空开展了一场围绕"二十年后世界航空客运市场的趋势"的大讨论,广邀航空界、经济界、理论界等各领域的专家学者,群策群力。在王正华看来:"人既要有远见,又要有预见。尤其是从事航空业的,要能看到未来。"

然而,低成本航空的航线里程数额已占全球总航线里程的30%(含远程航线),但中国市场仅为8.3%,落后于世界水平,中国低成本航空公司必须迎头赶上。他

希望引起政府高度的关注，大力发展本土低成本航空公司，以应对市场竞争。

2016年10月12日，第三届"中国低成本航空高峰论坛"在上海开幕，王正华在论坛上发表了《LCC在全球能够风起云涌》的主题演讲。演讲中，他提出了世界航空客运市场发展的"七大"趋势：

趋势一：为追逐利润，在全球化浪潮下，世界航空市场将逐步形成由少数几家世界性巨型航空公司所瓜分的格局，未来会形成五六个航空巨头。现有的三大航空联盟非常好，但是由于缺乏资本的连接，未来必然会朝着有资本联结的方向发展。2015年，全球前12大公司，占全球36.6%的份额。

趋势二：国家领空权问题将长期存在，难以实现真正的"天空开放"，各国对外资航企所占资本比例仍然会保持严格的限制。包括一直标榜自由开放的欧美，面对外资的进入，仍保持非常强的排外或国家保护主义意识。这不仅仅是经济原因，更是政治和传统的原因。

趋势三：在航空器及技术条件没有重大突破的前提下，运输的主力机型仍然将以航程四千千米的单通道中型飞机为主。随着人们的出门需求越来越多，小型机和通用航空将会迎来巨大的发展空间。在未来的二十到三十年内，"会飞的汽车"将会成为现实，人们可以乘坐飞行汽车在1 000千米以内的城市间飞来飞去。

趋势四：未来世界民航将被划分为八大主体客运市场。其中，以航程四千千米的机型为主，大型机主要执飞洲际航线，中小型机主要执飞洲内航线，与大型机衔接中转。

趋势五：在现有三大联盟的基础上，未来将会在资本的连接下形成五到六个世界级的资产相连的航空集团，这些航空集团可能会分布在北美、欧洲和亚洲等地区。

趋势六：未来世界航空将以私营公众公司为主。在市场竞争的推动下，机票价格将会越来越低。如果把世界比喻成一个大市场，航空公司就好像大市场里面卖葱卖酱的小商贩。它的市场变化很快，国有航空公司显然无法适应。

趋势七：低成本模式和全服务模式将长期存在，但其外延和内涵将趋于模糊。未来的航空运输模式将以航程长短来进行划分，远程航线以全服务模式为主，而中短程航线则基本全部采用低成本模式。

王正华通过"七大优势"的预判，预测到低成本航空正在颠覆世界民航的格局。美国西南航空的LCC（低成本航空公司）模式将席卷全球。2013年9月，在伦敦"世界低成本航空年会"上，有消息称欧洲汉莎、法荷航、英航纷纷退出中短程（4小时以内）航线，欧洲中短程航线的运营将全面转向低成本运营模式。

低成本运营模式在全球中短程航线上已占绝对优势，美国的美航、达美、联航在中短程航线上均采用低成本模式。欧洲的汉莎、法荷航、英航将聚焦于国际长航程，由旗下低成本子公司GERMANWINGS（德国之翼）、TRANSAVIA（泛航航空）、VUELING（伏林航空）接管中短程点对点航线，即使联程航线也采用低成本模式运行。部分载旗国家航空，如挪威航空，已整体转型低成本航空公司。

不管如何，王正华决心已定，尽管春秋航空很渺小，但他要借助资本市场的保护，实现他的"春秋大业"。即使在最困难的时候，在光景不好的情况下，该有的发展、该做的事情还要继续，一样不能少。

获批A股上市，迎来春天

2014年4月24日晚间，春秋航空在中国证监会网站发布预披露招股书，准备在上海证券交易所上市，计划发行不超过1亿股新股，募集资金约25亿元。用于购置不超过9架空客A320飞机（预算约13.3亿元），购置3台A320飞行模拟机（预算约3亿元），以及补充营业所需的流动资金（约9亿元）。

此时距离春秋航空第一次递交IPO招股书，已有两年多时间。5月14日，由于春秋航空尚有相关事宜需要进一步落实，证监会决定取消第62次主板发审委对春秋航空发行申报文件的审核。

五个月后，2014年10月15日，证监会发布的"发审委2014年第171次会

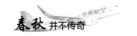

议审核结果公告"显示，春秋航空股份有限公司IPO（首次公开发行）获得批准。这意味着，继三大国有航空公司及海航之后，国内首家低成本民营航空公司拿到了A股上市的通行证。

春秋航空此次新股发行拟募资25.3亿元。据招股书显示，春秋国旅持有春秋航空84%的股权、春秋包机持有7%的股权、春翔投资持有6%的股权、春翼投资持有3%的股权。其中，春秋航空创始人、董事长王正华间接持有春秋航空33.05%的股份，是春秋航空的实际控制人。

2015年1月21日，春秋航空正式登陆上海证券交易所，上市首日即涨停，从18.16元/股涨至26.15元/股，涨幅44%。值得关注的是，此前上市的航空公司中，股价最高的中国国航不到8.5元/股，春秋航空的发行价高达18.16元/股，远高于同行股价。

这一天，注定将被载入春秋航空的史册。当天上午9点，打了四十年太极拳的王正华率领100名干部，穿着中式对襟白色罩衫，在上交所交易大厅整齐划一地打起了太极拳，以别具一格的亮相方式，向市场展示着春秋航空的文化和精神。

从成立到上市，春秋航空用了十年时间，孕育出两个"第一股"——中国民营航空"第一股"、中国低成本航空上市"第一股"，标志着王正华在70岁之际攀登上个人意志和企业发展的双重巅峰。对他而言，年龄似乎真的仅仅只是一个数字，而当下，就是属于他最好的时代。

"省吃俭用"十年，王正华的春秋航空终于熬得正果，虽在意料之中，也是他多年来安分守己、本本分分、兢兢业业的结果。即使没有获批，他也能欣然面对，毕竟得到的远比付出的多得多。

经常有人问王正华："你凭什么上市？"他说："定位与员工。"春秋航空的上市计划早在2006年就已启动，但由于其股东人数超过200人，不具有发行上市的主体资格，加上市场环境等一系列原因被迫搁浅。春秋航空上市后，百余名中高级管理人员、核心技术人员及飞行员，通过间接持股的方式分享红利。

春秋航空筹划上市的时间，离预期时间已经过去了八年，但也让春秋航空的发展更为稳健。王正华明白，不论外界如何评价，他和春秋航空都会坚持自己的原则。更重要的是，他已经习惯在质疑和争议中前行。

08 上市的高光时刻

随着春秋航空的上市，王正华离自己的低成本航空梦想又近了一步。2014年，春秋航空拥有48架空客A320飞机，每架飞机所能产生的利润（单机利润）近年来位居全球前列；销售净利率、客座率、飞机日利用率等对净资产收益率影响较大的指标，春秋航空均高出同业平均水平一大截。

航空业被公认为是一个高投入低回报的产业，民营航空公司的刚性成本高达80%，在剩下的20%中，人力成本省不了，特别是低成本航空公司的人力成本，要比传统的航空公司高50%左右。甚至有人认为，民营的低成本航空公司在中国很难成功，春秋航空偏偏在夹缝中存活了下来。

想当初，与春秋航空一起试水的第一批民营航空公司不是被收购就是转为国有，而春秋航空自起飞后，连年盈利。春秋航空的成功上市，让资本市场看到了中国低成本航空的"能耐"。

作为中国首家低成本航空公司，春秋航空近年来陆续迎来多个竞争对手，包括海航集团的西部航空、东航集团的中联航、吉祥航空旗下的九元航空等。中国的低成本航空市场，已从春秋航空一家独大的局面，进入了"春秋战国"时代，这也足以代表低成本航空将成为中国民航业未来快速发展的重要力量。

2014年2月，民航局出台了《关于促进低成本航空发展的指导意见》。有专家分析，该意见进一步优化了我国低成本航空的运营环境，有效带动了整个民航市场结构、消费观念、经营管理、基础设施和发展布局的改善。与欧美、东南亚等发达市场相比，中国低成本航空市场份额还不到5%，而这些市场，低成本航空已占市场份额的四分之一以上，说明低成本航空在中国市场前景广阔。

坚持低价票，让"人人都能飞"

春秋航空一出世，就以低价票震惊业界。

其实，王正华决心要做低成本航空的时候，同样面临着定价上的选择难题。

最终，他拍板定案："如果和火车软卧价格比起来都没有竞争力，就不要做了。"经过反复讨论，最后确定下来的促销定价，都比火车软卧便宜。而且，乘坐火车需要十个小时，飞机只要一个多小时。鉴于春秋航空的价格具有市场杀伤力、高性价比，一炮而红。

这种打破常规、打破游戏规则的低价策略，1元、99元、199元、299元的票价，如同一颗颗重磅炸弹，被王正华扔进了当时不甚景气的中国民航市场，消费者乐开了花，航空业的"老大哥"们却板起了脸。

2009年，我国民航旅客运输量突破2亿人次大关，乘坐飞机出行已经成为越来越多国人的选择。在春秋航空迎来其第1架自购空客A320飞机的同时，王正华提出了投放100万张"99"特价系列机票（含远程199元、299元、399元特价）的活动，实际投放量更是达到140万张。

"99"系列特价机票，覆盖春秋航空经营的20多条航线，包括上海始发飞厦门、福州、温州、南昌、长沙、海口、三亚、重庆、昆明、常德、哈尔滨、沈阳、长春、大连、青岛的航线，以及3月底开通的上海飞兰州、乌鲁木齐、张家界、贵阳等新航线。平均机票价格比国内同行低30%，"99"系列特价票折扣力度大，甚至比火车票硬卧价格还低。从2005年开航至2009年，春秋航空通过低价策略，让利超过20亿元。

按照中国民用航空总局的规定，折扣票价的总平均价格一般不应低于4.5折，而春秋航空的部分机票价格仅为正常票价的2折左右，比如上海到桂林或珠海的机票价格为299元，至厦门或青岛的机票价格为199元。当然，2折票价只是数量有限的促销特价票。从已经公布的航线来看，春秋航空的定价大约在民航公布价的4.5折至6折之间。

正因有了这些特价机票，许多以前从未坐过飞机的普通老百姓，通过春秋航空坐上了飞机。由于锲而不舍地追求"人人都能飞"，王正华和春秋航空被中央电视台、新华社、人民网、新华网、新浪网等主流媒体报道及转载，被亲切地称为"平民航空"，是"老百姓自己的航空公司"。

这背后，是中国民航市场和百姓对航空出行的强烈需求。春秋航空在降低成本的同时把票价大幅降低，释放了原本存在的巨大需求。原有的"老大哥"航空

08 上市的高光时刻

公司们，不得不改变经营思路，在维持原有的常旅客的基础上，一方面为了自身的运营需要，另一方面也是为了满足市民需求，不得不降低票价。因此，"老大哥"航空公司的吞吐量，不仅没有降低，反而在积极提高。

王正华多次谈及民航的大众化发展。他认为，要想让更多的人能坐飞机，首先就要降低票价。此举只是民航强国大众化的一种方式，能让更多地区的居民享受到民航服务，是大众化战略的另一重要体现。

以上海至石家庄航线为例，春秋航空是 2009 年 7 月进入这条航线的。在春秋航空进入之前，该条航线的航班量一直有限，连续三年每天差不多只有 300 至 500 名旅客。春秋航空进入后，票价降下来了，一年的时间里，旅客数量就增加到每天 1 800 人。

除了价格优势，乘坐飞机还有便利性。如果坐火车，十几个甚至二十个小时的旅程会让人感觉很累，同样的一段路程，飞机大概只要两个小时就到了，非常便捷。总体来说，1 000 千米以上的路程，航空出行还是比较有优势的。

从 2005 到 2010 年，春秋航空用了五年时间，实现了低成本航空的目标，平均票价比其他航空公司低了 30%，最关键的是公司还能略有盈利。这证明了，低成本航空在中国不是不可能的，只要市场有这个需要，商家就应该咬紧牙关去做。

开航至今，面对市场准入条件的限制，同行排斥，作为一家低成本航空公司，春秋航空如何在重重阻碍下求生？王正华敢于面向市场，自立创新，突破传统，抢占商业先机。

春秋航空起步阶段，还处于一个完全没有开放的市场中，他所倡导的"低成本经营模式"面临着各方面的挑战，因此必须选择另辟蹊径。如在欧美，低成本航空公司可以利用中心城市的二类机场来减少起降费，也可以比较自由地购买航材、飞机等。而这些条件在中国还不具备，所以春秋航空需要用高于市场平均价的薪水福利，来吸引飞行员和航空技术人员。

在航权申请方面，民营新公司当时只能飞原有大公司少飞或不飞的航线。而身陷逆境中的王正华，没有放弃。他十分清楚，照搬国外低成本的运营模式是行不通的，要想生存，只有靠自己不断地创新。

建设民航强国已上升为国家战略,要在爱国、创新、诚信、社会责任和国际视野上提升自己。这是王正华在对内或对外场合一直强调的观点。只有实现真正的民航大众化,才能真正让老百姓得到实惠,中央政府才会重视。

铁路就是个很好的例子,正是因为老百姓坐火车坐得多,国家才会非常重视铁路的发展。航空应该像铁路一样,更多地关注大众化,让更多普通老百姓受益。

低成本航空的出现,形成了春秋集团总结分析的"三多"新市场模式:旅客首次乘飞机的多,周边来乘飞机的多,掏腰包自费的多。王正华心里有了底,他创办廉价航空的初心,正在被社会各界认可。

第九章：我的飞机 我的客

他，受美国西南航空低成本经营战略的启发，博采众长，不断创新，以独特的「商道论」和差异化服务，在航空业取得了巨大的成功。

他，有很多"破局良方"

王正华常说，春秋能有现在的发展，主要是赶上了一个好的时代，做成了一点小事。实际上，他在做中国以往没有人做过的事情。总结下来，他的八点"商道论"，是助他成功的"良方"。他永远走在别人前边，想不成功都难。

第一点，别人跑单位找团队，春秋招徕散客成团。春秋旅行社刚建社时，仅有2平方米的小铁皮亭子，大家都瞧不起。可是在人们瞧不起它时，王正华和他的团队却立下雄心：要做第一。就不说上海的国、中、青这些大旅行社，连一样是民营的小旅行社也蔑视地喊着："下只角来咯，打死伊！"

那个时候的他，十分坚信，欧美的今天就是中国的明天。他选择西藏路开设第一个门店，撬动了同行"扎堆"发展，使那里成为中国唯一的"旅游一条街"。春秋从一家小小的旅行社发展为全国最大的旅行社。其成长经历说明，企业不怕小，也不怕别人看不起，成功的关键在于自己的奋斗与拼搏。

第二点，别人开始重视散客，春秋使用电脑网络。80年代末、90年代初，同行开始重视散客，春秋率先使用电脑联网系统。他们先后与交大、纺大等高校的IT教师合作，最后找到一位从英国回来的IT工程师，经过两年的潜心开发，

系统终于成功上线,这使得旅行社奇迹般地在五年内实现了业绩的连续翻番,不断从全国各地"网罗"散客资源,IT技术成为旅游业务发展的重要手段之一。

第三点,别人使用电脑,春秋发展总代理。IT技术的使用和传统业务的操作方式,别人还在使用电脑发展散客时,春秋旅游已经大力发展B2B模式,建立了拥有4 000家旅行社的总代理网络。

在探索前行的道路上,荆棘与鲜花相伴,挑战与机遇并存,甚至引发非常严重、剧烈的争斗。五年时间,春秋旅游的营业规模从1 415万元跃升至41 306万元,营业规模增长了26.8倍,净利润从44万元增至249万元,1997年更是达到1989年的6倍,业务由此实现了质的飞跃。

第四点,别人做总代理,春秋包机包船包火车。1989年至1997年,依托诺威尔网技术,春秋旅游的营业规模在八年内增长了27倍,然而净利润仅增长了6倍。原因是建立了诺威尔网,发展了4 000家代理,大部分利润都以代理费的形式转移给了代理。

1997年开始,春秋旅游开始进行大刀阔斧的改革,特别是学习研究托马斯·库克(Thomas Cook)、途易(TUI)等国际旅游巨头的包机模式,不再按照传统的交通票据来组织旅游活动。当其他企业还在利用网络技术争夺总代理权时,春秋旅游已然开始了一场商业模式和生产方式的创新,率先推出了包机、包船、包火车等多元化业务,极大地拓展了业务流量。

第五点,别人"包"当头,春秋做网络包机批发商。1997年后开始的包火车、包轮船,特别是包飞机业务,规模逐年扩大,每年都包揽数千航次,2004年,包机数量更是达到了惊人的8 000航次。这样做的结果是,春秋旅游表面上承担了较大的经营风险,但4 000个网络成员的共同销售又将风险大大地化解。这种模式既利用了闲置运能,又增加了交通部门的收益,受到交通部门和航空公司的欢迎。

包飞机、包火车、包轮船业务的蓬勃发展,为春秋旅游带来了巨大的红利,1997年至2005年,短短八年间,春秋旅游的净利润从249万元飙升至6 603万元,2005年是1997年的27倍;营业规模也从4.1亿元增长至28.9亿元,2005年是1997年的7倍。这些数据证明,在IT技术的基础上,实现商业模式和生产方式的创新是必然的。

第六点，别人热衷网络包机业务，春秋成立航空公司。在同行采取包机、包船、包火车业务时，王正华尝试成立航空公司。旅行社建立航空公司在中国曾被认为是"不可能"的事，不仅有政府领导担心，还有巴菲特的"投资错误"论在前，而在中国尝试航空业更被人认为是"没希望"。国内上海航空、深圳航空、海航控股的西部航空，以及祥鹏航空、奥凯航空等公司都曾提出，要做低成本航空公司，但最终都未能如愿，这一战略目标也不了了之。

第七点，别人做航空公司，春秋做低成本航空公司。2004年6月29日，春秋航空获得批准筹建，在全行业仍沿袭传统模式，几乎所有人认为低成本航空模式在中国完全不可行时，春秋航空毅然选择了做低成本航空公司。然而，春秋航空的飞机不仅于2005年7月成功飞上了蓝天，而且在第一个完整年就实现了盈利，这令同行的"老大哥"们质疑和困惑不已。更令人称奇的是，春秋航空还实现了连年盈利，甚至同行、媒体完全不相信，讽刺说"春秋的飞机是王正华吹牛吹上天的"。

第八点，别人什么赚钱就做什么，春秋只做主业。世界经济学家对旅游的定义是：地球上的人们出门100千米以外，停留24小时以上统称为旅游行为。旅行社只做把人们从甲地安全地送达乙地这一主业。

除了以上这些"破局良方"，王正华还有更多新鲜的想法逐步落实。虽为传统旅行社，春秋旅行社却紧跟互联网时代的步伐，创立了旗下B2C官方网站——春秋旅游网。春秋旅游网原域名于1998年底申请注册，1999年上半年正式建立。2000年下半年起，春秋旅游网开始尝试电子商务运营模式，成立专门部门负责网上业务，为游客提供足不出户、从预订到支付的"一站式"旅游预订服务。

2014年，春秋旅游在供应链领域也采取了新的举措：借鉴"包机"的成功经验，成立了公司级的采购部门，对所有需要跨部门的采购资源都采取统一采购的方式。这既能使资源可控，也通过合同契约保障了双方的交易行为，确保旅行社能获得稳定的资源供给，并且拥有有效库存。同时，又能通过集中采购的方式实现规模经济效应，降低采购成本。

王正华的理智，超出了人们的想象。他认为，一个人的智力、体力都是有限

的，人的一生如能做好一件事就已经很了不起。虽然发展慢些，但如果可以坚持不懈，那么美好的未来仍然值得期待。他也确信：山再高，往上攀总能登顶；路再长，往前走总能到达。

回忆过往，春秋航空在不到一年时间内就实现盈利，此事足以让王正华难掩激动和自豪的情绪。谁又能不欣喜呢。毕竟这个"孩子"从诞生到迈出第一步经历了很多磨难。对他而言，企业要不断创新，才能创造价值，为社会创造福祉。单个企业的力量或许微不足道，博采众长或许就是推动历史发展的力量。

花心思给客户"加菜"

春秋航空成功的秘诀，在于其独特的低成本运营模式。王正华为客户提供了一系列"加菜"组合拳，让更多普通中国人得以圆梦蓝天。

与国内其他航空公司相比，春秋航空的服务更具有低价票的"两面性"，主要具备"三个"特点：

第一，定位差异，"我的飞机很亲民"。王正华在旅游业摸爬滚打了很多年，早就摸透了人们的一个观念：坐飞机出行是一件很有面子的事情。而有面子和价格不菲是孪生兄弟。

基于此，春秋航空确立了低成本运营策略。春秋航空的机票均价比同行要低30%以上，并推出了9元、99元、199元、299元、399元等特价机票。结果是春秋航班几乎班班爆满，深受自费出行的观光度假游客和中低收入的商务客的喜欢，并一举成为中国低成本航空公司的"领头羊"。

第二，销售方式差异，网上"诱惑"激发购买欲。春秋航空的销售不进入中国民航 GDS 预订系统，全部依赖于春秋航空自己开发的座位控制销售系统，网上电子客票直销和呼叫中心电话直销占比高达 80% 左右。这种网上预订的效果非常好，其超低价电子机票极大地激发了旅客购买的欲望。

这一策略可谓一举多得：既为自身做了宣传，又培养了客户的消费习惯，同时把成本压缩到最低。可谓"一石一窝鸟"。几年以后，全国各航空公司纷纷开始实行电子机票系统。现在，"无纸化"登机已经成为中国航空旅客的标配。

第三，机上服务差异，低价不低质。春秋航空的飞机上，之前不分头等舱和经济舱，所有旅客享受同等待遇，不提供免费饮料和餐食，如有需要则需付费购买。

当然，精简化的服务可不是打折的服务，春秋航空一直践行"四个一"服务：帮助手提行李的老年旅客提一提行李；为捆扎勒手的行李垫一垫衬垫物；对行动不便的人扶一扶；帮抱孩子有困难的旅客抱一抱孩子。

王正华不想让任何旅客对他的飞机产生不良印象。他还从美国西南航空学到了客户服务的重要性。美国西南航空以其热情、友好的服务而闻名，春秋航空也致力于营造温馨、舒适的旅行氛围。尽管机票价格低廉，服务质量却始终保持最高水平，努力为乘客提供准时、安全的飞行体验。

这些年来，王正华习惯带领他的春秋团队在疑问声中负重前行。2011年，一直宣称将低成本进行到底的春秋航空推出了"商务经济座"，乘坐商务经济座的前两三排的客人，可以享有从办理登机手续的专柜值机、优先登机到间距宽敞的座位等服务。航班起飞后，还将得到配送餐食或饮料的服务。

根据当年的预测，"商务经济座"一年可为春秋带来1.4亿元的营收。其中最大的成本构成为机上配餐，约为1 000万元。这一举措验证了王正华的预言，这是一笔稳赚不赔的生意。实际上，"头等舱"的改变并非毫无根据，王正华是在多次春秋航空常旅客会议中，向乘坐春秋航空上百次的旅客调研得来的。

每年的"十一"过后，元旦或春节后到"五一"前，都是传统的民航淡季。淡季促销推出低价机票，是包括春秋航空在内所有航司的销售手段之一，而春秋航空的低价机票则更加趋于平民化，更具性价比。

仅从2010年说起，11月到12月天津到上海的国内航线限时抢购引发轰动。春秋航空投放20 000张低价机票，最低票价9元起。乘客通过春秋航空官网进入首页"秒杀活动"，即可参与并实现抢购。究其原因，王正华是不想让飞机空着，看着航班座位空着，他会心疼，因为有很多老百姓想坐飞机却买不起机票。

春秋航空的可贵之处在于，希望"人人都能飞"，重点关注如何便利旅客出行。春秋航空成为首家开通"无陪儿童一站式"服务模式的航司。所谓"无人陪伴儿童"（UM），是指年龄满5周岁但不满12周岁，且没有年满18周岁，并具有民事行为能力的成年人陪伴乘机的儿童。

一到寒暑假期，"小候鸟现象"猛增。很多家长反映申请"无陪儿童"的手续相对烦琐，需要到营业网点申请，不仅要手工填写申请单，还要在营业网点等待后台工作人员处理结果，耗费时间，颇为不便。

此事反映到王正华这里后，他建议航空服务部门研究对策，在王煜的支持下，春秋航空于2019年1月推出"无陪儿童在线一站式"申请、预订服务：年龄满5周岁但不满12周岁的儿童旅客，如需单独乘机，只要在航班有余位的情况下，最晚办理时间为航班起飞前48小时之前。这样，"小候鸟"们不仅可以无忧飞，家长们也放心交给春秋航空"接送"。

作为国内首家低成本航空公司，春秋航空一直是媒体眼中的宠儿，一举一动都备受关注，民营航空公司看似外表鲜亮，背后的艰辛却不足为外人道也。对于春秋航空推出的9元超低价机票，有人认为存在"恶性竞争"之嫌。

王正华并不这样认为，作为低成本航空，春秋航空与其他航司是错位经营，不存在抢客一说，更不是恶性竞争。各航空公司都有自己固定的常旅客、商务客，春秋航空的目标，主要是"没有乘坐过飞机"或"因机票太贵而少乘飞机"的人群。

那么，低价营利又从何而来？主要来源是"两高""两低"，即85%以上的高客座率、11小时左右的高飞机日利用率；低销售费用、低管理费用。另外，春秋航空基本以旅游团队为主，向外销售的散客票只占其中部分，这就使得其利润优势并不只在单个"机票点"上，而是依靠旅游产业链条的完整运行。

春秋航空通过安全、低成本的经营方式运营，推出9元、99元、199元等系列特价机票，在社会方方面面的呵护支持下，力图让普罗大众都能坐上飞机。春秋航空固然弱小，困难也不少，但在推动航空的大众化，为实现百姓对美好生活的追求方面，不懈奋斗，矢志不渝。"即使自己的命运像鬼火，也要把温暖和光明带给别人"，王正华坚信，这是自己和春秋人的责任所在，使命所在，商道所在。

在别人眼里，让所有的中国人都能乘坐上飞机，这几乎就是一个堂吉诃德式的梦想。王正华知道，这是一个很难实现的目标，但它又是需要有人一步步去走，终究可以走通的路。在这期间，他的梦想正在进一步得以实现，让航空变成普通的大众消费品，让每一个人都有机会乘坐飞机。

王正华先生在经营旅游业的十载光阴中，心中始终萦绕着一个疑问：为什么中国航空的机票这么贵？许多游客往往因为路途远而对景点望而却步，长途火车与汽车的辗转，不仅耗费光阴，更是对体力的严峻考验。这道难题，恰如一颗石子，投入了王正华先生这位中国"散客之王"的心湖，激起了层层涟漪，也为他未来的发展之路埋下了伏笔。

王正华考察了三年，思考了三年，"低成本航空"这个词，在他心中琢磨了十四年之久。在当时，开办低成本航空公司无异于痴人说梦。无论中外人士谈到此事，都认为没有实现的可能。春秋人要做此事，基本上就类同于"跳悬崖"。他那些年来所做的，不论是航空业还是旅游业，就是要在悬崖边，找到"华山一条道"。

在寻找最佳"风口"的过程中，王正华面临的最大障碍，一是资金，二是政策——当时并不允许民营企业进入航空领域，王正华只能"遥想"。可是不能坐等，他先想到的方法是"曲线救国"，通过包机旅游的方式，试水航空市场。

对于企业管理者来说，没有人不希望公司变得更有效率，成本更低。王正华在控制成本上做了大量工作，当他意识到成本压降已近极限时，便将目光投向了企业的发展壮大，让自己的旅游产品、机票在价格上更有竞争力。

省钱哲学的"四两"魔方

创建于20世纪70年代的美国西南航空，通过经营模式的创新，实现了成本的有效降低。王正华的省钱哲学，带有鲜明的"内向型"特征。

一方面,他将重点放在公司内部,通过精细化经营和科学管理来挖掘成本潜力。另一方面,春秋航空的顶层设计,也要求公司必须将"流量""成本""价格"三者置于良性循环之中,以保持强大的市场竞争力。在经营模式上,王正华总结出"四两"魔方,即"两单""两高""两低""两控"。

所谓"两单",是指单一机型和单一舱位。一般而言,全服务航空公司会有多种机型的客机。2020年之前,春秋航空的飞机全部采用空客A320机型,且统一装配CFM56-5B发动机。

相比全服务航空公司,选择使用单一机型和发动机,成本控制上的优势体现在以下几个方面:一、降低采购成本。通过集中采购,降低飞机购买成本和航材采购成本。二、降低维修成本。单一机型有效地降低了维修工程的管理难度。三、降低库存成本。通过集约航材储备,降低航材仓储的管理成本。四、降低培训成本。单一机型可有效地降低飞行员、客舱乘务员与机务人员的培训难度,节约培训成本。

飞机的机舱布局仅设置单一的经济舱位,早期甚至不设头等舱与公务舱,座椅密度较高。每架客机设置180个座位,较通常采用两舱布局的航空公司的A320飞机多出15%~20%的座位数,可以有效地摊薄运营成本。近年来,春秋航空新引进的A321NEO型飞机座位达到240个,同样超出传统的200座布局,A321NEO机型较A320机型可帮助公司单位运营成本进一步降低约10%~15%。

这里还有一个小故事。王正华至今仍津津乐道于他给空客公司的一个建议。自2007年以来,他多次向空客公司建议,将空客A320飞机后部放置餐车、烤箱的区域撤销,改为旅客座位,这样就可以多出6个座位。空客公司一直回复"不可以"。直到2015年,随着市场竞争的加剧,空客公司终于松口,空客A320新版飞机座位由之前的180座增加到186座。春秋航空是中国第一家订购这种飞机的航空公司。

所谓"两高",是指高客座率与高飞机日利用率。相对低的价格可以达成更高的客座率,春秋航空上市以来的客座率表现始终位于行业前列。这既能摊薄公司运营成本,为春秋航空辅收业务奠定了基础,更为春秋航空争取到了机场的起降费优惠。疫情前,春秋航空的飞机日利用率高达11个小时左右,2021年利用率仍有 8.5 小时，显著高于全行业的 6.62 小时，甚至也高于吉祥航空的 8.35 小时，而三大航的飞机日利用率则在 6.3 至 7.0 小时之间。

所谓"两低"，是指让销售费用和管理费用降低。王正华以电子商务直销为主要销售渠道。以 2021 年为例，除包机包座业务以外的销售渠道占比中，电子商务直销（含 OTA 旗舰店）占比达到 96.7%。

与其他航空公司不同的是，春秋航空售票不依靠票务代理，不进入民航统一的售票系统，不在各地设立航空分支机构。而是利用春秋旅行社已有的遍布全国大中城市的 30 多个分公司，结合自己的销售系统，用自己研发的电子票务系统进行直销，使营销投入始终保持在 2%～3%，低于传统航空公司的 8%，远低于行业平均水平。在确保飞行安全、运行品质和服务质量前提下，春秋航空还通过严格的预算管理、费控管理、绩效考核以及人机比的合理控制，降低人力资源成本和管理成本。

所谓"两控"，是指控制可控成本和日常经营管理费用。王正华一直用逆向思维，革新着中国传统航空公司的运营模式，经常不按套路出牌。一些对传统航空公司而言不可思议的事情，他一样不落，都干了。或许一处细节的胜利，看不出春秋航空有什么无可比拟的优势，但如果处处将细节考虑进来，这种优势的总和就是一股不能让人小视的力量。

春秋航空的盈利能力，在我国干线航司中堪称独树一帜。按照扣汇利润总额/营业收入衡量，2019 年春秋航空的利润率相比三大航高出 11.3%。春秋航空完成从单位收入劣势到单位盈利优势的奥秘，正是其"两单""两高""两低""两控"的运营模式。其座位密度优势及低票价竞争策略，在一定程度上扩大了公司的毛利率，对于费用水平的精细管控则进一步拉大了利润率优势，使其能够实现从单价劣势到利润优势的追赶。

有数据显示，春秋航空公司单位成本显著低于其他航司。作为国内领先的低成本航司，其座公里成本常年显著低于其他航司。疫情后，春秋航空成本优势进一步扩大。2020 年疫情以来，由于业绩低迷，"降本增效"成为各家航空公司不约而同的经营目标，单就控制成本这点而言，全服务航空公司和低成本航空公司界限逐渐模糊。

春秋航空坚持多年的"两单""两高""两低""两控"的成本及费用管控模式，以机票价格优势吸引旅客，客千米收益水平自然落后于其他航空公司。2015年至2020年，春秋航空客公里收益在0.30元～0.37元之间浮动，而三大航的收益水平可达0.46元～0.6元。

2020年，春秋航空在航空出行衍生品、航空品牌类产品、航空流量衍生产品方面进行尝试。例如，与首汽约车合作推出接送机产品、上线"一人多座产品"以提高单客收入，直播销售公司飞机广告位（售价666万元）……上半年实现辅助收入2.9亿元；此外，抓住"随心飞"带来的市场机遇，推出"想飞就飞15周年纪念礼包活动"，全年实现辅助收入6.1亿元。

在疫情的影响下，民航业面临"过冬"的考验，多家民营航空公司传出被收购或拍卖的消息，春秋航空利用其最会省钱的模式，平稳度过了艰难时刻，率先实现了复苏。2020年，春秋航空自身航运业务盈利，剔除春秋航空日本的影响后，全年净利润达到1.4亿元。

怎么能够做到"该省的必须省"，是春秋航空成功的关键。春秋航空在起步阶段，飞机都是租来的，它利用别人的飞机"躺"在地面的时间来飞行。这种方式不仅租金相对便宜，还为消费者提供了其他时段的飞行时间选择，省下的成本，足够在票价上让利于乘客。

为了客户，舍我其谁

王正华刚开始涉足旅游业的时候，中国还没有个人游，也就是散客游。中国人要旅游，要仰仗一些效益好的单位组织旅游，一年之中能有一次出游的机会便已是幸事。利用开会之便顺道旅游在当时比较流行，它也是"集体旅游"的一种。

在思考如何做好旅游的时候，王正华从一本淘来的欧美旅游研究著作《世界旅游业及哲学》中发现了新大陆：世界旅游，都是以散客为主。他的"旅游观"的形成，基本来自这本书。当他涉足旅游业的始端，便已站在了世界旅游发展的前沿，与当时所有的中国旅行社拉开了距离。

王正华把国内旅行社划分为三个不同层次：有10家左右的旅行社，将成为大型批发商和小型的批发商，形成第一层次；有一部分专业旅行社及专业领域的批发商，形成第二层次；剩下的大约80%以上的旅行社都是零售商，代理零售批发商的旅游产品，形成第三层次。

20世纪90年代，春秋旅行社已是国内旅行社里唯一有资格被称为全国性批发商的旅行社。王正华的梦想远不止于此，他想把春秋旅行社打造成具有更大规模的顶级批发商。即便现在，春秋旅行社在全国旅行社中的认可度、知名度仍位于前列，这让他颇感自豪。

自2005年3月11日奥凯航空的首架飞机第一次上天后，中国的民营航空时代拉开了序幕。短短数年间，包括春秋在内的一些国内民营航空公司如雨后春笋般涌现，鹰联、东星等航空企业也纷纷崭露头角，航空业俨然成为中国民营资本一个新发现的金矿。当数家民营航空公司的飞机相继上天之后，大家事先预想的美好景象并没有出现，民营航空业反而成了最脆弱的一个板块。

春秋航空的起步，让王正华对自己有了新认识。他坚持走自己的低成本运营之路，把低价票策略进行到底。同时，他在一起又一起吸引眼球的事件中扮演着自己的舞台角色。要知道，他在1994年就已经把春秋旅游做到了行业第一，但在2005年进军航空业之前，他的知名度却并不算高。

作为春秋航空董事长，王正华频繁亮相竟是为了卖票。可他看上去并不是一个能言善道的张扬之人，每次在谈起民营航空面临的问题和自己个性的时候，他总是要略加思索，斟词酌句。正如他自己所言，说得好，不如做得好。

关键是，在众多市场领域中，真正具有活力的还是那些体制灵活的企业。我们不能奢望那些原本就处于垄断地位的大企业。这需要通过市场的推动，去迅速实现体制变革。从这个意义上说，仅仅靠打破垄断是不够的。

不得不说，在王正华率领下，旅游包机业务可谓战绩辉煌，所向披靡，航班班班爆满；春秋航空成立后，还开展了商务旅客业务，2006年，全年的客座率高达95.04%。同期,国有航空公司的平均客座率只有70%。这些都是王正华经过数次分析考量,进一步阐述得出的结论:航空公司的刚性成本确实存在,但这个成本可以被摊薄。别人卖1 000元的票,春秋航空卖750元还能赚钱,因为它把刚性成本柔化了。

旅客在乎的是价格,而不是航空公司的成本,将刚性成本摊到95个人和70个人身上,效果完全不一样。只要旅客得到了实惠,客座率就会提升。航空公司的很大一块成本是飞机利用率。

之前,春秋航空设定的飞机利用率是每天13个小时。这在业界已经属于较高水平,有的国有航空的飞机利用率甚至不到春秋航空的三分之一。每多飞一个小时,飞机的各种折旧、大修和航材的配备等成本都会相应降低。如果春秋航空的飞机每架每天多飞2至3个小时,飞行成本可降低10%以上。

高飞机利用率容易带来航班延误问题。春秋航空曾一度发生频繁的航班延误,出于安全考虑,王正华决定不再在飞机利用率上下更多功夫,将飞机利用率下降到了平均每天10个小时。即使保持在这个水平,通过较高的客座率和飞机利用率来摊薄成本,这一项仍能节省10%左右的成本。

一般而言,飞机飞得越高越能够节省燃油。但在飞行员队伍里有一个不成文的行规:尽量不要飞得太高,否则紫外线和高空辐射就会增加。特别是对飞国际航线的飞行员来说,北极的高空辐射会让人感到恐惧。

为了省油,王正华要求飞行员在保证安全的前提下,让飞机飞得更高一些,因为高空空气稀薄,飞行阻力小,燃油消耗量也会相应减少。飞机上携带的物品重量也有严格限制,就连杂志都要换上薄的,以减轻空中负重。这些举措看似微小,长期积累下来却能为公司节省大量的燃油成本。

值得庆幸的是,春秋航空的飞行员对这家草根公司的认同感特别强烈,他们甚至主动飞高为公司省油。原因是这些主要从部队退役的飞行员都很讲义气,经常自掏腰包请各机场的空管人员吃饭,以便在合情合理的范围内,通过空管人员给予的工作便利获得最好的航线。关键他们都说,自己遇到了一位好老板,他从不吝啬对他们的鼓励和奖励。

事实确实如此,春秋航空所到之处,不仅旅客、机场十分欢迎,各地政府领导也热情似火。原因是春秋航空能把市场蛋糕迅速做大。许多地方党政领导、机场领导都说，春秋航空未进入航线时，希望原有的航空公司降低票价、增加客流，连书记、省长、市长都亲自做工作，但效果一般都不理想。可不管是什么航线，只要把春秋航空请进来，这些航线立刻就能迅速扩大。

很多地方政府的领导，把春秋航空的航线进入赞誉为当地航空市场具有"划时代意义"的事件，有些机场领导还把春秋航空比喻为提高机场吞吐量的"火车头"，更有些政府领导把春秋航空比喻为加快发展地方经济的"发动机"。

春秋航空经过了前五年低成本的艰苦尝试，在帮助"别人"实现愿望的同时，得到了"别人"的认可。2010年，许多企图迅速做大吞吐量、快速发展地方经济的省市政府和机场，在尝到甜头后，纷纷邀请春秋航空增加航线、设立基地，并主动提出了减免机场费用、帮助申请航权时刻，许诺政府财政补贴以至于乃至土地补偿等优惠条件。不得不承认，春秋航空进入了前所未有又快又好发展的大好时机。

敬畏之心长存

作为中国低成本航空第一人的王正华，他有两大"秘密武器"：一是疯狂降成本，二是全力保安全。

安全，是航空业的生命线，也是悬在所有从业者头顶的一把达摩克利斯之剑。对王正华和春秋航空来说，市场风云变幻，危机更是如影随形，稍一松懈，就可能倒下。对于民营的、小的航空公司而言，任何一起安全事件都可能引发灭顶之灾，因此必须"小题大做"，确保万无一失。

王正华是做旅行社出身的，这使他比其他同行更具优势。旅游、航空的大概念基本一致。他认为自己在市场上比较有优势，更了解旅客在想什么，也更清楚如何通过产品与服务来满足这些愿望，从而提供更贴心、更个性化的出行体验。

　　王正华心中最大的忧虑始终是安全，他要确保安全上不能有一点点闪失。在企业管理上，他一贯不参与一线的指挥，从不参加航空公司的总裁办公会，也不直接参与旅行社总经理办公会，而是让他们各自负责自己分管的事情。他更多地思考企业未来的发展方向，至于具体运作，需要春秋人一起努力，他们完全有能力运筹帷幄。

　　他一再强调，必须树牢安全发展理念，绝不能只重发展不顾安全，更不能将其视作无关痛痒的事，搞形式主义、官僚主义。做航空必须按照规章和手册操作，这是和其他任何行业不同的地方。春秋航空创办之初，他思考的核心问题就是如何保障安全，让这个"新生命"健康成长。一方面是对旅客的生命负责，这是民航人最基本的要求；一方面是对公司的良性发展负责，春秋人的所有工作，都是围绕"安全"二字展开，并贯穿于企业经营管理的全过程。

　　中国民航史上，发生过一些空难事件。那些经常被人忽视的航空公司规章和飞行手册，其实都是用无数条生命和鲜血换来的。2024年伊始，全球接二连三发生航空事故。1月2日，日本羽田机场有两架飞机相撞，导致日本海上保安厅一架飞机上5人死亡、1人重伤。1月5日，阿拉斯加航空公司一架波音737 MAX 9飞机在飞行途中发生舱门掉落事件，所幸无人伤亡。1月22日，国航的北京到常州的航班遇到起落架故障，被迫返航，原因是工作人员疏忽，未取下起落架安全销，导致起落架无法正常收回……

　　航空安全事件频发，引起了不少人对飞行的恐惧。可是理性分析，飞行一直是人类最安全的活动之一。权威行业统计数据显示，每百万次飞行会遇到1.121起事故，其中致命事故0.16起。这意味着，一个人每天乘坐一次航班，需要飞行2 263年才可能遇到一起事故，历时25 214年才可能遭遇一次致命事故，远比开车安全。

　　那么，为什么会发生这些空难，这些事件是可以避免的吗？这些问题给所有航空人，包括王正华在内，提了个醒。安全，是一切工作的基础，是春秋航空生死存亡的前提。虽然低成本航空得到了民航局的支持，但仍有无数双眼睛在盯着。民航局相关领导也暗中时刻叮嘱，春秋航空在安全上不仅不能出大事，甚至连不大不小的事情都不能出，再好的前景、再好的条件、再好的制度，没有安全，一切都是零。

安全，永远是飞机运营中的第一位。无论是设备、制度，还是思想意识，必须将安全放在首位。王正华不但有他自己的看法，而且安全工作自始至终是他亲自抓，布置航材检验、堵漏洞等工作，大会、小会都会强调，一项一项对照，一条一条落实，确保安全无小事，防患于未然。

春秋航空全员必须认真执行每一个细小的环节，因为一个细小的错误，都可能酿成一个天大的灾难。他对飞行员的要求是，认真对待日常工作中的每一个指令、每一个步骤、每一次起降，做到敬畏生命、敬畏规章、敬畏职责。

王正华一边总结着这些经验教训，一边督促着春秋航空的安全工作。无论是他的飞机大队，还是其他的航空公司，在2014年的时候事故率已经明显降低。以2004年为例，中国的飞机大约每飞行300万到400万个小时就会发生一次事故，而现今是每飞行2 600万到2 700万个小时才会发生一次事故。

他坚信一点，一些空难的发生，跟一些偶然性因素有关。只要安全工作做得足够好，就不会让人们害怕乘坐飞机。飞机飞行的里程一般比较长，载客也多，如果以飞行距离和乘客数量来算，发生空难的概率其实非常低。飞机的保养与安全检查也是所有交通工具中最严格的，因此，坐飞机依然是所有交通工具中最安全的方式。

《"十四五"民用航空发展规划》内容显示，到2025年，我国民用运输机场数量将从2020年的240个增加至271个，客运量将达到9.3亿。到2035年，我国运输机场数量将达到400个左右，人均乘机次数将超过1次。民航将成为大众出行的主要方式之一。

王正华觉得，这些空难各有各的缘故，不能因为空难发生的频次多了，尤其2014年接连发生了五起空难，就认为航空业的安全呈整体下滑的趋势。春秋航空在不断推进民航安全治理体系和治理能力，提升民航新安全格局的基础上，也有自己"治理安全"的一系列动作，每年都会推陈出新，屡出奇招妙招。

每月召开的安全大会，首先是给全体员工进行安全教育。会前，安监部会特别制作一批民航安全事故教育的短片，内容涉及民航客机在降落的过程中发生的外接地、解体、撞击等事故。短片以三维动画模式，结合对事故发生的分析评

议,展现失事客机整个飞行过程。惨痛的代价,深刻的教育,让公司员工充分意识到安全在企业发展中的决定性地位。

按照春秋航空内部的惯例,凌晨三四点左右,前一天的公司运营数据才会新鲜出炉,王正华总是在第一时间醒来查看数据并作批示,这也形成了他独特的生物钟。

在过去的岁月里,中国民航在航空事故血的教训面前,积极吸取欧美航空的安全经验,创造了一亿多小时无事故的成绩。然而,仅仅依靠行政的、运动式的、被动的方式是远远不够的,航空从业者必须悉心研究,顺应世界航空安全的大潮。

在王正华的敦促下,春秋航空越发注重安全管理体系建设。充沛的市场供给、旅行社的业务配合、准确的市场定位、良好的企业文化、团结的领导班子,这些都是春秋航空安全管理做得好的原因。他及团队十分清醒地认识到,只要有安全,就有一切。

最安全的飞机,想飞就飞

因为飞机上没有小电视,起飞前的安全须知是由乘务员现场演示。春秋航空从未将自己打造成高大上的形象,而它的目标受众比较清楚,就是那些对价格高度敏感的旅客。

王正华知道,廉价航空的祖师级鼻祖——美国西南航空一直有一个理念:"要把高速公路上的客流搬到天上。"其创始人赫伯·凯勒赫(Herb Kelleher)曾说:"我们的对手是公路交通,我们要与行驶在公路上的福特、克莱斯勒、丰田、尼桑展开价格战。我们要把高速公路上的客流搬到天上。"春秋航空也是如此,它希望打造"飞在天上的低成本航空",在价格上亲民,又有着堪比高铁的准点率。

安全方面，春秋航空的空客A320是世界上最安全的飞机机型之一，也是中国最早引进的民航客机型号。这正是当初乃至今日，王正华将其纳为航空公司主要机型的关键因素。为防止设备突发故障，航空公司需要为飞机购买配套的零件，型号越多，投资越大，选择单一机则代表着航空公司可以减少"相关航材"的配备。例如，单一的A320机型只需要配备一组航材便可完成适航要求。不同型号飞机的轮子、发动机、电机等设备无法通用。如果一家航空公司拥有多种型号的飞机，那就需要购买多种型号的配件。

历经无数次的探索和挫折，他逐渐琢磨出了几条"安全黄金法则"：

安全"四全"方针。全员参与，不让一人掉队；全过程控制，不让一环薄弱；全方位实施，不让一处死角；全天候管理，不让一项漏洞。

安全质量"四律"。堤坝定律、"1"字定律、墨菲定律、金字塔定律。这些定律重点强调，安全责任重在于人，只有时刻警醒，才可确保安全质量大坝巍然不倒。

堤坝定律。好比人们用堤坝挡住海水，能获得很多经济利益，但是他们不得不永远守护好那些堤坝。与此同理，春秋航空处于这种没有选择余地的境况中，必须做大做强安全堤坝。否则堤坝一旦出现问题，哪怕是针眼大的一个小洞、头发丝细的一个小缝，海啸袭来也将荡然无存。

"1"字定律。领导的工作千头万绪，就好比是数学"1"后面跟着无数个"0"，安全就是"1"，所做的工作越多、越好，后面的"0"越多，工作就越有价值。如果安全工作没有做好，那么没有了"1"，后面再多的"0"，仍然是"0"。其他工作做得再多、再好，也都毫无价值。

墨菲定律。凡是有人搞错的地方，一定会有人继续搞错，而且是以最坏的方式，发生在最不利的时机。

金字塔定律。是指事故、严重失误（事故征候）、严重差错、一般差错之间的关系。世界上没有孤立抽象的大事，大事全是由小事积累后量变的结果。同样，伟大的事业是由一件件小事厚重沉淀、持续转化而成。那么就要认真研究如何从航空的小差错入手，从细节上入手，充分避免安全方面的差错。

安全质量绩效管理的两个"法则"，热炉法则、鱼缸法则。所有的安全目标、

绩效考核都要奔着这两个"法则",才可能可行、可靠、可信。

"热炉法则",火热的炉子可以在寒冷时给人温暖,饥饿时供人煮食,却不能用身体去触碰,只要触及热炉,就会被灼伤,这是警告性原则;一旦触及热炉,肯定会被灼伤,这是严肃性原则;当你触及热炉,立即会被灼伤,这是及时性原则;不论谁触到热炉,都会被灼伤,这是公平性原则。安全质量部门和各业务部门在员工岗位培训和制订责任目标时,应把安全质量标准和规章制度、行为准则、道德倾向、导师培养、家庭作业低成本理念等,所有可能被"灼伤"的条例,一一告知骨干和员工,并且一丝不苟、不折不扣地执行这些条例。

"鱼缸法则"。透明的鱼缸不论从哪个角度观察,里面都显示得一清二楚,任何斑点都无法藏匿。安全质量管理要求操作标准和绩效评估全部透明,置于执法监督和上下游职能环节观察之下,能有效防止暗箱操作、利益猫腻、信息不畅和操作不当。精益管理鼻祖丰田汽车公司强调实施"视觉管理",就是要让问题无从隐形。

关于安全绩效管理,它的作用之一就是为员工指明努力的方向,使员工一开始就明确自己的目标在哪里,并清楚地知道自己在安全战略目标实现过程中所扮演的角色,更加清晰地认识到企业对自己的期待和安全要求,知道什么是安全不可以触碰和违背的"底线"和"红线",知道什么该做,什么不该做。如果员工都能将自己的岗位责任履行到位,进而完成个人的绩效考核指标,实现企业安全目标就不是难事。

王正华深知,安全绩效考核是一把双刃剑,目的是使员工明白"逆水行舟,不进则退"的安全绩效管理理念,是解决问题,不是事后算账。运用得当,事半功倍,企业会从平庸走向卓越。

以上的安全"四全"方针、安全"四律",安全管理"四性",安全绩效"二法则",王正华一直深入研究其安全性、可行性。凡是涉及公司安全方面的简报信息等,他永远都是最先了解、掌握,发现问题及时跟踪问效。每次突发状况来临,他都通宵不回家,监管每一个运行环节。

平日里,一阵风,一场雨,对大多数人而言不算什么,但对飞机来说就没那么简单了,因为可能导致飞机不能正常起降。王正华为此想到设置了名为"气象员"的岗位，这个专岗定位目前仍为航司中的"独家岗位"。

这些"气象员"着实发挥了重要作用。他们实时监测所有航班正在遇到或将要面临的天气情况，包含风向、风速、能见度、打雷、降水、降雾、云量、云状、温度、变化趋势等，甚至预测时间会精确到每小时。为了飞机能够安全运行，他想尽一切办法、采取一切措施，倡导高安全、低成本、好服务的理念，平安度过每一天。

对春秋航空来说，安全是一种信仰，更是企业安全管理的灵魂。春秋航空有自己的安全文化内涵，更有自己的一套相对完整且自洽的安全管理体系。在加强安全工作宣传上，力度很大。王正华多次在全国各个机场举办安全知识宣传日活动，比如上海虹桥国际机场 T1 候机楼、石家庄正定国际机场候机楼、沈阳桃仙国际机场候机楼等，目的是宣传春秋航空安全文化、普及民航安全法律法规知识。

每次这样的宣传活动，王正华和张秀智等高层管理人员都会在现场组织活动，还亲自为现场的旅客作相关民航知识的引导，让旅客感受到春秋航空对飞行安全的重视程度。

都说王正华以"抠门"著称，在安全生产投入上，他从没有节约过一分钱。因为他深知，只要你想做航空，一定要坚守安全底线。对于安全主力军飞行员队伍的培养，他更是不惜成本。2018 年 11 月 21 日，春秋航空正式迎来第 1 000 名飞行员，其自主培养的飞行员达到了七成，标志着飞行员人才储备、飞行员培养机制已处于国内民营航空领先水平。

安全无小事。王正华责成安监部等部门，对安全差错进行统计，分门别类到部门、到分部、到个人，要把各类安全上发生的小差错统计出来，引起高度关注，补好"小洞"，为下一阶段或下一年安全工作打基础。当安全工作做足时，民航局财务司评定春秋航空每年的安全投入指标都名列前茅，就不足为奇了。

对于安全的另一种注解是：优秀企业家都是小心翼翼、如履薄冰地踩着钢丝绳操作这个企业，非常不容易。像王正华这样的企业家，在每一次考虑创新的时候，他都会认真地评估风险，减少风险。办企业的本质目的是什么？一般理解就是"收益"二字。但在王正华的潜意识中，比这个还要重要的就是安全。如果没有安全，没有稳定，后面所有的收益都将化为泡影。

第十章：怎么做到出奇制胜

他，梦想很简单，让人人都能坐上飞机。为此，他创办了中国首家由旅行社起家的低成本航空公司。如今，这家公司走向国际化，它注定不走寻常路，必将在风口中散步、浪尖上跳舞。

他，带领春秋走向国际化

王正华的"航空梦"实现了，但他还有一个梦，就是春秋航空的"国际梦"。

不出海，就出局。既有的全球化格局，已经发生了重大变化。2009年，王正华提出公司国际化发展战略，并认定日本为春秋航空航程覆盖范围内最具潜力的市场。

在这个战略提出前，王正华进行了无数个昼夜的研究分析。经论证分析，他认为，2010年将是日韩游的高峰，出行总是由近到远，由东南亚发展到日韩是必然趋势。为此，他专门制定了日本战略，依靠春秋旅行社的包机优势，让春秋航空的旅游包机航线游刃有余。而且当时日本市场尚无低成本航空运营，廉价航空在日本的市场空间会很大。现在已进入了普通大众的航空时代，春秋航空这样的定位对开拓国际市场同样有效。

在走向国际化的道路上，王正华比较谨慎，主要是围绕航空和旅游的现有客户，满足其更多需求。早在春秋航空涉足茨城之前，也有一些韩国和日本的航空公司先后运营过茨城的航线，但由于种种原因，均以失败告终。日本的媒体和业内人士对春秋航空开通茨城航线的前景都不看好。

向来做事谨慎的王正华，这一次也是循序渐进。虽然在申请航班和时刻的过程中，他都面临着来自传统航空公司以及自身的市场压力和外界因素的影响。但天道酬勤，他终于在距离东京车程两个多小时的偏远小镇茨城拿到了航权，开始了春秋航空国际化的步伐。

春秋航空是如何打开日本的航空市场的？很多事，说起来是一回事，做起来又是另外一回事，道理很简单，操作起来却有无数的细节。根据王正华最初的部署，将这次国际航线的任务分摊给了航空和旅行社两个公司，即50%商务散客，50%旅游团队。由于茨城远离东京，知名度较低，又缺乏工业、商业等大规模公司的客源，商务票几乎无人问津。

2010年6月底，日本茨城航线7月开航的任务全部交给旅行社完成。不到一个月的时间，从设计新线路、调配懂日语的出境计调人员，到产品营销策划等一系列问题都得到了解决。另一支业务"铁军"，几度周转于包销茨城航线的客户之间，在最后一周完成了千人旅游、分批成行的报价，得到了客户确认。

终于在同年7月，开飞五年的春秋航空，第一次用自己的空客A320飞机飞向日本茨城。据说从上海到茨城，票价最低4 000日元（折合300多元人民币），在日本的民众、媒体和政府中间，掀起了低成本航空热，原来机票价格可以这么便宜！

不久，春秋航空增开了名古屋、札幌、那霸等地方飞茨城的航线。当第一次飞出国门的春秋航空飞机降落在茨城县的百里机场时，王正华受到当地官员的热情欢迎，日本媒体称"春秋航空是茨城机场的救世主"。

2012年前后，佐贺机场由于其日本国内航线相继停航，只剩下佐贺飞往羽田机场的航班，因此决定将低成本航空作为"起死回生"的妙药。佐贺是春秋航空在日本通航的第三个城市，此时其在日本市场已经打磨了近七年。

位于日本九州岛北部的佐贺，与现代、时尚的东京，游客如织的京都不同，佐贺南临明海，北有玄界滩，是一座自然风景优美、安静的小城。2012年1月，春秋航空开通了上海往返佐贺机场的每周一三六定期航班。开航之初，客座率为65.8%，2013年平均客座率均为90%。

基于对中日航空市场发展潜力的判断，在开通国际航线的同时，王正华将国

内的低成本运营模式向国外复制，并在日本设立春秋子公司，以深耕中日乃至日本国内航线。

2011年3月11日，王正华的次子王炜受命于春秋集团，前往日本组建春秋日本公司开拓日本市场，担任春秋航空日本株式会社董事长。对于刚刚入行的王炜来说，肩负在日本本土设立公司的重任，绝非易事。

2014年6月，春秋航空在日本成立的子公司低调开航，这也是国内首家到国外成立低成本航空公司的航司。按照日本的法律，日本资本占股67%，春秋航空占股33%，根据协议，春秋航空方面负责管理。

到2015年末，春秋航空日本的机队规模为3架，全部为波音B737-800系列飞机（189个座位）。在航线方面，春秋航空日本的整体航线编排围绕集团的中日战略，与中国保持一致。

王正华的设想是，二十年之后，春秋航空成为东北亚区域低成本航空的寡头。他发现，以一个中心点为出发点，即3至4个小时航程时段覆盖的1 500万平方千米的区域（A320的航程），差不多都会形成一个低成本航空的寡头。例如北美的西南航空、南美的"GO"、欧洲的瑞航、东南亚的亚航，澳大利亚的捷星也正崭露头角。如此设定，春秋航空选定的东北亚区域，以中国上海、香港、台北，以韩国首尔、日本东京为基地，刚好勾勒出一个完整的航线网络圈。

春秋航空2015年年报显示，国际航线实现主营业务收入24.01亿元，占比为31.31%，涨幅为142.21%，以日本和泰国航线发展最为迅速。其中，中日航线数量约占所有航线的20.7%，在整个国际地区航线中占比42%。

此后，春秋航空开通了重庆、武汉、天津三地同飞大阪的航线，客座率班班达到95%以上，接着又开通兰州、青岛、成都等飞大阪的航班，仍保持很高的客座率。春秋航空日本获得国际承运人资质后，在东京至佐贺、广岛等日本国内航线的基础上，于2016年开通东京至重庆、武汉等多个中日国际航线。

在民航界，春秋航空有"开一条航线就火爆一条"的说法。特别是在中日航线上表现强势，短短四五年时间，已经相继开通日本航线32条，成为中日航点最大的承运商。同时新开韩国航线4条、东南亚航线28条。

从战略意义上讲，王正华的视角仍然是全球性的。不难看出，进军国际市场时，春秋航空采取的是支线策略，以避免与国有航空公司形成正面竞争。经济危机之后，日本国内消费市场低迷，地方政府将引入"外需"视为自己的功绩。春秋航空的到来，不但刺激了两地旅游，更是带动了当地的内需增长。因此，春秋航空变得格外受欢迎。

航线开辟越多，版图扩张得越大，面对的竞争压力也会与日俱增。日本本土已经存在三家廉价航空公司，预示着王正华和他的飞机大队成为日本的第四家廉价航空公司。他坚信，以低成本战略来对抗国际低成本是可行的。无论竞争对手冒出多少，这条国际化战略之路，必须完胜对手。

春秋出海成立日本子公司，主基地一直在东京。2020 年，公司追加了 7 亿投资，目前机队规模 6 架。2024 年 8 月，春秋航空日本迎来开航十周年庆，一系列的宠粉计划让人连连惊叹：国际全线 80 元起，售完还有 99 元特价大派送；8 月同步开启赢免票抽 888 元红包活动，0 元机票真心送；9 月正式开启，机票次卡首发，国际全线均可参与；10 月 10 日，小红书官方账号开通，小红书粉丝专享票价折上再折……

习惯在石头缝里求生存

夹缝中求生存，指在度过艰难的时期后，如果能够挺过去便可生存下来，度不过去则会消亡。

多年来，王正华已经习惯在石头缝里求生存，他更像一块倔强的石头，在含饴弄孙的年龄，还在带领着春秋集团进行创新和突破。随着越来越多的航空公司进入低成本航空市场，许多传统航空也在积极转型，但他没有放弃继续做一个变革者。不管风吹浪打，他都胜似闲庭信步。作为经营性企业，总是要面向市场，去改变传统，尝试更多的创新。

其实，留意春秋航空经营策略变化的人会发现，春秋旅行社的旅客构成正在

由散客朝着商务旅客发展。提出设置商务经济座的时候,他的这种想法曾在内部引起高管团队激烈的争论,就连他的两个儿子也反对这个决定,认为"商务经济座"的方向与低成本相悖,低成本的市场与商务经济座所针对的市场并不相同,两个市场的兼顾,可能会导致公司力量的分散、改变原有的低成本战略。

他坚持自己的观点,低成本航空公司并不是守着低价走到黑。一些增值服务如行李、餐食、商务经济座的增加,不仅是为了增加辅助收入来给"亏本"的机票买单,更重要的是随着不断变化的客户需求,紧跟并看清市场的变化,低成本代表了更加灵活。尽管时局艰难,但王正华对他的低成本梦想依然坚定执着,他甚至开始规划更加细分的低成本航空市场,以维持盈利能力,获得更多利润。

春秋集团取得了不俗的成绩,王正华在航空或旅游的品牌行销、数字营销等方面做得比较超前。不论身陷内部不同意见中,或是在外部竞争压力下,他坚持做下来的事情都成功了。

王正华的创业故事,实际上是一种能够引发情感共鸣的力量。这也告诉我们,生活本来就是这样的,就算你躲避了一个夹缝,也会落入另一个夹缝里。遇到事情要勇敢面对,以积极的态度去解决问题,而不是逃避。

既谋划长远,又干在当下。这是王正华独到眼光下的春秋总体布局。飞出去,走向国际化,是春秋人必须要做的事情。2009年9月,郑州到上海的动车组正式开通,票价仅为200多元。一个月后,春秋航空便停飞了上海到郑州的航线,撤出了郑州机场航站楼。

对王正华来说,这是最大的麻烦,全国各地高速铁路的建成给春秋航空所带来了冲击。好在他已提前为此做好了准备。同年7月,春秋航空获批在中国香港、中国澳门,以及日本、韩国、俄罗斯、东南亚等地航空客货运输业务经营权。

中国企业在全球化发展中,特别是作为民营企业生存在夹缝中,究竟该如何生存与发展?对别人来说,这是天大的困难。王正华能做的就是解决需求不足、内生动力不足、信心不足等问题,通过低成本运营和不断探索的创新模式,找到一条共享共赢的路子。

当然,他不是去做学生,而是要做一个市场的开拓者。他只看需求,不论国度，他觉得企业要有"地球村"的概念，老是纠结于国内竞争，并非出路。春秋航空在日本需要考察廉价模式的可行性，更要寻求国际性的机遇，这将为春秋航空的长期发展注入新的活力。

这个世界是公平的，只要你想做事情，在做事情的过程中，总会逐渐找到方向，并为自己确定目标。王正华对此深信不疑。他认为，这种先研究再投入的思路，可以避免走弯路，节省创业成本。纵然初期收效有些慢，但只要日积月累，早晚都能成就一番事业。就像石缝中的小草，要努力冒出芽来，才能伸手拥抱太阳。

进入民航界，王正华推翻了很多航空业的规则，几大航空国企"老大哥"把他当作一个"规矩破坏者"。但他这个人，向来思虑周全，谋定而后动。每一个规则的打破，都经过了长时间的论证、学习与摸索，甚至是在夹缝中穿梭，在逆境中拼搏。

面对种种"突发情况"，王正华又何尝不想视作"家常便饭"？虽说"尽人事，听天命"，如果他因为害怕突发情况便什么都不做，坐视事态恶化，那么他永远无法获得成功。相反，在处理"1元机票""天价罚单""黑名单"等事件时，他能够坦然面对，勇敢地站出来，寻找解决之道，以不变应万变。

狭路相逢勇者胜。当面对绝境的时候，是在夹缝中生存下去，还是在夹缝中被挤扁？这是两种截然不同的生存境况。很多情况下，这是不能选择的选择，亦是难以直面的困境。既然已然置身其中，无论结果如何都要敢于面对。

"没有困难要春秋人做什么？"这是王正华常说的话。他最清楚，春秋航空在夹缝中生存的艰难，以及一路走来所遭受的挤压与伤害。他没有愤怒，没有抱怨，唯有用执着和感恩之心去逐一"反击"。

但说起来容易，执行起来挺难。即使身陷逆境中，王正华也没那么容易被打倒，反而倔强地站起来了，甚至自豪地对外宣称："我知道自己还很渺小，但感谢那些给我制造困难的人，正是因为这些人，我才会跑得更快。"

看似简简单单的几句话，却是王正华做旅行社和航空公司多年的心得体会。在他屡创商业奇迹的背后，是其把创新真正融入企业的灵魂，并矢志不渝地打造企业的竞争力。那份夹缝中求生的骨气和勇气，弥足珍贵。

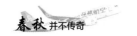

在恰当的时机出手

老子曾言："动善时。"真正有大智慧的人，他们在行动的时候，非常善于把握时机。在恰当的时间做正确的事，才能做到出手必中。

为何春秋航空总能快人一步？王正华是个实战派，他能突破认知，洞见管理智慧。他总是创意不断，机会来临时，出手果断；不合时宜时，按兵不动。从春秋航空众多成功的案例可以看出，一个企业家能够成功，判断力是他不可或缺的要素。拥有梦想固然重要，但问题在于如何持续增长自我认知。

然而，没有一帆风顺的坦途，企业总是在顺境与逆境的交织中曲折前行。春秋航空刚刚要大刀阔斧开拓日本市场时，先是不幸遭遇东京大地震，然后是钓鱼岛事件，中日航线受到严重冲击。

面对如此困境，铁了心的王正华并未退缩。既然几亿元已经投下去了，千难万难，这条路也要走下去。他坚信，即便在最困难的时候，在光景最不好的时候，该有的发展，该做的事情，还是要继续，不能怕。

正如2004年王正华下定决心创建春秋航空时，曾遭到老朋友的痛骂，但他坚信自己的判断。之后，在连续遭人误解且承受各种压力时，王正华从未喊一声"后悔"。他在看待"人人都能飞"这个问题上，无疑是顺应社会发展潮流，顺应国情、尊重民意的。

中国人自古有"天上人间"的情结，不管是戏剧、小说，还是现实生活，那些从未乘坐过飞机的群体，都想到"天上"去看一看"人间"是什么样子。

长期以来，飞机是非富即贵的人才坐得起的交通工具，普罗大众要享受这一现代文明成果，在过去要付出的可能是一年收入的高昂代价。王正华帮助一部分人实现了蓝天梦想，并为此果断选择了一条生存之路：绕过三大航，就做自己的低成本航空公司。

实际操作起来，其实并非那么简单。在国际和地区市场上，春秋航空开通了日本，以及中国香港、中国澳门等地的低成本航线，但在日本东京、大阪等成熟机场很难得到批准，只能飞别人不飞的小机场：茨城、高松、佐贺。虽然一周只有三条航线12个航班,却依然在日本掀起了一股低成本航空热现象。静冈县、熊本县、枥木县、新潟县、和歌山县等十多个县竞相来访,希望引进春秋航空的低成本航班。

前途是光明的,道路是曲折的。春秋航空的这条"夹缝之路"虽然走得很艰险,时不时地看到有同伴"倒下",但王正华一直相信自己的每一步抉择都是正确的。这正符合王正华的做事理念。在业绩好、市场环境好的情况下,他也不会头脑发热,而是要夹着尾巴,谨慎地思考一些问题,寻找自己的不足,并及时调整那些不符合市场规律的行为和动作。

再有,他非常清楚一点,必须随时关注市场的变化,不能总是"一本经打天下",即使这是一本好经,也可能随着市场的快速变化而过时。因此,必须研究变化规律,去顺应这些规律。当然谨慎的尝试必不可少,要做就要把它做好。只有做才可能抓住机遇,不做就绝对没有机会。

拥有正确的思维方式,比拥有智商、体魄等其他能力更重要。他有很强的危机意识,时刻提醒着自己,永远战战兢兢,永远如履薄冰。

不论是面对媒体等公开场合,还是在企业内部发表自己观点;遭遇"非典"也好,经济危机也罢,就是刚刚过去的疫情,被问及"冬天有多长"时,王正华的回答都充满了哲学辩证意味:"没有想过这个冬天有多长,也没有想过怎么'熬'过这个冬天。因为我们始终把明天当作冬天来警惕。"是的,同样是"出乎预料",有的企业一筹莫展,有的企业依然底气十足。

危机意识和忧患意识,是王正华身上特有的品质。当他的团队普遍沉浸在成功的喜悦之中时,只有他表现出"众人皆醉我独醒"的清醒状态。事实上,遇到的困难往往与自己的能力是相匹配的。换句话说,你有多大的能力,就会遇到多大的困难。

总结春秋集团做大做强的经验,王正华总能用充满智慧的语言进行概括:公司在大的决策上没有出现大的失误,在大的机遇上能够比较好地把握,主要是因为把握了市场规律。

不难看出,王正华与宗庆后、任正非、柳传志、马云、俞敏洪等企业家一样,他们的言谈话语中,无不透露着哲学的思辨、经营的智慧,透露着把握了企业发

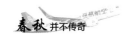

展变化规律的从容和淡定。他们的思想吸引着全世界的目光,带给无数创业者拨云见日般的启示。对资历较浅的年轻创业者而言,他们的话语更是人生的指引。

作为商界传奇人物,王正华从不好大喜功,更不轻言成功。他总是说:"我只是一个平常百姓,能做成一点小事,都是因为赶上一个好的时代。"

一些闪着哲思光芒的话,他常常讲给员工以及高校大学生听。例如,只有站在未来的人才能影响现在,企业领导者就是站在最高处为企业眺望远方的人,即便经历风吹浪打,也不能阻挡远望者的视线。

又如,凡事只要想清楚了,认真去做了,只要不是运气太差,都能获得一些成果;再如,处理任何事情都要深思熟虑,稳步去做,只有认真思考才能了解情况,只有稳步处理才能妥善解决问题,并得到满意的结果。

再如,任何一个行业,并非新入门的都能获得成功。每一个行业都会遇到的困难在于对市场、对管理等方面的认识不完全到位。无论是小本买卖,还是大本经营,能否把握好市场趋势,将细分市场搞明白,这很重要。

王正华告诉创业者,一个企业需要知道自己接下来做什么、不做什么,不能仅凭经验、靠感觉,一定要想得足够远,对行业的发展有一个正确的认识和判断,进而通过科学分析,发现商机,决胜千里。

走出低谷,逆风飞翔

稻盛和夫说过,低谷期艰难痛楚,但它可以成为企业再次飞跃的台阶。王正华几十年的创业和管理历程,看似平淡,实则刀光剑影,意味悠长。

春秋集团是改革开放后产生的企业,既是改革开放的经历者,又是受益者。从实业报国,到奉献他人成就自己。他总结,企业的成功秘诀,就是比市场"先走一步"。

这些年来,他和春秋经历的"低谷"不少。每每研究下一个战略制高点的时候,他都将这段时期称为"瓶颈期"。在王正华眼里,什么都是浮云,他满怀期许,最终逆风飞翔。他知道,只有往前走,拨开眼前的迷雾,才能看到自己的路。

生活就是如此。根据行业生命周期理论,每一个行业都将进入产业转型期,所有企业都将面临战略转折点。从春秋航空不同成长阶段的发展路径剖析,大致可分为四个阶段,即初步探索期、快速增长期、竞争聚集期及成长期。

初步探索期。1981年,王正华作为街道分管经济的党委副书记,为了抓好工作,设想了五个可能有前途的行业:汽车修理组装、汽车租赁、客运、货运,还有旅游。他认为,投资发展经济,关键要保持内心的平静,找到适合自己的行业,这一点极为重要。

经过分析,他认为,前几个行业开展得比较早,也尝到了一些甜头,但最终没有坚持下来。其中最大的原因就是资金不足,没有足够的资本投入,就无法形成规模,没有规模就没有效益。在那个年代,引进资本几乎是不可能实现的愿望。偏偏不被看好的旅游业,成了重头戏。

当初办旅行社,原则上都不拿国家的钱。要拿政府的钱,就必须由政府来管。谁出钱谁管理,这也是天经地义的。从一开始,王正华就选择了依靠社会,走市场化的道路。旅行社报名费每个人只要1元钱,吸引了1 000多人报名,再加上100多元的培训费,号称3 000元起家。实际上,当时的王正华并没有钱,他的旅行社生涯,是从方寸之间开始的。

只要自己不尴尬,尴尬的就是别人。春秋旅行社刚刚起步时,很多人都看不起他们,一个2平方米的铁皮亭子是全国乃至全世界最小的正规企业,根本没有什么投资。在这种情况下,王正华把自己的目标定为全国第一,十三年后,他如愿以偿了。

快速增长期。春秋旅游依靠散客成团、电子商务售票,以及发展总代理、在全国建分社等策略,始终领先于同行业。因此他的营收规模和利润实现了10倍、20倍,甚至30倍的翻番。

春秋旅行社做到了全国旅行社第一,成为国内连锁经营且全资公司数量最多、最具规模的旅游批发商和包机批发商。下一个战略制高点该如何谋划?这让王正华思绪万千。

王正华亲历的这些事说明,成功不在于有没有钱和条件,而在于你想不想干。

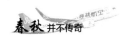

在连续多年扛起全国旅行社第一大旗的过程中,他和团队历经了艰苦的岁月,也流了很多委屈的泪水。甚至在营收捉襟见肘时,他都淡淡一笑。他坚信,生活不只眼前的苟且,还有诗和远方。

就在大家以为,王正华会在旅游业这条路上一路走到黑时,他却仰头望向天空,做了个"航空梦"。那个时候,大多数航空公司都视航空出行在云端之上。除了公家报销的情况,大多是有钱人才会选择出行坐飞机,飞机几乎与普通人没多大关系。他的突发奇想,让很多人感到惊讶。让普通人都能坐上飞机旅行,那这个市场很广大,岂不要赚翻了!

这不禁让人想起前南非总统曼德拉(Mandela)曾说过的一段话:"生命最伟大的光辉不在于永不坠落,而在于坠落后,能够再度升起。"王正华的励志语更加振奋人心:也许我们都不愿面对生活中的低谷,但日子并不能挑拣着过。任何值得做的事,做得糟糕也值得做。

进入竞争聚集期。行业的规模越大,竞争就越激烈。如何在竞争激烈的竞争中活下来,并且活得好,是每个老板都关心的问题,王正华也不例外。

他曾在公开场合表示,竞争是企业成长的沃土,这个企业要在市场上不断地发展,就应该主动迎接竞争,在竞争的环境中,创造更低的成本,当然也包括更好的服务。

虽然国有航空公司"老大哥"的航班时刻比春秋航空要好,但春秋航空的飞机却比"老大哥"的飞机多飞出10%、20%的飞行时间,这就是说成本降下来了。如果旅客对价格敏感,就可以选择乘坐春秋航空。他最不愿意看到,也最不希望飞机"趴"在那里。

2008年,在一个全球企业家生态论坛上,王正华讲述了自己的创业体会。即使别人看不起你,只要自己努力,都能把事情办好。做生意也要专心致志,不要四处扩张,每个阶段要有不同的重点。

一切正如他自己所说,最大的挑战就是他自己。春秋旅行社的规模不断增长,从做包机、批发商,到包揽所有环节,虽然有风险,进步却非常快。包飞机、火车,招揽人才,什么风险大,他就做什么。风险大的地方,往往有比较好的利润,由此春秋的业绩一直保持着高速增长。

步入成长期后,他开始研究航空公司。直至今日,中国旅行社办航空公司的仍然只有春秋一家。其他人的业务再大,背景再硬,都没能办成,其中的难度可想而知。在王正华这里,难不是问题,关键在于自己怎么做。

中国民营航空第一批一共有三家,其他两家都卖掉了,只留下春秋航空一家。他庆幸自己跟着市场,老老实实地学习,看世界,看别人,看欧洲、美洲是怎么做的,并汲取正确的经验。

创办春秋航空时,有传言说上海有人帮了他的忙,但事实上,当旅行社发展进入巅峰期时,他就已经开始研究和积极接触航空领域了。经过三年多的国内外市场调研,自1997年起,他依托旅行社的客源优势,做包机业务。前文提到,同年,他开始向中国民用航空总局定期(每三个月一次)汇报民营航空业的运营状况,希望用自己的行动,改变政府对民营航空的看法。

每一次利好消息的传来,伴随的都是春秋进一步的品牌升级,以及遭遇阵痛后的破局重生。王正华与多数科班出身的民航业高管不同,他由旅游业转型至航空业。在创立春秋航空以前,他在旅游业已经颇有名气,其创业经验,为日后春秋航空的创立奠定了坚实的基础。

一次一次的山重水复,一次一次的柳暗花明,步入成长期的春秋集团,创新的步履不停。作为最早涉足航空领域的民营公司,春秋航空提出差异化定位个人出行的经营理念,包括持续升级的IT技术网络,使得直销比例达到80%以上。这些创新,是春秋航空近年来蓬勃发展的重要保障。

低谷期谁都会有,让子弹飞一会儿也无妨。王正华每一次的重大选择,最终都收获了令人满意的成果。

老王的"博客人生"

中国的博客元年始于2005年,这并非因为博客概念在那一年首次出现,而

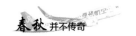

是它从此逐渐演变为一种互联网现象。博客不仅是一种网络现象,更是一种文化的诠释。

2007年10月23日到2016年10月30日期间,王正华的博客成了他当时生活的重要组成部分。近十年的时间,425篇博客文章。博客是他向粉丝们汇报自己行踪的互联网平台,也是他展示自己和公司品牌的一个很好的窗口。

作为中国航空公司高层领导开设的第一个博客,他的开篇语既有抛砖引玉之意,更饱含诗情画意的营销,还道出了他开博客的初衷。

下面摘录内文:

做航空以后更感觉,"我""我们"的渺小。尽管航空业通常被称为人类高科技的结晶,是高知识、高智商人群的智慧结晶。可这么一个高科技、高智商的群体——航空公司在自然力面前,却只能是俯首帖耳的"弄潮儿"。每逢春天的大雾、夏天的雷雨、秋天的台风、冬天的大雪,我们越来越战战兢兢、越来越不敢越雷池一步。

最后,他引用一位欧洲诗人的话收尾:

我们都是只有一个翅膀的天使,唯有拥抱别人,才能飞上蓝天。

令他始料未及的是,开博第一天便得到了很多网友的关注,收获了52篇评论。其中大部分是对他开博客的鼓励,如"一位六十多岁的董事长来开博,真的让人惊讶!""人的一生太短了!抓紧时间,好好珍惜你的一切。""您在正确中收获成功,也在错误中忍受折磨。""即使面对世人的嘲笑和同仁的不解,您依然为自己的梦想继续坚持。""希望您能坚持下去,在商业经营之余,能够更加真实、更加直白地与阅读者分享您的所思所想。"等。

博客中,也有网友反映了一些问题:如积分兑换、航班延误、特价票、服务质量,以及机场办理登机手续烦琐等。王正华均一一答复,并后期责成相关部门完善制度、提升服务、按规矩兑换积分,规范办理登机流程。

借助博客阵地,很多不了解春秋和低成本航空的人,后来都成了王正华的铁粉,最终成为春秋航空和春秋旅游的消费者。在这个和消费者互动的平台上,自然也有不少骂声,甚至有一些竞争对手注册了ID专门前来诋毁。针对这些"小动作",王正华并不在意,他觉得被别人骂,是一种成长、一种考验。

春秋航空内部的很多员工,都是他博客的忠实粉丝。王正华经常在博客上抒发自己对员工的感谢和爱惜之情。他十分关爱员工,关注飞行员的休息情况,关注后勤部门是否做好安全保障服务;关注服务细节,例如旅游环节、售票环节、机上服务等;酷暑高温天或数九寒天,他坚持慰问机坪员工;每年换季和春节,迎接最后一个航班,欢送第一架开航飞机时,他都亲临现场,风雨无阻。此外,博客内容还涉及提高业务水平的探讨、论学习的重要性以及告诫财务部门要当好家、算好账、理好财等。

为了维护旅客的合法权益,春秋航空千方百计地打击假网站,让更多老百姓能够顺利买到低价票。王正华的博客中,也谈及推出"黑名单"实属无奈之举,并解释了他对"低票价高限制、高票价低限制"的理解。他的言语中还透露,感恩改革开放,带来这样的好时代。

总结王正华的博客内容,可用"包罗万象,无所不列"八个字概括。无形之中,他的博客起到了普及春秋企业文化的作用。博客上最多的内容,还是他的一些所见所闻和学习心得体会。阅读这些文字,你会感受到这位"人老心不老"的超级老人的好奇心和恒久激情。

他的可贵之处在于,不掩饰自己对业内一些事情的异见,并大声疾呼解决问题的办法。对于他人指出的错误和不足,他能够虚心接受批评,始于闻而落于改。有则改之,无则加勉。他说只有这样,才能在日常工作生活中举一反三地检视自己,才能确保干事创业道路上的每一步都走得正、走得实。

王正华的博客中,有一篇名为《中国低成本航空受到外界热烈的赞赏》的文章。记录了2009年2月9日,他带领管理团队来到低成本航空公司云集的新加坡,参加"2009年亚太低成本航空年会"和"航空公司与机场论坛",介绍中国低成本发展现状,汲取世界低成本航空发展的经验。他深感这里充满希望。

这次"2009年亚太低成本航空年会",吸引了亚太地区领先的亚洲航空、老虎航空、捷星航空、宿务航空、香料航空、阿拉伯航空等40多家低成本公司,以及各国政府民航局、机场、投资银行等各类航空相关产业的400多位代表参加,可谓盛况空前,热闹至极。

他一贯以谦卑之心蓄进取之志,带着事先认真准备的各种问题及困惑,虚心

向同行取经求教。他的本意并不是来这里寻找最终的答案,而是开阔视野,突破传统思维的条条框框,学习同行先进的思维方式,探索适应中国低成本航空发展的模式。

据他博文中描述,中国大陆航空公司只有春秋航空一家参加会议。在这种世界大舞台上,春秋航空代表的是国家的形象,肩负着维护国家荣誉的重任,马虎不得,闪失不得。为了确保演讲成功,他和团队提前一个小时来到会场调试设备。当日上午 11 点,春秋航空 CEO 张秀智用英语开始演讲,介绍春秋航空在中国发展低成本航空的实践案例。演讲结束,会场掌声四起,大家纷纷对演讲者和春秋航空表示敬意。

让王正华和团队意外的是,会议主席紧接着发表了热情洋溢的赞词:"我们没有想到,中国第一家低成本航空公司春秋航空,竟然得到了中国政府的市场准入和鼎力支持,并取得如此卓越的成绩。外界一直以为神秘的中国,看来也同样适合发展低成本航空。我建议大家给中国低成本航空公司发展的先驱春秋航空再次致以热烈掌声。"会场上这独一无二的两次掌声,使他和团队都激动不已,就好像是在奥运赛场上披金戴银,为国家争得荣誉一般,令人热血沸腾。

时任国务院副总理的张德江指示:"航空公司要努力把票价降下来,这样,旅客就会多起来。乘飞机能不能像乘公车那样,拎个包站着乘机,不托运行李,不供应餐食,从而真正实现便捷航空。"身处高位而心系民生的国务院领导的这段讲话反映的是民生,反映的是世界航空业的发展潮流。

这次大会上,世界各国之所以如此关注春秋航空,关注中国低成本航空的发展,是因为在全球一体化的时代背景下,中国航空平民化是不可逆转的潮流。而且,当时的低成本航空,美国人成功了,欧洲人成功了,东南亚人成功了。如今,全世界都睁大眼睛关注中国,这个最具经济活力的国度,低成本航空能否在这里同样取得成功?

那个时候的王正华坚定了一个信念:勤劳、智慧的中国人绝不逊于任何人,春秋人应该抓住一切机会发展低成本航空,让"人人都能飞"的梦想,早日得以实现。

真正让王正华对博客有了深刻认识的,是一次突发的"霸机"事件。当时,春秋航空把一些因为航空延误而拒绝登机的乘客列入了"黑名单"，这使得他们暂时不能购买春秋航空的机票。没想到，此举竟遭到了不理解和质疑，矛头纷纷指向春秋航空。面对这种情况，王正华果断把在机场里拍到的"霸机者"横七竖八挡道的蛮横样子贴在了博客上，很快舆论的风向开始转换。王正华用他的博客，成功地进行了一次危机公关。

　　这是一个信息飞速发展的年代。各种声音层出不穷，各类资讯更新迭代。很多人被外界的信息裹挟着，容易失去独立思考和判断的能力。一个人若放弃思考，或遇到问题不及时发出声音，不快速响应、迅速行动，不能在第一时间解决和妥善处理，那将是一件很可怕的事。

　　王正华的博客，代表了他和春秋航空做事的态度。

春秋往昔,

三十二帧光影,

虽无法尽纳全部历史,

却令春秋故事悄然苏醒。

这绝非普通图像的铺陈,

而是拼搏精神的凝萃。

见证着发展与初心,

于时光里恒驻,承前启后。

1981 年

春秋创始人王正华靠着 2 平方米铁皮亭子白手起家,创办上海春秋旅游社

1983 年

王正华在导游年终考核会上讲话

1987 年

上海春秋旅游社升级为"上海春秋国际旅行社",图为西藏路门市

1987 年

王正华(右二)接待美国登月宇航员詹姆斯·欧文一行

1989 年

上海春秋国际旅行社首次荣获上海市文明单位（王正华右一）

1993 年

上海春秋国际旅行社定西路楼启用，正式开业

1993 年

春秋自主研发Novell（诺威尔）散客销售系统，告别了传统票板手工操作

1995 年

9 月，联合成立罗森部（王正华左二）

2000 年

王正华（右二）和张秀智（右一）带队在美国考察

2001 年

9月，王正华（左一）在员工大会上，为三亚导游作经验介绍

2002 年

张秀智在西藏路临时房办公室指挥旅游包机业务

2003 年

春秋旅游荣获著名商标，王正华（右一）上台领取荣誉

2004 年

7 月，民航华东地区管理局向春秋航空颁发运行合格证

2005 年

7 月,春秋航空成立初期时的王正华

2008 年

春秋人自制的"土炮",用来除冰雪

2008 年

上海遭遇大雪,春秋员工人工除冰雪

2015 年

春秋航空引进的新型专业除冰车

2025 年

春秋航空总部新大楼文化展厅里的"土炮"展区

2010 年

7月28日，上海浦东至茨城的飞机首航（王正华右三）

2014 年

春秋航空日本株式会社日本国内线首航

2014 年

5 月，康保生态公益林捐赠仪式（王正华右一）

2014 年

春秋航空模拟机基地成立

2015 年

1月21日，春秋航空在 A 股上市

2015 年

A 股上市日王正华带领百名员工在沪交所打太极拳

2018 年

春秋航空董事长王煜当选第十三届全国政协委员,并于 2023 年连任第十四届全国政协委员

2018 年

春秋航空红河州乘务学员开班仪式

2018 年

春秋集团董事长王正华接受联合国第八任秘书长潘基文的赠书

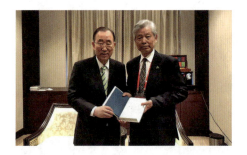

2018 年

前法国总理拉法兰给董事长王正华颁发联盟亚洲委员会共同主席证书

2018 年

王正华入选《改革开放 40 周年百名杰出民营企业家名单》

2019 年

12 月春秋航空第 100 架飞机正式入列

2021 年

王正华获得"光荣在党 50 年"纪念章

2022 年

11 月,王炜正式以春秋集团总裁身份亮相

第十一章：身处风口浪尖

他，深知身处风口浪尖，与其抬头焦虑，不如脚踏实地、专注自身优势、找准定位。想明白了，便不停往前走。

他，一个"孤独求败者"

颠覆者注定是孤独的。光环越多，孤独感越强。

当旅行社插上航空的"翅膀"后，王正华在民营航空领域，多次走在最前列，成为一个"显眼包"。闪光灯对准了他，摄像机也对准了他，然而，在光环和争议的背后，他还要承受一次又一次的孤独。这种孤独，不是独饮黄酒空对月的寂寥，而是承受"前无古人"的先行者之痛。

有人称他是一个"孤独求败者"。其实，高手都有一颗寂寞的心，因为高手，本就是用寂寞练就的。若想快乐，想自由，想无忧，就别当高手。王正华并不想当这个高手。

生活中，最幸运的事，莫过于遇见一位良师，结交一位良友，拥有一位良伴。王正华的创业之路上，敢为人先的创新之举，一个接着一个。但在他心里，这并不是"一个人的狂欢"，如果没有团队的支持，他和春秋何以取得成功！只是有些时候，他也要学会享受孤独，这个时候，他便用左手温暖自己的右手。

从旅游业跨界到航空业时，"1元机票""黑名单"等事件引发了巨大争议，他感到无比的孤独，因为外界并不了解他的梦想和追求，也不理解他的"让人人

都能飞"的初衷。

"一个人能承受多大的孤独，就能成就多大的事"，这句话放在王正华身上再合适不过。倾诉这个动作在他身上很少发生，一直以来，只能熬着，孤独是没办法解决的，他更不知道该跟谁倾诉。有些时候，他的孤独丝毫不敢表现出来。"你告诉员工，员工会丧失斗志；你跟家人说，家人会劝你干脆别干了；你反映给投资人，投资人早吓跑了。"就这样，他的这种"孤独实验"一直伴随身边，有时候孤独也确实是"没事找事"。

2007年8月7日，正逢春秋航空开航两周年之际，由中国民用航空总局委托民航西南地区管理局组织，民航华东地区管理局配合，27名西南局和华东局专业审计员组成的专家评审小组，对春秋航空飞行大队进行了一次安全大检查。

当天一早，专家们6点起床，登上春秋航空一架7点多的航班。这些专业人士分成运行、维修、航务、运输、危险品、客舱、航卫和综合8个专项小组，对春秋航空实施综合安全管理、飞行运行管理、客舱安全管理、维修管理、航务管理、旅客运输管理、货物运输管理、危险品运输管理、航空卫生管理等9个方面的安全审计，为期五天。

面对如此权威的专家组把关，有些人对王正华能否过关捏了一把汗，毕竟专家这么多，挑点毛病出来易如反掌。王正华却不担心，原因是他从来不拿安全当儿戏，在安全问题上只做加法，不做减法。

这次检查，初步效果很好。专家们都说，没有想到一家新公司能够得到这么高的评分，起码能够有力地回击那些将低成本等同于低安全的观点。但检查的结果要是出了问题，轻则停止航班运营，重则让公司停业整顿。

此次检查，并非民航局的硬性规定。按照惯例，这样的强制性安全检查，原来主要针对国有大型航空公司，后来深圳航空被作为试点企业。王正华得到这个消息后，主动要求对春秋航空进行安全检查。

安全检查，完全借鉴欧美民航业的强制性安全检查标准，而且不需要春秋航空掏钱，评审组的住宿、评审和汇报等方面的开支都由中国民用航空总局负担。与其说是王正华逮住机会要给春秋航空来一次高规格的免费体检，不如说是他有意识地想对自己这两年来的低成本实验做一个阶段性的总结。自己查，对问题可能熟视无睹。在他看来，自己的差异化服务，或许并不符合相关的安全标准。

自 2005 年 7 月开航以来，春秋航空作为民营航空公司，坚持走不被业界看好的低成本航空道路，王正华和春秋航空在争议中起飞，并获得盈利。在国际著名航空业调查机构 Skytrax（斯卡特瑞克）举办的 2006 至 2007 年世界航空公司乘客调查中，春秋航空公司获得北亚地区最佳低成本航空公司第二名。

春秋航空是第一家获得民航局安全星级评定荣誉的中国民营航空公司，多名机长的安全飞行时间已经累积到数万小时，获得了"民航金质奖章"的荣誉。截至 2024 年 1 月，春秋航空已实现连续安全飞行 300 万小时，运输旅客超过 2 亿人次。根据《中国民用航空安全奖励办法》，民航局授予春秋航空"飞行安全三星奖"。

诸多荣誉的取得，与王正华的"孤单"，与他团队的"群胆"，都是分不开的。在企业最艰难的时刻，作为决策者的他是孤独的，要有自己的判断力，要学会承受各种压力，而不是人云亦云。他的领会、坚持，甚至死熬，像战旗一样杵在那里，团队自然就会紧随其后。根据他的安全理念和发展战略，春秋航空的各路团队总是要带着自己的船劈波斩浪，奋勇向前。

谈及企业家们的创业境遇，大多数企业家都会有这种"苦行僧"般的感觉。在国内外市场上打拼的过程中，当所有问题全部都缠在一起时，躲避是不能解决问题的，迎难而上才是一种力量，创业者都是靠自己的毅力走下来的。

关于孤独，任正非说过一句话："有足够定力的孤独者，才有可能成为中国商界的孤独英雄。"王正华又何尝不是如此？光鲜的背后，他总是承受着更大的孤独与寂寞。这些孤独，让他更加富有创造力和忍耐力。乃至时刻在孤独中，杀出"一条血路"，与时代共舞。

危机时刻，疾风知劲草

面对危机，王正华似乎早已司空见惯。无论危机披着什么样的"外衣"，都不

会打断他的思路，不会影响企业正常发展的节奏。但对企业的持续增长而言，却会带来极大的挑战。可他有很强的预见性，有"疾风知劲草"的坚韧。他清楚地知道，企业要在危机中活下去。

2008年7月27日，一篇题为《关于航班延误的检讨》的博文出现在王正华的博客上。一周的时间，这篇文章的点击率已经超过13万人次，留言也超过了300条。

作为春秋航空董事长的他，为何要主动发布"检讨"？他希望通过博客把事情"交代"清楚，加强与旅客的沟通，与旅客更加顺畅、和睦地相处。这种航班延误的事情，谁都不愿意看到。公司延误一个小时，也要损失一两万元。他和团队每个月都会分析航班延误的具体原因，之后通过更多的改进措施减少航班延误。

王正华在博客中透露，"四大"原因导致航班延误：

一是航空市场快速增长，机场地面资源和空中航路资源不足。比如设计吞吐量为2 000万人次的浦东机场，2007年已达2 895万人次；虹桥机场更加严重，按机场设计，年旅客吞吐量仅有960万人次，可是2007年却达到2 263万人次，大大超出原设计的运营能力。由于机场新规划的设计、论证、报批、建设周期较长，新一轮浦东机场第三条跑道和虹桥机场第二条跑道要在2010年前竣工，届时上海机场资源紧张状况将会有所改善。

机场当局为了确保航空的安全飞行，虽竭力改善，然客观条件所限，仍产生了一系列问题，如旅客通过安全检查需要排队等待的时间长、候机楼旅客候机区紧张、登机口不足、机场地面交通和空中航路等保障能力严重不足等。特别是航班进出港高峰时段，经常会产生航班延误，甚至引发连锁反应，造成多架航班延误。这就是航空公司经常向旅客解释"流量控制"的原因。可是部分旅客往往对航空公司所说的"流量控制"不甚了解，抑或未能予以配合，由此产生诸多误会。

二是恶劣天气。2008年上半年，天气原因直接影响公司航班，致使不正常航班占比高达18.2%。而2024年1至2月全国范围内的冰雪自然灾害，以及5至6月中南地区的洪涝和东南沿海的雷雨，都很大程度上影响了航空公司的飞行运营。

关于航班对天气的飞行要求，必须确保出发地、目的地以及航线所经地区的天气均符合放行标准，飞机方可起飞。旅客通常只能了解出发地或者目的地的天气状况，却不可能了解航线经过的所有地区的天气状况，这就是旅客往往对航空公司产生"误解"的重要原因。

2007年7月19日发生的大连到上海的航班延误事件，其中一个重要原因就是尽管上海和大连两地天气都符合飞机放行标准，而河南、山东，还有朝鲜半岛等地上空却存在大面积带状雷雨区。由于旅客无法看到这些天气状况，故航空公司的任何解释和劝说都显得十分苍白，最终出现了长达15个小时"霸机"的不理智行为。这一事件产生了连锁反应，导致当天及次日共12个航班、2 000余名旅客不同程度的延误。

三是航空公司的工程机务和飞机维修保养引起航班延误。民航管理局为了确保航班飞行安全，根据欧美发达国家安全管理的成功经验，对飞机的放行标准作出了科学、细致、严格的规定。对于飞机的大修、定检，航空公司都会按照规定事先作出安排，这些通常不会导致航班延误。然而，飞机临时发生的故障，尤其是在上海以外的其他机场发生的故障，就有可能延误航班，给旅客带来不便。

四是因为旅客自身原因、离港系统故障、航油供应、空域禁航、军事活动、联合检查、公共安全问题以及航空公司调配失当等原因，也可能引起航班延误。

综上所述，在航班延误的原因中，客观因素占了主导地位，但民航系统自身需要改进的地方也有很多。曾任中国民用航空总局局长的杨元元在接受央视采访时坦言，尽管延误有一些原因是人控制不了的，但从主观来讲，主要责任方还是在民航。不论是管理方还是企业、机场，管理上都有很多做得不到位的地方。

王正华在博客中提及，春秋航空自身为避免航班延误出台了一系列举措。例如，在研究进出港航程时，公司提出航班从开客舱门下客、清扫整理客舱、机供品搬运到旅客行李装卸等环节，力求避开航班进出港高峰时段，尤其是延误率最高的航线。优化物流和货物装卸流程，直至旅客登机并关闭客舱门，这要求在30分钟以内完成。加强航班运行不正常时的信息通报制度，例如有准确航班延误时间的，就尽可能通过短信及时报告旅客。

在网友看来，他利用自己的博客对航班延误作了一次"检讨"，剖析了导致航班延误的几个原因。王正华做到了情深意切，获得了大多数网友的理解，一场危机就这样在网络上化解了。

业内人士认为,他的反应是及时的,也是高调的。危机就是一个突然而至的"大事件",这个事件让春秋航空陷入了发展的困境,很难用惯常的方式应对这种"大挑战"。这种化解危机、跨越危机的魄力,不是每个人都具备的。正因如此,王正华所带领的企业才能够从危机中活下来,且活得好、活得久。

就他本身而言,他更多时候的低调也是正常的。所谓的一些明星企业家参加的沙龙会议上看不到他,在各种富豪排行榜上看不到他。实际上,他将大把的时间都用在对未来十年、二十年甚至一生的展望上。

在别人看来,他又很爱热闹。他大呼"让普通大众坐得起飞机""卖飞机站票",还曾为"1瓶矿泉水"专门召开新闻通气会等。每次遇到瓶颈期或遭遇突发事件,他都会换位思考,积极主动发声,领航定向,而不是去怨天怨地。

企业发展如逆水行舟,不进则退。如果没有困难、逆境,春秋或许就没有生存的必要。王正华的创业经历告诉我们,企业在成长的过程中,会遭遇到各种各样的危机。这些危机既可能来自企业内部,比如产品竞争力下滑、员工士气下跌等;也可能来自外部,比如金融危机、地震、新冠疫情、国际政治环境改变以及突然而至的贸易政策打击等。

如果要具体分析,有的危机是突发式的,它突然而至,让企业防不胜防;有的危机是渐进式的,它慢慢地侵蚀组织的机体,等企业意识到危机时,已经"病入膏肓",难以挽救。

回过头去看,曾经那些看上去"天大的事",哪一桩最终不变得风轻云淡,好像在此刻也不算什么了。对于过往,王正华是"得之淡然,失之泰然,思之安然,处之坦然"……

困境中,学会保本微利

初见王正华,他总是给人诚恳而简朴的印象,但骨子里却是个非常执拗的人。

春秋航空获得经营许可后，他并没有因此"松口气"。在不足一年的时间内盈利，换作别人，早就"大张旗鼓"地欢呼雀跃。但是王正华没有，因为他心里明白，接踵而来的困难和挑战，比预想的还要猛烈。

天下商战，唯低不破。低成本不代表低质量，这是王正华一直坚持的理念。就连奥凯航空的创始人之一刘捷音找他"取经"时，都不理解他为何如此固执。行业增速变缓，高油价，人力成本上升，这些已经成了制约航空公司发展的"紧箍咒"，他还有什么招数维持自己的"低成本"？刘捷音评价春秋航空是"打了折扣的低成本"。

细细想来，人家说得不无道理，国内航空油品统一定价，机场候机楼也没有差别，各大航空公司的成本都差不多。春秋航空凭什么票价比别人低30%？王正华到底用了什么锦囊妙计？他初探航空业，就学会了保本微利，这是他的本事。

利润等于收益减成本，当廉价机票降低了收益时，唯有降低成本才能保证利润。这是王正华的生存之道，不仅有智慧，也很有见地。

他主张先生存再发展，不奢求高利润，看重实际效益。他的机队之所以有那么出色的低成本优势，是因为他的航班上从来不提供餐饮，那些烤箱、烤炉什么的统统撤掉，只保留了飞机上最基本的设施。此外，他砍掉了代理人环节，减少了中间成本投入。

数据不会撒谎。在航油成本居高不下、政策限制还有待突破的环境下，只有3架飞机的春秋航空于2006年1至4月便实现了保本微利，自开航以来累计运送了50余万旅客，足见其持家有道。

王正华和他的团队通过群策群力，在各环节开源节流，降本增收。在金融危机下，民航业遭遇的寒冬绝非"小寒"，市场疲软，盈利不易。接下去，要想尽一切办法控制成本，方能确保市场份额。

为了此事，他在春秋航空内部先后成立了8个委员会，皆是为了降低成本、节省开支。这些降成本委员会，都有明确的成本节约目标，如节油委员会，2009年上半年就节省了几千万元。在上海虹桥机场，别的航空公司使用的是进口摆渡车，春秋航空公司使用的是国产摆渡车，两者的价格相差4倍左右。

多数航空公司会在飞机上免费送杂志,根据春秋航空内部"节油委员会"统计,全年将为此耗费3 000多吨航油,价值1 500万元人民币。后来王正华下令取消了提供免费杂志。事实上,春秋航空没有因为省钱而影响到市场和消费者的利益,反而还创造了利润,这可谓相得益彰。

2008年,对于中国的社会发展而言,是一个极不寻常的年份,经济正处在下行周期。王正华手里的旅游和航空两大产业同样受到了冲击。究竟保哪个?思前想后,他觉得航空更为紧迫。旅游生意不好,大不了减少几个网点和门店。但飞机停飞,每个月还要投入几百万美金,包括折旧费、租赁费、维修费等,只有让飞机飞起来,才能真正降低成本。

核心问题只有一个:尽量减少亏损,不亏损是不可能的。民营公司自负盈亏,只有将一切资源都利用起来,或许才能挺过这一难关。他推出了"99"系列促销活动,用低成本保持客源,最大限度地争取持续盈利的最大化。

王正华的成本控制能力很强,即使在全球金融寒冬市场冷冷清清之际,他的机队依旧飞在蓝天上,继续把握低价航空的发展机遇。而迎面撞来的,是高高在上的一群对手。这些"老大哥"坐不住了,纷纷指责王正华是"价格屠夫",认为他的低成本运作实为低于成本的运作,廉价航空是恶性竞争。这还是说得好听的,更有难听的,称他为行业的"搅局者"。

王正华认为,对游客、商务旅客来说,票价低是低成本航空的王道。在安全的基础上,这时候就要看谁的成本控制得好,票价有优势,准点率高。

何为低成本运营?春秋航空的低成本经营模式,不由得让人联想到畅销书《蓝海战略》中的这段话:

价值创新是蓝海战略的基石。常规看法认为,一家企业要么以较高的成本为顾客创造更高的价值,要么用较低的成本创造还不错的价值。这样,战略也就被看作是在"差异化"和"低成本"间作出选择。

W.钱·金提出,志在开创蓝海者,应该同时追求"差异化"和"低成本",以更低的价格来赢得顾客。王正华心里所谓的"蓝海",即以较低的成本为买方提供价值上的突破。唯有如此,才能既增加企业利润,又提升买方价值。重新定义产品,帮用户创造新的价值,让消费者爱上你。

春秋航空公司的成功,并非依靠"价格战",而在于通过剔除和减少中国航空产业竞争所比拼的元素来节省成本,通过增加和创造我国航空产业未曾提供的元素,重构顾客价值体系,塑造新的价值曲线,打破了价值与成本之间的权衡取舍,开创了"差异化"和"低成本"并存的航空业"蓝海"。

能走到今天,春秋航空并非依靠财团的帮助,而是靠全体春秋人,大家共同节约每一分钱。创办航空公司最初的3亿元资金,是在旅行社业务上多年积攒下的盈余。公司从上到下,力求每一笔开支都节省到极致。

这就是一生为梦想而拼杀的王正华。他始终奉行节俭、感恩的原则,无论到任何时候,这一点都不会改变。"人人都能飞"的奋斗目标,对他来说,始终如一。

"委屈奖",其实并不委屈

为了缓解矛盾,避免冲突,不少城市和行业都设立了"委屈奖"。这个委屈奖设立的初衷,就是不能让员工感到太委屈。

春秋航空刚开航的头几年,低成本航空还是新事物。无论消费者、民航相关部门、地方政府机构,还是整个社会,对低成本航空的了解都非常有限。尽管旅客对春秋航空的低价票赞不绝口,但还是会习惯性地按照传统航空公司的服务标准来提一些不合理的要求。这给春秋航空的服务工作带来了非常大的挑战。

旅行社每周一的质量会议,被王正华"搬"到了春秋航空。在他眼里,旅客有抱怨,就是服务不到位。大会小会,王正华总是不断地提出要提高服务质量。春秋航空服务部负责人,是从一家传统航空公司过来的,对于这种压力,是从未经历过的。在传统航空公司,乘务员是个很体面的工种,她觉得到了春秋航空,自己就像"被捡来的孩子"一样,低人一等。

这位负责人曾向王正华抱怨过,结果被问了一个问题,就被彻底点醒了:"难

道因为客人不理解我们,我们就不要他们了吗?你想过没有,你自己又做了些什么呢?"

旅客的服务要跟上,员工的思想要打通。王正华专门召开航空服务部门大会,谈优质服务的重要性,并讲到了受委屈的问题。他不是鼓励员工面对顾客的所有言行都要"逆来顺受",而是希望员工面对顾客不合理的言行时,坚持理性判断,做正确的事。

在王正华、张秀智的悉心建议下,春秋航空服务部推出了"委屈奖"。偶尔有旅客将情绪发泄到乘务人员身上时,既可用此奖鼓励员工们"退一步海阔天空",又可用此奖表彰为了公司的利益,在工作中敢于受委屈的员工。

这个"委屈奖"颁发的频率,在开航后的前几年确实挺高。一碰上飞机航班延误,有的旅客就会按照传统航空的服务标准,要求春秋航空提供相应服务。尽管在购票的时候,春秋航空的购票须知上已经明确提醒过,春秋航空的服务和传统航空公司是有差异的,但这样的冲突还有很多。

比如,为什么没有免费餐食?为什么飞机上售卖物品?为什么行李还要额外收费?甚至还有人提出,飞机起飞下降时,按下呼唤铃,为什么空乘不过来服务?这种常识性问题也被当成质量问题投诉。旅客吵闹、打骂服务人员、霸乘、霸机、索要赔偿等现象屡见不鲜。

对于"委屈奖",民航业内部存在一些非议。在一些国外航空公司看来,这不是违反劳工法吗?一家公司怎么可以让员工忍辱负重地工作?春秋航空设立"委屈奖",除了让员工对已经发生的矛盾和问题释怀,还有一种前瞻性的考虑:让获得"委屈奖"的员工和其他所有员工都明白,下次处理类似的矛盾和问题时,应当更克制和更理性。换句话说,"委屈奖"的设立,不仅是对员工的抚慰与兜底,更承载着企业对员工更高层次的期许与关怀。

王正华正是如此看待"委屈奖"的。服务行业从业者在工作中难免会遇到一些不公平待遇,觉得委屈,企业对这些员工理应予以安慰和鼓励。这既是对员工的支持,也是对企业自身形象的维护。春秋航空一直在向前走,市场环境和运营环境的改善,既要靠公众的认知和社会舆论的进步,也要靠自己的坚持和努力。要是企业自己不坚持,公司都不存在了,公众又如何了解和认知低成本航空的优势?从开航到 2020 年底，春秋航空服务部门共有 180 多名员工获得公司颁发的"委屈奖"。

2009 年 10 月 27 日 11 时 22 分，春秋航空兰州场站接到上海商调电话通知，春秋航空 9C8847/8 航班因机械故障，预计延误 1 小时 30 分。部分候机旅客表示不满，拒绝登机。营业部总经理立即赶到现场解释和劝说，并向全体旅客鞠躬道歉。但旅客并不买账，有名乘客还一巴掌将其眼镜打落。

下午 5 点 18 分，延误航班抵达兰州中川机场，后接到通知要配载、分拣减客，于晚上 7 点前起飞。拒登机旅客看到自己的行李被挑拣出，态度立马有了转变。这位总经理见状继续劝说，最后成功化解危机，旅客都陆续登机。18 时 41 分，该飞机顺利起飞。鉴于兰州营业部和场站工作人员在这起事件中的突出表现，春秋航空为他们颁发了"委屈奖"，并奖励总经理个人 1 000 元。

2010 年 3 月 11 日，由于春秋航空计划原因，三亚至广州 9C8909 航班取消。订了该航班的陈姓旅客到达机场后，三亚营业部场站工作人员告知她该航班由于公司计划原因已经取消，并已将取消信息告知所有旅客。不料，陈姓旅客说她根本就没有接到航班取消信息，情绪非常激动，破口大骂。这位工作人员骂不还口，耐心向她做好解释工作，还帮助她签转到其他航班，最终顺利成行。

春秋航空服务人员的这种急旅客所急、想旅客所想的服务精神，让陈姓旅客很是满意，连声道歉和感谢，并写了一封感谢信寄到了公司。当年集团通报表彰中，受委屈的工作人员获得了"委屈奖"。

在实际操作过程中，春秋航空设立的"委屈奖"，能够"安抚委屈"，更意在"鼓励创造"，用真金白银"宠"员工。这种兼具温暖和诚意的人性化举措，一方面是对员工的有效安抚，另一方面传递出了一种积极信号，即企业能够设身处地理解员工的客观难处，愿意与员工站在相同立场，给予其支持与保障。

作为春秋航空的管理者，既要冲锋在前，更要讲方法、讲策略。一次，因为天气原因，航班发生延误，导致旅客滞留。到了第二天，为确保航班的正常运行，公司决定先让当天的航班正常起飞，结果引发了滞留旅客的不满。前一天的旅客将行李堆在值机柜台上，导致当天正常航班的旅客无法办理值机手续。

眼看着值机柜台上的行李堆积如山，部分滞留旅客围着值班人员大吵大闹，当天正点航班却无法值机的旅客怨声四起，火药味越来越浓。春秋航空服务部门

因人手不够，正在一筹莫展之际，一支由春秋航空和春秋旅游的干部们自发成立的"服务别动小组"来到这里帮忙，迅速隔离出一条通道，开始办理值机，确保了当次航班的顺利起飞。

这支"别动小组"，每逢机场群体性事件，都会出现在现场。有的时候，王正华、张秀智也会赶过来参与"战斗"。跟随王正华一同创业的"老员工"，踏实能干，特别团结。每次一遇到情况，不管在哪儿，只要手里没有特别紧急的工作，他们都会第一时间冲去机场。在上海重大活动期间，比如"两会"，"别动小组"更是严阵以待，随时待命。

随着春秋航空的低成本经营理念被社会逐步认可和理解，市场环境和服务环境日益完善，旅客群体性事件，例如"霸机"等现象已基本绝迹，"别动小组"已经好多年都没有"出动"了。"委屈奖"如今已少有人获得。

什么样的公司才是好公司？春秋航空推出的"委屈奖"很新鲜，也让很多员工感到温暖。无论补偿金额的多与少，其在一定程度上提升了员工对企业的认同感和归属感，实现了企业和员工的双向奔赴，共同发展。

舆论旋涡中的生死博弈

低成本航空公司的出现，降低了国人的出行成本，让航空出行的门槛变得很低。无论是春秋航空初创的那些年，还是2017年后，王正华将接力棒交给长子王煜的时代，国内低成本航空公司始终面临着被旅客误解的压力。近年来，虽情况有所好转，但这仍然是王正华和王煜父子较为头疼的事情。

随着国内其他低成本航空公司的逐渐发展，该领域早已不是春秋航空一家的天地，伴随竞争的加剧，"血雨腥风"以及"笑里藏刀"的市场争夺战，随时可能爆发。王正华的一再低调，令很多人不解。但他说，春秋航空无须畏惧蜂拥而入的竞争者，他们要做的，是专注于团队的"练内功"，进一步降低成本。同时，他也希望民航局能结合低成本航空公司的要求，在航线准入、航班时刻、服务价格上进行更加灵活的政策改革。

不论是做旅游还是做航空，王正华都取得了骄人的成绩，使得很多高校营销课程选择他的创业经历作为案例，有人称他为"营销专家"。其实，他对称呼并不在意，而对营销的探索，他从未止步。

大部分时间里，王正华表现出的特质是谦虚和内敛，但时常也会流露出难以掩饰的自信。"我行""我能""我可以"是王正华的口号和名片。

一次集团大会上，王正华对全体员工说："人一旦拥有了自信，年龄不是问题，困难不是阻碍。年长的会变得年轻，平庸的会变得非凡，怯懦的会变得英勇，弱小的会变得强大。因为，有了底气，就有了自信。"

这种自信，体现在一些具体事例中。当年，王正华推出"1元机票"，引来济南物价局的15万元罚单，但从获客模式的营销传播角度来讲，却很超值。因此事，春秋航空确立了他和团队处理危机公关的基本策略。每一次危机公关，都有可能转换成一次优秀的营销活动和品牌传播机会。后来的"黑名单"事件、旅客"霸机"事件等危机公关的处理，都沿用了同样的策略，并发挥着巨大的作用。

"99"系列机票、"1元机票"事件、"黑名单"事件等，并没有影响王正华的战略定位，更没有动摇他的奋斗目标——成为"中国的美国西南航空"。

他有着很清晰的认知，在创业初期，他们还是一家势单力薄的小民营航空公司，正值蹒跚起步之际。要真正发展成为国外模式的低成本航空，还有漫漫长路。中国航空业存在着诸多降低成本的空间，但要改变航空业多年来形成的沉淀，需要经历更多的成长之痛。

航线下路不好？凌晨的"红眼航班"没有关系，因为价格是正常价格的2到4折。"咱老百姓有的是时间，就是没有钱。"很快，王正华成了低价航空的代名词，对于精打细算的南方商人来说，杀伤力巨大。凭借价格上的巨大优势，春秋航空的机票迅速被抢购一空。人们这才发现，在低价面前，座位硬、空间窄、没餐食等问题，都不再是问题。网友们纷纷调侃："只要它不嫌弃我穷，我就不嫌它挤。"

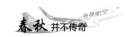

春秋航空推出的"1元机票",仅限网上购票,在卖票的同时,其也推广了自己的电子商务销售系统。这种营销方式很奏效,长久以来春秋航空70%至80%的乘客都是回头客。"1元机票"事件,引起了相关政府部门的关注。这反映了中国民航快速发展过程中,现行规章制度面临的一些新挑战。春秋航空的做法顺应了民航发展的趋势,但同时也需要在现有的规章制度框架下运行,保障市场秩序和消费者权益。

确切地讲,做航空亏损也很厉害,一年亏损1亿元只是小数目。对于这一点,王正华已有很充分的准备。把自己的优势想好之后,就不怕被人"打"。到任何一个地方,所有人都讲要"打"他,但至今为止,没有一个人能"打死"他。除了他自己的问题会让公司垮掉外,外界是"打不死"他的。他的优势别人不具备,价格低,但仍然可以盈利,让竞争对手连称"赔不起"。

话说回来,在研究低成本航空方面,谁的价格最低,谁的效益最大。同行业中,王正华是绝对的高手。仅从刚刚开航一年的2006年的春秋航空的财务报表看,其成本比整个中国民航的平均水平低了23%,客座率达到了惊人的95%。将价格和客座率两项因素结合起来,春秋航空的综合成本要比传统航空公司低40%。

淡季时,低价票占到了总票数的40%。这既有效实现了低价,普惠了老百姓,方便他们出行,又能在很短时间内摊薄各环节成本,最终实现了损益平衡。但这还不是王正华的最高智慧,他最引以为傲的,并非拥有了多少财富,而是创建航空的那份初心——实现更多人的"蓝天梦"。

面对烽烟四起的廉价航空市场,王正华从来没有把压力当成坏事。他觉得有压力,才会更谨慎地去做更多的事。这有利于市场的发展,市场需要的,你再怎么抵抗也没用,因为这个市场足够大。本来国内廉航就只有他们一家,现在低成本的理念得到了更多人的认可,员工们也会感觉到市场的压力。对手来了,员工自己就会铆足劲,自动、自发地完成任务。

现在,市场比原来成熟了很多,民航发展持续向好,很多传统航空公司已顺应市场需求,尝试低成本运营,并取得了一定成绩。接下来,这种情况还会持续发生。在王正华看来,这是不可逆转的发展过程,"生死博弈"这四个字虽然说起来有些惨烈,但竞争对手不仅是同行,关键还是在于自己和自己的竞争。不断适应市场需求的变化，才是上上策。

在今天这个言论高度自由的网络时代，人人皆可发声，任何信息都可能被大众媒体放大。一旦信息经过传播，就容易失控。即便是普通人，稍有不慎，都有可能遭遇舆论攻击。作为企业，更是如此，暴发舆情危机、面临舆论攻击的风险更大。

春秋航空自问世那天起，王正华就始终处在舆论的旋涡之中，焦点在不断转换，一个旋涡接着一个旋涡。面对不利的舆论，他总能直面事实，变被动为主动，每一次都能化解危机，转危为安。这是王正华的又一高明之处。

第十二章：引领新商业思潮

> 他，既是改革开放后的第一代创业者，也是一个普通的人。然而，他和团队用坚持和努力将一个"春秋大梦"变成"春秋大业"。

他，用经历定义自己

认清自己，才是顶级的智慧。王正华不骄不躁，真正做到了人间清醒。王正华一直用经历定义自己，他不断地挑战和突破自己，不断扩展自己生命成长的可能性。

他是个心中充满理想信念的人。他永远在想更长远的事情，就像他如今已经80岁了，仍然喜欢想东想西。从开办春秋航空的第一天起，他想的就不是眼前的利益，而是二十年后的蓝图。2004年的时候，他的计划一下子就已经延伸到2024年、2025年。他构想着未来的企业架构和发展方向。他的"春秋梦"，始终都是"此去星辰大海，前程锦绣如画"。

严格来说，他的准备工作从50岁就开始了。那个时候，他就想着将来该做什么，怎么做，如何实现。就这样，目标一层层递进，当一个目标快要实现时，下一个目标以及需要解决的问题又会涌现出来。一直到60岁，他才有了实现"航空梦想"的机会。创业之初，他的心思就不只在2平方米的小铁皮亭子上，他在研究，春秋的将来会是什么样。他说："即使到了老年痴呆的前一天，我还在为春秋工作。"

"纵浪大化中,不喜亦不惧。应尽便须尽,无复独多虑。"这两句陶渊明的诗,其意思是人生在天地之间,不要天天为你自己的事忧心忡忡,怕这怕那。这是对王正华精神境界的高度概括。

在官场也好,在商海浮沉也罢,他常说:"人生不满百,常怀千岁忧。"这本来是一句告诉人们应及时行乐的诗句,被王正华引申为:人们应该有所担当,应该考虑可持续发展,应该考虑后代的生存环境。

他更是一个乐观主义者。在面对2007年的金融危机、自然灾害时,他从容应对,积极寻求自救之道。

在2007年度春秋集团工作报告中,他语重心长地写道:"作为人类的一分子,我们无力改变自然,也无法阻止自然灾害的发生,春秋集团从事的是靠'天'吃饭的航空业和旅游业,我们呼吁环保,并坚持从自身做起,顺天道,早准备。"

风险产生的第一个原因,是与其他企业相比,"草根"起家的民营企业往往面临更多挑战。中国经济既有充分竞争的市场环境,也有在基础设施建设、战略性新兴产业等关键领域发挥重要作用的国有企业。规范各类资本健康发展,保护各类市场主体的合法权益,是中国经济长期稳定发展的关键。在此背景下,民营资本除了遵循商业规律,还必须密切关注政策导向和宏观经济形势变化,提升风险应对能力。

亦如财经专栏作家覃里雯所述:"这是一片正在被驯服的莽林,光线正在透入,但是很多地方依然被高大的林木遮蔽,市场经济在很大的程度上尚未脱离计划经济的子宫,政策的变化依然可以随时摧毁民营企业脆弱的、积攒多年的心血与精力。"

一个能思考的人,才是一个力量无边的人。王正华明白这一点,民营企业要想不在竞争中死亡,就必须在探索新的发展道路上奋力一搏。

改革之路充满未知,春秋航空既要在市场上搏命,还要顾及与资深国有航空公司的关系。对成功的渴望,可能导致其在经营决策中冒险激进。要规避风险,就要求王正华"懂商理"。

风险产生的第二个原因,是企业经营者私欲的膨胀。商场是一个有太多诱惑

和幻想的空间,对金钱和权力的渴望,会让人迷失方向,多少曾经辉煌的民营企业,最终都倒在"私欲"的血泊之中。

风险产生的第三个原因,是对商业逻辑的把握不准确。现存的商业逻辑是构建今日商业大厦的钢架,新建的民营公司照搬现存原理显然难以生存。突破现存逻辑,是一个风险很大的经营活动,获得成功之后,企业突破现存商业逻辑的胆子就会越来越大。

在追求多元化经营、充裕现金流、卓越运营和精锐团队的过程中,企业领导者可能产生越来越没有商业逻辑的冒险突进。他们凭借超人的直觉和运营的天赋,以及不可遏制的豪情赌性,在认为机遇降临的时刻狠命一搏。民营企业必须承认自己的"草根命",春秋人,一直在奋力拼搏的路上。

王正华是一个有着清醒认知的人。在几十年的创业经历中,他经历过很多挫败,也从失败中总结出很多道理。他的一些有效的决策,绝不是在一片欢呼声中做出来的。王正华认为,有效的决策并非凭空产生,而是在对立观点的激烈交锋、不同看法的深入探讨,以及多种判断标准的综合考量后,才能做出。

他做决策,就像在戈壁夜间行车,紧握方向盘,眼睛凝视着地平线上那一点亮光。"沉潜蓄势,厚积薄发,不鸣则已,一鸣惊人"的风格,是王正华留给人们的深刻印象。卓越的决策者,追求的并非最佳结果,而是竭力避免最坏的结局。

老王的世界观和方法论

一个人世界观的形成来自两部分:一是他人的间接经验,二是自身的直接经历。别人认为工作就是为了享受,而他从来都是把工作看成奋斗的岗位。

王正华在 80 岁时见证了中华人民共和国成立 75 周年,见证了国家从一穷二白到成为世界第二大经济体的伟大变革。正如他自己所说,担任春秋集团董事长的经历，让他见证了春秋旅行社从2平方米的小铁皮亭子发展成为拥有1万余名员工、年利润20多亿元的企业。

王正华的成功，绝非偶然，跟他坚毅的个性、毅力，以及他超过常人的努力分不开。作为一个成功的企业家，王正华博览群书，涉猎广泛，不仅限于航空旅游领域。他也积极与各界人士交流学习，不停地更新自己的思想。

人一旦达到一定高度，思想自会升华。就像他说的，成功没有秘诀，只有不放弃。你不抛弃自己，没有人能抛弃你。王正华的谦逊和与生俱来的责任感，令人折服。他的精神境界可用《蜘蛛侠》中的一句台词概括："能力有多大，责任就有多大。"

在竞争激烈的市场中，故步自封只会导致被淘汰。特殊时期，人们的生活方式产生了不可逆的改变。比如，消费更加理性："他们要便宜，又要品质，还要服务好，会玩能花，还要货比三家。"王正华敏锐地捕捉到当下游客的心态，并将其视为新的发展机遇，积极思考如何提供更优的价格，更好、更精准的服务。

王正华最知道哪种方法最适合哪种情景，不仅要实用，还要有趣。每一个选择都会产生相应的影响，而正确的决定，就是在众多的可能性中，选择最优的一个。

他的与众不同之处在于他的豁达。世界之大，市场之大，即便取得一点成绩，个人依旧渺小。他不习惯被称为"成功商人"。王正华认为，要坚定发展民营经济的信心，不断探索发展新模式，接受新的事物。因为市场在不断变化，企业的思维也要跟着时代的转变而转变，这样才能够适应时代的发展，才能在激烈的市场竞争中占有一席之地，做自己想做的事情。

当被问到创业秘诀时，王正华的回答是："我主要是肯干。"刚涉足航空业时，东星航空的兰世立告诫他："航空公司不好做，要抓住机会，不要什么事情都靠自己。搞低成本航空公司，还要自己开发系统，人家大公司都没有干成的事情，你们怎么干得成呢？"

兰世立还说，在中国，做低成本航空公司，有数不清的阻力和困难，犹如"滚地雷"，是不可能成功的。可如今，春秋航空在激烈竞争的航空领域站稳了脚

跟。正是因为脚踏实地、勤劳苦干，他才有了今天的成就。

回忆自己的创业历程，王正华向年轻创业者分享了他的经验。在着手做一件事前，他会认真思考与之相关的问题并且想明白，想这是不是一个趋势行业，未来的市场有多大，是什么样的形态，有多少竞争对手，竞争对手是谁，自身的状况是怎样的，做到知己知彼。了解行业后，更要明确自己的优势，剩下的就是下定决心执行。即使面对再惨烈的竞争，也决不退缩。

这体现了王正华的真性情。在每年的工作报告中，王正华都会分享自己的经营理念和对当年形势的分析与应对。在2008年这个特殊的年份，他的话发人深省："自然灾害、奥运盛会、经济危机、政策限制、文化交融、同行竞争带来了挑战和机遇。春秋人从来都是从困境中发掘机遇，在顺境中思考危机。无论机遇、顺境，还是危机、风险，对于勇于创新拼搏、时刻准备着的春秋人而言，困境意味着再创辉煌。"

时隔多年，回看王正华的言论，我们依然能感受到他强烈的忧患意识和远见卓识。对新一代创业者而言，他身上所展现出的蓬勃的创业精神和一往无前的坚定信念，是点燃整个社会创新进步能量之火的火炬。

世上无难事，只要肯攀登。面对自然灾害的逆境，在困苦中群策群力；面对市场竞争的逆境，在风险中练内功；顺利时居安思危，繁忙中必存远虑。王正华永远相信，一个优秀的企业，并不是要打败所有的对手，而是形成自身独特的竞争优势，建立自己的团队、机制、文化。当企业拥有了这些后，个人的作用将不再重要。

市场经济练就狼性团队

在企业发展过程中，团队是非常重要的。例如，阿里巴巴早期的"十八罗汉"、腾讯的"五虎将"、携程的"四君子"，以及新东方的"中国合伙人"，任何伟大的事业背后都离不开一支优秀团队的支撑。

像春秋航空这样既没有背景,又没有靠山,由平民集聚而成的草根公司,为什么能在竞争异常激烈的旅游业和航空业取得一定成就?他们的精神力量从何而来?跟随王正华一路走来的老春秋人,对王正华发自内心的精神追随,源于他们共同的信仰、理想和文化理念。

真正让核心员工忠于领导者的,不是金钱,不是升迁,而是价值认同。王正华和他的春秋航空,至今无人能够模仿。在市场经济环境下,员工认同企业文化,就会努力为企业创造价值;企业善待员工,给予充分的尊重、包容与信任,员工才能充分发挥自身价值,与企业共同成长。

在用人方面,王正华颇为"老土":"一不懒、二不贪,这是做人最基本的两点。"他对自己的团队基本感到满意,但是他也在思考:他们是否能始终如一地努力满足旅客和市场的需求?是否会永远孜孜不倦地在这些方面下功夫?他心存疑虑,时代已经变了,还能要求别人和自己一样吗?他已将这些问题抛给了两个儿子,希望他们带好队伍,躬身入局,与团队并肩作战,打漂亮的胜仗。

王正华所倡导的"狼性"经营战略,在他的搭档张秀智身上体现得淋漓尽致。一个广为人知的事情是,张秀智使用的办公椅没有靠背和扶手。这位"钢铁女侠"始终保持着"五加二""白加黑"的工作状态,拼命地工作,克服重重困难,圆满地完成了春秋航空的筹建工作;并带领员工度过了2008年金融危机和接踵而来的欧债危机。与此同时,她还不断强化员工的危机意识,深化内部机制改革,使得春秋航空始终保持着发展的活力。

起初,许多同事不理解,合作伙伴也喜欢从节俭的角度来解读春秋航空的企业文化。然而,王正华和张秀智认为,提倡节俭只是其中的一个原因,更重要的是想时时刻刻提醒干部职工,春秋航空是一家没有背景、没有靠山的民营企业,要时刻保持谨慎的姿态,任何时候都不能骄傲自满。

奇迹并非偶然,很多"不可能"中蕴藏着"可能"。那些看似不可能实现的能力、技巧和目标,在一定条件下得到激发,最终实现从"不可能"到"可能"的飞跃。在王正华、张秀智身体力行的感召下,他们的团队不断突破自我,创造奇迹。

何为奇迹?回顾1981年,王正华带领几个知青和待业青年在2平方米的小铁

皮亭子里成立旅行社,团队从懵懂到在旅游市场上一路斩杀,第一家门店落户西藏中路。此后,他们边学边干,独创质量回访方式,成为行业标杆,带动了"旅游一条街"的繁荣。

有了干事热情,每次遇到困难和"寒冬"时,王正华与团队一起"抱团取暖",同舟共济,共克时艰。据透露,春秋航空的员工往往身兼数职。做事速度飞快,甚至会一路小跑。然而,因为无法适应常常加班的高强度工作,最先加盟春秋航空的一些人选择了离开。公司虽然薪酬可以,却很辛苦。

王正华绝不允许团队为了追求"绝对低成本"而漠视旅客感受,甚至采取一些令旅客反感的做法。上面战略偏一寸,下面战术离百丈。例如,采取欺骗手段销售保险、不限制网上订座,让"99"系列旅客占前座,以及实习人员工资偏低,流失率过高,这些都对服务水准、服务技能的提高极为不利。

"在有限的空间里做文章,去未知的空间里寻机遇。"这种思想已经融入春秋航空的血液。除了王正华所说的"没有困难,需要春秋人做什么",春秋航空还将"激情工作,快乐生活"定为工作主题之一。

一方面,王正华提倡的"狼性文化",不是逼着员工加班,不是鼓励员工内部竞争,优胜劣汰。而是希望他的团队有着像狼一样的野性,有像狼一样的拼搏精神。"狼性文化"下的春秋航空员工,要对事业有"贪性",永无止境地追求卓越。

另一方面,王正华始终坚持脚踏实地地发展实业。他学习借鉴美国思科公司总裁约翰·钱伯斯(John Chambers)提出的"快鱼法则",即"当今市场竞争不是大鱼吃小鱼,而是快鱼吃慢鱼"。他做任何事之前,都必须把事情想明白,想透彻。

此外,春秋航空还积极提升人才吸引力,吸引各路人才聚集而来,甚至民航局也推荐人才过来支持春秋航空发展,这使得团队逐步壮大。最终,成就"春秋大业"。

航空业里有两句俗语,第一句是"飞机跟着市场走",第二句是"人才跟着飞机走"。飞机、人才、市场这三者的关系,最终将通过市场的力量来进行资源配置。这些年来,春秋航空非常好地利用了方方面面的关系,使得企业实力不断增强。

然而，初创阶段的艰难是难以想象的，甚至令人感到"心惊胆战"。可能这周的客流量有200人，下一周就只有几十个人。今天赚钱了，没准明天就亏本了，王正华的心里如同坐过山车一般。

航空公司没有不缺钱的，在行业萧条时，春秋航空员工相互开玩笑地说："宝马算什么，我们一架飞机停在那不飞，一天就赔出去好几辆宝马车。"

这个时候，王正华会鼓励员工，对于民营航空公司而言，只要控制好资金和确保安全，不管遇到多大困难，都会迎来美好的明天。

与腾飞的民航发展共舞

进入航空业之后，王正华对市场前景充满信心，虽然很多人质疑这种廉价民营航空能走多远，但他仍然认为市场发展潜力巨大。只不过，面对不同时期的市场气候和环境，需要采取不同的策略。

据《中国经营报》报道，中国民航大学教授李航在十多年前去春秋航空调研时，用"非常震惊"来形容春秋航空的状况：春秋航空的办公楼不仅酷似一座有年代感的教学楼，而且电梯是老式的，会议室的椅子也是临时拼凑而来的。

就是这样一家航空公司，却在与中国民航局领导的会议中提出了多个具有前瞻性的想法。例如利用信息化手段对整个机队进行有效管理，实现成本控制等，而这些想法如今都已变为了现实。在李航看来，春秋航空作为一家民营航空公司，也是中国民营航空公司发展的一个缩影，具有足够的预见性、强烈的危机意识和精细化管理能力。

面对一些人对低成本航空的不认可甚至排斥，王正华的观点显得有一些"另类"：为什么非要别人承认呢？他认为，获得民航局的批准本身就是最大的机会。有人埋怨政府不给春秋航空好航线、好时段，王正华的认识却正好相反，政府

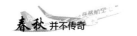

能给的好航线、好时段,全都已经给了他们,要用感恩的心对待社会,对待人和事,不要用自己的眼光评判"公不公平"。世间其实没有所谓的公平,只有通过自身的努力才能争取公平。

有时候要换位思考,如果让你去做审批航线的人,恐怕也无法做到人人都满意。所以,要对眼前的一切怀有感恩的心态,用愉悦的心情投入工作。直到现在,北京航线依旧是王正华心里的一个"梗"。春秋航空开航已近二十年时间,至今仍没有获得上海到北京的航班时刻。

实际上,早在2011年,春秋航空就在首都机场开通了首条由民营航司执飞的京沪航线,但后来因为时刻不佳等原因停飞。在春秋航空APP上搜索北京出发的航班,会被推荐到天津乘机。十年之后的2021年,此事再次取得进展。10月21日,春秋航空已确认重返北京市场,首条航线为北京大兴机场至揭阳潮汕机场,但因疫情原因,该航线暂停运营。

关于北京航线时刻的好消息不断传来。2023年9月1日,春秋航空开通了兰州直飞北京大兴机场的航线。2024年8月1日,春秋航空日本开通了东京至北京的航线。除此之外,春秋航空日本现还运营着上海、天津、宁波、南京、哈尔滨、石家庄、南京等地的航线。

王正华为了调整北京市场战略,历经无数的打报告和申请航线时刻,但似乎总是以一种遗憾的方式收场。他并不因此气馁,他告诫团队不要怨恨,虽然这条航线尚未获批复,但已经获得了其他航线的运营许可,所以要学会感恩。他相信,总有一天,春秋航空上海至北京的航线能够顺利开通,完成自己多年的心愿。

在战略思维方面,王正华是春秋集团首席战略官的典型代表。在带领春秋航空上市前,他制定了清晰的发展脉络,就是每十年一个大目标,每二至五年有分解小目标,围绕旅游产业链,根据企业发展阶段的需要,逐步完成产业链的纵向一体化整合,实现了企业发展战略与战术的完美结合。

例如,他主张春秋人要承担相应的社会责任。他强调战略、人才和担当的重要性。他建立了完善的企业制度,确立了独特的企业文化,逐步放权,通过制度去规范和管理企业员工,从而促进企业发展。

回顾中国民航发展史,2005年出台的《国务院关于鼓励支持和引导个体私营等非公有制经济发展的若干意见》（简称"非公36条"）影响深远。该文件是我国第一份促进非公有制经济发展的系统性政策文件。为配合"非公36条"，中国民航局配套出台《国内投资民用航空业规定（试行）》，允许并鼓励包括民营资本在内的国内外资本投资民用航空业。

而后，一批民营航空公司如雨后春笋般涌现。2023年5月10日，中国民用航空局发布了《2022年民航行业发展统计公报》（以下简称《公报》）。《公报》显示，截至2022年底，我国共有66家运输航空公司，较2021年底增加1家。按所有制类型划分：国有控股公司39家，民营和民营控股公司27家。在所有运输航空公司中，全货运航空公司13家，中外合资航空公司9家，上市公司8家。

在近二十年的发展过程中，中国民营航空公司经历了多次市场淘洗，许多公司走向亏损，甚至破产，但仍有少数企业展现出强大的发展韧性。在全球航空业遭受疫情重创的同时，部分中国民营航空公司，如春秋航空，凭借市场危机意识和灵活的体制机制优势，率先实现了复苏，在疫情的冲击下"逆风高飞"。

2022年，对于民航人来说，是极其艰难的一年。不过到年底时，已经看见了希望的曙光。随着疫情的逐步缓解，人们的旅游行为也逐渐恢复。虽然2023年的民航业很难完全恢复到2019年的水平，并且有证券分析师分析，出现超级周期的可能性极低，难以实现全面盈利。然而优秀的航空公司，如春秋航空，已率先实现了盈利。

与大型国有航空企业相比，民营航空公司天生面临着资金和资源方面的劣势。2009年，受金融危机影响，中国多家航空公司陷入亏损境地，民营航空公司举步维艰。在此背景下，找准市场定位是民营航空公司必须面对的生存课题。其中，春秋航空便是富有代表性的民营航空公司之一。

由于航空业属于典型的重资产行业，在缺乏国有资金支持的情况下，民营航空公司的抗风险能力相对较弱。王正华有一种与生俱来的危机感和隐患意识，他从来不担心这一类问题。尽管民营航空公司并非国有企业，但是在政策上，基本享有着和国有航空相近的待遇。

在一次媒体采访中，王正华曾表示，国家对国有和民营航空公司基本上是一视同仁的。王正华称："这个世界是以社会经济为核心的世界，它不存在绝对的

公平，也不可能有一个东西能够衡量一切，任何事物都必须遵循一定的规律去运行。"

说起来，对于国家给予春秋航空的政策扶持，王正华始终心存感激。全国近两万多家旅行社中，当年就批了春秋航空一家。他有足够的理由相信，未来的市场一定会有低成本航空的重要席位。国家在这方面的政策，一定会越来越有利于他们，有些事情不用着急，只需慢慢等待就好。

格局来自眼界，眼界来自关注。既然看到了未来航空市场的发展趋势，王正华便积极配合政府，一旦有什么想法和意见，都会在各大场合里提出来，让更多的人了解，让上级主管部门知晓。

本质上，王正华对民营航空能成为市场主体抱有信心，他对中国进一步成为影响世界的强国也充满信心。对此，他的一番话让媒体感到震惊，谁也不会想到，一个企业家在谈论自身问题的时候居然能心系国家。

时间证明了一切。民营航空公司在经历大浪淘沙的阶段后，退出历史舞台的并不少，存活下来的如春秋航空，是市场选择的结果。在低成本经营等方面，春秋航空表现比较优良或出色，足以成为民营航空公司的典范。

与其说王正华和春秋航空团队在耐心地等待着市场变化，不如说他们已经看到了中国航空市场未来的发展趋势，保持着良好的经营状态。他们从来不是盲目的乐观，而是充满自信的乐观。

现实如王正华所预见的那样，民营航空的萎靡不振只是暂时的，已有更多的民营航空公司涌现出来，也有国有航空公司转变为民营性质。如今，春秋航空经过两代人的努力，正在民航市场上崭露头角、大显身手。

逐渐站稳脚跟的春秋航空，等到了发展的良机。低成本航空自20世纪80年代在美国应运而生，而后即席卷全球航空市场，成为全球航空业中发展最快的一个领域。金融危机之后，这种趋势更加明显，国内廉价航空的市场占有率为10%，而2019年全球廉价航空的市场份额是32.9%。这无疑为王正华提供了更多闪展腾挪的空间。

直到现在，王正华依然相信自己的判断。改革开放的步伐在加快，国家对民营航空公司的支持也将一如既往。

未来的中国民航市场，可能会形成"超级承运人"和廉价航空两种模式并存的局面。所谓的"超级承运人"，指的是大型枢纽航空公司。在这种新模式下，民营航空公司才不会被视为"搅局者"，才能找到属于自己的那一片蓝天。

有民航专家评价，春秋航空是国内第一家真正意义上的低成本航空公司，最为特立独行，受大家吐槽最狠。然而，分析国内低成本航空的发展情况，总是要以春秋航空为例，不可否认，春秋航空在中国廉价航空发展史上具有重要意义。

低成本航空：平民消费的繁花

曾有人惊叹中国航空业规模之大，说中国有3亿多人坐过飞机，这一数字几乎相当于美国的总人口。王正华关心的是，中国还有10亿人从未坐过飞机。他认为，民航和旅游产业链的未来在于那些从未进行过长途旅行的广大民众。

站在人来人往的机场候机大厅，总有人感叹坐飞机已不是新鲜事。点开手机软件，看着折扣机票转眼就没，总有人唏嘘国人早就不在乎这一张机票钱。可实实在在的数据摆在面前，显示出仍有相当一部分中国人从未体验过飞行。

随着中国经济的不断发展、人民生活水平的提高及消费观念的转变，出行工具的选择范围比以前更大，其中最具潜力的是飞机。如果飞机成为日后民众出行的首选，并且像春秋航空等民营航空公司能够占据越来越重要的地位，那么航空市场的前景自然不可估量。

在探寻民营航空出路的过程中，王正华意识到前进道路上的阻碍一定会越来越多。比如近年来飞速发展的高铁，速度很快，服务不错，事故发生率低，经过不断的完善之后，无疑将成为民众出行的又一个重要选择。

为了应对高铁带来的冲击，王正华分析了铁路和航空各自的利弊，并制定了一个"撤出一千千米"的计划。所谓的"一千千米"，指的是高铁运载能力范围内的一千千米路程，在这个区域中，高铁的优势比飞机更明显，更容易让民众接

受。王正华思来想去,认为这一块"蛋糕"可以忽略不计,将目光投向更远距离的航线。超出一千千米,高铁的优势,就相应减弱了。

低成本航空公司的出现标志着飞行平民化新时代的到来,飞机不再是少数人的特权,老百姓也能轻松享受飞行。尽管低成本航空公司已在一些国家和地区成功运营超过四十年,但对普通旅行者来说,乘坐低成本航空公司的飞机,头一个念头往往是:它安全吗?

"低成本就意味着不安全",这不是一个全面而客观的观点。春秋航空已把安全上的严格要求和较高的安全投入作为保证低成本持续运营的最有效途径,安全能带来更高的效益,安全保障好了,成本自然就低了。

在传统大型国有航空公司和地方航空公司的市场缝隙中,春秋航空探索出了一条独特的发展道路,并在差异化服务方面给出了诸多范本,为国家的基本航空服务提供了有益的补充。

作为"半路出家"进入民营航空领域的企业家,王正华充分利用春秋旅行社和春秋航空之间的协同效应:第一年,春秋航空70%的业务是靠旅行社;第二年是60%,以后逐年递减。虽然旅行社业务的绝对数量在增加,但其在航空公司总业务中的占比却在逐渐下降。

不少人觉得,金融危机导致许多公司缩减差旅费用预算,带来所谓的"廉价航空效应",让春秋航空因祸得福。相比其他各家倒下的民营航空,春秋航空的幸运,可能还在于背靠上海这个"好码头",有足够的客流量支撑。

还有一个原因,王正华是为了弥补2008年奥运期间的缺憾。当时,为了保障奥运会顺利进行,很多公务员无法休假,直到暑假的时候,才有时间给孩子兑现旅游承诺。花钱旅行,人们会习惯性地比价,一比较,春秋航空的价格优势就凸显出来了,这就是其核心竞争力所在。

近年来,春秋低成本航空的经营初心未变。相比上市前,春秋航空面临的挑战日益增加。2008年至2018年,世界各地的低成本航空发展迅速,全球的市场份额已达30%。根据亚太航空中心统计,2019年我国低成本航空占国内航线的市场份额为10.2%,表明国内低成本航空市场的前景广阔。包括亚洲航空、捷星航空在内的国外成熟低成本航空公司,早在21世纪的前十年便进入中国市场。与此同时，国内航空公司也看中了这块"蛋糕"。

面对这些"蛋糕角逐者"，王正华和其长子——现任春秋航空董事长的王煜，一直持欢迎的态度。他们认为，中国的低成本航空总体规模和市场份额都还比较小，中国的市场空间巨大，更多公司加入发展大众化航空的行列，对于一个民航大国转型为民航强国有很大的促进作用。

至于竞争，他们父子俩认为，仰仗民营航空公司领先的安全业绩、连续多年国内航空公司准点率第一、依托与旅行社的航旅合作、价格优势、自主研发的分销订座结算离港系统，以及科学管理和严格的成本控制，春秋航空构筑了显著的竞争优势。这背后，不仅体现了低成本航空控制运营成本的必要性，更彰显了春秋航空对自身技术实力的自信。

王正华和王煜对此有共同的看法。低成本航空发展中有危更有机。目前，国家对低成本航空的利好政策不断，并着力构建新发展格局，机遇大于挑战。具体体现在以下三点：

机遇点之一，旅客对低成本航空服务差异性的认知和接受度持续提升。随着"80后""90后""00后"逐步取代"60后""70后"等成为市场消费主体，低成本航空服务差异性在中国的认知度和接受度大幅提升。

机遇点之二，国内经济形势有望迎来新一轮增长周期。中国的经济增长速度虽有所放缓，但依然保持着中高速增长的态势。因此，中国低成本航空公司可以适度扩张，提前布局。

机遇点之三，中西部干线和东部支线正在成为低成本航空的新兴市场，具有增长潜力。随着近年高铁产品价格的市场化调整机制逐步建立，自2024年6月15日起，高铁票价上涨，低成本航空的市场优势将加速显现。

时局艰难，竞争激烈。王正华对低成本航空公司的梦想坚定且执着，他甚至开始规划细分低成本市场。全球低成本航空业可以细分为三种模式：一是传统的低成本航空，如美国西南航空；二是针对低成本航空里的高端市场，强调服务，如美国捷蓝航空；三是绝对的低成本航空，强调价格更低，如瑞安航空和亚洲航空。春秋航空适合第三条道路，因为以当前的经济水平看，中国乘客尤其是普通老百姓，对于低价机票更加渴求。

大众对质优价低的"高性价比"航空充满期待。普通百姓什么时候能乘得上飞机？王正华推出的"99"系列等特价机票，让越来越多的老百姓第一次坐上了飞机，但他仍觉得自己弱小，依然在努力推动低成本航空的平民化，从而实现普通百姓矢志不渝的蓝天梦想。

王正华最不怕的，是别人学自己，他对坚持低价有信心。至于一些同行效仿低成本航空运营模式，或借鉴差异化服务，在飞机上卖东西等行为，他毫不在意。他对自己认准的方向，从未动摇过。

今天，春秋航空比历史上任何时期都更接近、更有信心和能力实现"人人都能飞"的目标。这些年下来，"流年似水，岁月如梭，一年比一年好"。

第十三章：党性与爱国

他，永葆家国情怀

以低成本运营搅热市场的春秋航空，一直是业界关注的焦点，其发展难免受到来自各方的阻力。王正华非常赞同习近平总书记的这句话："越是伟大的事业，越是充满挑战，越需要知重负重。"他不仅喜欢迎接挑战，而且是一位笃信共产主义的领导者。

早年团干部出身的王正华，举手投足间都流露出"受党教育多年"的痕迹，爱"研究规律"，喜欢谈奉献，具有很强的政治觉悟和大局意识。刚跳槽到春秋航空的人，都会惊讶于这家民企的党建工作，竟然比体制内的一些单位抓得还要紧。王正华本人担任春秋集团党委书记一职。很多90后、00后的年轻人进入春秋航空后，不久便会递交入党申请书。

王正华这一代人，成长于特殊的时代背景下，身心深深地烙印着毛泽东思想、邓小平理论。他们对理想抱负有着狂热的追求，充满激情而又不乏理性，认为人生的目的在于不断地奋起，达到一种自己向往的理想状态，过程比结果更为重要。

仰望历史的天空，家国情怀熠熠生辉；跨越时间的长河，家国情怀绵绵不断。

这不仅是王正华对家国情怀的理解和传承,也不仅仅是形式上的模仿。春秋集团四十多年的发展历程,正是一部惊心动魄的由弱者转变为强者、以弱胜强的传奇历史剧。在创业阶段,春秋虽谈不上有公认的企业文化,但讲政治,强思想,就是企业的灵魂。

创业之前,王正华是上海市长宁区遵义街道党委副书记,即便离开了体制,"组织生活还是要过的"。每年,王正华都要给全集团的党员、入党积极分子上党课,他用自己的切身经历、用企业持续高质量发展的生动实践,向年轻人讲述这些年来在党的领导下,民航事业的发展、人民生活的变化、民营企业的成长。

他的党课,绝不是照本宣科,而是通过身边人、身边事,用生动的事例鼓舞人、号召人、感化人。以至于每次上党课时,全场鸦雀无声,大家都聚精会神地聆听。

不仅如此,每次的党课上,王正华都会深度解读党建强心、文化铸魂的内涵,力求让党建文化持续走深走实。特别是在新党员发展大会、第二批主题教育动员大会、党纪学习教育宣讲会上,他都坚定不移地宣传共产主义理想,讲党性,谈爱国,作表率,带头上党课,还组织员工参观学习爱国主义教育展览。

王正华组织的高质量的组织生活会,如同一次提升政治免疫力的"党性检修"。广大党员干部要拿起批评和自我批评的锐利武器,不断进行自我净化、自我完善、自我革新、自我提高。

如果党员干部有谁不参加党组织生活会,一周内将受到党支部通报;一个月不参加,其情况将被挂在内部 OA 平台曝光;6 个月不参加,就被认为是自行脱党。在党建生活方面,他希望"组织生活"能成为党员干部淬炼党性的大熔炉,这是王正华的一种美好期许——坚定不移地永远跟党走。

信仰的问题,时时刻刻挂在嘴边、记在心上。王正华常讲,现在的社会纷繁复杂,思潮涌动,如果再没有人坚持信仰,工作就会迷茫,找不到方向。唯有务实,方能谈得上质量和水平,不负初衷。只有各级党组织和党员干部最大程度地凝聚人心、赢得认同,才能不负初衷。

一直以来,春秋集团的党建机制、党建文化,党组织建设都搞得扎扎实实、踏踏实实。最有代表性的，便是王正华吸引最优秀的人才入党，像发动机专家、维修、IT专家、飞行技术能手等，优秀人才入党的行为在无形中对周围的人产生了带动作用。每次党课大会上完，党支部都会收到几十份入党申请书，年轻员工纷纷表决心，要以身边人为榜样，牢牢树立为党奋斗的终身信念。

在王正华看来，企业员工有信仰，企业才能发展好。每年的新党员发展大会，作为集团党委书记的王正华一定会参加，并且还会从头到尾听完。他不仅提要求，寄厚望，还强调严格入党条件，规范入党程序，永葆组织上的先进性和纯洁性。

他喜欢有追求、有信仰的同志，遇到这样的先进分子，他会不遗余力进行推荐。正如《中国共产党章程》第三条对党员的其中一点要求是："坚持党和人民的利益高于一切，个人利益服从党和人民的利益，吃苦在前，享受在后，克己奉公，多做贡献。"

在春秋航空，不是每个人都有资格入党，必须经过党组织的培养教育和考察。加入党员队伍，必须具备以下四点：

第一是忠诚。申请入党者必须是"愿成为忠实的党员者"。对党绝对忠诚，在关键时刻，能够放弃个人利益，保卫党和人民利益。同时，时刻将公司利益放在心中，为公司发展着想，为公司利益而战。

第二是团结。讲团结先要讲政治。在一个团队、一个集体中，每个人各司其职、各负其责、各展其才，互相支持配合，才能充分发挥各方积极性，团结一致，形成整体合力，锤炼"会团结"的真本领。

第三是拼搏。要做敢于"闯无人区"的第一人，敢于"迈上月球"的第一人，勇于"打破奥运纪录"的第一人，"第一"永远是在拼搏中得来的，而非凭借投机取巧。"人是要有一点精神的"，公司骨干，尤其是年轻人，最不能丢的就是精神。

第四是能干。有想干事的自觉，有能干事的本事。作为一名企业员工，首先要能干，即具备履行岗位职责所要求的基础工作技能、团队协作能力和敬业爱岗、勤谨务实的责任心。

正是基于以上标准，在平常的日子里，王正华将自己的理念，包括自信，灌输给公司的每个人。王正华的用人之道：知人善任，人尽其才。及时发现好干

部、合理使用好干部。用好一个人能激励一大片人,关键是他"让想干事者有机会、让能干事者有舞台",以正确的用人导向,引领干事的创业导向,使干部知行有度、奋发有为。

集团内部流传着王正华在党课上说的一段话,犹如一声警钟,时刻提醒着广大党员干部:"做党员是为了什么?为了让员工树立共产主义理想,在政治上有奔头,让人生更有意义。党员该如何做?要全心全意,才能带领大家共同富裕,过好日子。因为我们是为共产主义奋斗终身的共产党员。"

听党话、跟党走,这是王正华始终高举的旗帜。在改革开放大潮中,他带领春秋人秉承着奋斗、远虑、节俭、感恩的信念。他深刻认识到,习近平总书记在不同场合多次阐述的"两个毫不动摇""三个没有变",为民营企业注入了强大信心。为鼓励春秋航空这样的民营航空企业创新发展,争创国际一流民族品牌,进而实现航空报国、民航强国的远大梦想,铺平了道路。

让王正华尤为感恩的是,中国民航业向民营企业开放,尤其是允许旅行社办航空公司,这在过去简直无法想象。春秋并不是传奇,他也只是个凡夫俗子,有幸遇上一批好员工,踏准了时代的节拍,才有了今天。试想,如果没有改革开放,中国民航业仍是民营企业的"禁区",中国的蓝天就不可能有民营企业的飞机在飞翔,自然也就不可能有春秋航空的出现。

王正华深知,坚持党的领导,加强党的建设,是民营企业的"根"和"魂"。王正华向上级部门汇报总结春秋集团的党建工作时,用了一句话概括:"党的十一届三中全会以来,春秋集团充分发挥民营企业党建的'红色引擎'作用,始终在高质量发展道路上昂首阔步、坚定向前。"

春秋集团的稳步发展正是得益于党的正确领导和时代发展:

党的十一届三中全会,开启了改革开放历史新时期。沐浴着改革开放的春风,上海春秋旅行社应运而生,成为中国改革开放的亲历者、见证者、受益者。

党的十四大,明确"我国经济体制改革的目标是建立社会主义市场经济体制",为春秋插上进军旅游业的翅膀,助力其成立中国春秋旅游联合体。

党的十六大,提出"毫不动摇地巩固和发展公有制经济……毫不动摇地鼓励、支持和引导非公有制经济发展",孕育了春秋航空。

党的十八大，进一步提出"毫不动摇鼓励、支持、引导非公有制经济发展，保证各种所有制经济依法平等使用生产要素、公平参与市场竞争、同等受到法律保护"，为春秋航空续航、加油。

党的十九大，提出"支持民营企业发展，激发各类市场主体活力。深化商事制度改革，打破行政性垄断，防止市场垄断……放宽服务业准入限制"，为春秋航空装上了新的发动机，使其飞得更远、飞得更高。

党的二十大，提出"要优化民营企业发展环境，破除制约民营企业公平参与市场竞争的制度障碍……鼓励和支持民营经济和民营企业发展壮大"。春秋航空紧抓时代脉搏，在准确识变、科学应变、主动求变中，夯实根基，践行使命，书写华章。

王正华还认为，春秋集团共有1万多人，如果员工没有家国情怀，就不能妥善地处理社会方方面面的关系。中国正在习近平总书记的带领下，向着实现中国梦的目标奋勇前进。中国梦，是每一个中国人心中的梦，与每一个人息息相关，正所谓：国家好，民族好，大家才会好。

实至名归。王正华荣获2017年中国旅游科学年会"旅游思想者"年度大奖，他谦虚地说："春秋能取得一点成绩，得益于改革开放的春风，得益于中国的消费升级，得益于上海这块成长的沃土。"

会上，中国旅游研究院向王正华表达敬意，给予其"心怀苍生、正道沧桑、逐鹿世界者，为商界之楷模，亦为学界之思源"的高度评价。

党性照耀的企业是怎样的

20世纪80年代改革开放之初，从一个不到2平方米的小铁皮亭子起家，到一手打造春秋航空这家中国民营低成本航空的领头羊，四十多年来，春秋航空创始人、春秋集团董事长王正华始终坚守着一个不变的身份：党组织负责人。企业

创立伊始,他是党支部书记。企业壮大之后,党员队伍不断扩大,他又担任了党总支书记、党委书记。企业创始人的经历,正是这家民营企业的写照:党建,是春秋矢志不渝的企业基因。

王正华的一生,除了找准定位、坚忍不拔外,更有着深厚的家国情怀。在企业文化建设上,春秋集团堪称前卫,这是因为他本身就与众不同。他要打造的春秋,不只是一个成功进行低成本控制的企业,更是一个充满社会责任感、践行社会责任的企业。

市场活力源于人,特别是源于企业家,更源于企业家精神。骨子里的"共产主义"信仰,督促着王正华一路前行。因此,在最早期的创业阶段,他从未分红,甚至连年终奖发得都不多。他希望员工们,特别是党员干部,要更多地为社会想、为别人想,不要有"小富即安"的想法,要为自己的人生目标奋斗。过去几十年,那些只想分钱的人都走了,留下来的都是不太想分钱的人。

在上市之前,王正华等24位老股东将9%的春秋航空的股份转让给了两家持股公司——春翔投资和春翼投资,这两家持股公司的股东为春秋航空和旅游的近100名核心员工。最终,正是这些员工,齐心协力推动了春秋航空成功进入资本市场,实现了企业发展与员工价值的双赢。

这泼天的富贵,就这样来了,挡也挡不住。留下来的核心骨干,都受益了,实现了从普通员工到百万富翁、千万富翁的华丽转身。这恰恰印证了他所说的"赚钱大家分,效益好了多分,效益差了少分",充分体现了企业的兴衰与员工的切身利益密切相关。

在王正华看来,将企业的发展成果与员工共享,是实现共同富裕的一种有效途径。与一些只顾中饱私囊的企业家不同,春秋航空始终坚持依法纳税,为国家发展贡献力量。

王正华始终认为,新时代背景下,人要有一种家国情怀,特别是企业家,眼光不能太狭隘,不能只为自己的私利。他常把这些理论灌输给各级干部,身体力行地与他们一起走共同富裕的道路。他要求自己,也要求团队,要兼顾民族、国家,还有员工的利益。春秋人从来不做偷税、损人的事情,这也是他绝对不允许的。

因此，对于现在很多人的财富观念，王正华是有些看不惯的。他觉得，有些人已经到了《红灯记》中所说的"人不为己，天诛地灭"的程度，可以违背良心，可以不讲道德，只要能赚钱，什么事情都敢做。在他看来，这种行径，实在不应该提倡。春秋集团赚的每一分钱，都是用他和团队所有人的辛苦和汗水换来的。他坚定地认为，如果这钱来路不明，或是没有耗费心血，即使再多，他也是坚决不会要的。

也正因如此，细数王正华的成长经历，我们不难发现，他能够形成这种"红色金钱观"的原因：一方面，来源于家庭的正确培养，即其父母对金钱的正确态度，让他对金钱有了明确的定位；另一方面，也跟他的亲身经历有关。

他是一个典型的长在红旗下、走在春风里的人，良好的社会风尚培养了他对金钱的正确理解。而且，成为一名中国共产党党员后，党旗下的宣誓，更让他铭记终生，从此确定了为共产主义奋斗终身的坚定目标。

一个民营企业家，走这样一条红色路线并不多见。但从另一个角度看，他给自己确定的这种管理基调，恰恰是对社会负责、对员工负责的表现。长期以来，春秋集团员工的薪资待遇普遍比其他同行高，这无疑是他红色思想的生动体现。当然，王正华很清楚，福利待遇高要有一个可供参考的标准，不能一味地增加收入或一高兴将钱分光，这都是不值得提倡的。

他有一句口头禅："皇帝不差饿兵。"只有给大家更好的待遇，大家才会心服口服地跟你干。否则，员工凭什么为企业"卖命"？这套薪酬制度，从春秋初建到成立航空公司，一直延续至今。

心怀感恩，始终是王正华的内在驱动力。他正是在改革开放的历史变迁中投身市场经济。身为一个民营企业家，虽然没有受到太多的照顾和补贴，但作为一个生意人，他深刻体会到时代的支持。这和改革开放之前的中国相比，已经有了相当重要的进步。为此，他感到满足，也很知足。

当然，他也深知公平永远是相对的。王正华承认，民营航空公司在资源、政策方面与国有航空公司存在一定差距，但这也激励着他们不断创新、奋发图强。"第一桶金抢不着，能盈利的时候也挤不进去，只有都亏损了才让我入局，结果却发现，在大家都亏损的环境下，我也能挣到钱。"

王正华对于"端起碗来吃肉，放下筷子骂娘"这句话，有着自己的深刻理解。经过改革开放，大家的生活水平得到了显著提高，从原来的吃不饱、吃不好，到现在的可以吃肉。但有一部分人仍不满足，对生活还有很多不满，刚吃完肉就开始骂人。对此，他认为这是特定年代出现的一种特殊现象。

正是基于这个背景因素，在人力资源方面，他总是力求精准把控，既要避免员工对企业失望，又要防止他们滋生不切实际的奢望。因此，他的团队也更加清楚，在春秋拼命干，既是为国家干，也是为公司干，归根结底是为自己干。

不仅如此，他的红色思想，还体现在对劳动的认知上。春秋集团高层管理人员拿着与干部相同的平均工资，在食堂里没有小灶，与员工一起排队买饭。每逢下雨下雪天，所有干部全部深入一线。

王正华还坚持着一些不成文的"规矩"：每年大年三十晚上，他早早地就去食堂，和大师傅一起商定年夜饭菜谱，确保奋战在航空一线的干部职工在半夜12点能吃到热乎的饭菜；等到大年初一，他凌晨4点多起床，到现场去送最早的航班；早饭之后，他还会去旅游部门的营业门店慰问大家；到了下午，他会去一些困难职工的家中看望，从个人腰包掏钱补贴他们。企业如果对居住在偏远区域的员工漠不关心，是说不过去的。

他之所以不辞辛苦地奔波，正是想告诉大家："我始终和你们在一起战斗。"自1981年从官场进入商场以来，逢年过节，他都是这般辛勤忙碌，这也只是他乐于和员工同甘共苦的一个缩影。他像是"着了魔"一般地遵循着马克思的那句话："把劳动视为生活的第一需要。"正因如此，在他的眼中，一个充满劳动气息、到处都是忙碌身影的环境，才是共产主义社会最理想的状态。

为什么要这样做？王正华说：是个人情怀！由什么决定？人生观！毛泽东、邓小平时代培养了他的爱国红色情怀。他喜欢毛泽东在《唯心历史观的破产》中的这段话："世间一切事物中，人是第一可宝贵的。在共产党的领导下，只要有了人，什么人间奇迹也可以造出来。"王正华，恰恰是改革开放培养出的在新时期不忘初心的人。

13 党性与爱国

红色信仰融入航旅发展

改革开放以来，一大批有胆识、敢创新的企业家茁壮成长，形成了具有鲜明时代特征、民族特色、世界水准的中国企业家队伍。王正华带领的春秋团队，正是其中杰出的代表。他们怀揣着红色信仰，顺应时代发展，勇于拼搏进取，为积累社会财富、创造就业岗位、促进经济社会发展、增强综合国力作出了重要贡献。

春秋集团既是党的政策受益者，也是党的事业实践者。在上海这座光荣之城里，春秋集团把党建作为事业的主心骨，视其为企业发展凝心聚力的不竭动力。经过多年的发展壮大，党组织从最初的3名党员发展为有3个党委、48个党支部，在册党员932名的大组织。

春秋集团经营管理的"秘诀"，用一句话足以说明："坚持党建引领，秉承'把党员培养成骨干，把骨干培养成党员'的理念。"在春秋集团，哪里有困难，党组织就会出现在哪里，共产党员一定会冲在最前面。

"5·12"汶川大地震中，春秋旅游成都分社的13位导游和18位驾驶员不顾个人和家庭安危，保护了13个九寨沟旅游团298名旅客的生命安全。地震发生时，游客们正在地震中心。成都分社负责人第一时间上报各层级领导，之后按总部建议：一方面，积极组织全体人员熟悉所住宾馆的逃生路线，落实撤离和疏散方案；另一方面，悉心安排带团导游安抚游客。在这场突如其来的灾难中，导游和驾驶员中的几位党员挺身而出，充分发挥了带头作用。

在转移过程中，车行驶在前往都江堰的盘山路上，不料轰隆声响起，余震来了，地面出现了一条又一条的裂缝，瞬间大大小小的石块和砂土滚滚而下。危急关头，眼看一块巨石就要砸到大巴车，幸亏驾驶员急踩油门，车子向前猛窜，石头滚落在车后，挽救了一车人的性命。

谁知，刚躲过这一劫，前后的路又被塌方堵住。导游和驾驶员研究后，决定翻山走出去。"我是党员我开路"，一位有着多年党龄的驾驶员身先士卒，用身体做护栏，站在悬崖边上，扶着34名游客一个一个走过去。事后，这些游客感激

地表示，多亏了驾驶员和导游，是他们冒死一路护送，才使大家安全回家。

2011年，日本发生9.0级地震，茨城是海啸及核泄漏重灾区，春秋航空日本营业部以日籍员工小坂八哉为首的几名员工，像福岛50位死士坚守岗位一样，在死亡的威胁面前，坚守航空第一线，服务旅客。事后这名员工称："在当时那种情况下，虽然没有任何人明确我是负责人，但我第一个想到的是一定要带大家到安全的地方避难。核泄漏令所有人惊恐，我也害怕，但旅客需要我，绝不能撤退。"

2012年5月8日，在春秋旅行社的一名导游带团的过程中，旅游大巴遭遇交通事故，导致其左手臂内肘骨折，绑了石膏。为了旅行社的名誉，这名导游硬是咬牙带团，直至第二天晚上7点把团队顺利地带回上海，他忍受疼痛，坚持了31个小时。客人们纷纷赞叹："车祸是不幸的，但幸运的是，我们找到了一个好旅行社，遇见了一个好的导游！"

对于这些爱岗敬业、默默奉献的春秋人，王正华当然要给予鼓励和奖励。对抗震救灾中表现突出的成都分社英雄集体和优秀导游们，他均给予了通报表彰和奖励，并号召全体员工学习他们的无私奉献精神。这展示了春秋人无私无畏和游客至上的优秀品质。在春秋集团一年一度的年会上，总会安排一个环节，邀请先进个人、优秀党员等上台分享经验，接受表彰。

2005年7月，春秋航空用一架空客A320客机正式开航。开航第一天，王正华便带领公司的党员干部上飞机打扫卫生，做航后清洁工作。此后，无论是夏天战高温的机坪装卸，还是冬季顶着严寒给航班除冰雪，总能看到作为党组织一把手的他和党员干部冲锋在一线，这成了春秋党员队伍不变的作风。

在王正华看来，这种身体力行、率先垂范的做法与他的政党观念不谋而合。他全心全意地经营春秋集团，觉得党员应心系国家，也要以党和人民的利益为重。即便集团的党员干部有追求正当合理个人利益的需要，但要以党和人民利益为重。

中国低成本航空一路走来实属不易，见证了中国民航的快速发展，也尝遍了发展中的辛酸和不易。其中的艰难和困惑，只有王正华自己清楚。然而，在他心中，风雨始终浇不灭的，还是心底那团红色火焰。

王正华和他的管理团队深知，要让事业做长久，需要着力于民营企业的党建工作，把党员干部带头艰苦创业的干劲、作风传递下去。就这样，日复一日，年复一年，一张从企业负责人到每一名共产党员的党建网络逐渐建立健全。

春秋集团一直高度重视企业的信息化、智慧化建设。中国民航首家自建离港系统，以及在虹桥T1打造的中国民航第一座全流程全通道自助航站楼，都体现了集团将党建与时代发展紧密结合，同样连上了"互联网+"。

2019年，企业网络平台"春秋之家"上线。"党员学习"板块，与"学习强国"平台直接链接，方便工作地点遍布境内外、工作时间随航班而各不相同的全集团党员。党员可以利用网络途径、碎片化时间，更弹性、更高效地开展学习。同时，该平台还利用"春秋之家"的党建功能，对企业党务工作者开展线上实务培训与考核，实现了培训全覆盖，考核通过率100%。

此外，不局限在企业内部，王正华和春秋集团党委还积极结合业务，将党建融合共建推向社会各个角落。2020年7月23日，在庆祝党的一大召开99周年之际，春秋航空的一架"四史"主题客机在上海启程。"中共一大会址纪念馆"和春秋航空联合推出"春华秋实，初心如一，从1919到1949——中国新民主主义革命历程图片展"在客舱亮相，登上万米高空。

工作中，王正华还要求所有党员在公司中亮思想、亮身份、亮形象，并要求一线部门党员全部佩戴党员徽章上岗，设立党员先锋岗、党员示范区。同时要求每位党员做到"六个一"：培养一名入党积极分子，与一个困难家庭结对，做一件让群众得实惠的好事，提一条合理化建议，写一篇学习心得，为企业发展尽一份力量。

由于王正华的积极推进，春秋集团率先完成了民营企业党组织全覆盖，多次被评为上海市、区先进基层党组织。春秋人始终坚持要把骨干培养成党员，把党员培养成骨干。这是党组织助推企业发展的核心动力，也是王正华最朴实的愿望。

春秋集团爱国敬业、守法经营、创业创新、回报社会，从不欠缴一分钱，四十年的诚信经营，被誉为"春秋大义"。以2017年为例，春秋集团营业收入185亿元，纳税总额12亿元。2006年至2017年，累计纳税总额50.9亿元。

纳税问题，在坚持原则的王正华这里，是绝对不能有一丝马虎的。一路走来，不乏有财务或企业的朋友跟他建议，如何去理财，如何在税务上"打擦边球"。

但他对这种行为很反感,并跟王煜和王炜交代,过去、现在及未来,绝不能在税收上动半点坏心思。

2022年9月,在春秋集团税务风险视频会议上,王正华强调:"纳税是义务,我们绝对不能把纳税视为负担。在安全的基础前提下,纳税是最重要的。平时可以开玩笑,说企业不赚钱就是耍流氓,但一旦偷税漏税,就是死罪。看看路边的警察及边防战士,没有了他们,我们能安定地在这里生活吗?这一切都建立在税收的基础上。现在春秋集团有了规模,务必做到从管理层到基层,上下同心、严守底线。一旦犯错就是大事,将造成难以挽回的重大损失。由此,诚信纳税是公司的底线。这是义务,必须坚决履行,任何违反的行为都将受到法律的严惩。"

为确保税务工作的合规性,每年航旅部门的相关领导,都要与春秋集团签署诚信纳税白皮书。同时,审计、纪检、财务等部门也会定期开展防范税收风险知识大讲堂,剖析身边的案例,以此让全员学习,防患于未然。

就是如此"豪横"!王正华商海征战四十多年,他凭借着自己特有的执着,对市场精辟的见解以及他不按规则出牌的方式,塑造了自己最独特的轮廓,并将其贯穿于春秋旅游到春秋航空的发展历程中。尽管外界疑惑不断,争议也至今未止,但这一切从未影响春秋集团的骄人业绩。

王正华1981年在上海成立了春秋旅行社,在把积累的优质旅游资源与低价航空市场整合后,获得了成功。春秋航空开航时,70%的客源是旅客。通过航线和旅游线相互配合,不仅使航线结构得到优化,实现了飞机利用率和客座率的最大化,还实现了旅游资源价值的最大化。

20世纪90年代中期,当房地产的狂欢在海南的椰林中消散,曾经喧嚣的三亚上空,已没有一架飞机。在王正华的努力下,春秋毅然包下了航空公司的机票,组织大批游客游海南,结果一炮打响。最火的时候,"上海—海南"航线一天有4个航班,全国还有19个城市有飞往海南的航班。"航空假日游"的成功,充分证明了春秋航空的模式值得借鉴。

2021年,为迎接建党百年,春秋集团观光巴士开通了红色景区专线车,带领游客追寻上海红色记忆。他们采用"旅游+交通"的运营模式,将中共一大、二大，以及四大纪念馆串联起来，受到全国游客的热烈欢迎，累计接待乘客数万人。景区专线车的开通，不仅大大方便了游客，而且还将30多个上海的红色旅游资源巧妙地融合了起来，使游客可以全面了解上海的红色基因。

长久以来，春秋航空在支持中西部发展、促进全国各地红色旅游等方面作出了自己的贡献。最近几年，春秋航空逆势而上，攻坚克难，新开辟了一系列被列入国务院中西部对口帮扶城市的航线："上海—云南文山""上海—兰州—喀什""上海—加格达奇"等；开通和加密了被民航局列入"建党百年百条红色旅游精品航线"的航班："上海—遵义""上海—广元""上海—延安""上海—赣州""广州—绵阳""重庆—井冈山—宁波"等。

春秋集团以党建为核心引领企业发展，党建与工会、团委密切配合。工会发挥职能，组织活动、维护权益，为党员和基层干部提供工作与生活上的支持；团委激发青年党员干部活力，通过学习交流和志愿服务等活动，助力其成长。这一系列举措，从多方面关怀激励党员和基层干部，让他们肩负责任又感受温暖。企业将严格管理与厚爱结合，培养出忠诚担当的中坚力量，充实党员队伍，推动春秋持续发展。

2021年，王正华获得"光荣在党50年"纪念章。纪念章的背后，是无上的荣光。拿到纪念章的那一天，他很激动，说这是他这辈子获得的最高荣誉。在中国共产党成立100周年这个特殊的节点荣获这枚纪念章，既是党和国家对如他一般的老党员的充分肯定，也是对他们始终坚守初心使命的最高致敬。对他个人而言，这不仅值得自豪，更是一种激励。

迎接新年第一缕阳光

近年来，红色旅游一片火热，景区和线路不断增加，旅游产品不断丰富，旅游人数持续高速增长，红色旅游越来越成为旅游产业中的一个重要板块。

为了更好地宣传红色旅游，文化和旅游部在介绍中国共产党成立100周年庆祝活动有关情况时特别提到，2004年到2019年，全国的红色旅游资源不断扩充，每年参加红色旅游的人次从1.4亿增长至14.1亿，实现了近十倍的增长，充分展现出人们对红色旅游的兴趣日益浓厚。

王正华的愿景，不只是推行低成本运营模式，而是要通过文旅融合，让红色旅游更具吸引力。而这，正是他对红色文化和企业社会责任的深刻诠释与实践。他认为，红色概念并不是传统的说教，更应该带有鲜明的中国特色，带着民族家国情怀，以及集体主义观念的结晶。

虽然疫情导致2021年春运还未开始，就已结束，暑运也仅仅维持了不到20天，便被迫按下了结束键。但春秋集团并没有因此而气馁，而是在不等不靠中积极开展抗疫、生产自救。

为了迎接中国共产党成立100周年，春秋集团发布了2021年百条红色旅游线路，同时还在元旦期间率先在上海启动了"迎接第一缕阳光"活动，并将活动范围扩展至全国39个地市的分公司，希望在疫情逐步好转后，带领游客体验中国版图上的"红色足迹"。

在此期间，春秋集团还创新性地开通上海红色旅游和"建筑可阅读"双层观光巴士专线，使其成为魔都的打卡新坐标。对此，上海市文旅局给予了高度评价："感谢春秋集团的社会担当和无私付出，感谢春秋人为上海红色基因注入了新鲜血液。"

2021年，春秋旅游正式启动了红色旅游项目，有100多条线路同步投入市场。区别于走访某一目的地了解革命历史的传统模式，这些旅游线路聚焦在单一的红色目的地上，通过不同的形式探索背后的红色文化，其内容涉及改革开放、科技腾飞、经济特区、红色精神等多个方面。

截至目前，春秋集团的红色旅游线路已经扩容到1 000多条，单是中国共产党诞生地上海，就已经有50多条红色线路。其中有一条线路，便是带游客到上海商飞总装制造中心观看大飞机，体验飞机制造过程，感受真正的大国重器。而这条线路之所以被定义为红色线路，正是因为它代表了中国实力的腾飞。

"迎接新年第一缕阳光"主题活动，是王正华提出的最有特色和意义的活动之一。该活动不仅有上海与长三角其他地区的联动，而且还涉及美丽的洱海、海南三亚以及冰城哈尔滨等城市。活动期间，市民游客可以在上海滩百千米徒步游中欣赏晨曦中的上海；都市观光巴士招募"追光者"免费乘坐，体验元旦当天的"追光之旅"。不仅如此，在祖国各地迎接第一缕阳光的同时，在泰国、济州岛、斯里兰卡、新加坡、马来西亚等邻近祖国的目的地乃至更远的西班牙等地，同样有春秋旅游的游客在迎接新年的到来。

由此我们不难发现，红色旅游已经不再局限于党政机关、党员、中小学生等特定人群，现已逐渐成为大众喜闻乐见的出行选择。游客们旅游的方式变得多样化，除了了解党史，他们还会关注国家的发展轨迹、伟人的生活原貌，希望追思烈士等。可以说，与时俱进的红色旅游，正在成为大众的新宠，它引导人们回归旅游的本质，体验目的地的人文风情，充盈内在精神。

王正华分析，红色资源是红色文化的重要遗产，城市中的红色资源值得深入挖掘。要想把城市红色旅游线路做得更具吸引力，就必须在景点组合上和内容深度上多花心思。因此，在他的建议下，上海率先尝试，推出了"城市红色微旅行"线路。游客们表示，非常喜欢这条线路，并认为其非常适合碎片化的出游安排。仅需半天的时间，便能够深度了解这个城市的历史发展，可谓收获满满。目前，"城市红色微旅行"线路已经有几百条。

以上海为例，城市中的红色旅游资源比较丰富。春秋旅游推出的"红色精神永流传"微旅游线路，主要以"龙华烈士陵园—徐家汇源—宋庆龄故居"这条线路为主，该线路入选中国旅行社协会评选的"红色城市旅游精品线路"。其亮点在于同一个行程里，游客可以体会到硬朗和温柔两种不同的红色力量。

漫步于上海的街头，一路游览下来，游客们还能够亲身感受整座城市的变迁。王正华意识到，发现城市、体验城市、分享城市，是每一个旅游人应该担负的责任和使命。一个城市，只有通过行走方能被赋予更深层的意义。无论是街巷的角落、窗格的护栏，还是楼梯的扶手，每一道印记都藏着一段故事。正是上海"海派城市考古"的兴起，让越来越多人发现了这座城市的另一种"打开方式"，由此和城市建立了更深的情感连接。如今，微旅游、红色旅游已经被春秋人做得游刃有余。

数据显示,春秋旅游近年来的红色旅游收入占国内游比重达60%,充分展现了其在红色旅游市场有较强的竞争力。更加令人欣喜的是,目前红色的浪潮已经吹向各个行业,红色旅游逐年看涨,而这一切都离不开中国共产党成立100周年的整体氛围烘托。未来,红色旅游必将借势"长红",这也是春秋集团今后做强、做优、做大的目标。

在红色旅游的大潮之下,春秋旅游积极创新、参与、设计、组织上海市"微游上海"活动,获得游客、媒体、政府、研究机构等各方的肯定。除此之外,央视、新华社、人民网等主流媒体也多次作新闻报道,并数次向文化和旅游部、上海市政府、上海市文旅局做城市微游专题汇报;春秋旅游荣获中国旅游研究院"2020年文化和旅游融合发展十大创新项目"提名。不仅如此,每当上海重启本地游、跨省游,春秋旅游总是能够第一时间组织首发团……

经受住各种各样考验和挑战的春秋集团,这些年来取得的方方面面的业绩和荣誉,都证明了这支队伍想干事、肯干事、能干成事。就像王正华说的那样,只要坚持和发扬勇于创新、拼搏奋斗的春秋精神,一定能够迎来更好的发展。

心有大我、心有大爱,方能赤诚奉献。春秋集团属于一群用热血写春秋的人。从最初的"拥抱远方"到如今的"发现身边的美好",我们看到王正华和他的团队,正以航旅融合之名,谋文旅高质量新赛道。

改革开放成就了春秋

1978年,改革开放的大门开启了,全国各地都迎来了经济发展的巨大契机。伴随着时代变迁和中国命运发生的重大转折,人们的思想也在悄然改变。

作为这一伟大历史进程的亲历者,经历了打破禁锢的尝试和惊心动魄的冒险,王正华更能感同身受。因此,他总是说:"没有改革开放就没有春秋的今天。"改革开放给了他一个发展事业的机会。是改革开放成就了春秋,助他成功构建商业版图。

历史的车轮滚滚向前，每一代企业家，都有自己成长的土壤。在宏阔的时代大转折中，王正华的经历讲述的是一个来自中国城市的中年人的奋斗故事。他对这个世界充满好奇，同时对自己可以成为更优秀的人充满期望，因而他从未放弃。

顺应潮流，找好定位，永远想着明天，是王正华在接受媒体采访中高频提及的几个点。这些话看似与他不断强调的"只做自己擅长的事"相矛盾，实则不然。从官员到商人，再从旅行社到航空业，每一步都是艰难的跨越。王正华之所以能够顺应市场需求，并主动探索市场的下一步发展，正是在于每一次敢想敢做的背后，都有着他对于市场的大规模调研分析作为支撑。只有分析透彻了，才敢想明天。

一个普通工人家庭出身的儒雅中年，成为一家上市公司的创始人和掌舵者，如果仅仅用这样简单的话概括王正华过往的人生经历，未免过于苍白无力。如果不把他的个人经历和这个国家走过的这段波澜起伏的历史放在一起，恐怕我们根本无法理解他所取得的这种外人眼中看来遥不可及的成功是如何发生的。

可以说，王正华的一生都在且行且思，且悟且进。在中国航旅业改革还没有蓝图的年代，他摸着石头过河，并亲身经历了改革开放从无到有的全过程。谈及当年的梦想和计划，王正华说这更像是一场摸索，但他坚信，只要坚持，梦想总是可以实现的。

虽然原本他可以成为一个政府高官，光宗耀祖。可他选择下海经商，成为一名民营企业家。1992年，十四大确立了社会主义市场经济体制，在两个关于办企业的文件出来以后，中国就开始进入了企业家崛起的年代。

纵观古今，英雄不问出处。王正华的成功，正是跟着国家的不断发展而取得的。在"下海"的时候，王正华已是处级干部，这使得他可以跟那些可能决定他企业未来命运的人顺畅地沟通，这无疑是一个跨界的优势。可以说，他是用计划经济的余威，抢占市场经济的滩头。不了解这段历史的人，很难真切地理解这句话的复杂含义。

都说王正华是个内敛之人，同时心思缜密，性格谦和而仁爱。他总强调时代

好,运气好,机会好。时代好,所以要感谢这个国家,感谢这个民族。没有时代,就没有他。他不认为是英雄创造了历史,而是英雄顺应历史,推动了历史发展。机会好、命运好,主要是因为他抓住了航旅业这样一个大产业,多少年下来,他坚持主业和价值观,方才一路走稳、走实、走远。

他始终认为,企业是市场经济能够确立的基石和主体,而企业家则成就了企业。多年商海沉浮,王正华经常通过媒体谈论民营经济发展和价值观,思考未来中国和企业家所承担的责任和使命。他常常感慨,改革开放前,中国根本没有一家私营企业。因为当时中国实行计划经济,不允许私营资本存在。而在改革开放以后,慢慢出现了民营企业和微小型企业。

也正是在这样的时代背景下,出生在1949年以前、成长于"文革"时期的王正华,在改革开放之初原本有着体制内的"铁饭碗"。然而,伴随着改革的春风,不甘现状的王正华毅然开启了自己的商业之路。尽管困难重重,纵然步履维艰,但他和春秋团队依然克服困难。在中国旅游业基础薄弱、计划经济体制高度集中、国有同行竞争对手虎视眈眈的多重压力下,他顽强地谋求了一条生路,成为中国民航史上的一大传奇。

这是王正华的功劳。他有着很强的英雄主义情结,想干事儿,想干成事儿、干大事儿。虽然是在商界打拼,他却始终想把这份情结融入改革开放的历史进程中。随着市场经济运行的持续好转,在利好政策的推动下,他全力保安全,大力降成本,精益管理,拼搏创新,实现航旅业的融合和双向奔赴。

长期以来,飞机出行对普通百姓而言,仍是一项奢侈消费。许多普通老百姓从未享受过这一现代文明成果。"让人人都能飞"是王正华始终铭记于心的目标,他时常告诫全体员工,要为之奋斗。春秋航空的存在价值,在于为自身生存而努力,更在于让更多从未乘坐过飞机的人也能享受飞行的便捷,这正是平民的春秋航空所蕴含的大众价值和社会价值。

他坚信旅游对民航的拉动作用是相当大的。旅客要去哪里,春秋航空的航线就开到哪里;反过来,航线开到哪里,春秋旅游的旅客就跟到哪里。当然,企业经营不能只看经济效益,也要关注社会效益。让普通百姓享有更加美好的航空出行体验和高品质的旅游生活,是王正华和春秋人共同的追求。

登机牌 BOARDING PASS

日期 DATE 7-18
航班 FLIGHT 9C
座位 SEAT 14A
姓名 NAME 春粉

第十四章：
与时俱进的"云浪漫"

他，不断学习积累，敢于创新创造，不拘泥于现状，常常迸发出奇思妙想。在云端上玩浪漫，只有你想不到的，没有他做不到的。

重要提示：航班起飞前15分钟停止登机，请您务必在此之前到达指定登机口登机。

他，玩起了"元宇宙"

已至耄耋之年的王正华"退而不休"。用他自己的话说："当下就是做些杂七杂八的事情，航空是长子王煜掌管，旅游是次子王炜负责。平时我会种种树，打打太极，研究研究区块链、元宇宙。"

王正华一直不走寻常路，他有一颗年轻而充满好奇的心，喜欢和年轻人走在一起，去看向往的"诗和远方"。不惑之年，他成立旅行社；耳顺之年，他成立低成本航空公司；步入杖朝之年，他关心起了元宇宙。早年，王正华在接受媒体采访时提及，他在研究区块链的去中心化特性，集团还专门抽调了一些干部研究区块链和元宇宙。

现在，他除了是"老董事长"，还多了一个新的身份——春秋集团布局元宇宙发起人。这并不是一个新的战略，也不是疫情后的自救措施。王正华早在几年前就开始研究包括区块链在内的数字化转型，创业至今，他一直视自己的企业为IT技术公司。

谈及春秋集团对元宇宙的探索情况，王正华总是滔滔不绝。作为服务行业，春秋集团对元宇宙的开发主要围绕航空、旅游的场景和虚拟平台等方面，希望能给游客和用户提供更有趣的互动、更真实的体验、更人性化的服务，通过虚拟现实技术带来全新体验。

从这个项目的推进情况看，春秋集团的应用产品短期规划是打通"无限空间"与春秋航空平台的会员体系，实现趣味互动、积分兑换、机票销售等功能。目前，项目规划已排到2024年底。未来，春秋集团将增加一些互动场景，与集团其他业务打通，并上线新功能，其对未来的畅想是：所有的产品都在"无限空间"中呈现，通过虚拟现实的人性化体验，让消费者多一个选择春秋集团的理由。

至于营收，王正华希望无限空间能带来一些利润，但目前还没有设立明确的KPI和指标。在他看来，元宇宙是一个时代，如同互联网时代一样，是一个新的技术节点，只是春秋人先动了起来。春秋人研究元宇宙，并非"蹭热点"。

2022年2月22日，春秋航空在国内NFT（非同质化代币）平台发布航空业首批限量NFT数字藏品，共发行5款，每款20枚，全球限量100枚。这些数字藏品以"爱"为主题进行设计，这与发布日期息息相关。因为"2"的谐音是"爱"，而且当天是星期二，农历正月廿二，所以这一天被视为两千年来"最有爱"的日子。

俏皮可爱的春秋航空吉祥物"派乐猴"是虎年限定数字藏品。"派乐猴"戴上可爱的虎头帽，从事冰雪运动项目，寄托了春秋航空追求卓越的美好憧憬，展现出亲和友爱的服务形象。

此次推出的NFT数字藏品，是航空业数字艺术与数字经济探索的第一步，也是积极响应《上海市电子信息产业发展"十四五"规划》中"推进深化感知交互的新型终端研制和系统化的虚拟内容建设"要求的举措。春秋航空发布数字藏品发售的全部收益，将捐赠给上海市慈善基金会"春秋让爱飞翔专项基金"，用于公益慈善项目。

市场越来越年轻化，目前，数字藏品相关产业聚集了大批Z世代（Generation Z，通常指的是在1995年至2009年出生的一代人）年轻人，相对于传统的实物收藏品，数字藏品更符合年轻人的精神需求和关注点。DIY数字藏品成为春秋品牌与年轻消费群体建立连接的渠道，为年轻消费群体带来新体验，是与他们进一步

14 与时俱进的"云浪漫"

沟通的好机会。2022年5月，春秋航空不断钻研年轻人的喜好，首次发布了二次元春秋姬——"阿秋"，通过"阿秋"和年轻消费者建立更深厚的情感关系，增加企业直播的可看性和趣味性。

"阿秋"最大的愿望，是让每个人都有机会体验飞行的感觉。为了达成这个目标，她每天都在努力提升自己。春秋航空从出生地、星座、装扮、性格、爱好、愿望，甚至是口头禅等多个方面，对"阿秋"进行了设计。其中有不少元素来自春秋的企业文化，与企业的发展目标高度契合。

没想到，首秀即"出圈"，"阿秋"引起了民航界、旅游界、科技界、动漫游戏界的专家学者、媒体，以及年轻人的极大兴趣和广泛讨论。"春粉"都非常关心"阿秋"未来的成长，截至2024年8月，相关微博话题阅读量已突破3 086.7万，讨论量达16 517个。

2022年7月18日，春秋航空迎来首航17周年，当晚，王正华亮相直播间。相较于之前的直播，这次他的出场方式有一些特别。从现实世界"穿越时空"进入虚拟空间，为春秋集团新发布的"无限空间"平台作推介，与春秋航空二次元机娘"阿秋"开启了一场"跨次元"互动，共同完成了一段虚实结合的太极拳展示。这场未来感满满的直播收获了行业内外的广泛关注，当晚直播累计观看人数达370万人次。这不仅仅是一场直播的变革，更是对未来元宇宙场景的深度探索。

元宇宙作为新的经济增长点，可能对民航客运有一定影响。元宇宙概念形成以来，具有IT基因的航司、机场、航信等民航企业就对其保持关注，部分国内民航企业也开始尝试研究，积极探索并布局元宇宙时代的相关场景应用。

然而，探索元宇宙并不是春秋集团一时的灵光乍现。从最初的艰难起步到今天，每一步都充满了挑战。这世界上没有轻轻松松就能办好的事情，也没有办不好的事情，关键在于有没有用心。

时至今日，春秋集团在行业内率先推出虚拟空间平台，开启虚拟人直播，探索元宇宙在未来的运用场景。可以说，创新始终贯穿于春秋集团的发展中。回望过去四十多年的"春秋大梦"，我们有理由相信，王正华的"百年春秋"目标，正在一步一步地实现。

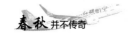

主题航班,与市场接轨

在过去,乘坐飞机只是为了到达目的地。随着旅游业迎来新的发展,特色主题航班已成为旅行的一部分,给旅客带来丰富的体验和记忆。春秋航空的特色主题航班包含文化、美食、娱乐、体育等不同主题,希望让旅客的旅行变得更有意义。

王正华虽然已过80年,却有一颗年轻的心,他思想进步、开明,甚至有些"潮流"。面对市场竞争的日益加剧,他发现,低价票已经不像以前那样有吸引力了。为了增加客源,他另辟蹊径,新招就是力推"主题航班"。

王正华认为,飞机凭借高效、快捷、安全的特点,已经成为人们生活中最重要的交通方式之一。航空业应该摆脱枯燥、呆板的形象,将航班主题与中国文化使命、红色传承等结合起来,打造有特色的"空中舞台"。"主题不是筐,不能什么都往里装",他提醒团队,主题航班要承载中国民航的文化使命,要有创意、有价值。

什么是主题航班?主题航班以飞机为载体,通过定制化、沉浸式体验来传播历史文化、讲述人文故事,并开展各类互动分享式的主题活动。这些活动,不仅能丰富乘客的旅行体验,还能吸引更多游客乘坐,更能拉动航旅消费。近年来,春秋航空利用不同地域的特色、节日属性,相继推出文化、美食、体育、娱乐等主题鲜明、特色各异的主题航班活动。

从节日营销到文化输出。在以"一元始,启新篇"和"冬将近,春可期"为主题的元旦、春节航班上,春秋航空与旅客一同辞旧迎新。主题航班上的活动是多元化的,氛围布置、节日介绍、有奖竞猜等活动增添了节日氛围,让旅客们不仅感受到浓郁的节日气氛,还感受到春秋航班机组人员的热情服务。

农历正月十五,春秋航空组织元宵主题活动,邀请旅客体验赏花灯、猜灯谜等元宵节俗。当天的主题航班上,乘务组为旅客准备了兔子灯和猜灯谜的灯笼及卡片,猜出灯谜的旅客能得到精美礼物。在"元来是你"的互动环节中,乘务组邀请名字中带有"元"字谐音的旅客参与,向大家送上节日祝福。

14 与时俱进的"云浪漫"

"赏月"主题航班是指航空公司在中秋节期间推出的特色航班,乘客可在空中赏月。作为国内首家开创"赏月"主题航班的航空公司,春秋航空自2013年开始,就将"赏月航班"作为每年中秋的传统保留项目。旅客可以在春秋航空的微信公众号上,点击"微选座"产品,提前选择百余条国内航线"赏月专座"。

春秋航空运控中心会提前提供最佳"赏月航线"和"赏月专座",这获得不少"春粉"的追捧。空姐们化身嫦娥姐姐,在优美的节日音乐中迎接旅客登机,一句句温暖人心的中秋祝福,一副副亲人般的甜美笑容,给旅客留下温馨旅途的难忘记忆。

"飞往革命圣地的红色文化"主题航班,通过客舱中穿越时空的歌舞表演,向革命前辈表达崇高敬意,向旅客传递精神和信仰的力量。每逢传统节日、国家重要纪念日和重要活动,春秋航空相应推出的主题航班成为弘扬传统文化、红色文化和社会主义先进文化的窗口,带给旅客"云上文化之旅"。

春秋航空还注重开拓儿童市场,打造儿童友好型航空。春秋航空在万米高空,开展六一儿童节主题航班活动。在上海到西双版纳、上海到三亚的航班上,乘务组为孩子们精心准备了有趣的儿童节小礼物,如彩笔、画纸、风车等,鼓励他们描绘出最能代表童年的事物。孩子们在机舱内愉快地玩耍唱歌,共享美好时光。

"泰国亲子游"主题航班,于2018年首次从成都飞往泰国素叻他尼,小朋友们化身"小机长",与"真机长"同框。此后,春秋航空与泰国国家旅游局合作,陆续推出了各种主题形式的亲子航班,深受中泰两国儿童喜爱。

"小小飞行家"主题航班,是春秋航空特别策划的"暑期亲子寻游记"活动的一部分。每年暑期都有多条特惠航线,飞往中国昆明、深圳、西安,以及泰国清迈等城市。

春秋航空的主题航班,不仅关乎儿童、年轻人,还有国家安全、食品安全等方面的宣传活动。例如,春秋航空"春秋之翼"示范组执飞的"上海—汕头"航班上,开展了以食品安全为主题的活动,吸引了广大旅客的目光。

乘务组还在主题航班活动中以"机场食品安全小课堂"的形式,为旅客讲解航空食品安全知识,以互动问答的形式,邀请旅客参与并分享自己生活中的食品安全体验,以及对文明礼仪用餐知识的了解。

春秋航空联合上海市长宁区反恐怖工作领导小组办公室，连续多年开展"反诈"主题航班活动，通过打造空中航线宣传教育示范点，以浓厚的机舱普法氛围，近距离面向公众展示、宣传、普及国家安全知识。旅客认为，这种体验非常好，既能学习国家安全知识，也能让乏味的飞行旅程变得有意思起来。

在北京冬奥会、世界环境日、"3·15消费者权益日"等重要节点，王正华更是积极推出主题航班，凭借其新闻性以及较强的延展性，达到了更好的宣传效果。例如，每年"3·15"，春秋航空携手上海市市场监督管理局机场分局、上海市消委会空港办公室等推出宣传"3·15"主题航班，助力消费维权科普。

北京冬奥会期间，春秋航空携手河北省体育局、河北省工商联，开展以"冰雪河北　圆梦冬奥"为主题的航班活动，通过精彩的互动分享，普及冬奥知识。

世界环境日期间，春秋航空联合中国民航网等，发布"绿色飞行　畅游世界"主题活动，不仅在多个社交平台以及机场等场地与旅客进行多项环保互动游戏，还在飞机上同步开展低碳生活、绿色出行、节能减排理念的宣传。

"全面推进乡村振兴，春秋一直在行动。"王正华将此作为公司的战略之一，他的两个儿子也在积极践行这项工作，并成立了乡村振兴小组。春秋航空发挥航旅融合优势，通过组织客源、开辟对口帮扶航线、支持教育和就业、推动生态环保等方式，开展多领域的精准扶贫行动。

2022年，春秋航空"风采乡村空中秀"主题航班系列活动在甘肃省庆阳市启动。春秋航空依托西北四省航线网络，以航班为载体，加大扶贫产品开发设计力度，在客舱内开展产品体验、当地风土人情展示，将当地最具有代表性的农产品白瓜子、小米锅巴、沙棘汁等提供给旅客免费品尝。利用客舱营销的方式，将特色产品带往全国各地，既增加旅客飞行乐趣，又同步助力乡村振兴。目前，此次系列活动已逐渐扩充到"陕甘青宁"四省各地区，最后将辐射至春秋航空在全国的航线。

二战后，彩绘机在民航领域逐渐普及，但人们不满足于外表的彩绘，转而追求主题的打造，这就出现了真正意义上的主题航班。春秋航空在国内首次推出以休闲食品品牌吉祥物——"咕咕鸟"造型为主题的彩绘机，满载旅客从上海虹桥机场飞往重庆，开启一段奇妙旅程。

春秋航空携手和乐怡"定制"主题彩绘飞机，首航飞往日本东京，吸引了众多旅客拍照留念。"饿了么"是"吃货"常用的一个外卖平台，与春秋航空合作推出"宠粉宠上天"主题航班，往返于上海和深圳两地，该航班平均客座率创新高。

此外，春秋航空还与陪伴数亿玩家走过十余载的中国风经典网游IP《大话西游》联手，推出"一路向暖"主题航班，为广大游子打造情谊满满的归家之旅，航班中融入无数经典元素，让大家留下难忘的回忆。

这些紧跟年轻潮流的品牌活动，与王正华的高度关注密不可分。正是在他的支持下，春秋航空先后推出了快闪巴士、粉丝会、机票盲盒、脱口秀、RAP歌曲、"时间循环"微电影等一批创意营销活动和作品，其中不少项目已成为商学院的经典教学案例。这些新创意、新玩法，不仅拉近了春秋航空与旅客之间的距离，也让越来越多的年轻朋友们喜欢并选择乘坐春秋航空。

相亲航班，"天上"定终身

春秋航空的宣传语"想飞就飞"，如今有了更多可能。用户可以随时通过春秋航空的手机客户端订一张机票，想飞到哪儿就飞到哪儿。如果担心飞行途中太无聊，单身男女们还可以选择搭乘春秋航空为年轻人打造的"相亲航班"，以爱之名，在空中来一场"非诚勿扰"。王正华提出的这一"花式浪漫"创意，着实吸引了大众的眼球。这不仅是一种创新，也是一种颠覆。他新颖的思想，再度进入人们的视野。

春秋航空定期举办"相亲航班"，为单身男女搭建独特的空中鹊桥。参与者首先在机场互相认识，初步破冰，然后在飞机上介绍自己，上演空中版的"非诚勿扰"。当在封闭的机舱内，初步有了意中人，落地后的旅程，将成为彼此深入了解的绝佳机会。

飞机进入平飞阶段之后，在确保安全的前提下，所有报名的女嘉宾会依次从机舱头走到机舱尾，一一亮相，随后回到自己的座位，打开头顶上方的阅读灯。在男嘉宾进行自我介绍时，女嘉宾可以通过关闭阅读灯的方式来表达是否感兴趣。

为增加互动性，春秋航空还在客舱安排了两次"走秀"环节，让男女嘉宾有两次选择机会，凡是相互留灯的参与者，乘务人员会协助调整座位，让他们坐在一起，方便进一步交流。

春秋航空每次都会招募20位左右的单身男女，为他们创造一个在空中相识，在目的地相知、相恋的机会。春秋航空会根据报名者的出行意愿、男女比例进行搭配。2013年12月4日，"上海—昆明"的航班定为第一个"相亲航班"。飞机落地昆明时，有两对男女嘉宾成功牵手。

针对配对成功的男女嘉宾，春秋航空还特别推出了为期6天5夜的云南之旅。这种"旅游+相亲"的模式，让参与者在旅行中增进了解，检验彼此是否合拍。在旅游中相亲，在相亲中旅游，是"相亲航班"的亮点。

春秋航空刚在社交平台上发布"相亲航班"的消息，立即引起了媒体和公众的关注。加上王正华的个人微博拥有几十万粉丝，这则信息的发布也为"相亲航班"带来了大量关注。台湾的记者也专程过来跟拍"相亲航班"的活动，邀请台北的未婚男女与大陆的未婚男女进行交流，收效甚佳。

为什么王正华会想出"相亲航班"这个点子呢？

一方面，这是基于航空公司的实际需求。春秋航空内部各个部门的男女比例很不均衡，比如飞行部男性居多，客舱部女性居多，地面服务部女性居多，IT部技术男居多。既然公司内部都有婚恋需求，王正华便考虑，相亲能不能跟飞行结合起来。这个问题，他很早就关注到了。由于职业和工种关系，员工交际圈较窄，出现了大龄单身男女。为了解决员工的婚恋问题，他费了一番脑筋，甚至专门开设红娘网站，配专人负责此事，同时与外单位积极开展各类相亲、联谊活动。无论是哪一种活动，都满足一个共同点——将单身男女聚集在一块，设置适宜的活动，通过话题吸引青年人参与，让他们互相接触认识，促成交往。

春秋航空连续推出"空中寻爱"航班，除了吸引广大旅客参加，同样引来了内部人员的高度参与。参加者既有公司内部的空乘人员、IT工程师、机务人员等，又有百余名其他行业的单身男女，大家纷纷来到相亲会现场，前来寻缘。

在各类游戏环节中，不少机务人员颇受青睐。机务人员、IT工程师等工作岗位在业内很重要，资深机务人员近年来尤其"紧俏"，收入在航空公司内仅次于飞行员。

另一方面，这也是出于市场营销的需要。王正华认为，"相亲"具有口口相传的传播性，人们对相亲过程中遇到的奇葩男女总是津津乐道。从相亲、相恋到步入婚姻，其中蕴藏着巨大的商机。而低成本航空完全可以作为平台参与其中，为有需求的群体提供互动交流的机会。

相较于传统的"一见钟情"，其实"日久生情"才是感情产生的最主要方式之一。"相亲航班"恰恰结合了"一见钟情"和"日久生情"两种模式的优点，比较完整地为单身男女创造出从相遇、相知，再到相爱的渐进式过程，让相亲活动更加有趣而高效。

春秋航空已经举办过20期"相亲航班"，每次都有20多位单身男女飞赴国内外的众多城市，在旅行中相处。倡导自由恋爱，自由选择。其中，已有超过55对单身男女成功牵手，5对嘉宾步入婚礼殿堂，首个"相亲宝宝"如今已经7岁了。

"相亲航班"已成为春秋航空的招牌主题活动之一。每年会举办四次左右，每次飞往不同的地方，每次面对不一样的人。对于单身男女来说，一张春秋航班的机票，或许就能帮你找到相守一生的伴侣。

春秋航空还在航班上建起了"空中图书馆"。为旅客提供免费借阅服务，并定期更换书籍，同时特制书签和图书阅读"漂流包"，鼓励旅客在阅读后分享他们的感受，让阅读的乐趣在云端传递。正是因为有了这些轻松愉快的乘机体验，旅客们越发觉得低成本航空的服务一点儿也不"廉价"。

无论是"卖主题""卖服务"，还是"卖航班"，王正华始终对这种营销方式的前景表示乐观：一来，主题航班能够提高航班上座率。二来，经过装饰的主题航班能够成为新闻热点，扩大品牌的影响力。未来，春秋航空将会推出更多主题航班，让更多旅客在飞行旅程中尽情释放自我，享受美好的云端时光。

动漫与F1赛旅,都是潮流范儿

除了传统的文化主题,春秋航空还将目光投向了更受年轻人喜爱的"二次元"文化和F1赛事,为旅客带来了更多元的选择。当身着"女仆装"的空乘人员突然出现在你面前,会是怎样的场景?在2013年五一期间,春秋航空首次推出"女仆装"主题航班。在航班飞行途中,空姐换上"女仆装",空少换上英式管家服,目的是给旅客带来耳目一新的飞行体验。

春秋航空推出的"女仆装"主题航班刚一问世,就引起了大家的广泛关注,旅客们对此褒贬不一。有的旅客认为,在民航制服相对单一的情况下,推出"女仆装"等主题服饰够酷,够创新,让人眼前一亮。也有人认为,此举有炒作之嫌,并批评其低俗。且不论"女仆装"主题航班低俗与否,至少在提升市场知名度方面,王正华的营销是成功的。

放眼境内外民航业,主题航班并不罕见。此前,中国台湾长荣航空曾推出以Hello Kitty为主题的航班。除飞机外观外,就连飞机上的座位、正餐、甜点,都以Hello Kitty为主题。春秋航空的"女仆装"主题航班属大陆首创。

另据相关研究报告,中国的二次元产业发展已经步入爆发期。2020年,国内二次元产业整体市场规模已达千亿级别,90后、00后用户占比超过80%。面对如此庞大的潜在市场,春秋航空在民航业率先试水"二次元"主题航班。

早在2014年,春秋航空就开通了国内首个Cosplay(角色扮演)动漫主题航班,从上海浦东飞往日本。在两个小时的飞行过程中,不仅有职业Cosplayer(角色扮演者)现场表演,机组人员也集体"变身",给旅客带来特别的飞行体验。

为了增强活动的互动性,春秋航空向全国的Cosplay爱好者发出邀请,邀请他们化身动漫人物,共同搭乘这趟航班,给这些爱好者们提供优惠机票。甚至邀请了知名网游《最终幻想14》的Cosplay团队"猫魅团"登上航班与乘客互动,可爱的猫MM们给每位乘客送上了一份神秘礼品。

春秋航空联合游戏《武极天下》团队,在上海飞往西安的航班上推出了

"Cosplay航班·漫飞行主题趴"。预告一经推出，就受到了游戏粉丝及动漫迷们的密切关注。在航程中，空乘人员身着游戏人物服装，为旅客完美演绎了游戏角色的风采，并推出了主题航班周边旅游产品，深受旅客青睐。

《冒险岛》作为风靡了几代人的经典网游，一直以Q萌可爱的卡通画风、丰富多样的职业选择和简单易上手的操作，受到玩家们的热爱。

春秋航空携手盛趣游戏的《冒险岛》主题航班，以冒险岛元素为装饰，分别从上海飞往广州和深圳。前舱设计不仅有《冒险岛》新职业卡莉和春秋航空的二次元虚拟形象阿秋的海报，行李舱盖上还能看到夏日沙滩上的众多人气怪兽，同时，座椅上也摆放着白雪人、花蘑菇等人气抱枕。

除此之外，小桌板背面、座椅背面及头枕保护套，都被《冒险岛》"承包"。这些主题装饰，为游戏玩家们的空中旅途带去了一丝惊喜，为春秋航空增添了一抹独特的色彩。

王正华的这个点子创意十足，无论是将《冒险岛》游戏中的虚拟元素带入现实生活中的航班活动，还是春秋航空的二次元虚拟形象阿秋首次与《冒险岛》联动现身线下漫展，都给双方用户带来独特的体验和惊喜。这种模式，既引领了虚拟与现实融合的潮流，也为其他行业和品牌提供了思路和参考。

除了动漫主题航班外，王正华还推出了F1上海站观赛旅游线路和主题航班，希望吸引更多外省市观众前来观看F1中国大奖赛。

F1大奖赛于2004年正式进入中国，赛事场馆设在上海国际赛车场，上海站是F1历史上的重要赛道之一。在公众的眼中，F1赛事代表了科技汽车制造和时尚的最前沿，但由于它昂贵的成本和消费，也被视为高端运动。

然而，这种情况在王正华带领团队介入F1赛事，开启"赛旅结合"的新模式后得到了改变。春秋旅行社于2003年成为中国首家组织观众赴海外观看F1赛事的旅行社。在成功获取F1中国大奖赛票务代理资格后，春秋开始逐步借助这一国际顶级赛事，掀起体育旅游的热潮。

在负责代售票的过程中，春秋另辟蹊径，综合上海时尚的大都市文化特点与上海特色旅游资源，根据不同的游客需求，定制了各具特色的F1上海站观赛旅游线路。向全国游客展示了上海时尚与古典、现代与历史、动与静的多元化

都市形象。线路全程1700米，沿途高速公路连接市区与上海F1国际赛车场，串联起外滩、陆家嘴、豫园、城隍庙等上海地标性景点。

春秋旅游通过多种营销渠道宣传推广F1观赛产品，如抢注F1中国网站、开展微博微信营销、开设传统媒体专栏，整合车迷会，春秋集团在上海的各大门店，在全国的40余家分、子公司，以及春秋航空的自身资源等。此外，春秋旅游还利用淘宝网、建设银行网站等渠道进行联合营销，实现双赢。

自2004年起，春秋旅游开始打造F1大奖赛上海站的体旅结合新模式，连续十余年做到了"顾客零投诉，门票无倒卖"。2014年F1期间的接待人数达到了4 574人次，销售额达306万元，在当时国内旅行社普遍不景气的情况下，这一业绩显得尤为突出。

在2002年中国国际旅游交易会上，上海春秋旅游和上海国际赛车场联合展出了一辆美洲虎赛车，并配有专业展示。一时间，春秋旅游的展台成了场内最受欢迎的展台。

为了将F1知识普及到二线城市，吸引更多人来上海，王正华派出团队，带着玛莎拉蒂和法拉利两辆跑车，在苏州的观前街展开路演。后来，春秋旅游在2002年底的上海化装舞会上召开了媒体发布会，向大众广泛宣传F1赛车的概念。

电子商务在春秋旅游推广F1上海站体旅结合的过程中发挥了重要作用。2003年，春秋成立了"F1中国"双语网站，及时发布F1动态，这使得F1在"非典"期间，也没有淡出人们的视线。

王正华对F1营销的成功，不仅得益于专门针对F1成立的"F1中国网"，更得益于春秋旅游已经建立的即时旅游信息共享系统。自春秋旅游介入F1大奖赛上海站以来，顾客满意度高达95%，真正实现了业务开展十余年来"顾客零投诉"。

2013年末，春秋航空推出了"F1"主题航班，并拿出5条航线的特别优惠价格，按照"买赛票送往返机票"的原则，将F1中国站多个热门看台的门票与优惠机票打包，推出超高性价比的观赛套餐，吸引外地车迷来沪观看比赛。此外，春秋航空还在相关航班上特别安排了和F1有关的个性化服务，如提供专门值机柜台、安排共同就座、参与客舱内有关赛事的竞猜，以及抽取下一年F1门票等。

通过这些以文化为特色的主题航班,王正华充分利用了民航航线在文化交流和传播中的独特作用,以及航班客舱场景在文化传承和发展中的独特优势。这体现了他紧随市场潮流成长起来的企业家战略眼光。在激烈的市场竞争中,这无疑是一种过人之举,比其他企业先行一步。

天空商城,云端上的分享

和其他航班不同,搭乘春秋航空的飞机,登机时没有欢迎音乐,座椅上方没有小电视机,航程中也不提供免费餐饮,旅客仅能体验一次从出发点到目的地的普通行程。飞行期间,空乘人员甚至会在机舱里推销各种产品,包括春秋航空自家的航模。

"饮料、零食、鸡肉米饭,好看的飞机模型要不要带一个?"经常乘坐春秋航空的旅客,对这种类似"绿皮火车"上的叫卖场景不会陌生。飞机上卖货,其实并不是新奇事,销售商品所得收入本就是不少航空公司的辅营收入之一。

一般来说,航空公司的主营收入来自机票销售,而辅营收入是指机票销售之外的收入,包括座位选择、超重行李托运、登机前升舱、保险代理、机场接送、合作产品佣金和广告招商等多个方面。

飞机在空中除了飞行,还能做什么呢?王正华提出的"云上经济",通过现场实体推销和网上销售,成为低成本运营中不可或缺的一部分。移动互联网的普及,推动了O2O消费升级进程,并催生了电商新零售这种"复合式、多形态、无明确界限"的商业形态。

航空公司掌握庞大的旅客流量入口和天然的封闭式消费场景,这正是其跨界发展电商零售业务的契机。在提高辅营收入方面,王正华有自己的思路,带领春秋航空再次走在了前列。

自 2005 年通航以来,春秋航空一直将在飞机上售卖商品作为公司运营战略之一,"空中商城"是王正华在云层里做的"大生意"。旅客可以通过春秋航空官网或移动互联网平台预订机上餐食,或在飞行过程中购买。飞机上的小礼品和日常用品等商品目录及服务详情被印制成册,放置在座椅靠背袋中,旅客随时可以翻阅。飞机上备有少量现货,如果没有现货,商品可以快递到家。

在春秋航空的第一堂空乘培训课上,销售技巧是空乘人员需要掌握的重点内容,必须入脑入心。王正华认为,成为一名优秀空乘人员的前提,是把自己磨炼成为一流的推销员。王正华觉得,两三个小时的飞行对旅客来说是很乏味的,不过,这也正是一个可以吸引旅客注意力的好机会。飞机进入平流层后,机组人员便会抓住这个销售的黄金时间,开始有趣的推销活动。

起初,这种"卖货"行为引发了不少争议。但对经常乘坐春秋航空的老粉来说,这些推销活动已成为旅途中的一种特别的体验。听到熟悉的叫卖声,旅客反而会感到安心。该活动每年能为春秋航空创造三五千万元的营收。尽管机舱"卖货"已得到工商部门批准,在机舱环境略显局促的情况下,大多旅客也将这种推销活动视为机上服务的替代,因此也乐于接受,但难免会有个别旅客抱怨和投诉。

事实上,"空中商城"的营销方式与旅客之间的信息传递是对称的。旅客在购买春秋航空的机票时,会签署一份协议,其中包含了关于此项业务的告知。如果不喜欢这种差异化服务,旅客可以选择其他航司的航班。

针对旅客的反馈,春秋航空对空中商城的销售方式进行了一些改进,比如加强静态展示、尽量减少语音介绍等。目前,王正华确定下来的空中营销模式是:空乘人员站在客舱的第一排,通过麦克风简明扼要地向旅客展示商品,并根据不同的航线和航程时间选择不同的推销方式,时长尽量控制在3分钟之内,确保不会过多占用旅客的时间。

有购买意愿的旅客,通过扫码付款购买商品。如果旅客通过春秋航空APP小程序认证成功,即可享受200元预消费额度。开通此功能后,旅客在乘坐春秋航空国内航班时,可以直接呼叫乘务员,无须出示付款码,无须使用现金,甚至无须拿出手机。目前,"微信机上付"功能支持购买机上餐食、纪念品和海外直购等超过300种商品或服务。飞机降落后,微信支付将自动从乘客账户扣除相应款项，并向乘客推送交易账单。

为什么春秋航空这么卖力地推销商品？答案就是搞创收、增利润。从高价的香水、包包等奢侈品，到便宜的毛毯、薯片和冰红茶，空乘人员总能变出你想都不敢想的小商品，让你觉得自己不是在坐飞机，而是进了百货商店。王正华借鉴欧美低成本航空的营销模式，这如今在中国民航市场已不再是新鲜事儿。

在通过销售商品赚钱这件事上，全世界的航司都充满热情。连国内航空公司在辅助业务方面也开始奋起直追。国内多家高校的空乘专业已将"客舱销售技巧"课程列为必修课。准空乘们在出校门前就已经学会了在推销前为打扰乘客而道歉的"秘籍"。

疫情前，美国多家航空公司就已把"副业"搞得有声有色。2019年，达美航空、联合航空和西南航空等航司的辅营收入占总营收的近15%，有效缓解了燃油价格上涨带来的盈利压力。

相比之下，春秋航空的业绩表现可圈可点。2018年10月23日，春秋航空再传喜讯，宣布其旗下首家分公司落户河北，这预示着该公司正不断强化在京津冀市场的话语权。

上市公司年报显示，2018年春秋航空实现营业收入131.14亿元，其中辅助业务收入6.1亿元，占总收入的4.65%。2020年，剔除海外投资的损失，春秋航空在国内市场基本实现营收平衡。2021年，该公司的净利润接近4 000万元，实现微利。

民航业遭受着疫情反复、油价上涨和汇率贬值的三重冲击。但与春秋航空规模相近的航空公司，在同一时期大多经营惨淡，一年亏损几十个亿。"低成本航空"这个看似不够"高大上"的称呼背后，其实蕴藏着极其强大的生命力。

在此基础上，王正华成立了春秋航空绿翼空中商城（以下简称"绿翼商城"），它是春秋航空全资子公司，也是春秋集团旗下的对外电商平台。目前，绿翼商城主要经营海外直购商品和旅游纪念品。商品分为三大品类：一是出行必备类，包括各类功能箱包、户外帐篷和急救包等；二是探亲商务类，包括地方标志性特产，如葡萄酒、名品护肤系列等；三是品质生活类，包括电烤箱、吸尘器和加湿器等家用电器，以及家居家纺、日化用品和餐具厨具等。

绿翼商城具有"三大"特点:一是品质保障,全站正品保障,商品假一赔十;二是满百免运费,购物满百元免运费;三是支持积分兑换。旅客可以使用春秋航空绿翼积分兑换商品。绿翼商城的成立,为王正华在实体销售之外开辟了一条新的营销渠道。

例如,在航班上体验和试吃土特产后,旅客扫描二维码即可购买产品,这为旅客提供了便利。在当地旅游时,本就要购买一些东西送给亲朋好友,飞机上有的买了,正好省去了拎大包小包乘机的麻烦。

春秋航空独特的机上销售模式,配合高效的商品演示、推销方式和生动直观的产品目录,为商品销售奠定了基础。通过空中和网络的互动,以及线上、线下的多种营销举措,产品可以通过虚实结合的渠道展示给旅客,毫无疑问,这是一件双赢的事情。

除了开发机票衍生类辅助收入产品外,王正华的想法极富创新性,步子也迈得更大。春秋航空与全球知名订房平台 Booking.com(缤客)、吉利汽车等公司开展了包括机身广告、主题航班在内的航空媒介投放合作,并推出了集航媒投放、新闻发布、事件营销、明星/知名IP和产品销售渠道开放等于一体的多维度、多视角、全方位宣传方案。

春秋航空曾推出"空中4S店",初期主要销售吉利汽车,价格在10万元上下。感兴趣的旅客可以填写意向单,凭意向单在4S店购车时享受折扣,无须在飞机上支付任何费用。未来,随着机上刷卡技术的应用,旅客有望在飞机上直接刷卡下单,甚至分期付款购买汽车。

央广"经济之声"特邀评论员陶跃庆曾评价:空中商城模式是一种很有意思的尝试,它既能让消费者得到实惠,又能让航司从中赚取一部分利润,同时还能培养旅客的购物习惯,拓展航司的销售渠道。

除卖车卖房外,春秋航空还将销售化妆品与珠宝等奢侈品纳入其业务范围,并建立了"跨境电商"平台。近年来,春秋集团大力发展跨境电商项目,销售来自中国港澳地区,以及日本、韩国、"一带一路"共建国家和地区各大品牌的免税商品,其中部分商品的价格甚至比机场免税店更实惠。

空中商城是春秋航空在多年"客舱实物推销模式"的基础上发展而来的电子

商务平台，它不仅是春秋航空零售平台的一大飞跃，也是对飞行碎片化时间的合理利用。

　　从长远角度来看，王正华的空中虚拟商城，可以被视为一个综合销售平台，无论是土特产、自营商品、跨境免税商品，还是房产汽车，只要能为消费者提供优质服务，并与众多厂家形成长期稳定的合作关系，其发展前景都是相当乐观的。

第十五章：特殊时期这样过

他，精神的指引者和传承者。在他的影响下，春秋航空和春秋旅游在他两个儿子的带领下，在疫情中彰显风范，勇担社会责任：抗疫生产自救，坚持不裁员，免费运输救援物资，包机运送海外的同胞回家。

他，是"幕后英雄"

在中国，家族企业占据了民营经济的半壁江山，传承与创新成为时代命题。随着第一代创业者逐渐步入暮年，"创二代"如何接班，成为企业发展的关键转折点。

王正华与任正非、柳传志等"共和国一代"企业家一样，多数生于1949年前后，面临着同样的"接班人"问题。中国企业的"一哥"们交出接力棒的这一天，终于到来了。但对于这一代企业家来说，他们不仅要面临着与内在自我的和解过程，更要克服"英雄迟暮"的失落与不舍。

对于交棒一事，王正华在接受媒体专访时曾说："这是自然规律，我已经70多岁了，人生总要有不同的阶段。长江后浪推前浪，后浪也只有在前浪的基础上不断反思学习，才有机会'叠'得越来越高，只有这样，春秋大业才会越来越进步。"而在几年前，他还曾戏言要"做到老年痴呆"。

这是一个让王正华难忘的日子。2017年3月底，春秋航空发布公告，称董事长王正华于3月29日向公司董事会提交了关于辞去公司董事长职务的辞职报告，同时申请辞去公司董事会战略委员会召集人一职。当日，春秋航空董事会召开会议，一致同意由王正华的长子王煜担任公司董事长、公司董事会战略委员会召集人。

这意味着,王正华执掌春秋的时代即将落幕。正如业内人士评价:"没有他,就没有春秋,他的成功,就是春秋的成功。"王正华在春秋的领导地位毋庸置疑。每个企业背后都有一个故事,每个故事背后,总有一位卓越的企业家,而春秋背后的那个人就是王正华。

有专业人士评论称,春秋航空上市两年后,王正华逐渐退居幕后,不太参与具体经营。他的使命是帮助春秋航空完成上市,将来市值的增长和精细化管理,就交给他的孩子们了。

王正华曾对外表示,不排除让职业经理人接班的可能性,但最终仍然选择了有国外留学背景、在外国咨询公司工作过的长子王煜,来继承他一手创立的事业。这一次的人事变动,虽然引起了外部的一些关注,但是在公司内部却没有掀起任何波澜,一切照旧。公司领导层只是在会议上宣布了一下,并在公司内网发了一个通知。这种低调务实的风格,一向是春秋的底色。

交接航空业务时,王正华没有过多叮嘱,只交代了王煜两句话:"不要急于创新,先传承;不要急于发展,先稳定。"他希望儿子能够带领春秋航空循序渐进地创新,步子不能迈得太大,要积极应对市场上出现的变化。

然而,面对自己亲手缔造的商业帝国,去与留,对任何一位企业家而言都绝非易事。王正华申请辞去春秋航空董事长职务后,仍在公司继续担任春秋集团董事长一职,更多关注集团战略和规划方面的事情。但性格内敛、不事张扬的他,带有那一代人的特质,重视传统道德,强调责任心,是将工作视为责任与心灵寄托的"工作狂"。如果不工作的话,待在家里又能做些什么呢?

与许多从高位上退下来的人一样,王正华并没有真正从心底里接受退休这件事。刚退下来时,他依然每天早早地去上班,天黑才回家。逢年过节,他还会像以往一样,到一线看望员工。

一次,凌晨5点,他赶到机场,要和员工"坚持在一线"。但那一天,他记忆犹新。一位跟随他多年的老员工劝他别来了。因为如果他一直在,大家不知道是该听他的,还是该听新的管理团队的指挥。

当时他的心里一震,本想辩驳一番,但他内心却知道,为了年轻人的成长,

为了春秋的成长,他得退出去了。可是在心理上"被逼"退休的王正华,接下来的日子,有些不好过了。

在支撑他"有事儿干"的那根稻草被抽掉后,他身心都出现了问题。空闲时间多了,不用再熬夜看经营数据了,这让他一时难以适应。白天无困意,晚上睡不着。原本从不吃药、不进医院的人,从那之后的每个星期,都要去医院,每晚靠安眠药才能入睡。这样的状态,持续了一段时间。

后来,王正华听了朋友的建议,决定去学唱歌、带领员工打太极拳、去康保种树、去贫困山村做公益慈善……慢慢地,他与自己和解了,变得快乐而充实。在以前,他可能从未想过,自己有一天会喜欢上这样的生活。

不久之后,他"满血复活"。虽然放手航空板块的经营,但在发家起步的旅游板块,偶尔也能看见他活跃在一线的身影。

在一些媒体和官方网站上可以搜索到,2018年9月,王正华出席第四届"全球社会企业家生态论坛",提出企业家做公益要知行合一。

2018年10月,王正华被中央统战部、全国工商联评为"改革开放40年百名杰出民营企业家",同时荣获中国旅游"终身成就奖"。

2019年11月2日,王正华荣获2019年度"杰出社会企业家"称号,颁奖盛典暨第五届全球社会企业家生态论坛在北京举行。

2020年8月,王正华出席2020年盐城文化旅游(上海)推介会,表示将整合旅行社和航空资源,助力盐城旅游客源市场拓宽。

2022年,镇巴县人民政府与春秋旅游举行座谈会暨合作协议签约仪式,王正华出席并发表讲话。

2020年8月,旅游业高质量发展论坛暨第19届中国旅行社沙龙会在三亚举办。作为主办方代表的王正华参会。这个沙龙会,由春秋集团和中国旅游研究院、三亚市政府共同发起,与会嘉宾共同为疫情后的中国旅游业振兴建言献策。会上,王正华作了题目为《航空和旅游是海南国际旅游岛高质量目的地建设的双重动力》的演讲。

2021年,王正华以"艰苦奋斗价值观、中国企业家精神"在各类社会活动中成为焦点。他受邀出席全球中小企业联盟年会,同外交部原部长李肇星等同台论道；受中华全国总工会、全国工商联邀请，参加匠心大会，与原外经贸部副部长龙永图一同演讲交流；在创新中国企业家论坛上，发表《小亭子飞出的航空公司》主旨演讲；出席国家会计学院2021年企业家核心能力发展项目结业论坛，发表题为《创新奉献社会，奋斗承担使命》的主旨演讲。

2022年，王正华宣讲中国企业家精神，在社会活动中成为关注焦点。"授人健康，功德无量"，他积极推广太极拳，获上海市体育局领导赞誉；受上海市委统战部、上海市工商联邀请，出席上海市年轻一代民企党员出资人示范培训班的学员论坛活动；当选上海市闵行区太极拳协会名誉会长，组织承办2022年上海城市业余联赛太极拳（闵行站）比赛，报名人数达900人，创四个分赛区报名人数之最。

2023年12月，王正华参加在上海举办的2023年中国旅游集团化发展论坛，成为《时尚旅游杂志》年终特别策划《生活重启·旅游新生》的封面人物之一，与中国旅游研究院院长戴斌，以及开元、华住、杭州商旅、祥源控股、如家酒店等文旅集团的创始人或CEO同台，共话中国旅游行业的现状和未来。

此外，王正华的"让每个人都有实现蓝天梦想的机会"主题专访，所表达的内容字字珠玑，直击人们心灵深处。梦想跟年龄无关，因为他的眼里还有光，只要眼里还有光，就一定追得到梦想。

不知不觉中，他已退居幕后七八个年头。如今的春秋集团，业务涵盖旅游、航空、酒店、景区管理、会展、票务、车队、体育赛事、城市旅游观光巴士、第三方支付、融资租赁等。集团拥有境内50家全资分、子公司和境外7家全资子公司，是国内连锁经营最具规模的旅游批发商和包机批发商之一。特别是在日本，公司投资成立了春秋航空日本、春秋旅游日本、春秋投资日本、免税店管理公司、巴士公司等5家合资、全资公司。

他嘴边说得最多的还是这几个词：市场、成本、靠自己。随着年龄越来越大，这份情感越来越浓重。他经营的不仅仅只有生意，更多的是人生，是梦想。

活到老，学到老。王正华是一个闲不住的人，总有新的想法，憋着很难受。他一直在思考，如何在下一步发展中抓住时代潮流，如何在航旅上下游产业寻找新的盈利点。对于区块链、元宇宙等前沿技术，他认为即使现在尚未看到明确的

成果，但已有专业人士做得很好。未来的春秋人，一定会不断研究下去，直到取得成功。

他还深度筹划深耕酒店、目的地景区、观光巴士等项目。截至目前，在王正华的支持下，春秋集团在第三板块的业务已取得初步成果，如"春野秋梦"露营全国开花、九龙口景区的成功运营等，这些都是通过投资或轻资产运营、引流等方式进行经营或参与合作分成。

很多退休的人都经历过王正华的阶段，怎么走出来，也许你可以借鉴一下他的方法。换一种"忙碌"的方式，生活会大有不同。

有些时候，前方并非坦途。如果不及时转身，只会与目标渐行渐远。这个时候，只有转身，才能回到正确的道路上来，找到适合自己的方向。

两个儿子的航旅分配

企业"创一代"开疆拓土，缔造商业帝国，当"创二代"接过家族接力棒，面对挑战，该如何实现创新与传承，延续家族企业的辉煌呢？

春秋航空自创建以来，受到国内外的广泛关注。除了业务发展，接班人问题也一直是焦点。这几乎是所有民营企业共同面临的挑战。无论是碧桂园"千金"杨惠妍、新希望的刘畅、娃哈哈"公主"宗馥莉，还是"国民女婿"王思聪，都无一例外，备受关注。

对于春秋集团的未来，王正华始终持开放态度。他曾公开表示，他比较认可"社会企业＋家族血脉"模式，认为相比职业经理人，家人对企业更有感情，也更具有长远眼光。

在王正华的精心安排下，长子王煜在"春秋系"11家公司担任董事或高管，并间接持有春秋航空1.07%的股份，账面市值超过4.6亿元。2017年，47岁的王煜接替父亲执掌春秋航空，并在上任一年后就熟练掌握春秋航空的成本控制体系。

事实上，这不是王煜的第一份工作。学铁路专业的他，第一份工作就在铁路系统。之后，他去美国读书，即使身为"富二代"，王煜仍被要求在国外一边上学一边打工，这让很多人都觉得不可思议。

二十多年前，王正华送王煜到美国留学，当时只资助了他5万元人民币，鼓励他自主创业，并表示如果一个月后觉得不适应，随时可以回国。然而，王煜在美国一待就是八年。其间未接受任何经济资助。等归来时，王煜不仅获得了两个硕士文凭，还积累了2万美元的积蓄。这让王正华引以为荣。

公开资料显示，王煜出生于1970年，毕业于美国南伊利诺伊大学，获经济学硕士和工商管理硕士学位。回国后，王煜没有直接进入春秋工作，而是在罗兰贝格、毕博、翰威特等多家知名咨询公司历练了七年，积累了丰富的管理经验后，才正式加入春秋航空，并担任副总裁等职务。目前，王煜担任春秋航空董事长、春秋国旅董事、春翼投资董事长、春秋融资租赁董事长等职务。

令王正华颇为满意的是，春秋航空在王煜的带领下，取得了亮眼的经营业绩。

根据业绩预告，2023年春秋航空净利润预计将达到21亿至24亿元，这不仅刷新了公司近十年来的利润纪录，更远超其他盈利航空公司，利润额是他们的3到7倍，堪称业内盈利神话。

如果跟自己比，春秋航空在2023年的净利润已经超过了疫情前的2019年。这是王煜作为春秋航空董事长的第六个年头，他带领春秋人交出了一份令人瞩目的成绩单。

王正华的次子王炜的成长轨迹与兄长类似。1975年出生的王炜早年赴日本鹿儿岛学习日语，毕业于山口县下关市立大学后，他在当地工作。福岛核泄漏事故发生后，面对公司日本航线业务危机，王炜临危受命，主动请缨。

以此为契机，王炜正式加入春秋航空，并出任春秋航空在日本投资的参股公司——春秋航空日本株式会社董事长，全面负责日本市场的开拓工作。王正华对王炜在日本取得的成绩大加赞赏。

在王正华看来，两个儿子都很听话，也很争气，既能独当一面，也能标新立异。他送王煜去美国、送王炜去日本，就是希望他们出国后能拓宽国际视野，以更开阔的眼光审视中国的商业环境，并以新思维、新理念来规划企业发展。

2022年6月，春秋旅行社建社四十一周年之际，王炜正式以春秋集团总裁的身份亮相，全面负责春秋旅游的经营管理工作。并在新闻发布会上回顾了春秋集团在拼搏与创新方面的成就。2023年6月，王炜开始担任春秋航空董事。

疫情期间，王炜接受媒体采访时表示，父亲的言传身教早已深深烙印在他心中，背影也深深留在他的脑海中。接手企业后，他不仅要学习父亲身上那种勇敢坚韧的精神，还要传承父亲一直推崇的中华优秀传统文化。面对疫情带来的冲击，他带领企业和员工关注自身免疫力，增强内功，提高抗风险能力，在逆境中求生存，以更好地抵御疫情，更好地为广大游客服务。

正如王炜所言，疫情三年，春秋集团不等不靠，积极谋求转型发展。

2023年，春秋航空在确保安全、提升运行品质的基础上，积极响应"一带一路"倡议，率先恢复东南亚地区，以及日本、韩国等地的国际航线，积极增收创效，率先扭亏为盈。

2023年，春秋旅游的生意在疫情后迅速复苏，上海、深圳首发的泰国旅游团率先出行，成为全国首个恢复出境游的团队；上海观光巴士的经营效益和客座率也屡屡刷新历史纪录；南极和南美旅游线路以及长江三峡邮轮产品的销售均取得了突破性进展，赢得了市场和消费者的广泛认可。

2024年3月，王正华又把手中绝大部分股权转赠给长子王煜。春秋航空发布公告称，收到控股股东上海春秋国际旅行社（集团）有限公司（简称"春秋国旅"）及其一致行动人春秋包机的通知。春秋国旅、春秋包机的股东王正华、王煜、王炜已签署股权赠予协议，约定王正华将其持有的部分春秋国旅和春秋包机的股权赠予王煜。

在股权赠予实施前，王正华、王煜、王炜分别持有春秋国旅32.368 3%、21.578 8%、10.789 4%的股权，以及春秋包机25.91%、17.27%、8.64%的股权。股权赠予实施后，王正华、王煜、王炜分别持有春秋国旅1%、52.947 0%、10.789 4%的股权，以及春秋包机1%、42.19%、8.64%的股权。这表明，王正华将其所持有的大部分股权，都转让给了长子王煜，自己只留了1%，次子王炜的持股比例保持不变。

随着春秋管理权和股权的陆续变更，一手创建"春秋大业"的王正华的交棒之旅已渐入尾声。从春秋集团目前的整体运营情况来看，王正华已基本解决了中国民营企业交接班的难题。

尽管已经将航空业务的领导权和集团的大部分股权转给儿子，但王正华仍将担任春秋集团董事长一职。公司的大政方针、重要决策，还是要经过他的同意。主要干部的任命，也要让他知道，并且他有知晓和提出意见的权利，最后的决策由两个儿子来做。

这个时候，王正华表示，他只参加春秋航空年中和年末的安全委员会会议，其他会议就不参加了。他们在会上要对过去一个月的运营情况进行沟通和分析，并对安全问题进行重点讨论。公司有专门的"安监办"，几十人将精力全部放在安全一事上。他认为，安全是航空公司的头等大事，与他们的生命一样重要。

剩下的时间，王正华也会做些"杂七杂八"的事，而这"杂七杂八"，很多都与未来有关。比如，他亲自组建团队研究元宇宙、区块链技术，以及景区目的地经营和管理等项目。甚至，王正华想到了更宏伟的目标。在春秋航空持续一天的战略研讨会上，他竟然提议大家研究美国已经研制成功并试飞的"飞行汽车"，认为如果100多万能买到一辆会飞的汽车，其将拥有广阔的市场前景。

直至今天，王正华始终坚持一个信念，无论做旅游还是做航空，都要保持宠辱不惊的心态。他看淡得失，不因取得一点成绩就沾沾自喜，不奢求什么像样的庆祝，他总认为不值得，重要的是要继续努力奋斗。

以往，他很少在人前表扬他的两个儿子。但近年来，随着春秋集团规模的稳步增长、活力的不断提升，以及结构的持续优化，他的眼神中也流露出了自豪之情。他很中肯地表示：儿子们接班了，航空和旅游业务做得都还可以。最后，他还不忘叮嘱两个儿子：前路漫漫，仍须艰苦奋斗，努力探索。

或许在外界看来，王正华在背后"出谋划策"是一种必然，而王正华对儿子们严格要求也是事实。父子之间心照不宣的默契无须多言。儿子们所展现出的传承和创新精神，让他有了一丝慰藉。

王正华把春秋旅行社打造成全国第一后，又创办了中国第一家低成本航空公司。他的目标是将春秋航空发展到拥有1 000架飞机的规模。而这个愿望，需要王煜和王炜共同实现。

非常时期的"非常举措"

2020年初,突发的新型冠状病毒感染疫情,给各行各业,特别是航旅业造成了前所未有的冲击,春秋集团也不例外。王正华坦言,此次疫情发生在春运旺季,原本最赚钱的时间段,变成了最亏钱的。一进一出之间,遭遇的挑战和压力巨大。

在严峻的形势面前,春秋航空第一时间响应党和国家的号召,暂停相关业务,为旅客免费退票、退团、退款,直接经济损失达10多亿元。仅这一年的春运期间,机票退了141万张,25万人次旅游退团。

春秋集团2020年工作报告显示,春节前,春秋航空一天最高盈利达2 500万元。疫情暴发后,一天亏损1 500万元,与疫情前相较,相当于一天损失4 000万元。一季度,航班量大幅度削减50%;客座率从春运初期的95%左右大幅下滑至不足50%。随着境外疫情暴发,国际航线被限制为"一国一线一周一班",国际航班从每天140多班锐减为一周只有4班。

旅游业在业绩最好的春节期间同样遭遇"急刹车",直接停摆。仅春节期间中国旅游业停摆造成的直接经济损失就在5 000亿元左右。疫情头三个月,有11 000家旅游企业倒闭,6 000多家旅行社破产清算;百程网关闭,启动清算;知名在线商旅腾邦国际遭债权人申请清算……

疫情中的航空业更犹如置身"暴风雨"中。据国际民用航空组织(ICAO)测算,世界民航业全年座位数下降43%~51%,旅客量减少24亿至29亿人次,利润亏损1 185亿美元。

全球航企在低谷中引发裁员、倒闭潮。疫情发生后短短四个月内,全球就有17家航空公司破产,其中不乏世界历史第二悠久的中南美洲第二大航空公司哥伦比亚航空,欧洲最大支线航空公司福赖弼,意大利第二大航空公司Air意大利航空,维珍旗下的维珍澳航,汉莎旗下低成本航空公司德国之翼,韩国韩亚航空公司,日本亚细亚航空公司,泰国酷鸟航空公司、港龙航空公司等。截至当年11月,停飞或破产的航空公司已达40家。

幸存的航司也元气大伤，不得不大规模裁员。汉莎航空裁员 29 000 人，北欧航空裁员 10 000 人，国泰航空裁员 8 500 人，全日空航空裁员 3 500 人，英国航空裁员 2 500 人。

回顾王正华和他的创业史，春秋集团经历过 2003 年的"非典"，2008 年、2009 年的金融危机，2015 年韩国的中东呼吸综合征（MERS）。

2003 年"非典"期间，春秋还没有成立航空公司，那时，春秋旅游只能维持每月 475 元工资。激情四射的春秋人，没有像其他旅游企业那样关门大吉，而是在办理好游客的退改签业务之后，闭门进入长达四个月的苦练内功阶段。大家都说"比平时还忙"。保持高昂斗志的春秋人，在"非典"之后快速恢复业务，于当年底、次年初，完成提交筹建春秋航空公司报告的工作。

席卷全球的 2008 年、2009 年金融危机，使航空业面临巨大的生存压力，不少航企负债累累，部分民营航空公司相继破产倒闭。春秋航空的管理团队，成立了航油、机场、飞机、维修、训练、人员、航班延误七大项目降成本委员会，并决定集团所有股东和管理干部全部降薪 30%。危机度过之后，2010 年，春秋航空迎来了飞机数量和利润都比危机前翻番的空前快速发展时期。

危难之中，有一种力量叫"春秋精神"。新冠疫情最危急的时候，春秋人坚守在第一线，尽职尽责。王正华号召全体员工，称当前行业遇到了比较大的困难，春秋很不容易。整个国家、整个社会都不容易。

最艰难的时候，春秋集团迎难而上，多措并举：降成本、练内功、稳队伍、补短板，为快速恢复做充分的准备。由一开始的防疫、生产和自救转成后面的抗疫模式。

这是一场事关很多人生死的战役，大家都在和时间赛跑。国家、企业、个人同样面临着巨大的挑战。疫情当前，王正华首先想到，国家面临的挑战更为严峻。

他与两个儿子王煜、王炜统一思想，春秋集团虽然自身承受巨大损失，但不能忘却自己肩负的社会责任。于是，春秋航空率先承诺，所有航线免费承运救援物资。积极响应中国驻日本、韩国使领馆的要求，包机运送滞留海外的同胞回国。

疫情期间，不少贫困地区的务工人员滞留家中，断了收入来源，面临返贫风险。春秋航空积极响应政府号召，在全民航企业中第一个贴出了复工海报，组织包机帮助云南、贵州等地建档立卡贫困户赴上海务工，累计输送数十万名务工人员返岗复工。

春秋集团内部积极开展生产自救，包括航线恢复、微旅游启动等措施。为助力疫情最困难地区完成"六稳""六保"任务，春秋集团率先面向湖北籍人员开放招聘；践行企业社会责任，向上海、河北等地3 000多名抗疫医护人员捐赠防护服、提供免票等贵宾权益，感恩最美逆行者、白衣天使。

疫情期间，春秋航空主动向所有基地所在省市政府发出抗疫"请战书"。河北省省长批示："春秋航空请战书，体现出其在疫情中的担当和责任，应予充分肯定。"同时，应河北省政府要求，春秋航空组织3架包机，圆满完成接413名河北援鄂医疗队英雄回家的任务。

事业呼唤先锋，春秋培养先锋。无论是抗击"非典"，还是迎战新冠疫情，春秋航空的党员干部都身先士卒，以热血赴使命，以行动践诺言，呕心沥血、建功立业。"我是党员我先上"成为春秋航空一线战场的最强音。

随着国家抗疫工作取得一个又一个积极进展，航空市场开始呈现逐步向好态势。为了防范境外疫情输入，民航业对国际航线出台了两项举措：

一是"五个1"政策。该政策指的是1家航空公司在1个国家保留1条航线，1周至多执行1个航班。该政策自2020年3月29日起开始实施，每个航班客座率不高于75%。当年，春秋航空将大约40%的运力转移到国内，重点发展三、四线城市航线，新开20多个航点和80多条航线。

二是"熔断"措施。自2020年6月8日起，根据入境航班落地后旅客的身体状况，对航班实施"熔断"和奖励措施。

以上政策实施后，民航国际旅客运输量从2020年2月的105.2万人次降至3月的55.2万人次，再降至4月份的7.7万人次。这种降幅，可谓是断崖式的。

有句话说得好：只要思想不滑坡，方法总比困难多。在这种严峻的挑战下，有人立场无奈，有人被动等待，而春秋航空积极应对、主动出击，不甘放弃和等待。

可以这样描述春秋人在疫情中的行动：练内功、补短板、拼抢资源、积极作为。在疫苗研发不断传来好消息的情况下,航旅业务逐渐恢复,最终取得了令人满意的成绩。

春秋航空严格按照民航局、文化和旅游部及各地政府的要求,做好各项疫情防控工作,实现了员工零感染、入境航班零"熔断"、游客零感染,先后获得4条民航局奖励航班。此外,春秋航空一线员工疫苗接种率达95.5%,并建立了员工健康档案管理系统。

在航旅业务上,春秋航空全力以赴拼抢资源,飞机利用率和航班恢复水平领先于行业。在市场最为艰难的4月和5月,其他航司大量航班取消,春秋航空反而新开30多条航线。夏秋季新开国内航点20余个,航线60余条,新增航班时刻1 132个;冬春换季继续新开航点5个、航线20条,新增时刻1 400个。截至2020年10月底,国内运力增幅达150%,客座率恢复至89%。据媒体报道,春秋航空是全民航抗压能力最强、恢复最快的公司。

最艰难的时期已经过去,回归正常是我们共同的心愿。重新忙碌起来,是一个积极向上的信号。闲不住的王正华,又有了高质量发展的战略选择。

2023年12月18日晚,甘肃省临夏州积石山保安族东乡族撒拉族自治县发生6.2级地震。王正华、王煜第一时间发出指示,为了尽快驰援灾区,全力帮助受灾群众,春秋航空执飞的所有甘肃进出港航线将免费承运专业救援队伍和救援物资。彰显了风雨同舟、守望相助的人间大爱。

再加把劲儿,坚持就是胜利

危中有机,事在人为。王正华不时通过集团视频大会鼓舞士气,让大家做好防疫措施。在保护好自身安全的情况下,要顾全大局,听从地方政府和公司的统一指挥,遵从公司的统一领导。

每次开会时,他深入分析内外部形势,指出尽管面临诸多不利因素,但疫情

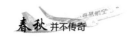

终将过去,中国经济长期向好的基本趋势没有变;在"国内国际双循环"的新发展格局下,个人出行对低成本航空的需求将进一步增长;《区域全面经济伙伴关系协定》(RCEP)的签署有利于春秋航空深耕东北亚和东南亚市场;民航强国战略和文旅融合大潮下,中国民航和旅游市场依然是全球最具活力和增长潜力的市场;对照国际发展经验,疫情的冲击反而会加速民航业进一步拥抱低成本航空。

时间到了2021年,疫情的阴霾持续笼罩,且多点散发。航空和旅游业遭遇前所未有的危机。"五个1"政策持续,国际市场严重受限。2021年前三季度,国内上市航空公司累计亏损超280亿元。文化和旅游部发文,实行"熔断"机制,各地文旅厅局数次叫停跨省游业务,旅游业一片惨淡。

面对困难,怎么办?王正华带领集团上下同心协力,发扬春秋人的奋斗精神,寻求破局之路。前十个月,春秋航空飞机利用率领先行业近30%;创新推出旅客权益类产品,实现创收3.9亿元;推出3.0套票、行李畅享卡、省钱卡等六大产品,邀请网红主播直播带货,累计销售21.5万套,积极满足旅客需求。

2022年,疫情冲击愈加猛烈。新冠疫情期间,春秋航空主基地上海航班量跌至谷底,经历了开航以来的至暗时刻。疫情在全国蔓延,31个省、自治区、直辖市无一幸免。前11个月,累计本土阳性病例达148.5万例,是2021年全年的88倍。

航空业、旅游业的亏损加剧。高风险城市航班长期停摆,航班量一度跌至每天不到3 000架次,只有2021年的五分之一,全民航平均每架飞机每天飞行不足一个航班。

国际航班虽有增加,但需求仍低迷。油价高企,人民币汇率跌破7,航司运营成本大幅增加,可谓雪上加霜。"八大"上市航司前三季度亏损共计1 062亿元。疫情以来,民航业累计亏损已超过3 000亿元。截至2022年6月底,已有12家航司资产负债率超过100%。

在如此严峻的形势下,春秋航空成为中国民航业不可忽视的一股力量。2019年,春秋航空全年平均客座率超过90%,收入利润率高达14.86%,位居国内上市航司之首。截至2022年3月,春秋航空共运营116架A320飞机,即便在疫情严重冲击下,春秋航空的资金储备仍超过70亿元,资产负债率约为66%,展现出稳健的抗风险能力。

2022年是航空业、旅游业极其困难的一年,也是春秋航空历史上最为困难的一年。受疫情影响,航班停摆。在这种情况下,春秋航空2002年前十个月飞机利用率达6.1小时,领先行业平均水平1.6小时,客座率达75.2%,领先行业平均水平9.4个百分点。航班正常率、准点率均名列前茅。

在中国旅游高峰论坛上,中国旅游研究院戴斌院长在发言中多次赞扬春秋航空积极转型自救,赞扬其不躺平的精神。2021年至2022年冬春季,春秋航空上海至长白山的航线持续火爆,一个月里,有7天每日执飞4班,23天每日执飞3班。冬春季共执飞航班238班,同比增长25%,再创新高。雪季累计输送旅客逾3.4万人次,酒店用房逾2万间,长白山旅游产品销量全国领先。春秋航空积极响应上海总工会号召,推出"看上海、品上海、爱上海"活动,签约440多家企事业单位工会,累计参与人次突破4万,营收突破3 000万元。

无论在任何境遇下,王正华都能推陈出新,别出心裁。在他的推动下,春秋集团露营项目于2022年6月启动,10月即实现25家营地盈利。"春野秋梦"露营品牌在全国迅速发展,当年开业30家,累计营收超过600万元,荣获文化和旅游部2022年"潮品牌新势力"创新精选案例,并被中国旅游协会列入中国服务案例。其中,北京、上海、重庆、哈尔滨、扬州等20家营地,纷纷获得所在省市"十佳最美露营地"称号。

2023年1月8日,历经三年抗疫,新型冠状病毒感染被调整为"乙类乙管"。这一重大调整标志着受疫情影响的经济社会生产生活秩序逐步恢复正常,久违的烟火气渐渐回归到人们的生活当中。

活着才是头等大事。盈利能力是企业存在的基础。只有持续盈利,企业才能正常运转,并在此基础上追求更高层次的目标。疫情进入新阶段,挑战依然严峻,唯有坚韧不拔,才能迎来曙光。王正华鼓励全体员工,再加把劲儿,坚持就是胜利。

春秋航空率先吹响了复苏的号角。先是泰国曼谷,再是中国香港地区,春秋航空成为疫情后首家开通这些航线的航司。此外,长期以来,福冈机场"一刻难求",春秋航空此前一直未能进入。在疫情形势好转后,春秋航空便协调获得了

福冈机场高峰时刻的航班,航班份额居国内航司第一。在国内航线布局上,春秋航空在兰州着力打造"全国干线网""全国支线网""甘肃省内网""经兰进疆网"四大网络,其涉疆航点和航班量均居国内航司首位。

春秋旅游也迅速行动,率先恢复跨省团队游,并组织了国内首批出境游团队,引发媒体争相报道。"中国旅游日",春秋集团签约上海百架包机对口援建项目。从2008年至今,春秋航空已累计执行153架次旅游援建包机,其中援疆包机137架次,援藏包机15架次,援青包机3架次。

通过"旅游+航空"的模式,以旅游引流,以飞机送客,春秋航空有效连接了上海的消费市场和对口帮扶地区的旅游资源。春秋集团总裁王炜多次带队赴西藏日喀则、青海果洛等地,落实旅游包机合作战略协议。

2024年9月,王炜带队去了青海省西宁市的果洛西宁民族中学,并与长宁区对口支援的果洛州甘德县教育局签署助困奖学合作协议。值得一提的是,王炜以个人名义每年资助果洛西宁民族中学高一至高三的甘德籍贫困且品学兼优的学生,开展爱心捐款,并安排他们到上海参加"公益夏令营"或"公益冬令营"活动。

此外,王炜还启动了"文旅兴业"战略,自2024年起,资助甘德县5名高中生前往上海开放大学航空运输学院接受大专教育,毕业后定向安排到春秋集团相关文旅岗位工作。同时,春秋旅游在果洛州设立了子公司——青海雪域春秋旅游有限责任公司,依托"上海春秋包机游"帮扶平台,助力果洛州打造国际生态旅游目的地。

上海都市观光巴士也取得了突出成绩。2023年,观光巴士销售车票85万张,较2019年增长28.8%。乘客重复乘坐率提升至42%,全年服务人次达110万。"五一"假日期间,客座率高达95%,创历史新高。

2023年,国内航空市场基本恢复到疫情前的水平,春秋航空在成本控制能力上有了进一步的提升。王正华一直坚信,在安全的基础上,对游客、商务旅客来说,低票价和高准点率是低成本航空的核心竞争力。

王正华在接受《时尚旅游》杂志采访时透露,自开航以来,春秋航空平均票价较市场价低36%,准点率常年排名第一。单凭这两点,三年疫情期间,春秋航空成为国内航司中的佼佼者。

2020年，春秋航空全年客座率达到79.67%；2021年，春秋航空成为当年唯二盈利的航司之一；截至2023年10月，其累计注册会员数达7 611万，较前一年同比增长15.33%。

全面开放的春风吹来，有业内人士预测春秋航空将是第一个扭亏为盈的航司。2023年前三季度，春秋航空不负众望，率先实现盈利。盈利并没有让王正华父子放松，他们认为行业"百废待兴"。跌入冰点时的苦寒，至今记忆犹新。2022年4月，春秋航空月航班量只有3 300班，4月4日单日航班量更是只有54班。

受过沉重打击后，航旅业在复苏拐点展现出更强劲的势头。2023年4月，春秋航空的月航班量和单日航班量分别是2022年同期的4倍和7.8倍。前三季度客座率恢复至89.4%，继续在一众航司中领跑。

回顾疫情期间的经历，王正华有两点体会：第一，企业要始终坚持长期经营、稳健经营；第二，企业要始终专注于主业、实业，做自己最擅长的事。这也显示，在"猪都能飞"的风口期，企业"躺着"也能赚钱，但在逆境来临时，只有强者才能生存。

在这个漫长的"寒冬"里，许多企业倒下了，但活下来的企业一定会更加强大，正如王正华带领下的春秋集团。

始终保持危机感

一场肆虐全国的疫情，给许多人的生活、工作造成了严重影响，也对众多企业的生存发展提出严峻考验。越是危难时刻，越需要管理者挺身而出。

王正华和春秋集团主动出击的动力，根植于春秋集团企业文化中的"始终保持危机感"。就如王正华经常告诫两个儿子的话：对于一家企业、一个老板来说，永远保持危机感就是最大的安全感！不管你现在有多强的实力，不管你现在占

据多大的市场份额,如果你不能居安思危、持续成长,那么,你的危机很快就会来了。

让王正华欣慰的是,他和两个儿子都有共识,要始终有危机感,不可能一劳永逸,总有新的挑战,唯一不变的就是变化。只有不断学习新技能、新知识,保持学习状态,懂得随时"输入",才能避免被时代淘汰。

航空业和旅游业都是与人相关的产业。疫情期间,旅客出行受限,导致航空公司和旅游公司收入骤降,现金流一下子断掉,不少航空公司和旅行社难以承受巨额退款压力,而春秋集团稳健的经营策略使其在危机中展现出独特的优势。

2019年,春秋集团整体经营情况较好,盈利状况稳健,负债率一直保持在较低水平,且并未盲目追求高速扩张。在有危机和需要对抗风险的时候,这些优势就"大显身手"了。春秋航空业务占大头,也是对资金需求最大的板块,相比之下旅游业务的压力小一些。

那段日子,疫情何时结束、旅游何时重启,一切都是未知数。面对困境,大家都做好了收紧钱袋子的准备。正常情况下,王正华在疫情期间应该把红利分给股东,但集团的24位股东一致决定不拿分红,将其留在公司账上。面对困难,大家团结一致,股东不拿走分红,集团就可以把这笔资金用到最需要的业务板块上。

疫情发生后,集团中高管乃至各地分公司的核心干部,包括很多部门经理,一方面要抗击疫情,工作量大幅提升,一方面主动申请零薪酬或少拿工资,只为了照顾好员工,与公司一起共克时艰。

疫情三年来,春秋集团没有主动裁员一人,坚决不让一名员工掉队。2020年,仅春秋航空签订入职协议的新员工就达到500余人。

王正华认为,虽然公司真的困难,但工资还要正常发,万余名员工背后有万余个家庭。面对员工的理解和支持他的内心十分感动,全集团上下一条心,始终保持危机感,这是春秋集团很快走出阴霾的原因。把公司当作自己的家,只要有机会安全飞行,只要有赚钱渠道,想方设法也要实现。即使航旅业务停了,春秋人也不能闲着,纷纷开启了特殊的"复工模式"。

春秋集团推出为期两个月的"云上"培训,分地区、分层级、分业务板块设计课程。业务虽暂时停摆，却给了春秋集团一段"调整期"，春秋人可以优化自己的产品结构，改进服务质量流程。

节流的同时，尽力开源。春秋旅游携手供应商，集中推出了各类旅游预售产品和农副产品、居家日用品等旅游周边产品，只拿基本工资的员工由此增加了收入，有些员工一个月可以拿到近万元。种种措施，让春秋旅游没有落到主动裁员这一步。春秋人坚信，疫情总是会过去的，只要坚持下去，队伍就不会散，他们就有希望。

春秋集团为何能够做到快速响应？这与王正华化危为机、危中寻机的战略决策有关，也和他一手打造的春秋企业文化有关。即便是在经营情况较好的时候，王正华每次在集团年会上，都会提醒员工注意各种风险，抓重点、破难点，团结协作、全力以赴，扎实有序地推进各项工作。

管理的本质不在于"知"，而在于"行"。企业只有保持强烈的忧患意识，才能在市场竞争中立于不败之地。因为市场不会给你改正错误的机会和时间。

比起平稳发展的阶段，在危急时刻，全体员工更希望管理者成为"大先生"，令行禁止，当机立断，过于优柔寡断或太照顾各方情绪的管理者，反而容易错失战机，失去大家的信任与期待。王正华无疑就是春秋人的主心骨、定盘星。有他在，集团上下拥有更大的力量，更坚定的方向感。是他带领团队一次次走出困境，开拓新的天地。

2019年9月23日，欧洲老牌旅游巨头Thomas Cook（托迈酷客）宣布破产，这让旅游行业倍感震惊。王正华和春秋人感慨，必须保持危机感。每一家旅游企业都在悬崖边上，如果你没有紧迫感，站在悬崖边上的就是你。

春秋航空的"自救方式"远不止这些。他们将不断升级的"随心飞"产品投放市场，刺激疫情下的市场需求。推出套票产品，9元、99元，满足消费者的需要。春秋旅游最先推出"本地游"、微旅游、乡村游、城市建筑游、周边游、自驾游以及露营等旅游项目，始终保持温度，增进和客人的情感联系。全国各地的"春秋一盘棋"，待疫情有所好转时，立刻增加了小团游、家庭游、房车游、自由行的供应……

近年来，游客对旅行社的依赖度在下降，春秋旅游反而利用自身资源优势，持续发力，吸引用户。比如，春秋旅游订春秋航空的航班位置，价格一定是最优惠的，这成为春秋旅游的竞争力之一。随着跨省游的放开、出境游的复苏，春秋集团的航旅业务随之攀升。

疫情之下，小企业最关切的事，是如何生存。直播带货形式的火热更像是雪中送炭，成为小企业不得不尝试的机会。而对于大企业来说，直播带货更多的是锦上添花，或是主动拥抱变革的尝试。

王正华一直称自己的企业是小公司，他和长子王煜尝试直播，不为获取收益。实际上，他们是以企业代言人的身份出现在直播间，意图带给网友更多的"春秋好货"，从而提升企业形象、增加企业和品牌知名度，努力实现营销方式上的创新。

2020年5月19日，恰逢中国旅游日，王正华"飞"进了直播间，倾力为自己家乡江苏盐城的著名旅游风景区九龙口代言。首次直播，他便收获超高人气，累计观看人数超过1 200万人次，最高同时在线人数达101万人，整场直播产品销售和飞机喷涂销售意向总金额突破3 000万元。

2019年春秋集团组建九龙口项目工作小组，入驻盐城建湖，截至2024年，已开展近五年的九龙口景区及周边地区旅游资源、旅游线路的开发工作，并取得一定成效。春秋航空开通了上海、石家庄、宁波、福州、深圳、天津、呼和浩特、银川等地直飞盐城的航班，方便全国各地旅客体验盐城的人文魅力。

"老王"的带货能力堪比顶流大咖，而王煜的带货能力也毫不逊色。疫后复苏期，航旅业全民直播的浪潮席卷而来。2020年4月，王煜亮相春秋航空直播间，完成了个人的直播首秀。

在直播中介绍扬州、潮汕等目的地时，王煜甚至向网友细数起他个人认为"非常好吃的潮州菜"，如牛肉火锅、粿条等，一个半小时的直播吸引了838.7万人在线围观。数日后，春秋航空宣布自5月新航季换季起，新增和恢复47条国内航线，将空闲的国际运力和时刻资源用于国内航线运营。

春秋集团的发展历程，体现了中国民营企业的发展轨迹。它最初是一家民营企业，后来经历了所有制改革，最终又回归到民营企业的本质。从最初的国内旅游业务起步，逐步扩展到航空领域，经营范畴从国内旅游市场拓展到国际旅游市场。春秋集团的系列变革，显示出其独特的企业文化。

面对新冠疫情的挑战，众多企业积极探索新的商业模式。为了生存和发展，他们化危为机，不断打磨自身产品，创新航旅服务，重塑商业模式……疫情过后，像春秋集团这般"爱拼"的民营企业，其发展格局或将迎来一次重构和升级。

2019年8月，王正华在上观新闻文化讲坛上发表演讲，以"信天赋，只讲用心；不能取巧，终生奋斗；不改初心，奉献社会；不贪天功，天时地利"为主题，强调了困难来临时坚持的重要性，鼓励大家争做新时代的奋斗者。

就是这样一种精神力量，引领着王正华以及王煜、王炜两代人。他们通过坚持不懈的努力和奋斗，使春秋企业始终保持着良好、有序的发展态势。多年来，他们坚持旅客至上、自信自立、守正创新、胸怀天下的理念，带领企业战胜各种挑战，逆境突围，赢得了世人的尊重。

第十六章：一颗精打细算的心

他，史上最"抠门"老板

一路走来，领跑航旅业的春秋集团经历了怎样的考验？在王正华的带领下员工交出了一份怎样的答卷？这位创始人又有着怎样的"精打细算"之道？

常有人说，"会花钱的人才会赚钱，花得越多赚得越多"。王正华觉得，这句话纯粹是商人们为了卖货而编造出的低劣谎言。他始终信奉小时候母亲常常念叨的那句话："钱一半是赚的，一半是省的。"他将这句话记了一辈子，践行了一辈子。

他很节俭。对于一个富豪来说，奢华无罪，但节俭生活更加光荣。一次，几名飞行员到王正华的办公室汇报工作。无意中，有位飞行员发现董事长脚下散落了几张纸片，便提醒了一下。王正华弯腰捡起，一看是他的名片，便顺手放进了裤兜里。不一会儿，地板上又出现了刚才那几张名片，经再次提醒后，他又把名片放回了裤兜里。没想到，这几张名片再次跑出来掉落到地上，大家这才意识到老板的裤兜破了个洞。

在一旁的 CEO 张秀智坐不住了，她笑着对王正华打趣道："拜托了！王总，换一条好裤子吧！"在场的人都笑了。平时意气风发的王正华也略带羞涩地笑了笑。这件事让飞行员们深受触动，一家上市公司的老总，竟然穿着缝缝补补的裤子。

还有一次，一位高管下班后准备回家，当他驾驶车辆经过公司门口的马路时，

16 一颗精打细算的心

只见一个人打着伞在瓢泼大雨中打车。定睛一看,发现是"老板"王正华,立即停车,顾不上王正华的婉拒,将其拉上车送了一程。车上,这位高管问询他为何自己打车,他说他的车被其他领导借用了。如果不是亲眼所见,无论如何也不会相信:他们的董事长竟然没有专车。

在穿着上,王正华从不追求名牌和时尚,他倾向于选择性价比高、价格亲民的衣物,常年穿着几十元到几百元的运动装、休闲装,以及运动鞋、布鞋,常年佩戴的也是一块多年前购买的国产上海牌手表。

在生活习惯上,他不抽烟,不喝酒,少应酬,饮食也极为节俭。他的早餐常常只是简单的燕麦片,中午则坚持与员工一样吃食堂。这种节俭的饮食习惯,使他保持了健康的体魄,为员工们树立了良好的榜样。他用自己的实际行动告诉员工,食物只是用来满足生理需求的,无须浪费和铺张。

他很节省。他对自己"抠门"就算了,在办公场所的布置上,也一以贯之地节省。春秋航空的原办公大楼是一栋改建自20世纪80年代旧宾馆的建筑,简朴实用。谁都无法想象,这处位于上海虹桥机场附近的老旧大楼,是一家A股上市公司的栖身之所。没有豪华的装修,没有更多的装饰,一楼唯一醒目的是企业自己设计的文化墙。二楼总裁办走廊过道的地板已经有多处隆起,踩上去还会发出咯吱咯吱的响动。这栋总部大楼处处体现了简约的哲学。

王正华的办公室不足10平方米,一张普通的木桌,上面永远摆放着文件和笔记本,整整齐齐。一张用了二十多年的百元沙发,以及一台老式手提电脑,还是十几年前的老款式。这些就是办公室的全部陈设。

这张百元沙发,已是全屋最贵的家具。白天,王正华在沙发上待客;晚上熬夜加班,他也睡在这张沙发上。一年中他有100多天睡在这张沙发上,还有100多天在出差,余下的几十天才能够陪陪家人。他平时会换洗沙发套,使用了多年,至今非常结实。有时候,他的妻子在家睡得不安稳,晚上会来公司陪他。房间内还另外搭了一个行军床。

每次来了客人,问起这张沙发,他会耐心介绍这张百元沙发的历史故事。甚至有人专门为了看这位"航空老板"的沙发,专程拜访。

2024年10月,春秋航空将迁入位于上海虹桥机场东片区的新办公大楼,其

面积是租借老楼的近3倍。王正华还笑称:"把办公桌椅和沙发都搬过去,一直用到我老死。"

当被问到为何有钱还对自己这么"抠门"时,王正华说:艰苦朴素是中华民族的传统美德,与是否富裕并没有直接关系,不是说有钱就可以随意挥霍。在他看来,他的"抠门"是对资源的珍惜和对环境的尊重。他不追求奢华和享受,只注重实用和效率。

他很节约。对于其他人来说,出差可以借机游览当地风光,品尝当地美食,甚至会一会好友。可王正华的出差,低调务实。他会选择尽量乘坐自家公司的飞机,如果选择其他航司,他不坐头等舱。王正华一生不被消费主义的风潮所左右,坚持按照自己的理念生活,不在意他人的评价。

王正华在提升员工能力和视野方面的投入毫不含糊,显得十分大气。每年,他都会带领团队出国开会、考察学习,每次去都是浩浩荡荡一行人。但在企业经营成本管理上,尤其是差旅成本的控制上,他格外"抠门"。无论是国外还是国内出差,无论是董事长还是一般管理人员,所有出差人员一视同仁,住宿标准统一,一律是三星级以下的酒店,并且自带干粮和小菜。

2008年,王正华带队去伦敦考察期间,王正华一行十几人的行李中装满了方便面、榨菜、辣酱、煮鸡蛋等。以此解决了一周的伙食问题。

2013年1月30日,王正华带领20多名员工赴新加坡参加低成本航空会议。入住的是当地较为便宜的小旅馆,六七平方米的房间两人合住,稍不留神就会碰撞到一起。清晨,IT工程师用自己从上海带来的电饭煲给大家做早餐,一锅热气腾腾的大米粥,搭配从上海带来的黄瓜、榨菜、咸鸭蛋,大家吃得津津有味。用完早餐后,一行人再找一间相对大的房间学习和讨论。

春秋航空日本的负责人对此感慨道:"很多低成本航空公司的高层,只对员工和旅客宣讲低成本,自己却享受着五星级酒店和海鲜大餐,春秋高层以身作则,这才是真正的低成本。"

王正华受邀访问英国航空时,随同人员建议他穿得像样一点,而他却穿着一套有着二十多年历史、缝补过的旧西装出席。他说:"衣服整洁干净就好,把事情做好,便是对别人最大的尊重。"他们出行坚持乘坐地铁,而非出租车,称地铁便利，不会堵车。

2012年9月，王正华一行前往伦敦，参加全球低成本航空年会。为了节省开支，王正华和三位同事入住一家印度人开的经济型酒店，还是在地下室，房间里面没有桌椅，只有几张窄小的床铺。时任春秋航空总裁的张秀智个子很高，只能屈身于无法直立行走的阁楼。王正华则坐在抽水马桶上，将电脑放在皮箱上处理工作。印度人开的小旅馆，房内灯光昏暗，只有厕所的灯光明亮。他便利用这一抹光亮，坚持读书摘录，或做学习笔记。

经常出差的一些春秋干部，每每聊起参加全球低成本航空年会之事，常常开玩笑说："吃的是自制餐，住的是地下室，誓将低成本航空进行到底。"

王正华认为，领导的示范作用至关重要，你自己这么做了，别人自然也会效仿，久而久之，这种节俭的作风最终会影响整个团队，形成一种"能吃能睡就够了"的工作风尚。在国内出差，他们同样寻找平价餐馆。例如春秋航空成立初期，出差都是住三星级以下的宾馆，六个人一个房间是常态。吃饭只考虑卫生好的、十元八元能吃饱的餐馆。

一次，因为太忙没时间吃饭，王正华直接给每人发了三根香蕉作为午餐。即使是受邀参加空客、花旗、GE等公司的宴请，也坚持吃家常菜和光盘行动。吃饭的时候坚持使用公筷，这样吃剩的菜，就可以打包带走。

王正华的"抠门"并非吝啬，而是一种对资源的珍惜和对成本的严格控制。在出差吃住行上，作为企业负责人，王正华的行事作派深刻体现着春秋航空的企业文化，也体现了其"走正路，干正事，扬正气"的经营理念，彰显出春秋人艰苦奋斗、勤俭节约的作风。

一张登机牌的故事

坚持安全和准点是春秋航空的第一要务。春秋人不放过可以节省成本的任何

细节。只要能节省成本，即使是一张小小的登机牌，也不会放过。截至目前，登机牌经历了传统化、简约化、无纸化、AI 个性化四个"革新"阶段。

2005 年 7 月 18 日春秋航空首航。前期的技术筹备任务十分繁重，且并不顺利。当时，航空业普遍依赖中航信系统打印登机牌。作为中国民航信息服务的核心提供商，中航信系统几乎是所有航空公司的标配，但其使用成本较高。为了降低成本，春秋航空 IT 团队决定自主研发登机牌打印系统。

传统航空公司的机票都采用四联单格式。第一联是财务联，上交财务留底；第二联是出票人联，售票员自己留底；第三联是乘机联；第四联是旅客联。后面两联是给旅客的，旅客到机场值机时，由值机部门把乘机联撕掉。最后，旅客拿着旅客联登机。

机票对旅客来说，有两个作用，一是用于乘机，二是用于报销。春秋航空的 IT 团队调研发现，相当数量的乘客并不需要报销机票。对于无须报销的旅客，是否可以不提供机票呢？于是，他们提出一个大胆的设想：能否直接在机场打印登机牌，从而省下纸质机票？这样一来，一张机票的制作费能省好几毛钱。

在缺乏专业技术和详尽资源文档的情况下，如何降低票价成本，让普通民众享受更经济的航空服务，成为春秋航空 IT 团队的一项重大挑战。

王正华与 IT 团队多次召开会议，强调登机牌虽小，但它是春秋航空低成本运营的一个重要环节，在技术领域需要攻克难关。面对具有垄断地位的中航信系统，IT 部接受了这一挑战，直面未知的打印机驱动问题。

为了攻克这一技术难题，IT 团队成员们利用深夜航班停飞的间隙，前往机场实地研究中航信打印机的运行机制。因所涉打印机并不遵循常见的 Windows 驱动模式，项目团队需要细致地记录、分析中航信系统打印机的运行日志。

经过几个星期的努力，凭借着热情和执着，IT 团队成员们不断试错和调试，最终成功打印出首张符合国际 AEA 标准的登机牌，春秋航空第一张低成本登机牌诞生了。这一突破性进展，为春秋航空节省了大量的运营成本，打破了中航信在航空业信息系统领域的垄断。

随着人们生活条件的改善，乘坐飞机的旅客越来越多，候机楼改扩建需求变得更为迫切。候机楼内值机柜台资源的紧张，已经影响到航司在加密航线上的战略决策。如何降低这一矛盾对公司发展的影响，王正华和团队下了一番功夫。2006年5月，春秋航空在虹桥机场部署了自助值机设备，旅客可在30秒内自助打印登机牌，比人工值机柜台效率提升了近1倍，有效缓解了柜台资源不足的问题。

机场值机柜台主要承担交付功能，值机柜台只能办理事先购买的产品和服务，一旦涉及旅客费用的变更等问题，需要到另外一个销售柜台办理，体验不佳。为了能让旅客"跑一次"就办理所有业务，2007年8月，支持POS机等在线支付功能的第二代自助值机设备问世，旅客可以在自助值机设备上完成所有值机手续。

2009年，国内机场已经部署了不少自助值机设备，但一台机器同一时间只能服务一位旅客，对于寸土寸金的候机楼来说，性价比偏低。IT研发人员考察了美国、欧洲以及东南亚等地，发现有类似的情况。春秋航空的团队率先提出了"一机三窗口"的自助值机方案，同样的占地面积，服务旅客的能力提升了3倍。从机器成本的角度看，原来的自助值机设备每台成本近7万元，现在花一台机器的成本，拥有三台机器的服务能力。在该方案全面推广实施后，硬件投入可节省近百万。

同年8月，王正华从低成本的原则出发，希望IT部门能够再挖掘降成本的方案。简化登机牌这个任务便落到了IT离港项目组人员的肩上。看似简单的一张登机牌，其实并不简单，不仅涉及设备选型、纸张的问题，还要确保能被机场安检系统所接受。

前面提到，中国民航普遍使用中航信系统，唯有春秋航空使用的是自己开发的离港系统。简化登机牌最大的难点是要重新编写一套程序，且这套程序能够与机场24小时不间断的运行系统相兼容。

当年，IT团队设计的春秋航空离港系统一举打破了中航信的垄断，震惊了中国民航界。离港系统使每张机票可减少至少10元的成本。仅此一项，每年可节约几千万元至上亿元的成本。接到这个任务后，IT人员迅速投入精力开发，他们从备选型入手，先解决了纸张问题，接着潜心设计了一整套软件方案。从开发到正式上线，整整用了四个月时间。

IT团队引入了热敏打印技术，简化了登机牌，使登机牌的单张成本从几毛钱降低至几分钱。这标志着登机牌制作进入了一个新阶段，成本显著降低，技术上更加灵活，为登机牌日后的个性化和数字化转型奠定了基础。

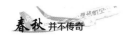

长期以来，中国民航机场一直按照国际 IATA 的要求，使用比较专业的登机牌。一张登机牌的成本大约是 0.4 元。这张热敏纸登机牌，看起来很是简陋，像是草稿纸或超市小票，成本能控制在 0.03 元上下。王正华追求极致的成本管控，利用 IT 团队的新技术，使得每张登机牌的耗材成本大幅下降。原本每年近 50 万元的登机牌成本，一下锐减至 2 万元。

这张由春秋人自己设计的简化登机牌——薄薄的热敏纸，引发了广大旅客热议，很多人在微博上评论"春秋航空将低成本理念发挥到极致"。别小看这张简化的登机牌，国内没有先例，同样是春秋航空的首创。

随着网络订票的普及，为了方便旅客到机场后直接过安检，春秋航空推出了网上值机和 A4 纸登机牌打印服务。旅客在购完票之后，可以在网站上直接打印 A4 纸登机牌；到机场后，可以直接拿着 A4 纸登机牌过安检和登机。这一服务便捷了旅客出行，而且航空公司不再承担登机牌的耗材费用。

位于上海虹桥机场 1 号航站楼的国内航班全自助服务项目，被中国民航局列入中国民航首批"四型"示范项目，是 11 月"进博会"的重点工程。该项目由春秋航空 IT 团队参与研发，于 2018 年 10 月 15 日投入运营。

上海虹桥机场是国内首个实现全自助乘机体验的机场。从旅客进入值机大厅到办理好行李托运，平均每位旅客耗时约 7 分钟，这比传统人工值机时间缩短了 53%。操作熟练的旅客，甚至耗时不超过 3 分钟。

2019 年 5 月，IT 团队再次携手虹桥机场，打造无纸化出行体验。旅客仅凭一部手机、一张证件，就可以完成通关，这大大提升了旅客的通关体验。旅客仅凭二维码和有效证件就可以办理托运、安检和登机业务，登机时采用人脸识别，有效避免了人员登错机的问题。业务人员全程只需通过系统就可以监控旅客的通关状态、完成身份识别，这样既提高了工作效率，又降低了安全风险。旅客最快在 5 分钟内，就可完成所有通关手续。

2023 年 8 月，春秋航空推出 AI 个性化登机牌，成为行业内首家试点个性化登机牌的航空公司，登上了《今日头条》新闻。旅客可通过小程序生成个性化登机牌，定格旅行记忆。这不仅贴合年轻人爱分享的特点，也体现了春秋航空在 AI 应用落地方面的创新探索。

春秋航空将登机牌与AI技术相融合，他们聚焦出行人群的需求，进行创新设计，使用户能够生成具有个人特色、承载特定回忆的个性化登机牌。该小程序的日活独立访客达1 000人以上，日均制作量达400张以上。

AI个性化登机牌的功能突破在于，乘坐任一航空公司任意航班的旅客，均可以通过春秋航空的"个性化登机牌"小程序，生成AI定制登机牌。在这一过程中，仅需提供旅客的航班号、航班时间，以及出发地、目的地城市等公开信息，但不涉及旅客的任何其他个人信息。

至2024年1月末，"个性化登机牌"小程序的AI生成能力逐步提升，从聚焦目的地的城市风景图，到生成人像图，再到风格和形态的多样化，可实现一键变装。用户在娱乐制作的同时，还可以在小程序上实现网上值机。

旅客通过AI定制个性化登机牌，用AI生成与众不同的出行记忆，同重要的人分享。AI可能是冰冷的，但春秋人的创新是温暖的。

从最初的纸质登机牌到热敏登机牌，再到探索移动值机和个性化服务，登机牌的演变不仅体现了春秋航空在技术和服务模式上的创新，展示出其有效地控制了成本，更映射出航空业数字化转型的大趋势。正如王正华所言，春秋航空既是一家航空公司，也是一家IT公司，致力于用科技赋能，激活业务发展新动能。

未来，登机牌远不只是登机的凭证，它将成为整合行程管理、机场服务指引、个性化推荐等多功能于一体的智能服务平台，为旅客带来前所未有的出行体验。

一张餐巾纸的使用方式

在企业经营中，王正华奉行勤俭和节约，绝不能奢侈浪费。他的节俭精神不仅体现在企业经营中，也融入他的日常生活中，就连一张餐巾纸都能被他用到极致。

一次公司聚餐上，王正华请公司的中高层吃饭，席间一位分公司总经理突然瞥见餐桌上有一点油脂，便顺手扯了一张纸巾擦拭。当她吃完饭，伸手准备抽第

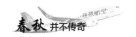

二张纸巾擦嘴时,王正华直接站起来,越过其他人,大力拍了下她的手背:"你用第一张纸时,我就想说你了,就擦个嘴,第一张纸用完叠起来再用就好,何必浪费?"后来这位总经理才知道,王正华兜里经常揣着几张用过的纸巾。一张纸巾必须用三四次,才舍得扔掉。

这还算好的,之后发生的一些事,更让人大开眼界,直呼"节约"出新境界。一天,他到食堂吃饭,见几位年轻员工打了很多饭菜,本以为是因为年轻饭量大,不想餐盘里都剩下了不少。

当这几位年轻人想要把剩饭端走倒掉时,王正华便直接坐到他们饭桌前,询问他们是否吃饱了。当他听说没太吃饱,只是觉得有的饭菜不好吃时,竟一个一个地监督,看着他们把餐盘里的剩余饭菜吃完。之后,教育他们要珍惜粮食。有好奇的员工,曾关注过王正华的餐盘,他的餐盘永远吃得干干净净,一粒米都不剩,一滴汤都不会放过。

这是王正华多年来形成的习惯。父母从小对他的教育,使他能最大限度地享受生活而不浪费。每每看到年轻人剩饭剩菜,甚至一顿饭用了好几张餐巾纸,他都会出面制止,告知他们勤俭节约的道理。

王正华曾在春秋内网发文《珍惜每一粒米,节约每一张纸》。要求广大干部职工,要酌量打饭,"一丝一缕当思来之不易"。呼吁员工节约每一粒米、每一张纸、每一滴油、每一度电、每一滴水。从小的方面说,节省对个人来说是省一笔支出。从大的方面说,节省是爱护我们的地球,是为了给子孙留下一个适宜生存的环境。他强调节俭不仅是物质上的,更是精神上的。

在文章中,他引用《道德经》中的哲学思想,阐述节俭的重要性。节俭是他最推崇的东方智慧,对企业成长和企业管理非常重要。他还引用了《荀子·天论》中的句子:"强本而节用,则天不能贫;养备而动时,则天不能病。"

王正华认为,节俭不仅是一种美德,也是一种智慧。他曾引用一位德国名人的话:"谁在适当的时候节约了什么东西,以后遇到困难就有什么东西。"他认为在物质丰富的现代社会,更应该提倡节俭,避免无休止的浪费。

除了节俭,王正华也强调"礼"。孔子曾提出,他认为"礼"是人与人之间和谐相处的基础,不学礼,不知礼,人难以在世上安身立命。他对"礼"有自己的认知。

16 一颗精打细算的心

"礼"让企业得员工心。在春秋集团，员工可以不记名批评领导；以员工股权激励机制，提升员工的主人翁意识；公司从CEO到保洁工都签署合同，没有劳务工。

"礼"让企业得市场。春秋集团分航旅两大板块，坚持给客户提供高性价比、高安全的服务。春秋航空一直是全世界客座率最高的公司，这个纪录连续保持了二十年。

"礼"让企业得社会尊重。春秋集团的缴纳税额在全上海民营企业中一直名列前茅，集团一直热衷公益事业，勇担社会责任。

在中国传统文化中，"礼"虽不是法律，但某种意义上要高于法律，它根植于人们的内心，是一种日常行为习惯，是一种价值判断标准。正因如此，王正华以中华传统美德涵养新时代的企业商德，做良心企业家。

王正华一向推崇的东方智慧，不仅在国内行得通，在国际市场也同样适用。特别是东方智慧中的实干精神和包容精神。在春秋航空进军日本市场时，曾遭遇"玻璃门"（很多鼓励性政策就像被挡在玻璃门背后一样，看得见却很难享受到）。经过多年的磨合，王正华赢得了日本市场和投资者的信任，这些合作伙伴看到了春秋集团的实干精神。现在，日本的许多酒店、购物中心等都瞄准春秋集团，调动各种资源寻求与春秋集团开展深度合作。

春秋集团的内部刊物上曾刊登过一篇名为《爱国从做好本职工作和身边事做起》的文章，提倡"多省油，多省电。多乘坐公共交通出行，能开窗户就不要开空调，电灯不用就关掉，电器不用就把整个开关拔下来"。这个倡议是王正华的授意，得到了大家的积极响应。飞行部和运控中心也制订了具体的飞机"瘦身"计划，以提高节油效率。

王正华以身作则，带头践行节俭理念。不论是春秋集团总部，还是各地分、子公司，都严格控制成本费用，倡导节俭。他经常在公司加班到深夜，晚餐只是简单的面包、牛奶和卤蛋。

平日里，他没什么架子，不怎么下馆子。一天，一位新来员工排队打饭，回头一看，排在他身后的竟然是公司董事长。直至今日，在春秋集团所属的各大食堂，大家都会自觉地将饭菜吃完，并有意识地看看回收厨余垃圾的垃圾桶，这个

垃圾桶里的东西是越来越少了。

显然,勤俭节约是中国人的基因,也被春秋人很好地传承和发扬,成为春秋人生活中的习惯。不管出生在哪一个年代的春秋人,都是如此。

还有一个故事,使王正华对节俭的认识,有了进一步的升华。2008年4月,王正华在美国出差时,接连在美国境内乘了好几次飞机,发现美国的大型航空公司也在学习廉价航空公司,大兴"节约之风"。

以航班发餐巾纸一事为例,过去每个航段要发好几次餐巾纸,有的时候一发就是好几张。这次,他发现每一个航段都只发一张餐巾纸,就是这次他从洛杉矶到芝加哥的航线,飞了四个小时,只发了一张餐巾纸。

这让他深受触动,更加坚定了节俭的信念。王正华认为,自己经营的是一家小公司,更加要"勤俭持家",而节俭要从一张小小的餐巾纸开始。在他眼里,即使是不起眼的小物件,也不能因浪费抹杀了它存在的意义。

王正华认为,"节俭"二字蕴含着一种精神,要物尽其用,不应浪费资源。请客户吃饭,他会把剩余饭菜打包,给保安或加班人员"加餐"。"不能浪费",这单纯的四个字,是王正华一生奉行的节俭观。

这种精神需要广大员工用心地体会和付诸行动,要自觉地从每一个细小环节入手,要像居家过日子一样精打细算。也正是基于这样的节约之道,王正华带领春秋航空在三大航的夹击中,一路发展壮大,成功获得资本青睐,成功上市。

一套穿了二十年的"补丁"西装

在物资匮乏的年代,勤俭节约一直是中华民族的传统美德,缝缝补补是勤俭持家的具体表现。几乎每个人的记忆里,都有着一个使得一手好针线、能化"腐朽"衣物"为神奇"的母亲。在那个年代,补丁甚至被赋予了道德高度和美学意义。周总理的袜子和毛主席的睡衣便是最好的例子,一代代人耳熟能详。

16 一颗精打细算的心

作为春秋航空创始人的王正华，拥有亿万身家，他的一套西服却在公开场合穿了二十多年，并且有多处缝缝补补的地方。这套西装，裤子上就有五处补丁，其中四处位于膝盖，一处位于裤子背面，补丁长25厘米，宽8厘米。

这套带有岁月痕迹的西装，王正华平时很少穿，偶尔出席一些重要场合，才会拿出来穿上。他自认为，这与他对资金实用性的态度是一致的。每一分钱都要掰成几份花，春秋才能够走到今天。

面对部分年轻人"富翁穿着带补丁的衣服是自掉身价"的看法，他不以为然。他并不在乎别人的眼光。如果有人问他，他还有一个解释，即使他穿平价的衣服，人们也以为是上千元。他觉得，衣服质感好，穿着得体舒适最重要，无须向他人解释穿着的品牌或价格，取悦自己才最重要。

即使在日常生活中，王正华也保持着简朴的穿着习惯。直到现在，他身上穿着的一条卡其色休闲裤，左膝盖处也有一块补丁，虽然这些补丁处理得很完美。在一次演讲中，王正华指着身上的"补丁西装"说道："这不是钱的问题，我现在虽然是亿万富翁，赚了钱也要过苦日子。"有人这样评价他：一名企业家，如此艰苦朴素，与当今浮躁的社会风气形成鲜明对比，实在令人敬佩。

2013年，王正华在接受《第一财经日报》采访时表示，他最讨厌的就是浪费。在清华、交大的演讲中，他多次引用古语，说"治人事天，莫若啬"，强调节俭的重要性。曾有一些媒体记者问他："为什么这么亏待自己？不穿名牌、不吃大餐；总爱穿旧衣、吃素食。"他总是笑称，小时候家里穷，能吃饱饭就已很好，衣服总拣别人家的穿。等他有了两个儿子后，过节的衣服基本上都是爷爷奶奶帮着添置的。就连他穿的鞋子，也多是姐姐和妹妹在纺织厂发的。

在那个年代，虽然日子穷，但只要是自己想做的事情，总会想出很多办法尽力去做，以改变境况。现在人们的日子过好了，他依然坚持反对铺张浪费，反对大手大脚，认为要把有限的资源，用在更需要的地方。无论是做企业，还是居家生活，都要养成"过紧日子"的良好风尚。

对于一个企业家而言，事业发展总是离不开财富。但对王正华个人而言，财富反而没有什么吸引力，他深知钱不是万能的。作为一个早已实现财富自由的人，他相当低调，不喜欢大鱼大肉，物质需求很低。甚至连家里的洗菜水也要反

复利用，一盆水都要用两次、三次。这种俭朴的生活方式，已融入他的精神世界，成为他的一种生活态度。

王正华的妻子陈秀珍更是一个由内到外透着朴实气息的人，她实实在在地把勤俭节约践行到了实处。这些年来，王正华整天忙着公司的事情，有时候几天见不到人。作为小学教师的陈秀珍，除了工作，还肩负着照顾年迈公婆和两个孩子的重任，家里家外都由她一人操持。万般辛苦，她却从不埋怨，把家打理得井井有条，让王正华无后顾之忧。

朴素，是一个人最好的灵魂底色。在王正华夫妻俩的言传身教下，勤俭节约的家风深深地浸润在每一个家庭成员心中。洗完菜、洗过衣服的水留着用来浇花、拖地，最后冲洗马桶。衣服、床单、被罩破了，用针线缝补。

两个儿子也养成了不乱花钱、不攀比的好习惯，从不主动要零花钱。日常餐饮，一家人以"光盘"为荣，做到锅清、碗清、盘清，餐餐光盘。每天上下班（学）不是步行，就是骑自行车，后来是乘坐地铁。

多年的身体力行，这种生活方式和习惯也影响了儿媳和孙辈。如今，王煜和王炜都有了自己的座驾，但都是国产车，没有专职司机，自己开车。令人惋惜的是，贤淑善良的陈秀珍于2022年3月去世。

此后，为了纪念他的"阿珍"，王正华经常穿妻子缝补过的衣服。比如，他冬天穿的一件呢子大衣，是二十年前购买的，袖口上留着"磨飞边"的针脚，是陈秀珍缝补的痕迹。

2024年12月，他穿着这件衣服接受了《时尚旅游杂志》的采访。一双一年四季总在重要场合穿的皮鞋，多年来被陈秀珍打理着。陈秀珍走后，他总是睹物思人，这成为他怀念妻子的载体。别人的照顾，总少了些"味道"。

他二十多年来穿的一套深蓝条纹的西装，每次裤子出现破洞，都是妻子找手法好的缝补工修补。每一次，缝补师傅都建议换一件，认为衣服时间太久，面料都已磨薄，稍一用力就会出现破洞。但建议无效，还是补来补去。

甚至连内衣、内裤这些贴身衣物出现磨损或缩水的情况，他们夫妻两个仍在穿。本应该换一件新的，可他们夫妻两个，都喜欢穿旧的，或者打了补丁以后继续穿，觉得贴身舒适。这让人不禁产生联想，衣物也好，关系也罢，甚至社会发展，都如同这件西装一样，几经修补后方能更加舒适、稳固。所以，修补的意义，远不止于金钱上的节省，补丁崇拜更是舍本逐末。

因为"抠门"，王正华常被朋友取笑没品位，说"人靠衣装，马靠鞍，绿叶衬花更娇艳"，一米八的大高个，置办点奢侈品才符合他的身份和气质。但他不为所动。他坚定地认为，现在没有什么东西买不起，与其追求奢华，不如量力而行，把钱用在刀刃上。如果真去搞品位，求奢华，股东们就要担心了。从他自身体会来看，只要穿搭得体，做事光明磊落，总能让人多看一眼，多欣赏一点。

王正华坦言，他不会打高尔夫球，甚至连公务请客也不点奢侈的菜品。他说，也许是自己"抠门"出名了，在请客时，别人甚至会开玩笑说"王董算了，你就别买单了"。并不是他买不起，而是他觉得简约的菜系更有性价比。他认为自己现在的生活条件已经非常好了，生活品质已比早些年强多了。

随着人们物质水平的全面提升，幸福感显著提高。一方面，是经济的发展让大家钱包渐鼓。另一方面，是科技的创新发展和新质生产力的进步，让产品日渐丰富多彩、物美价廉。曾经流传的那句俗语"缝缝补补又三年"，在今天或许已经过时了。但它背后的精神，仍有一定的现实意义。

王正华的赚钱秘诀，在于一个"省"字。因为他知道，创业不易，守业更难。节省一分钱比赚一分钱容易得多，只有企业利润提高了，员工的福利待遇才会随之改善，最终实现员工和企业的双赢。一家企业若想得到长足的发展和壮大，成本控制很重要。

王正华以身作则，时刻提醒和教育年轻人，现在生活好了，不要铺张浪费，要有长远眼光，妥善安排好自己的生活。

节约意识深入人心

金钱并非万能，拥有财富并不意味着可以任意妄为。以王正华为例，他自己

的日子过得甚至比普通人更加节俭。

深受王正华的影响，春秋集团内部的节俭意识也深入人心。从旅游到航空，从高层到基层，每一个环节都力求精益求精、减少浪费。如办公室人走灯灭，复印纸双面使用，食堂吃饭按需取餐……就连从其他航空公司跳槽来的一些高管，一两年后也开始像他一样，国内外出差住最便宜的酒店，能不打车就不打车，直接乘坐地铁出行。

王正华在企业管理中积极倡导节约精神。他要求员工们从点滴做起。他对钱的管理哲学是：有钱不乱花，不该花的钱，一分一厘也要省。在该花钱的地方，一点也不吝啬。即要把钱花在刀刃上。

很多第一次去春秋航空的合作伙伴和媒体称，实在难以想象，这些身价已经过亿的富豪们，竟然是在这样的办公环境中工作的。自董事长以下，春秋航空的高管们，如副总裁、CIO（首席信息官）、CTO（首席技术官），都和普通员工一样，在容纳几百人的开放式办公区中工作，每人只有一张办公桌，甚至连一间格子间都没有。

与其他上市公司的领导不同，王正华的座驾是一辆国产的吉利牌轿车，该车的顶配报价不过10万元出头。

最初，作为董事长的他和CEO张秀智没有专车，他们曾共用一辆别克轿车，长达九年。通常，每天清晨，司机先接上董事长，再去接CEO。他们一上车就开始讨论工作，这样不需要到公司后再另安排时间开会了，他们可以把余出的时间放到其他事情的处理上。平时，这辆轿车也会被用来接送客人。有时，王正华临时需要外出，正巧送他们的车不在，乘坐出租车是很寻常的事情。

在春秋航空，自行车代表一种特有的绿色出行文化。上至董事长、总裁、副总裁，下至一线普通员工，他们常常蹬上自行车去公司总部附近的虹桥机场。曾有多次员工看到王正华一个人骑辆自行车去机场。

在春秋航空开航四周年之际，王正华推出了"绿色航空，给子孙后代留下蓝色的天空"系列活动，并将其细化成36条具体措施，涵盖了采购节能环保产品、飞机节油措施和技术研讨、通过科技手段节能环保、日常工作和生活的节能减排、推动旅客参与环保行动、研究节能环保减排政策和发展趋势、发布春秋航空环保倡议书，以及奖励节能减排贡献人员等各个方面，积极践行环保理念。

16 一颗精打细算的心

什么时候"老王"舍得花钱呢?安全成本和员工工资是他最舍得投入的两个方面。即便节俭到了骨子里,对待员工,王正华很慷慨。根据统计,春秋航空飞行员的工资要高出同行业工资福利水平的20%以上,即便是普通员工,也多会高出10%左右。这是春秋员工能够兢兢业业、劲儿往一处使的关键所在。不只如此,员工持股平台还对中高级管理人员、核心技术人员进行股权激励。"大伙好,才是真的好。"这就是公司的干部职工"累并快乐着"的重要原因。

在飞机的飞行安全硬件和软件方面,春秋航空高度重视,始终坚持高投入。这一点上,王正华从不吝啬。

真正了解王正华的人,都说他的节俭是骨子里的,这体现在春秋集团的运营和他日常生活的每个细微之处。在成本的管控上,他做得非常细致。通过单一机型和单一舱位策略,春秋航空严格控制成本,实现了高客座率和飞机利用率。

和其他航空公司不同,春秋航空有包机业务托底,为其母公司春秋旅行社及其子公司的团体旅游产品提供包机服务。包机时间通常在非高峰时段,这使得每天的飞机使用小时数得到提升。即便在淡季,春秋航空也能保证有稳定的客源。这一切,其他航空公司无法相比。亦因如此,春秋航空飞机日利用率一直居航空市场前列。

在营销费用和管理费方面,春秋航空也力求节省成本。为了降低起降费和机场服务费,春秋航空选择起降相对空闲的二类机场、远机位停靠,采用半小时停留等手段,每次能减少五六千元的泊机费。在不影响飞行安全的前提下,春秋航空通过提升飞行高度来减少阻力,降低油耗,每年至少可节省3 000万元。

在营销环节上,春秋航空主要依靠电子商务网络直销,不开设实体门店,进一步节约了不必要的开支。正是有了春秋航空,很多以前坐不起飞机的普通人开始考虑乘飞机出行。

王正华认为,以身作则比言传身教更有力量。无论是家里妻儿老小,还是公司的同事,通过自身的行动,总能带动家人、同事以及公司其他领导,共同践行"物尽其用"的理念。

相比初代创始人,王正华的长子王煜的"起点"更高,他继承了父亲的节俭作风,省钱主义在王煜身上依然延续着。他与总裁共用一间办公室,出行不坐头

等舱，出差、开会不带随行人员，一个人拖着行李或背着双肩包就全国各地飞来飞去。

在节约成本的同时，王正华、王煜带领春秋稳步扩张。如今的春秋航空，不再是被人看不起的小公司，而是中国最大的民营航空公司。截至2024年9月9日，春秋航空拥有128架空客A320系列飞机，平均机龄达7.5年。春秋航空的总市值达500亿～600亿。2024年2月8日，春秋航空以连续安全飞行300万小时的成绩，被民航局授予"飞行安全三星奖"，成为全中国唯一一家获此殊荣的民营航空公司。

王正华始终坚信"行胜于言"，并以身作则地践行着节俭的理念。用他的话说，这叫"克己稳定"。无论如何发展，王正华和他的团队都不会忘记"节俭"二字，这已经印刻在这家公司从上到下的基因里，渗透到他们的每一个毛孔里。

有数据表明，注重节俭的公司往往更容易成功。从某个角度看，精明的财务控制和内部管理是企业发展的关键，而春秋航空正通过精细化管理和对资源的高效利用，实现了低成本运营，向市场输出低成本产品。

无论企业还是个人，谁能不被低成本出行所吸引？2016年5月21日，春秋航空邀请了一些常旅客进行座谈，其中一些旅客的年飞行次数甚至超过了100次。

宝冶集团的相关负责人透露，他们公司是春秋航空的大客户，凡是乘坐春秋航空的航班出差的员工，每乘一次给予100元的奖励。这是一举多得的好事，既降低了企业差旅成本，也让员工本人受益。

事实上，像宝冶集团这样与春秋航空合作的企业客户还有很多。春秋航空成立二十年来，始终坚持安全运营。飞机穿梭于云端，跨越山川与海洋，将无数的梦想与希望带向远方，累计安全运送旅客超过2亿人次。王正华对此深感自豪和欣慰。他知道，这不仅仅是一串数字，是无数春秋航空员工以日夜的坚守、严格的检查和专业的操作换回的，更是一座春秋航空安全运营的丰碑。

2022年，王正华、王煜父子凭借他们的勤俭之道累积了百亿财富，他们以190亿元人民币的资产位列《2022年衡昌烧坊·胡润百富榜》第296位；2023年10月，他们的资产达到215亿元，位列第243名；2024年3月25日，胡润研究院发布《2024胡润全球富豪榜》，王正华以200亿的资产位列榜单第1 274位。

第十七章：诚信，是立身处世之道

他，心怀梦想，矢志成为行业诚信推动者，缔造春秋百年大业。他告诫继承者和后辈们：既要低头拉车，也要抬头看路；既要居安思危，也要运筹帷幄；既要登高望远，也要脚踏实地。

他，行业诚信的推动者

盘点春秋航空"一飞冲天"的历程，王正华一直把诚信视为企业发展的关键引擎。创业初期，他以为只有旅游业存在严重的诚信缺失的问题，例如"三角债"。他原本以为那些做航空公司的，拥有几十亿元、几百亿元的身家，应该不会欠钱。然而，进入航空业后，他才发现，欠款现象在这个行业屡见不鲜。许多航空公司拖欠银行的钱、机场的钱，甚至是国家民航建设基金的款项。

民用机场协会相关人士透露，航空公司欠费实际上是变相享受"免息贷款"。因此一些航空公司抱着"能欠就欠，能欠多少就欠多少，能欠多久就欠多久"的态度，这给机场和航油供应商带来了巨大的财务压力。

就是在这样一个行业背景下，王正华始终将诚信看作企业经营的前提条件，视之为基本伦理底线。自创业之日起，他从不欠任何人一分钱。更别提偷税、漏税、拖延税款了。这一举动，一时间带动了民航业的积极上税之风。

对于税款，春秋航空从不迟交、少交、不交。其诚信之举在行业内树立了一面旗帜，甚至影响了整个行业的纳税风气，赢得了社会各界的赞誉。政府相关部门把每次付款情况制作成表，按照付款先后排出名次，每月公布一次，并称只要诚信交

款就会分配好航线、好时刻。如此一来,那些大型航空公司只能按时缴款了。

王正华和春秋航空的诚信不仅体现在国内,也赢得了国际合作伙伴的尊重。例如,在与GE航空集团合作购买GE发动机和租赁飞机的过程中,春秋航空从不拖欠款项,被GE航空集团誉为"世界上最为诚信的公司之一"。

远不只如此,GE航空集团还把春秋航空和汉莎航空、法国航空等国际知名航空公司置于同等地位,彼此成为非常稳固的长期合作伙伴。不仅GE,许多机场、银行、政府以及其他供应商等合作机构,也都对春秋的诚信度给予了最高评价。

在王正华的观念里,诚实守信是春秋航空取得成功的一个重要因素。他坚决杜绝任何违法、违纪的事情发生,不设小金库,不做假账,更不在应付款和税收上动歪脑筋。实质上,春秋航空并非不借钱,而是坚持所有款项都必须及时支付。

做到这一点并非易事。例如,如果合同约定付款日期是20日,春秋航空通常在19日就会把钱款支付给对方。王正华对财务人员有严格要求:不允许拖欠任何人一分钱,包括员工的工资,如果晚付哪怕一个小时,财务人员都要受到处罚。

正因如此,民航市场出现了一种现象:民营航空难做,有的停航,有的国有化,有的被清算……唯独春秋航空,在2008年全球金融危机的寒冬时刻获得了意想不到的回报。春秋航空在支付飞机尾款碰到困难的时候,国内外各大银行纷纷伸出援手,慷慨解囊,给了王正华最温暖的回报。

当得知春秋航空计划从外资银行融资时,一家国内银行的信贷负责人马上飞抵上海找到王正华,他很直接地表示:"外资银行贷款流程会比较慢,你还是借我们的吧?"他回去之后,该银行总行迅速批准了贷款。王正华明白,仅凭一两家公司的努力很难改变整个行业的生态,但他相信,这个结果已经很好。只要坚持诚信经营,就能产生积极的示范效应,带出好风尚,弘扬正能量,从而促进行业诚信体系的建设。

小说《石油》(后被改编为电影《血色将至》)给王正华的触动很大。从这部小说中,王正华深感,在任何阶段,企业家如果摒弃诚信,那么即便获得成功,也注定会缺失灵魂上的安宁,不能获得真正的自我认可和社会认可。从读完这部

17 诚信，是立身处世之道

小说开始，他就一再强调，诚信是春秋人的底线。哪怕业务发展得慢一些，哪怕处在最困难的时刻，也必须始终践行和守护诚信。

在王正华看来，安全是比诚信更重要的底线，因为它关乎旅客的生命安全，这是王正华坚守的商业伦理底线之一。春秋航空倡导低成本航空，但在安全投入上却毫不妥协，保持高投入。2008年，开航仅三年的春秋航空就荣获中国民用航空局颁发的"安全荣誉奖"，成为19家新成立的航空公司中唯一获此殊荣的公司，这充分证明了春秋航空对安全的重视。

"安全高于一切"是王正华始终强调的理念。一些人曾将亚航、马航等航司的航空事故归咎于低成本航空模式，但王正华认为，低成本不等于不安全，国家的安全标准对所有航空公司都是一样的。王正华在2015年接受《中外管理》杂志采访时明确表示："什么都可以搞低成本，唯独安全不能。"

在那个时候，春秋航空的飞机平均机龄只有3.6年，几乎可以称得上是"崭新"的。发动机、电器和电线均采用全世界最好的产品。安全永远是航空公司最重要的神圣使命，对生命不仅要尊重，更要有敬畏之心。

有的企业会以为，在公司原始积累阶段，难免会做一些出格或违规的事，等企业成长壮大后，再多缴税、多做慈善补偿就可以了。王正华并不赞成。他引用曾国藩的名言告诫大家："行路以大道为佳，若寻捷径，或入歧途，或陷荆榛，反滞后于行大道者。"

王正华始终如一地信奉：诚信是一种无形的力量，也是一笔巨大的财富，它既是为今天奠基，也是为明天喝彩。

他认为，做企业，若一开始不能坚守信念和底线，以后也很难做到。无论企业处在哪个发展阶段，都必须遵守规则，凡事凭良心。这是做生意的基本前提。

诚信的建立需要几代人的努力，但它又是最脆弱的，很容易被破坏、被摧毁。为了诚信经营，王正华在春秋旅行社成立初期就提出了"游客至上，信誉第一"的宗旨，并率先在业内建立了全面质量管理制度，独创了质量回访机制，这些制度直至现在仍在执行。

伴随着春秋航空的成立，春秋集团进一步加强了诚信制度建设，实现规范化、制度化的服务管理，设立举报有奖制和售后服务跟踪制，并加强售前售后的服务

管理,确保消费者权益。

四十多年来,春秋集团用自己的实际行动,为整个行业的服务质量管理作出了表率,在一定程度上推动了整个旅游行业的诚信建设和服务质量提升。在长期的坚持下,春秋集团打造出一支令人信服的航旅队伍。

作为一名企业家,王正华以诚待人、以信立业,探索出了一条属于春秋航空的特色发展之路,赢得了各界赞誉。

有一个"土炮"的传说

王正华对于创新的理解是:要面向市场,改变传统,甚至要改变自认为最擅长的领域。像春秋航空这样由平民集聚而成的"草根"公司,怎样在竞争激烈的航空、旅游业中立足?或许,2008年那个春秋人用自制"土炮"抗击雪灾的故事,能够给我们答案。

"土炮"的由来,还要从2006年说起。1月2日早晨,天还没亮,天空中飘起雪花,维修工程部的领导们已经站在上海虹桥机场的机坪上了,他们惦记着飞机的除冰情况,而接下来发生的事情却令人大跌眼镜。

原来,机场除冰车为春秋的飞机除冰后,居然开出了五万元的天价收费单!"协议上不是写着一万五千元吗?"细看竟然是"一边机翼是一万五千元,两边是三万元,加上除冰液两万,总共五万元"。这明显是"敲竹杠",可当时除了认账又有什么办法。

第一次除冰时遇到的不愉快,深深地刺激了春秋人。维修工程部上下,大家都憋着一股劲。考虑到上海地处南方,极端天气较少,大雪也少,主要需求只有除霜和小雪,加上春秋航空的机队规模也比较小,他们决定自行研制简易除冰车,或能满足当下的需要。

很快,一个自制除冰车的初步方案出炉。由于自己设计的"土设备"非标准化，一般的厂家根本不愿承接，好不容易找到一家愿意合作的制造商，双方就容器、压力、加热、保温、容量以及喷洒等技术细节进行了详细论证，达成一致意见。2006年9月，第一台"土炮"诞生，成本仅3万余元，当年，这台"土炮"就发挥了作用。

2008年春节前夕，一场罕见的暴雪袭击上海，连下三天，整个机场被雪覆盖，机场陷入瘫痪。到处白茫茫一片，像盖了一层厚厚的棉被。由于除冰设备不足，各大航空公司不得不排队等待除冰，大量航班延误。那个时候正值春运高峰期，候机楼里有成千上万的旅客，都在焦急地等待与家人团圆。

机场除冰，通常要用到除冰车，这个设备不仅单价贵，数量还很少。一台进口的除冰车造价高达几百万，航空公司很少会自己买，多是向机场租赁，除冰液一次也要花费5万元至10万元。南方下雪的日子少，机场准备的除冰车本就有限，一遇上雪灾，飞机全都"趴"在地上，根本抢不到除冰车。

春秋航空的飞机规模小，不考虑花几百万元买一台现代化的除冰车，然而用别人的除冰车，租赁成本高不说，还得看人家眼色，主动权不在自己手里。情急之下，王正华只能给自己的员工打气，让维修工程部启用"土炮"，并组织员工进行人工除冰作业，让飞机尽快起飞。

这台"土得掉渣"的除冰设备外形简陋，与机场内的现代化设备形成了强烈的反差，因此，王正华把它戏称为"土炮"。所谓的"土炮"，实际上是一个带有加热保温功能的箱式容器，配备增压泵和喷射管，除了增压泵以外没有任何动力，人工拖拉到飞机旁才能作业。

当时，上海虹桥机场有5个航班待飞，这么厚的积雪，除冰车一次只能保证2个航班顺利起飞，加水加热需40分钟；春秋航空自制的"土炮"一次只能保证1个航班顺利起飞，加水加热需2个小时。如何充分利用除冰资源保障5个航班正常出港？

这台不起眼的"土炮"开始发挥作用。当别人还在睡觉的时候，春秋航空的维修机务人员已经在凌晨两三点起床烧开水，他们将开水与除冰液混合后，再通过加水口注入"土炮"之中。紧接着，用小车拉着"土炮"去给飞机和跑道除冰。由于设备简陋，每次启动都要人工轮流抽"拉绳起动机"，一顿操作下来，

维修机务人员浑身是汗，有时还打不着火。

机身舵面高度不同，维修机务人员还要推着梯子，围绕着飞机进行操作，工作强度极大。飞机不是集中停放的，远机位梯子不多，他们要推着一个铁质的梯子横跨二三个或四五个机位，跟随"土炮"来回移动。当一架飞机除冰结束，剩下一到两名维修机务人员要将沉重的梯子，推回到机坪指定的停放位置。地上的积雪很厚，梯子的推行相对艰难。有一次，王正华、张秀智等一行人看到后，纷纷加入队伍，上前帮忙。凡此种种，完成一次除冰，绝对不亚于一个航后的工作量。

除冰的工作，看似简单，实则操作起来异常艰难。在上海，以往的除冰，积雪往往覆盖在飞机表面，最多只有薄薄的一层霜或冰。这次下了一夜的大雪，飞机的表面早已被裹上了一层白色的"盔甲"，靠"土炮"的这点流量，怎么搞得定呢？

"只要接收到指令，就开始干！"有维修机务人员回顾这段往事时，情不自禁地给自己和同事点赞。"土炮"确实很"土"，他们除了练"炮法"，还要练"棍法"。先得扫一扫积雪，用"土炮"效果才更好。

于是，在停机坪上，出现了令人终生难忘的场景：别人开着现代化的除冰车，春秋人用的是自己设计的"土炮"；别人机械化地除雪，春秋人用抹布、扫把清理积雪，甚至要绑着安全带趴在机翼上扫雪，然后再用除冰液除雪。连机场其他部门的扫把、拖布都借来了。

因为雪层较厚，维修机务人员为了提高效率，采用了"二步除冰法"：先人工扫雪，再喷洒除冰液。这样可以减少除冰液的消耗，提高除冰效率，增加除冰车保障的航班数量。但有一点，在人工除冰的过程中，他们必须小心翼翼，避免刮伤飞机的漆面。

由于设备简陋，加上飞机的机身过高，有些工作梯够不到，水枪喷头不得不朝上，喷头上面包着海绵，接头处甚至有些漏水，冒着白烟，滚烫滚烫的。而稀释后的除冰液时不时地会顺着他们的脖子往下淌，淌到鞋子里，流进嘴里。维修机务人员的衣服湿透了，分不清是除冰液还是雪水、汗水。哪怕负伤了，也坚决不肯撤下来，扎上一块抹布继续战斗……

对此，王正华看在眼里，疼在心上。他与张秀智等人一起送来姜汤，一起加入这支除冰队伍，和员工们一起奋战在风雪中。公司其他的部门领导也全部到场，除冰液的水，洒到了他们身上、脸上，在冰天雪地里，大家浑身湿透，却没有一个后退。

除雪其实还是其次的，每次最怕的是"土炮"出故障。但那时候好像有一股信念支撑着他们——让自己的飞机准时安全地出港。当飞机起飞的刹那，每个人心中总有种说不出的自豪感。直至今日，春秋人说起过往，仍满怀激情。

就是这样一个奋不顾身的群体。天寒地冻，明知除冰液按比例稀释后，仍有一定毒性，但谁也无暇顾及，没有一个退缩。一个人冲上去，另一个人跟上去，一个人顶不住，另一群人便顶上去。机场是一片冰天雪地，春秋人却干得热火朝天。

就这样，3万多元的"土炮"胜过了300万元的现代化除冰车，奇迹就这样发生了。经过几个小时的忙碌，天亮了。其他航司目瞪口呆地看着春秋航空的航班准时出港、逐一起飞。甚至等春秋第一波航班飞回来后，其他航司的航班有的还"趴"在原地。

那一瞬间，王正华心头涌上一种从未有过的满足感和成就感。谁说80后、90后是垮掉的一代？人都是可塑的，环境可以塑造人。党员干部们的身先士卒，让这些年轻人聚集在一起，为了"让更多人坐得起飞机"的使命，奉献着自己的青春与热血。

自制的"土炮"成功了。"土炮"在这场除冰雪的航班保障作业中发挥了重要作用，春秋航空当时也是上海虹桥、浦东机场首批起飞的航空公司。春秋的创业史上，留下了这段激动人心的励志故事。

2012年，"土炮"正式退出了历史舞台，如今，春秋航空已拥有数十辆新型专业除冰车。以往一场大雪过后，需要大量的人力进行人工清雪，或者使用大量的除冰液，不仅浪费人力，浪费成本，更影响航班运行。而现在，一名熟练的除冰操作员在十分钟内便可以将飞机表面的积雪清除干净。但"土炮"精神流传了下来，被一代代的春秋人传承和发扬。

每一次风雪天，不仅机务、机场、空管、航空公司等各个部门都在紧锣密鼓地为同一件事作准备——确保每位旅客安全顺利出行。春秋航空初建时，机务人员为保障航班的正常运行，经受了台风、暴雨、严寒、大雪的洗礼，在吃苦受累

过程中,他们领略了春秋文化的精髓,懂得了艰苦奋斗的含义。

上海浦东机场建设时期,其他公司拥有现代化的办公场所,而春秋航空的机务维修团队仅租用了两套当地农民住房,人、机、物资,还有日常的吃喝拉撒等都在里面。其他公司的机务人员在飞行区域内工作,他们却位于机场外,所有物资运输都需经机场出入口短驳。一切都是为了省钱,当时机场内每平方米每天租金高达 20 元,而机场外的租金较便宜。

在春秋航空的发展壮大过程中,一批又一批的维修机务人员通过自身的努力,在奋斗中改变了自己,也改变了自己的命运。当年参与"土炮"研制和使用的骨干力量,如今已成长为公司中高层管理人员。不少机务人员在上海买了房、购了车,有的还成家立业,成为名副其实的"新上海人"。

一些曾经参加过除冰扫雪战斗的维修机务人员表示,他们抱着一颗感恩的心在春秋航空工作,再苦再累也心甘情愿。因为他们相信,只有公司好了,他们的生活才会好起来。只有多吃苦,比别人干得多,自己的命运才会改变。

除了"土炮",春秋航空的维修机务工程师们近年来还研发了很多设备,比较典型的有飞机敞篷、航空器引导指挥棒、航空地面耳机和移动廊桥等。

飞机的维修和保养,很多时候需要在机库中进行。这就产生了两个问题,第一,不是每个机场都有机库;第二,即使是有机库的机场,也未必能及时将飞机拖入机库进行维修。很多大型机场的运营环境复杂,飞机起降极其频繁。有时,根本没有办法把一架飞机从一个机坪拖到另一个机坪。春秋航空的飞机利用率比较高,必须做原位维修。在此情形下,工程师们发明了飞机敞篷,可以直接在停机坪上为飞机进行维护保养。

在机务维修工作中,春秋的工程师们发现,市场上的指挥棒和耳机无法完全满足机务维修的需求。机务维修的工作环境比较恶劣,风吹雨打是常态。指挥棒一掉到地下,或者发生碰撞,就会出故障。耳机也是一样。

为了解决这些顽症,工程师们找了很多供应商,都没有找到满意的产品,他们索性开动脑筋自行研发,做了一批名为航空器引导指挥棒和航空地面耳机的产品。没想到,这些研发成果,均获得了国家专利。如今,国内有 30% 以上的航司和机场都在用春秋航空自主研发的"航空地面耳机",得到大家的一致好评。

由于接送旅客的摆渡车与飞机客梯车之间，通常有 20 多米甚至更长的距离，旅客在雨雪或炎热天气下，通常需要冒雨或顶着烈日前行。

2019 年，春秋航空的维修工程师们群策群力，集思广益，发明了一种可移动、可伸缩的遮阳挡雨棚，夏可遮阳，冬可挡风，春秋人将其称作"移动廊桥"。这个廊桥宽 2 米，高 3 米，最长可延伸至 25 米，顶上装着雨棚，可收拢和移动。廊桥能连接摆渡车与客梯车，为旅客在远机位登机过程中遮风挡雨。

长期以来，如何让旅客在飞机与摆渡车这两种不同的交通工具间无缝换乘，一直是困扰全球机场的难题。春秋航空此次推出的"移动廊桥"以其人性化的设计创新理念，解决了这一难题，真正实现了"风雨里守护你"。它不仅连接了交通工具，更连通了人心。

无论是哪个行业，都离不开自主创新。作为目前国内规模最大的民营航空公司之一，春秋航空多年来始终坚持创新主导、科技先行，将"自主创新"的理念贯穿于企业发展的始终。

随着航线和客户数量的不断增加，春秋航空持续加大对在线预订、自助值机、座位选择等数字化服务方面的投入，并不断提升数据分析和算法能力，以便更精准地分析市场需求，优化定价策略。此外，其自主研发的结构化电子手册系统，也有效提升了公司的安全运营和精细化管理水平。

数字经济与实体经济的融合发展，是未来的趋势，春秋航空同样面临着技术升级和人才短缺的挑战。王正华高度重视人才培养，在春秋集团内部建立了一套完善的人才培养体系。

多年来，春秋集团为员工提供了丰富的培训机会和职业发展通道，培养了一大批专业的航旅人才，包括飞行员、乘务员、地勤人员、管理人员等。这些人才，不仅为春秋集团的发展提供了有力的支持，也为整个航空、旅游行业输送了大量的新鲜血液。

此外，春秋集团还积极与高校和科研机构合作，开展产学研合作项目，共同培养航旅专业人才。例如，春秋集团与华东师范大学、西安交通大学、上海师范大学等高校建立了合作关系，为高校学生提供实习和就业机会，同时也为企业的发展储备了人才。

为了应对技术升级和人才短缺的挑战，王正华提出了"专培生"计划，通过内部培训或与教育机构合作，为员工提供多通道晋升机制和有竞争力的薪酬福利，吸引和培养了大量高级业务架构师、数据分析师和AI技能专家等稀缺人才，为春秋航空的技术创新注入了新的活力。

"土炮"的故事，只是春秋人艰苦创业的一个缩影，体现了其节俭、创新、自强不息的精神。这个故事告诉我们，人是要有一点精神的，在一定条件下，人的精神力量起着决定性的作用。它能够激发人的潜能，提升人的品质。

这种"土炮"精神，春秋人代代传承。创业之初，没有背景，没有靠山，春秋人全凭着这种自强不息的奋斗精神，克服了一个又一个困难，实现了一个又一个梦想。春秋人更加明白，世界上没有坐享其成的好事，要幸福就要奋斗。

王正华围绕"土炮"精神作了深度总结：我们正在创造历史，但我们现在却未必知道，因为我们在埋头苦干。若干年以后，当我们回忆这段往事的时候就会感到，我们没有虚度年华。

这句话正是春秋航空发展历程的写照，从春秋旅行社破土而出，到春秋航空横空出世。春秋人，看着普普通通，却个个侠肝义胆，充满活力和激情；春秋的那些事，看似平平常常，却创造了不平凡的成就。

不带任何隐患地飞上天

要知道，为了省钱，王正华可谓费尽心思，日思夜想。他有一套"祖传的省钱术"，降本妙招多。从成本管控到物尽其用，他将节俭持家发挥到了极致。

他深知"人吃五谷杂粮，难免会生病"，飞机其实也一样，需要定期维护和保养。维修的重点，就是当飞机出现不可放行的故障时，予以快速修复。王正华在飞机维修方面有一条"铁律"：所有人为原因造成的不安全事件都是可以预防的。他要求维修部门时刻关注隐患，像"啄木鸟"一样，不断"啄出"安全漏洞，啄出的"虫子"越多,旅客就越安全。

秉持着一贯的"抠门"原则,王正华要求维修部门做好成本管理,但在维修投入上还不能"斤斤计较"。客观上,这是个矛盾的"指令"。但春秋航空的维修部门充分领会了老板的意图,并出色地完成了这项任务。在管控好维修成本的同时,确保"飞机不带任何隐患地飞上天"。

飞机维修是一项技术性很强的任务,需要专业的技术人员。早年加入春秋航空的维修工程师们,对自己的技术和能力都充满信心。他们刚来的时候根本没听说过低成本航空公司,对春秋航空的未来发展情况心存疑虑。

大多工程师都是擅长技术的,最怕碰上趾高气扬、颐指气使、目中无人的老板,如果碰上外行的老板,哪怕再好的条件、再好的机会,也会打退堂鼓。他们是幸运的,碰到了王正华,这种担忧就荡然无存了。

一位从国有航空公司跳槽到春秋航空的维修总工程师特别有感触,那是与王正华的初次见面:在春秋航空刚刚成立的时候,当时他正晨起练完太极拳,白衣飘飘,还没有来得及换衣服,就与几个新入职的工程师聊了起来。

谈话间,他们被王正华的观点、认识所折服,都认为他对低成本航空的理解是非专业人士的"天花板"。不论是谈低成本航空的理念,谈春秋航空的愿景,说公司经营管理,还是企业文化,他都娓娓道来,条分缕析。既不夸大也不缩小,不无限上纲,不打棍子,而且还能清醒地认识到公司未来可能面临的困境和挑战。

这些工程师们对新公司的老板瞬间有了好印象,他与以往他们遇到的那些古板、端架子的老板截然不同。这种务实、专业的态度,以及平易近人的作风,让他们感受到了尊重和信任。一句问候,一个微笑,一次握手……与王正华正面或侧面"交锋"的每个瞬间,如同点滴微光汇聚成璀璨星河,让他们感动。让这些"技术男"莫名感动。

春秋航空的成立,是王正华在旅游行业深耕二十多年后的又一次重大战略布局。旅游和航空,是两个既有联系又完全不同的行业,除了包机旅游的经验和二十多年的资金积累外,春秋人对于航空业的认知几乎是一张白纸。王正华对人才的饥渴和重视程度,在业界是出了名的。飞机安全运行和维修保养需要大量的

机务人才，否则，一切只能是纸上谈兵。

民航重点大学的毕业生往往不愁分配，春秋航空在成立初期很难招到合适的专业人才。王正华的做法出人意料，他把非民航专业的机械类专业学生当宝贝似的迎了进来。他认为学历固然重要，自身的努力更重要。

这些非民航专业出身的学生，没有让王正华失望。他们从学员成长为机械员，又从机械员晋升为机械师。春秋航空为他们提供了诸多学习和上升机会，培养了一批放行人员和专业工程师，当年那些青涩的大学生，如今已成为各航线的骨干力量。

正是因为重视人才培养和发展，春秋航空吸引了众多来自五湖四海的热血男儿。他们经过严格的培训、资格证书考试、模拟机实践操作，以及18级维修履历卡的激励制度，形成了每个人"想干、要干、抢着干"的良好氛围。员工们带给王正华和春秋航空一份又一份的惊喜。

以2019年为例，春秋航空的单位ASK（可用座位千米）维修成本为0.013 9元，比三大航的平均水平低30.4%，即使考虑经营租赁并表对三大航维修成本的影响，春秋航空的单位成本差异也在40%左右，高于单机座位数差异，这说明单一机型和高飞机利用率能够显著降低维修成本。

尽管与传统的航空公司相比，春秋航空的维修体系有非常大的成本优势。但与同期或稍晚成立的其他航空公司相比，春秋航空在维修体系上的成本投入反而更高。如在人才培养、员工福利、安全保障和培训等方面，非但不省一分，反而资金大幅度向这些方面倾斜。这也体现了春秋航空"低成本不低安全"的理念。

2013年，春秋航空投资8亿元在上海浦东自贸区兴建飞行员培训中心，成为国内首家拥有自建培训中心的民营航空公司。截至2024年9月，该中心拥有6台空客A320飞行模拟器，可满足1 700名飞行员的年训练量。

经过半年多的沟通、建造、评估和审定，2024年10月起，春秋航空东海训练中心设备正式使用，未来可满足至少200架飞机的乘务训练需求。

在低成本运营模式下，对飞机的资产利用率要求更高，春秋航空的飞机利用率比传统航空公司的平均水平高出10%～20%，这意味着必须用更少的维修时间去完成同样的维修任务。

由于每个维修工序的耗时是固定的，其他航空公司维修多长时间，春秋航空的飞机一定得维修多长时间，这是技术要求，不能有任何含糊。但又必须压缩维修时间，春秋航空只能通过在同一时间段内完成更多工序，来压缩整体维修时间，这就需要在每个网点投入更多人力、更多设备以及更多航材。

王正华认为，低成本运营的关键在于控制整体成本，而要实现整体成本最低，关键在于首先要明确区分公司的核心资产和非核心资产。为了让核心资产的价值发挥得淋漓尽致，甚至可以在非核心资产上做适当的让步。

飞机作为航空公司最重要的核心资产，为了保障飞机最大程度地发挥价值，王正华和王煜在飞机维修保养上的投入一直都不低。

这里的关键在于，每架飞机都是一项巨大的投资，需要定期维护，以确保其安全和性能，从而更好地保护乘客和机组人员的生命安全，更好地保护飞机的价值。

然而，王正华并不仅仅将维修部门视为一个花钱单位，他认为维修部门有维修部门的资源，而且维修部门的能力不弱，要充分利用起来。王正华看中的是民航维修市场这块"大蛋糕"潜藏的巨大潜力和高额利润空间。国内维修单位全行业承担的维修产值不足市场总产量的25%，春秋机务也积极争取在这个市场中占据一席之地。

2009年4月，春秋维修部门开拓了第三方业务。第一笔业务是吉祥航空B-6341飞机的8A检。当时，吉祥航空对原定检企业的工作质量和服务不满意，要找新的合作伙伴。春秋维修工程部闻讯后，立即联系吉祥航空协商，很快顺利接下了这份定检业务。半年多时间里，他们为吉祥航空提供了221架次航班的保障服务。

由于春秋航空在空客A320机型维修方面的出色表现，菲律宾宿务航空找来了，希望春秋航空能够承担其过站维修和放行工作。在竞争激烈的民航维修市场中，从别人口中"夺食"谈何容易。春秋航空的维修团队经过日夜奋战，制定了一套完整的方案，进而一举通过菲律宾国家民航局的审核，在业界引发关注，人们纷纷称赞：春秋人太厉害了！

此后，春秋航空的第三方维修业务进入了快速发展阶段，先后承接了菲律宾

快运航空、成都航空、重庆航空等公司的外站维修业务，又拿下了顺丰航空在浦东每天四班的勤务工作，同时签下四川航空在普吉岛过站维修和放行工作，以及东航在虹桥机场东区的冬季飞机除冰业务等。截至2013年10月底，春秋航空维修工程部的第三方业务收入突破1 000万元。

安全始终是王正华最重视的问题，就连现在也不离他的嘴边。他不仅关注飞行员的飞行安全，也同样重视维修机务、地勤保障等各个环节的工作，要求所有员工"敬畏生命，安全第一"。

王正华对"安全"的解释，与常人不同，带有一定的哲思。

他认为，春秋人的各项工作，如同数字的"1"后面的无数个"0"，安全就是"1"。"1"做得越好，后面的"0"越多，工作越有价值。如果安全工作没有做好，没有了"1"，后面再多的"0"，仍然是"0"。其他的工作做得再多、再好，也毫无价值。

王正华就是一个如此"较真"的人。包括已经接棒八年的王煜，同样高度重视安全问题。安全生产无小事，须臾片刻不放松。他们父子二人的理论是：凡是可能搞错的地方，一定会有人搞错，而且是以最坏的方式，发生在最不利的时机。就像人们用堤坝挡住海水，获得了很多经济效益，但是必须永远保住那些大坝。

与此同理，春秋航空也一样没有选择余地，必须修筑好"安全的堤坝"。春秋航空对安全标准的要求是"零容忍"，安全的堤坝一旦出问题，打击是毁灭性的。维修成本可以被科学管控，安全是第一要素。

我们都要终身学习

为何春秋航空能快人一步？这离不开勇于推动企业创新发展的引领者王正华。他深知，在瞬息万变的商业环境中，只有快人一步才能获胜。

17 诚信，是立身处世之道

除了具备敏锐的市场洞察力和前瞻性，及时捕捉创新机会，勇于创新商业模式，王正华还注重整合内外部资源，积极搭建创新平台，激发团队活力，推动创新项目的落地实施。更重要的是，他比常人付出更多的努力，做更多的功课，不断提升自身能力，引领企业朝更好的方向发展。

春花秋月何时了，往事知多少？追溯过往，王正华取得了令人瞩目的成就，仍致力于"终身学习"。王正华曾多次分享他的学习体会，他认为：真正的管理学问需要在实践中不断积累，需要滴水穿石；学习是一辈子的事情，只有不断学习，在学习中不断感悟人生，才能提升自己的境界，才能变得更加充实、更加睿智、更有获得感……

过去对王正华的媒体报道中，有两本书经常出现。一本是《世界旅游业及其哲学》，当时，王正华为把旅游市场摸透，找遍了整个上海的书店、图书馆，也没有找到能解答他疑惑的图书。他正在为不知如何做好旅游而感到迷茫，研读这本书后，王正华意识到，在国外，散客旅游已是流行趋势，国内还拘泥于单位组织的团队游，大受启发的他，开始在国内推行散客游。

散客游模式迅速取得了成效。仅一年时间，春秋旅行社营业额达到了60万元，1987年突破100万元。经过十余年的发展，春秋旅行社成为全国旅游业第一。虽然沉浸在兴奋中，但王正华并不满足，相比于国际上的大旅行社，春秋旅行社的收入相差甚远。

此后两年多的时间里，春秋旅行社上下均在探讨新的发展方向，在放弃发展信用卡、会议展览等转型路径后，另一本书——《西南航空》让王正华找到了未来的方向。这本书介绍了全美最受推崇的航空公司——美国西南航空公司的成功经验，在他心中埋下了"进军航空业"的种子。

这两本书，只是一个引子。不管是王正华早前选择做旅行社，进入"商界"，还是之后投身航空业，几乎没有民营企业有胆量涉足这两个业务。

一路走来，王正华一直都在学习的路上。用他自己的话说，就是学习国外的航旅理念，踩着时代的节拍，跟着年轻人的脚步前进。早在1983年，大家都在把电脑当成打字机用时，他就把电脑用于商务需要。

他总是率先学习新事物，例如学习PPT制作和新的销售方式，到现在为

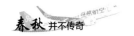

止依然如此。他坚持，必须紧跟时代潮流，不断地学习年轻人、了解年轻人、和年轻人交朋友，这样，春秋这艘装载着一万多人的小船，才能平稳地往前行驶。

稻盛和夫是一个伟大的企业家，他的伟大之处不仅在于拥有一家世界500强企业和巨额财富，更在于他将自己的经营哲学无私地分享给社会公众，也影响了无数人。稻盛和夫对王正华的影响很深，在他读过的无数本书中，最喜欢的便是稻盛和夫的书。他深深认同其"稳中求进、日积月累"的经营之道，并将其运用到春秋航空的经营管理中。

王正华以"自主研发，做到极致"为理念，引领春秋航空的科技创新和产业发展。他亲自带领一批IT科技人才，自主研发多个提升业务链条的操作系统，成功摆脱了中航信等平台的技术垄断。20世纪80年代至90年代，他受邀在复旦、清华、北大等高校讲课，主题就是"网络改变世界"。

正所谓"前事不忘，后事之师"，京瓷的成功，给王正华和春秋指明了方向——唯有掌握核心技术，才能避免受制于人。平凡的我们，可以从稻盛和夫、王正华的传奇经历中，获得借鉴和学习之处：生于忧患，死于安乐。

在中国民营企业界，王正华算是一个前辈了。下海经商四十四个年头，这些年来摸爬滚打，吃过很多苦，受到不少挫折，也取得了令人瞩目的成就。

2010年10月20日，由第一财经、CNBC（消费者新闻与商业频道）亚太联合主办的第六届"中国最佳商业领袖奖"颁奖盛典在上海举行。因以低成本运营方式拓展中国低成本航空业务，让"普通百姓坐得起飞机，让乘飞机旅游进入千家万户"，王正华荣获"年度中国创新人物奖"。

2016年6月19日，王正华受邀出席在黑龙江省哈尔滨市召开的2016年全国企业家活动日暨中国企业家年会，荣获中国企业联合会评定的2015至2016年度"全国优秀企业家奖"。

2017年4月22至23日，2017年度中国旅游科学年会在北京召开。会上举行年度"旅游思想者"颁奖仪式，中国旅游研究院院长戴斌为王正华及其创业团队颁发"旅游思想者"奖，表彰其为中国旅行社产业和低成本航空做出的杰出贡献。

17 诚信，是立身处世之道

2018年10月24日，全国工商联发布"改革开放40年百名杰出民营企业家"名单，彰显民营企业家的地位和价值。作为春秋集团董事长的王正华位列其中。

在不少人看来，王正华获奖无数，实至名归。甚至有人认为，在旅游业和航空业中，"老王"就是一个传奇。他不仅重视学习，积极了解行业最新趋势、扩展知识库，也鼓励员工和企业家同行保持学习的热情，永不停歇地学习。他还积极参与导师计划，走进高校和各大创业创新专场活动，传授自己的智慧和经验，激励和指导有抱负的创业者。通过分享知识，他身体力行地倡导持续学习的文化，他为未来领导者的发展，贡献着自己的力量。

说起过去的经历，他总是感慨万千。从2平方米的铁皮亭子发展到如今拥有上万名员工的企业集团，四十四年，他经历了改革开放，并深刻认识到，正是改革开放成就了中国的民营经济，也是改革开放成就了春秋集团，乃至成就了他个人。

创业的这些年，王正华善于归纳和总结。他坚信，好的企业，必定是学习型组织。王正华坚持"管理是教育，教育是最好的管理"的理念，认为要实现人的再造以及团队的再造，需要不停地教育。他认为，只有持续的教育才能实现个人和团队的不断提升，而真正的学习型组织需要永无止境的学习过程，永远要在路上。

他坚守自己开创的春秋文化，也乐于学习别人的长处。他深知，文化或经营模式虽可以借鉴，但绝不能照搬照抄，要"以我为主，博采众长"。

王正华的格局之大，还体现在他"独行快，众行远"的理念上。他认为，做企业不能有吃独食的思想。全球化趋势不可阻挡，在全球化浪潮中，应"你中有我，我中有你""有进有出，有来有往"，这样才能持续发展。

他十分认同稻盛和夫的观点：一个企业如果进入"守望时刻"，那么便是这家公司衰退的开始。基于这些"商道"的指引，王正华积极学习美国西南航空的低成本管理模式，并将其成功应用于春秋航空，用低成本撬动市场。即使在新冠疫情期间，春秋航空依旧"越是艰险越向前""千磨万击还坚劲"……

不可否认，春秋集团的"破题时代"是在王正华手中完成的，而春秋航空、春秋旅游的"高质量发展时代"，则在王煜、王炜手中开启。

也有委屈和隐忧

四十四年前,王正华是"吃公家饭"的人,都说他扔掉"铁饭碗"去选择看不到未来的旅游业,是"脑子进水了"。然而,他全然不顾别人说什么,毅然下海,历经九九八十一难,他没喊一声抱怨,也没说一句后悔。

在一个2平方米的铁皮亭子里宣告"弃政从商",春秋旅行社由此诞生。在西藏路首个门店被同行"群攻"时,他没有感到委屈。

以国内"第一家廉价航空公司"的名头出现在民航业,春秋航空由此诞生。春秋航空不按市场规则出牌的方式,曾遭三大国有航空公司联合抵制,他没有感到委屈。

做旅行社的,做不了航空,王正华做到了;做航空的,做不了低成本运营,王正华做到了。在争议中,他以不变之心,回应每一份质疑与热爱。他追逐的不是一个梦想,而是一个可以实现的理想。

他以不变的初心,回应着外界的质疑,一步步将看似遥不可及的梦想变为现实。他坚信,人生的可能性无限。他永远不会因为年龄与暂时的处境束缚自己,认为只要心中有光,什么时候开始都不晚,终有迎来曙光的一天。

王正华是一个性格稳重的人,他做事不会感觉有太大的压力,即使面对压力和不公,也能保持坦然和自信。他很少流露负面情绪,最多是拍一下桌子、吼两句就过去了。每次在会议的开头和结尾,他经常选择恰当的语境,围绕企业的中心工作,鼓励大家:"顺境不惰,逆境不馁,以心制境,万事可成。"

他认为,困难是人生的常态,与其抱怨,不如感恩。要去争取,即使没有好的结果,只要努力过,就没有遗憾。这样想心情就会好多了。"大家要记住,飞机是逆风起飞,而不是顺风起飞。"

他很喜欢《平凡的世界》里的一句话:"人处在一种默默奋斗的状态时,思想就会从生活的琐碎中得到升华。"在航空、旅游业也是如此,无论身处何种岗位,无论何种身份,只要靠自己的奋斗,获得生活所需,享受自己的劳动成果,便是获得了工作和生活的主要意义。

低成本航空公司的出现对于中国是一件好事，它降低了国人出行的成本，让航空出行的门槛变得更低。但无论是刚刚过去的2024年，还是此前的数年，旅客对低成本航空的了解仍需时间。

近年来，旅客对低成本航空的接受度有所提高，但一些问题仍然存在，例如遇到航班延误，不管什么原因，一些旅客惯于随大流，只要有人闹，就跟着闹，根本忘记了买票时签署的协议。近年来，此种现象虽有好转，但王正华在每次谈起时仍会"耿耿不寐，如有隐忧"。

按照国际惯例，低成本航空公司的职责，主要是确保旅客安全从甲地抵达乙地，除此之外的其他服务都要另外收费。然而，在国内实行类似的制度非常麻烦，旅客习惯了传统的全服务航空公司的服务模式。春秋航空推行的差异化服务，推行起来自然会遇到很多障碍。旅客十分抵触，最直接体现在飞机延误赔偿、免费行李额度、免费餐饮提供方面，其中尤以飞机延误的纠纷最多。

2007年至2013年，旅客"霸机"事件闹得最凶。旅客们认为航班延误就是在浪费他们的时间，更不能容忍自己"被无端晾置"数小时。而处于被投诉方的航空公司，是不喜欢飞机晚点的，因为晚点不仅会接到"旅客投诉"，更会降低公司的经济效益。飞机只有在航行时才能创造价值，"趴"在地上，每小时消耗的成本高达2万至3万元。

都说一个人的格局，是被委屈撑大的。一边被旅客投诉，一边消耗钱财。那几年，王正华承受了常人所不能承受的委屈。一般没有人想承受这些，但是，凡事皆有例外。

春秋航空是低成本航空公司，因为低成本，票价才会如此地亲民。与传统的航空公司相比，春秋航空的服务更加"简洁"。但这不应该是旅客投诉春秋航空的理由，旅客在享受到低价服务的同时，应当承认并接受这种"简洁"的服务方式。他希望，旅客都能有契约精神，多了解低成本航空的差异化服务。

为了避免类似纠纷，春秋航空除了加大宣传力度外，还在售票网站和门市购票处将这些差异化服务措施以突出字体标注，提醒旅客在购票之前阅读，旅客签字或点击同意后才能成功订票。消费者选择廉价航空，选择低票价优惠，就意味着选择了廉价航空的差异化服务，买卖公平，合情合理，这在欧美发达市场也是通行的做法。

也就是说，旅客在购买机票时，春秋航空便履行了"差异化条款"的告知义务。尽管春秋航空已经尽到了告知义务，但真正出现纠纷的时候，一些旅客的情绪依旧很激动。作为消费者，一部分旅客无法忍受这种"被延误却不赔偿"的服务模式。因此，肢体冲突，甚至"霸机"事件时有发生。

如今世事变迁，大众普遍对低成本航空模式有所认知。面对质疑，王正华的回应是："在世界范围内看，该条款是行业内的惯例，春秋航空不是第一个制定差异化条例的公司。低价票就意味着低投入，全世界的低成本航空，都需要通过这种方式来降低成本。"

长期以来，春秋航空都在致力于有效减少纠纷，尤其在疫情期间，既要服务旅客，又要妥善处理违约旅客的情况，以保障自身和千万旅客的利益。

《航空知识》杂志副主编王亚男对此表示，低成本航空的出现，不仅满足了原有的市场需求，也开拓了新的市场。没有乘坐过飞机的人，选择了低成本航空这一出行方式。实际上，这是好的发展趋势。廉价航空虽然低价，但并不意味着他们会选择牺牲安全，或者牺牲与安全相关的因素作为发展的代价。这与低成本航空的精神相违背，旅客的这种质疑，可能会随着低成本航空的自我调整、自我完善，而逐渐消失。

不难理解，王正华为何频繁拜访民航局领导，他一次又一次向领导们说明低成本航空的特点，比如解释春秋航空为什么有"黑名单"，为什么三大国有航空公司没有，春秋航空却要"搞特殊"，针对此事，国外的经验是什么。最终，民航管理部门认可了这份"名单"的存在。

在王正华眼里，这份"名单"是春秋航空作为航空市场"补充者"的一个注脚。国有三大航做得好好的，为什么让民营资本进来？寻找夹缝也好，寻找边缘市场也好，能给现有的市场拾遗补阙，这就是春秋航空独特的竞争力。

亚洲航空、捷星航空等多家低成本航空公司早早进入中国市场，东南亚低成本航空公司在国内的航线已达百余条，这给春秋航空带来了不小的压力。为控制成本，春秋航空将旅客自携行李重量从15千克降至7千克，引来了一轮热议。可是王正华真的没有办法，是市场逼着他们向前走。

17 诚信，是立身处世之道

如果站在经营者角度来审视"非法霸机"行为，航班延误时，旅客应该通过合法途径维护自身权益，而不是采取"霸机"等过激行为。如果从行业发展的角度看待此事，王正华的做法捍卫的不仅是春秋航空的利益，还有除霸机者之外其他旅客的利益。在相关法律法规尚未完善的情况下，"黑名单"制度实在是一种无奈之举，对于此事的处理，看起来是在息事宁人，却能有效降低社会成本和企业成本。

当然，王正华在做这些决定的时候，重新审视了自身。春秋航空也有不少需要改进的地方，需要积极借鉴国内外同行的成功经验，加大推广和宣传力度，让更多的旅客理解差异化服务的真正含义、实际意义。目前，外国的旅客已经完全接受了差异化服务的模式，随着观念的转变和心态的开放，中国旅客最终也会接受这种服务模式。

多年来，王正华像一竿韧竹，在压力下弯而不折，最终挺直腰杆。当其他民营航空公司因飞机延误而赔付乘客损失时，王正华咬牙坚持了下来。遇到问题的时候，他善于自我调解。对于遭受的挫折、委屈，他既没有彻底妥协，也没有死磕到底，而是在委屈中寻求解决问题的方法，在挫折中不断地反思和成长。

正是基于这种坚韧的性格和良好的心态，王正华在人生的各个阶段都能保持清醒的头脑和积极的人生态度。正如孔子所言："四十而不惑，五十而知天命，六十而耳顺，七十而从心所欲，不逾矩。"王正华始终将人生视为一个不断学习和提升的过程。

不管到任何时候，王正华都确信，民航业是经济的晴雨表，与经济发展密切相关。低成本航空往往在经济低迷时期更具优势，因为乘客越希望省钱，就越愿意选择像春秋航空这样的低成本航空。

对于春秋航空的未来发展，王正华充满信心。他相信，低成本战略将继续推动春秋航空的高质量发展。王煜接棒后的一次次出色表现，也让王正华对未来充满信心。

他，兼具霸道与人道的经营者

改革开放四十多年来，中国航旅业经历了不同的发展阶段，每个阶段都体现出不同的时代特征。从改革开放初期的"走遍千山万水，想尽千方百计，说尽千言万语，吃尽千辛万苦"，到后面的"摸着石头过河"，再到现今的跨越式发展、爆发式增长，王正华都亲身经历并参与其中。无论为人还是处世，他"要霸气更要人道"的管理理念，值得我们深入思考。

王正华曾说："让我们每一个人优雅地老去，让我们每一个人富足而退，这才是我未来的人生目标。"这是 80 岁的王正华的人生独白。只要身体允许，只要心态年轻，对他来说，人生没有"退休"，更无"老年"。

不了解王正华的人，都很好奇。他究竟打开了哪扇法门，才屡创商业奇迹？40 岁时，王正华开始创业，创办春秋旅行社，做到了全国领先。60 岁时，绝大多数中国企业家已经开始考虑功成身退或交接班了，他却"人生六十方开始"，二次创业，创办了春秋航空，成为中国低成本航空第一人。

王正华的创业故事，证明了年龄并非创业的限制，40 岁创业一点都不晚。创业对于每一个年龄段的人来说有着不同的意义。当人到了 40 岁，虽然没了年轻人的冲动和激情，但却有着年轻人没有的稳重和经验，在选择项目、分析问题的时候会更谨言慎行，这在创业过程中同样重要。

人们普遍认为，国有企业在国民经济中发挥着重要的支柱作用，承担着保障国计民生的重要责任，在一些关系国家安全和国民经济命脉的重要行业和关键领域拥有重要影响力。由于其承担的社会责任和特殊地位，有时在运营模式上可能表现出一定程度的强势，这也与其肩负的使命有关。而王正华作为一家民营企业的领导者，也是外人眼中的"霸道总裁"，但他并不妄自尊大，而是善于学习和借鉴，善于博采众长。

王正华喜欢打破常规，习惯打破游戏规则，在看似不可能的环境中寻找创新机遇。"要么不做，要做就做第一"是他的信条，这使他成为企业掌门人里的一个"另类"。无论国企还是民企，在市场经济的规则下，都要遵循"优胜劣汰，适者生存"的自然法则。

这种竞争无处不在，无论在对生存资源的争夺上，还是在对个人能力、智慧和适应力的严峻考验上，王正华都"剑走偏锋"。他敢想敢干，敢于竞争，敢于亮剑。他曾多次对外表示，他崇尚高调做事、低调做人。事实上，也正是因为他是一个霸气十足的人，才能带出"千军万马"的队伍。

在春秋航空成立六周年的时候，公司并没有开庆祝会，而是专门研究了"五大"问题，分析企业自身存在的危机：在快速发展的同时，是否保持清醒的头脑？发展速度是否过快？员工是否出现松懈？战略方向有没有偏移？服务质量是否下降？近年来，他们还在不断地反思，继续不断地深化、创新和改进。如之前提到举办常旅客意见会，就是为了更好地了解旅客需求，改进服务模式。

自1994年以来，春秋旅行社一直是国内最大的旅游企业之一，在上海出境游市场也处于领先地位。王正华的经营目标是打造业内领先的旅游品牌，涵盖中国港澳地区，以及东南亚、日韩、欧美等各个方向。致力于为客户打造诚信的、舒适的、开心的旅游过程，并集中力量开发高端旅游产品，例如"贵族之旅""皇家之旅"，为游客提供顶尖的旅游享受，多年来取得了显著成效，尤其在欧美游市场表现出色。

王正华一路走向成功,这与他抛出的"不争第一就是在混日子"的豪言壮语密不可分。从2平方米的小铁皮亭子起家,到成为中国最小旅行社的负责人,显露出了他的霸气。

他带领十几名知青和待业青年做前途未卜的旅行社,凭借过人的胆识、超前的谋略,以科技赋能旅游产业,拥抱互联网,企业发展才跑出了"加速度"。由此,小小的旅行社逐渐发展壮大,连续多年保持行业领先地位。一系列的操作下来,王正华的霸气更加凸显。

在旅游包机业务助力春秋旅行社更上一层楼之际,王正华并没有沾沾自喜,而是组织了一场为期一天的内部"自我革命"剖析大会,王正华拿出国外同行的数据,向管理层"开炮"。其间有春风化雨,有语重心长,更有疾风骤雨。"比一比才知道差距有多大,不去比就会成为'井底之蛙'!"接下来,春秋是墨守成规,还是弯道超车?未来的路怎么走?这非常考验王正华的战略眼光和决策能力。

外界看到的王正华和春秋集团,一直呈现一片欣欣向荣之态。而实际上,没有轻易得来的成功。他的成功在于他敏锐地抓住了战略机遇期,提早布下"先手棋",为未来的发展谋篇布局。在这一点上,他展现出了他的决断力和霸道。但他的霸道并非传统意义上的专横与独裁,而是一种对新目标的坚定追求和对战略方向的果敢抉择。

王正华的成功,一定程度上与他的"霸道"是有关系的。在商业竞争激烈的环境中,这种特质使他能够在关键时刻,迅速作出决策并坚定地推进,不被外界的干扰和质疑所左右。

"忆往昔,峥嵘岁月稠。"当王正华决定进军具有挑战性的低成本航空领域时,这种"霸道"也帮助他克服重重困难和阻力,使他能够坚决地执行战略规划,在市场中占据一席之地。

成功往往是多种因素共同作用的结果,不能仅仅归因于某个单一的特质。王正华认为,春秋航空的成功不仅源于他个人的商业智慧和创新精神,更得益于团队的精诚团结、艰苦奋斗,以及政策的支持和相关部门的协助。他所展现的"霸道",只是在某些关键决策和行动中发挥了积极的推动作用。

什么是霸气？霸气源于内在力量的自信，是一种强大的气场。它既能展现个人的雄心壮志，又能带给别人安全感。王正华对"霸气"有自己清醒的认识。他明确提出：领导干部要霸气，但不能霸道。他鼓励各级领导干部保持开放包容的胸怀，允许不同个性、不同声音的存在，尤其在业务创新方面，要尊重专业人士的意见，"只有专家，没有领导"。据春秋航空的一些高管回忆，在他们老板工作很着急，甚至是拍桌子发火的时候，只要他认为你说得有道理，就会认真倾听，且立刻改变态度。

遇到问题，王正华会直言不讳地指出，毫不保留地进行尖锐批评。他曾批评部分高管霸道的管理作风："我们有些管理团队和各部门的一把手很霸道，有时不让别人说话，更有甚者，对员工不够关爱。"在管理上，王正华致力于让领导干部形成"听完别人讲话，耐心听别人讲话"的作风。

在王正华看来，领导者对下属、客户更是不能霸道，要以和为贵，才能实现互利共赢。他对春秋航空的品牌充满信心，就连品牌宣传也是自信满满。这些年来，春秋集团很少进行大规模的广告宣传，一不做网络推广，二少有大幅广告。真正需要时，只在报纸登半个版面，或有特殊活动时登一点广告。因为他相信自己的品牌，相信自己的客人。他主张把力气花在内部管理上，包括服务商的严格考核、内部人才和导游的培养等方面，而不是花在广告上。他主张稳步发展，不冒进。

在王正华这里，"霸道"与"人道"，看似矛盾，实则和谐统一。他的霸道，是为了实现企业的宏伟目标，为了在激烈的市场竞争中立于不败之地。他的人道，是为了凝聚人心，为了让企业的发展成果惠及更多人。

王正华的"霸道"或霸气，并非孤立存在，而与他的人道关怀相辅相成。他视员工为企业最宝贵的资产，关心员工生活，重视员工发展和福利。凡是员工遇到棘手的问题，公司党组织和工会都会积极帮助解决，不让员工寒心，确保每位员工都能在春秋航空找到自己的归属感和价值感。

用"自强不息，厚德载物"来形容王正华的经营策略最为贴切。他的经营理念可以归纳为三句话：在风清气正中确保风平浪静，在求真务实中干得风生水起，在明确定位中实现突破重围。

铁腕管理:"99+0=0"

春秋旅行社创立之初,王正华就推出了极具开创性的"99+0=0"质量管理体系,形成了春秋旅行社的首个规章制度,奠定了其管理体系的基本风格。

"99+0=0"是什么概念?这并非简单的数学等式,而是对质量管理的独特诠释。99 分的努力,99 分的成果,却可能因为 1 分的缺失而化为乌有。这就是春秋旅行社对质量的执著追求。

1981 年,王正华开始着手建立春秋旅行社的规章制度。他希望打造一家"百年老店",因此必须得有一套适合百年旅行社的半军事化管理制度。这套制度,首先要从导游的质量管理抓起。

早期,春秋旅行社针对导游制定了"三不准"铁律:带团导游不能吃客人送的东西;不能卖当地土特产;不管汽车上有无空位,不能以任何理由捎带亲朋好友。这三条铁律至今仍在严格执行,任何人都不能违反。

有一次,上海市长宁区一事业单位组织去无锡进行党建活动。时值盛夏酷暑,组织者拿出 2 瓶橘子水给导游喝,谁知被导游以"我们有规定不能吃客人送的东西"为由拒绝。回到上海后,这位组织者找到王正华"投诉",称导游不吃客人给的东西虽然能够理解,但大家都是熟人,何况只是 2 瓶橘子水。

王正华非但没有批评导游,反而露出了满意的笑容,对他的行为表示肯定,并解释道:"规定就是制度,制度面前人人平等,不会因为亲疏远近而随意更改。春秋虽然是个小旅行社,但是制度就是铁打的纪律,任何人不能触犯,包括我自己。"

早在下海经商之前,在政府部门工作的王正华已深刻认识到这一点:做一件事情,即使九十九个环节都做到了完美,只要有一个环节出现了问题,那么所有的努力都将付诸东流。"99+0=0"这个理念的提出,并非偶然,而是源于一次令他心痛的经历。

当时,他和团队精心策划了一条国内热门旅游线路,行程安排、住宿餐饮等方面都做到了尽善尽美,游客在前几天的行程中也赞不绝口。然而,在旅行接近尾声时，由于地接导游与当地商家的沟通失误，游客们预订的特色纪念品无法按时交付，引发了游客的不满和抱怨。看似只是一个小小的环节出了差错，却影响了整个旅行团的旅行体验。

这起事件，让王正华痛定思痛，他意识到旅游服务是一个环环相扣的整体，任何一个细节的疏忽，都可能影响整体的服务质量。每一个细节都关乎着游客的体验。一次不经意的疏忽、一个微小的失误，都有可能成为那关键的"0"，让所有的努力付之东流。由此，"99+0=0"质量管理体系应运而生，它强调每一个环节、每一个细节都不能失误，必须达到高标准。

1983年，春秋旅行社在国内首创质量管理机制，成为首家在国内引进目标管理（MBO）和全面质量管理（TQC）的旅行社。这一质量管理体系的推行，也在告诉每一个员工：质量是企业的生命，细节决定品牌的成败。或许，只有以战战兢兢、如履薄冰的心态，重视每一项业务、每一个环节，才能打造出春秋旅行社这样高品质的旅游服务品牌。多年来，王正华带领的春秋团队，一直是这样做的。

王正华对安全问题也秉持着同样的标准。在安全业绩面前，必须时刻保持归零心态。历年的安全业绩只能代表过去，每一个板块、部门、班组和岗位每一天的工作，都需要从零开始。

春秋旅游的质量监督管理机制借鉴了国际先进经验，其在上海乃至全国同行业中率先建立了全面质量控制的质访科，这是一种综合的、全面的经营管理方式和理念。它以组织全员参与为基础，代表了质量管理发展的最新阶段。它起源于美国，后来在其他一些工业发达的国家推行，在实践运用中不断优化。特别是日本，在20世纪60年代以后推行全面质量管理模式，取得了丰硕的成果，引起世界各国的瞩目。

建立起这个严格的质量管理体系后，春秋旅行社对每个旅游团都坚持"99+0=0"和"每团必访"的质量控制标准。每团必访、每周必会、每周必报、每人建档，即对每个旅游团都进行跟踪调查，每周召开一次质量讨论会，每月发布一次质量监督公报。久而久之，赢得了信誉，也赢得了市场。

自那个时候起，春秋旅行社各地分、子公司的总经理，最担心的事情莫过于

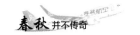

接到总部质监部门的电话,因为这往往意味着自己旅行社接待的哪个旅游团出现了服务质量问题。一旦有质检人员抵达分公司,说明问题已经非常严重。

春秋旅行社早年制定了"四个坚持"的质量管理原则:坚持"找碴挑刺"原则,坚持由外行进行质量访问原则,坚持原汁原味原则,坚持"小题大做"原则。

如果质检部门介入的事件,被认定为有效投诉,被投诉的分公司总经理不仅自己要受处罚,连带的直属领导也要一并承担通报和罚款责任。如果该事件经调查,最终属于无效投诉,那就"有则改之,无则加勉"。这种高度透明的监管原则,让员工们深知,任何一个细微的失误,都可能造成严重后果,因此在工作中必须严谨认真,确保每个环节的衔接和落实。

2007年,春秋旅行社引入ISO9001(一类标准的统称)国际标准,建立了质量管理体系并通过认证。2010年9月,春秋旅行社通过了ISO9001—2008质量管理体系国际认证,表明其质量管理体系更加规范化、科学化。经过多年不懈的努力推进,春秋旅行社不断寻找和消除自身可能存在的问题,多次优化工作流程和方法,质量管理体系的运作越来越好。

过去传统的纸质质访单如今已被取代。现在,游客只需扫描电子系统形成的二维码,即可在线填写自己对旅行的意见和建议。这一方面方便了游客操作,另一方面提高了信息收集的效率和真实性。春秋旅行社在质量管理方面的成功经验说明,注重细节、持续改进、全员参与,是提高企业质量管理水平的关键。

春秋旅行社重视内部质量建设,对导游坚持"业务上培训提高,生活上关爱共赢"的原则,加强导游培训,提升员工的微笑服务意识,实行严格的奖惩措施等。这些措施,都让春秋旅行社在消费者中产生了良好的口碑。

从1982年至2024年7月,春秋人秉承"99+0=0"的质量理念,严格执行"每团必访"的质量监督制度,累计访问旅游团队和自由行团队179万个,访问游客503万人次。至2019年11月,编制质量周报1 799期。

2019年12月,春秋旅行社上线了自主研发的质监管理系统,实现了"电子质访",能实时查看游客评价,质量问题可直接实现线上流转和闭环管理,同时实现BI(商业智能)报表数据分析,进一步提升了服务质量和客户满意度。让旅客都能乘兴而来，满意而归。

质量安全代表企业的形象，是企业的生命之所在。企业要有好的效益，必须对产品有一定的质量安全标准与要求。质量安全一旦没有保障，将意味着企业即将走向亏损甚至破产的局面。王正华将"99+0=0"的质量管理理念从春秋旅行社"移植"到春秋航空，并严格贯彻执行，确保企业的高质量发展。

在航空安全方面，从飞机的日常维护检查，到飞行中的每一个操作环节，再到地勤服务的每一个步骤，春秋航空都要求做到万无一失。哪怕是一颗小小的螺丝松动，或者是一次航班的轻微延误，都会被视为严重的质量问题，必须深入分析原因，采取措施，加以改进。这种对安全的极致追求，使得春秋航空在业内树立了良好的安全口碑。

在客户服务方面，无论是便捷的订票系统，还是机舱内的服务细节，春秋航空都以"99+0=0"的质量管理体系为指导，力求让每一位乘客都能感受到贴心和舒适。即使在面对复杂多变的市场环境和客户需求时，春秋航空也一贯坚守质量底线，优化服务流程，提升服务品质。

在成本控制方面，"99+0=0"的理念同样发挥着重要作用。春秋航空通过精细化管理，在保证服务质量的前提下，严格控制各项成本支出，从燃油采购到飞机租赁，从人员配置到物资采购，每个环节都精打细算，力求实现效益最大化。

"99+0=0"这一质量管理体系的坚守和传承，使春秋集团在旅游和航空领域取得了令人瞩目的成就。它不但帮助春秋集团赢得了市场份额和客户的信赖，也使其成为行业内质量管理的典范，为其他企业提供了宝贵的经验和启示。

生活中类似的例子比比皆是：比如，你一直为客户提供贴心的服务，但是有一次没做好，你们的合约就此终止。又如，当你做调查报告的时候，把所有的数据都分析好了，但是最后忘记点击保存，那么你前面所做的努力就白费了。同理，只要消费者购买了一次旅游产品且体验不合格，就可能毁掉之前积累的所有良好口碑。"99+0=0"的理念虽然看似苛刻，但蕴含着深刻的道理。

"与其追求利润，不如做好质量。"正是王正华提出"99+0=0"的全面质量控制理念和至诚至简的服务，赢得了旅客的信赖和好评。

认准目标"死磕到底"

"革命尚未成功,同志仍须死磕。"这句激励人心的话,一定程度上体现了春秋人"不死磕,无以立"的精神。王正华经常用它来鼓励员工:认准一个方向,就要死磕到底,请努力到无能为力,拼搏到感动自己。换句话说,人,得自个儿成全自个儿。

励志的案例,摆在面前。在王正华决定放弃"铁饭碗"下海经商的时候,他不仅兜里没有一分钱,还得不到家人、领导和朋友的支持。在创业初期,他处于一种孤立无援的尴尬境地。虽然认定"做旅游"这个目标,但是几年的付出都没有得到回报,企业几近关门,甚至自我怀疑不是经商的"那块料"。最终,他还是成功了。

试问,你曾经有过哪些执着的坚持?是执着,成全了王正华。经历了无数次失败,王正华都坚持了下来。到目前为止,他仍然坚信当初的选择遵循了自己的内心,也相信一切终将随自己的心愿。

在这个过程中,他坚持学习,不仅找机会学习,还做行业预测,死磕自己不会的知识点,不懂就到处找专家、看书。终于有一天,他带领春秋旅游"一马当先",领导春秋航空"一飞冲天"。

王正华喜欢用电影《闻香识女人》的结尾来"回味过去":"如今我走到人生的十字路口,我知道哪条路是对的,毫无例外,我都知道。但我从不走,为什么?因为太苦了。"然而,与电影中的主人公不同,王正华每一次走到十字路口,都选择了"难而正确"的事情。

在我们的生活中,身边总有一些人,嘴里喊着要改变现状,却迟迟不付诸行动;或者明明知道哪条路是正确的,是能让自己成长的,却宁愿忍受平凡,选择更容易走的路。王正华则不同,他是一个非常执着的人,一旦他相信一件事是对的,就会全力以赴。他会想出一件事的几十种方案,没日没夜地做减法,经过细致的对比后,筛选出最合适的一个,以期达到最佳的效果。这种"认准一个方向死磕"的精神,早在他在团委和街道工作时就已显现出来。

18 营谋方略

王正华将唐太宗《帝范》卷四中的"取法于上，仅得乎中；取法于中，故为其下；取法于下，将无可得"奉为圭臬。做事始终坚持高标准、严要求。从一个穷小子到百亿富翁，王正华的财富密码，就在于"做事追求极致"六个字。

回溯春秋旅游的发展历程，王正华对企业的质量问题总是高度关注，这是他做事追求极致的体现。他认为，质量并非高悬蓝天之上的口号，而应深深扎根于日常运营的每一个细微环节中。

有这样一个令人印象深刻的故事。一个旅行团在行程中遭遇了一场突如其来的小雨，这本是旅行中常见的小状况。然而，由于导游没有提前准备好足够的雨具，一些游客淋雨且感到不适。王正华得知此事后，立即召集相关人员进行讨论。

在会议上，王正华严肃地指出："这看似是一件小事，却恰恰反映出我们在服务细节上的疏忽。质量问题往往始于这些微不足道的地方。如果我们连这样的小事都不能做到尽善尽美，又如何赢得游客的长久信赖？"此后，春秋旅游制定了更详尽的应急预案，无论是天气变化还是其他可能出现的小状况，都有了周全的应对之策。

春秋航空的运营中，同样有很多案例体现着王正华对质量的苛求。例如，在一次例行的飞机维护检查中，一名维修人员发现一颗螺丝有极其轻微的磨损痕迹。这在当时不会影响飞行的正常飞行，按照常规标准，这种程度的磨损仍处于可接受的范围之内。但王正华得知这一情况后，毫不犹豫地下令对同型号的整批螺丝进行全面检查和更换。他特别强调，航空安全无小事，任何一个微小的隐患都可能在未来酿成大祸。我们不能放过任何一个可能影响质量和安全的细节。正是这种对小事高度警觉和对质量的不懈追求的态度，成就了春秋航空良好的口碑，使其赢得了市场的尊重和客户的忠诚。

关注每一个细节，从最微小的问题抓起，才能铸就坚不可摧的质量长城，让企业在激烈的市场竞争中立于不败之地。王正华的理念清晰而坚定。乔布斯曾经说过："你追求极致的人生，人生才会给你极致的体验。"当你为一件事100%地付出，你才有可能得到100%的回报。无论在哪个领域，成功总是更青睐那些做事尽善尽美的人。追求"差不多"，结果往往是"差得多"。

在创业过程中,王正华"死磕到底"的精神,有以下五个方面的特点:

一、创新精神。王正华为旅游业引入许多创新理念和做法。他率先推出散客旅游模式,改变了传统旅行社以团队游为主的经营方式。积极探索电子票务系统和网络营销,提高了企业运营效率和市场竞争力。

二、坚韧不拔。面对创业初期的种种困难和挑战,王正华始终坚持不懈,带领春秋旅行社度过了初期的困境、中期的挑战,最终破茧成蝶,实现突破性发展。他的坚持和努力,也为后来春秋航空的成功奠定了坚实基础。

三、低成本运营。王正华注重节俭,在成本控制上分寸得当。他秉持"钱一半是赚的,一半是省的"的理念,采取一系列降低成本的措施,包括优化航线、提高飞机利用率、减少服务项目等,逐步完善低成本航空运营模式。

四、市场洞察力。王正华对市场趋势有着敏锐的洞察力,他预见了中国航空市场,特别是低价航空市场的巨大潜力,果断进军航空业。他的决策,使春秋航空成为中国首家低成本航空公司。

五、企业传承。王正华注重企业的长远发展和传承。他在适当的时候,将春秋航空董事长的职位交给了长子王煜,实现了民营企业的顺利交接。他的经验和智慧,对企业的持续发展起到了重要指导作用。

以上几点阐释了一个道理:很多有天赋的人之所以未能取得成功,多输在了做事没有做到"极致",他们缺少"死磕"精神。就像已经到了破晓时分,却没能看到黎明的曙光。王正华通过自己的努力和创新精神,将春秋旅行社和春秋航空发展成为行业内的知名企业。他的创业精神、领导才能和商业智慧,为后来者提供了宝贵的经验和启示。

王正华常常和年轻员工聊天,并告知这些年轻人:人生的道路上,总会遇到各种各样的困难和挫折。经历了无数次的"死磕",春秋才走到今天。如果没有经历过被命运揉碎、重塑自我的过程,永远不知道自己能走多远,能取得多大的成就。

人生就像一场漫长的修行,当你在夜深人静的时候,一个人喝着咖啡,独自一人咀嚼自己的寂寞,你方能读懂像王正华一样的老一辈企业家的创业历程,才能明白玫瑰和荆棘总是一同生长,成功之路并非坦途,经历过挫折,才能迎来芬芳。

"艰难方显勇毅,磨砺始得玉成",这正是王正华对春秋人的激励。他鼓励春秋集团的员工要积极进取,好好活在当下,做有意义的事情,把事情做得"有意思"。

盈利是生存之本

阿里巴巴创始人马云曾说:创业者光有激情和创新是不够的,它需要很好的体系、制度、团队,以及良好的盈利模式。王正华凭借自己果敢的决策和智慧,开辟出一条令人瞩目的盈利之路,成就了春秋今天的辉煌,并得出这样一个结论:盈利是企业生存的根本。

王正华的盈利模式,首先在春秋旅行社的业务中初露锋芒。创业初期,尽管资金有限,但他通过创新和努力实现了盈利。例如,一次,为了开发一条新的旅游线路,他亲自前往目的地,与当地的供应商逐一谈判,争取最优惠的价格。他不辞辛劳,白天奔波于各个景点和酒店,晚上则研究线路规划和成本核算。最后,他成功推出性价比极高的旅游产品,吸引了游客的目光。

还有一次,面对竞争对手的低价竞争,王正华并没有选择跟风降价,而是另辟蹊径,专注于提升产品附加值。他深入研究客户需求,发现游客对文化体验的需求日益增长,于是组织团队开发了一系列具有文化特色的旅游活动,例如当地传统手工艺制作体验、民俗文化讲座等,并将这些特色体验融入旅游线路中。一样的价格,却能享受独特的文化体验,这吸引了众多追求高品质旅游体验的游客。

在推广旅游产品方面,王正华独具匠心。他积极组织大规模的线下推广活动,带队到社区、学校和企业进行宣传。在社区活动中,他亲自上台,热情地讲解旅游线路的亮点和优势,热情地回答问题,当场吸引众多社区居民报名参团。

以上小故事只是王正华拓宽旅游新路事迹的冰山一角,在春秋旅行社盈利模式的探索上,他展现出智慧、勇气和坚持。他和团队还通过精心设计旅游套餐、

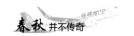

优化行程安排、减少中间环节等方式降低运营成本,并与众多旅游目的地建立紧密合作关系,以获取更优惠的价格和服务。这使得春秋旅行社在市场搏杀中大显身手,盈利不断增长。

在春秋航空盈利模式的探索上,王正华更是将他的商业天赋发挥得淋漓尽致。当他决定推行低票价策略时,质疑声不绝于耳。但他坚信,这是让乘客爱上春秋航空的关键一步。

在一次战略会议上,众多高管对低票价能否盈利表示担忧。王正华坚定地说:"我们的目标是让更多人坐得起飞机,只要保证客座率,盈利就不是问题。"很快,春秋航空推出了一系列低价机票,航班的客座率迅速攀升,持续上升的数据,验证了他的判断。

为了在低票价的同时保证盈利,春秋航空对飞机进行了改造。以空客 A320 为例,一般普通航空公司的经济舱座位为 158 个,春秋航空拆掉了头等舱座位,挪动了厕所和厨房的位置,使经济舱座位达到了 186 个,足足多出 28 个座位,票价却比一般航空公司低了 30% 左右,利润空间不言而喻。

王正华曾说:"飞机只有在天上飞才是赚钱的。"春秋航空将这句话做到了极致。为了保证飞机的正常运营,春秋航空一直保持着高准点率。坐飞机最怕的就是晚点,春秋航空的航班不仅准时,甚至很多航班是提前落地的,航班准点率常常排在第一。

可以肯定的是,仅靠这些举措是不能盈利的。除了上述措施,春秋航空还通过其他途径提升盈利能力。常买机票的人可能会发现,春秋航空的机票并不在各大 OTA 平台上售卖,这是为什么?因为春秋航空自主开发了售票系统和离港系统,所有机票都在自己官网和小程序上售卖,省去很多中间费用。

王正华特别重视拓展辅助收入来源。春秋航空在飞机上开展商品销售,从特色纪念品到日用品,种类丰富。虽然起初部分乘客对此表示不满,认为这影响了飞行体验。但春秋航空坚持,这只是为旅客提供了更多选择,对于那些不需要服务的乘客,不强制消费;对于有需求的乘客,这是一种额外的服务。

渐渐地,乘客们开始理解并接受这种模式,这一辅收项目为春秋航空带来了可观的收入。虽然部分服务不直接收费,但成功实现引流,春秋航空获得了高度的关注，带来了更多的商业机会。春秋航空开展与相关企业的合作，机身、座椅头枕等部位广告投放等纷至沓来，达成了间接的盈利。

春秋航空的盈利模式可以概括为"服务和运营的六砍三增"，即通过降低六项成本，增加三项收入来实现盈利最大化。

一方面，服务上的"六砍三增"如下：

一砍吃喝娱乐。不提供免费餐饮，无免费杂志，减少了餐饮成本。

二砍浪费。宁愿打折也要把票卖出去，提高客座率。相比其他公司常常不到30%的客座率，春秋航空的客座率能达到95%以上。

三砍采购成本。采用单一机型，降低了飞机采购、租赁和维修成本。

四砍外溢服务。减少免费行李额度，超重行李需额外付费。

五砍无效客户。专注于3～4小时的短途航线，主要服务对价格敏感的旅客。

六砍渠道商佣金。自主研发售票系统，通过网络售票，不设线下实体售票点，节省了大量的渠道费用。

一增销售收入。让空姐当推销员，在飞机上推销商品，增加辅助收入。

二增飞机利用率。提高飞机利用率。疫情前，年平均飞机日利用率达到11～12小时，超过行业平均水平2小时。

三增座位。取消头等舱，提供少量公务舱座位，增加经济舱座位，部分机型单架飞机座位数比同行多出28个，提高了载客量和收入。

另一方面，运营上的"六砍三增"如下：

一砍出差费。员工出差，规定要购买折扣机票、入住经济型酒店，公司高层在创业初期甚至自带方便面，吃泡面榨菜，自带电饭煲煮饭。

二砍房租。办公场所选择改建的旧宾馆，董事长办公室面积仅10平方米，创业初期更是只有2平方米的铁皮亭子，最大限度地降低了办公场地成本。

三砍办公用品。坚持使用价格便宜的办公用品，例如董事长办公室的一套沙发用了二十多年。

四砍用车。严格控制公务用车数量，提倡车辆合用，创业初期，董事长和CEO以身作则，坐面包车谈业务。

五砍营销费用。大幅度降低营销方面的开支，不搞铺张浪费的宣传活动。

六砍其他费用。全体员工积极参与成本控制,努力降低成本。

一增员工待遇。飞行员和空乘人员的薪资待遇比三大航高10%到30%,这有助于吸引和留住优秀人才。

二增安全投入。选用全世界最好的发动机和飞机设备,飞机平均机龄仅7.5年,近二十年来保持零事故记录,确保了运营的安全稳定。

三增员工培训费用。积极组织员工参加国际航空会议,培训投入在业内领先,不断提升员工的专业素质。

因为这些有力的措施,春秋航空才实现了盈利的最大化。一个有力的例子是,2023年上半年,尽管受到疫情等因素影响,国内航空市场面临挑战,春秋航空依然取得了较好的盈利成绩,实现了6.5亿至8.5亿元的盈利。成功原因主要包括:

极致的低成本基因,坚持"两单"(单一机型、单一舱位)、"两高"(高客座率、高飞机利用率)和"两低"(低销售费用、低管理费用)的运营模式。"两单":单一的机型,降低飞机维修运营成本;单一经济舱布局,使座位数增多。"两高":以相对低的价格,吸引乘客,达成高客座率,春秋航空客座率位于行业前列;疫情前,春秋航空的飞机利用率高达11小时左右,2021年仍有8.5小时,均高于行业平均水平。"两低":以电子商务直销为主要销售渠道,降低销售费用;通过严格的预算管理、费控管理、绩效考核以及合理控制人机比,有效降低管理费用。

成本控制优势。作为国内领先的低成本航司,春秋航空的座公里成本显著低于其他航司。不提供餐食服务省去2%~3%的成本;单一舱位提供更多座位数有效摊薄单位成本15%~20%;单一机型降低采购租赁以及维修等成本约3%;高飞机利用率节省4%左右的成本。

灵活调整策略。针对暑运期间的疫情,春秋航空能够快速调整航班,如将飞机从受影响较大的扬州撤出,转移到兰州等西北区域,维持了相对较高的飞机利用率。持续改进算法,提高组环排班效率,提高员工的工作效率和积极性;取消不必要的采购;滚动调整目标预算;推迟非必要的新进人员招聘计划,有效控制人机比。

这些案例,体现了春秋航空通过精细化管理和成本控制,在服务和运营方面采取多种措施来提高收入、降低成本，实现盈利。春秋航空根据市场变化灵活调整策略，以适应不同的经营环境。需要注意的是，企业的盈利模式是一个复杂的系统，受到多种因素的影响，可能随着市场和行业的变化而不断调整和优化。

王正华对盈利模式有自己的见解，他认为，降本增效至关重要，必须将成本控制做到极致。简单地说，春秋航空采用单一的窄体机队（如空客A320、A321及neo版本），统一了飞机的维修保养流程，从而降低了运营成本。例如，在2023年上半年，春秋航空在飞机及发动机的维修一项的支出上远低于同行。

有人说春秋航空"为省成本拼了"，这在一定程度上是正确的。增加座位数，是为了提升利润，但这事并不简单，座位不是说加就能加的，必须在保证安全性和舒适性，且符合适航标准的基础上进行改造。

2015年9月20日，国内首架加密座位的186座空客A320抵达上海，加入春秋航空。这架"增座版"的客机，比普通航空公司的A320客机足足多出近30个座位。

早在2008年，春秋航空就曾向空客总部提出186座的建议。不需要厨房准备区，释放公务舱和头等舱的空间。如此，在同等机型下，春秋航空一架飞机可提供的座位数，比其他航空公司高出10%～15%，这让公司本就不高的单位成本"一薄再薄"。

增加座位并没有牺牲乘客的舒适度，座位间距也没有缩短，而是维持了空客标准的28英寸（71.12厘米）宽度，并且前三排的商务经济座椅间距均大于30英寸（76.2厘米）。2018年开始，春秋航空购入了符合人体工学的座椅，不仅靠背更薄，腿部空间还增加了4厘米，提高了旅客乘坐的舒适性。

春秋航空的这些做法，虽然曾被质疑为"抠门"，但实际上，这些努力使春秋航空为广大乘客提供更具价格竞争力的机票。同样的航线，春秋航空票价比同行普遍低至少30%，春秋航空在淡季还会推出特价票，让更多普通百姓坐得起飞机。这不仅提高了航班的客座率，还使春秋航空的航班客座率常年保持在90%以上，常常接近满载，远高于同行业平均水平。

在维修成本控制方面，王正华展现出他的精明和果断。有一回，维修部门提交了一份高额的维修预算，他便亲自深入调研，发现其中存在一些不必要的开

支,立刻召集相关人员开会,十分严肃地指出:"每一分钱都要花在刀刃上,我们要寻找更高效、更经济的维修方案。"经过与维修团队的多次探讨和改进,维修成本大大降低了。

市场营销也是王正华的强项。春秋航空利用互联网技术,通过自己的官网、手机应用等渠道直接销售机票,减少了中间环节的费用。春秋航空借助大数据分析等技术,精准地了解消费者需求,进行有针对性的市场推广和产品设计。

王正华带领春秋航空取得的成功,不仅体现在盈利数据上,更重要的是改变了人们对航空出行的观念,推动了航空业的发展变革。他的创业故事激励着更多创业者勇于创新,突破传统模式,探索适合自身发展的盈利之道。

比如,春秋航空曾推出过超低价机票。这种低价策略,刺激了消费,引来大量价格敏感型的消费者,使得春秋航空的航班客座率大幅上升。机票价格便宜,再通过增加座位数量、降低运营成本等方式,使春秋航空实现盈利,表明王正华的战术水平极高。

高客座率和高飞机利用率是春秋航空一直追求的经营目标。2023年,春秋航空的客座率达到89.4%,在7家上市航空公司中排名第一,相较其他航司73.3%~83.5%不等的客座率,春秋航空明显领先一截。此外,据官方披露,春秋航空2023年载运旅客人次超过2 400万,较2022年增长77.4%,较2019年增长7.8%,创公司开航以来历史新高。

春秋航空2023年如此高的客流量,除得益于行业整体复苏的大环境,和廉价机票对价格敏感度高的旅客的高吸引力外,不断优化的航线网络结构也是"功臣"之一。

中泰证券的报告揭示了春秋航空的战略布局:春秋航空在一线城市的时刻市占率为3.35%,较2019年下降了0.1%,但下沉的二、三线城市却给公司带来了新的盈利增长点。2023年夏秋,春秋航空在一线、新一线、二线、三线城市国内的时刻量占其时刻总量分别为18.55%、15.75%、37.66%、17.45%,春秋航空在新一线、二线城市的时刻市占率较2019年分别上升3.26%、3.91%。

将更多运力积极投入二、三线城市,不仅让春秋航空获得了更多政府补贴,更为公司开发了更大的市场"蓝海"。中泰证券指出,2015年至2019年,春秋航空在石家庄、扬州、宁波、南昌等基地的旅客吞吐量CAGR（年均复合增长率）远超行业平均水平。

如果说航线网络是春秋航空的"血管"，那么运力就是流淌其中的"血液"。截至2024年初，春秋航空国内航线的运力、航班总量和旅客运输量，均已远超2019年同期水平。然而，国际航线的复苏之路却并非一帆风顺。受限于境外机场的力量配备等因素，从2024年的春运数据看，国际航线的运力仅恢复至2019年的六成左右。

王正华、王煜父子以其独特的盈利模式和经营理念，为中国民航业提供了新的思路和方向。一组数据证明，春秋航空挣得多、花得少，成本管控十分厉害：2023年，春秋航空载运旅客超过2 400万人次，客座率高达89.4%，领跑全行业。据国投证券测算，2022年单位ASK（可用座位公里）成本仅为0.38元，远低于三大航的平均水平0.78元。

开源与节流，如同雄鹰的双翼，共同支撑着春秋航空翱翔天际。在近年来航空业普遍低迷的背景下，谁曾想到，春秋航空靠"抠门"竟成了市场的"盈利王"。

创业要稳扎稳打

很多创业者都是怀着一夕致富的梦想创业的，但是成功需要长期的积累，不只是生意场上的谈笑。

《繁花》中爷叔说得好，做生意不是要比谁赚得多，而是要比谁活得长。这句话提醒我们，创业要脚踏实地，要真抓实干。春秋集团能在风雨中持续发展，这一切，源于王正华那句深入人心的"创业要稳扎稳打"。

创业之初，王正华深知厚积薄发的重要性。在春秋旅行社初露锋芒时，他面临着诸多挑战。旅游市场竞争激烈，资金有限，人才匮乏，众多公司为了吸引顾

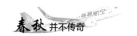

客,纷纷推出低价但品质欠佳的旅游产品。

这时候的他,没有盲目跟风,不追求快速扩张,而是深入调研市场需求,精心打磨旅游产品,专注于少数几条经过精心策划和优化的经典线路。王正华的经营策略,即坚守良心,注重服务质量,绝不以牺牲游客体验为代价换取短期利益。

不打无准备之仗,不打无把握之仗。王正华带队研究市场需求和趋势,察觉亲子游市场潜力巨大,便策划了一系列具有亲子特色的旅游线路:精心挑选适合家庭入住的酒店,穿插丰富多彩的亲子互动活动。

亲子游线路在推广初期遭遇了"滑铁卢",由于市场认知度低,报名者寥寥无几,资金投入与回报不成正比,这让团队内部产生了质疑和动摇。王正华劝说团队再坚持一下,说他坚信自己的判断。随之继续优化线路,加大宣传力度。这些亲子旅游线路慢慢受到了广大师生和学生家长的欢迎,成为春秋旅行社的一个热门产品。

为了确保每一条线路都能给游客带来完美的体验,每当开辟新的国内旅游线路,王正华都会提前对目的地的景点、住宿、餐饮等各个环节进行详细考察。他与团队和当地供应商反复沟通,力求在价格和质量之间找到最佳平衡点。

为了追求极致的品质,在产品推出前,旅行社还会邀请一批资深游客进行试游,根据他们的反馈,对线路进行最后的调整和完善。正是这种对细节的极致打磨,让春秋旅行社的每一条线路都能在激烈的市场竞争中脱颖而出,赢得无数忠实拥趸。

春秋航空的"蓝天梦"同样并非一蹴而就,也充满了曲折。王正华敏锐地捕捉到低成本航空蕴藏的巨大潜力,然而,在筹备过程中,他面临着政策限制、技术瓶颈和资金压力等多重挑战。在争取航空运营牌照时,他遭遇了多次拒绝和严格审查。

除了牌照问题,引进飞机和组建专业团队也面临着高昂的成本和技术壁垒。面对重重困难,王正华没有放弃。一方面,他和张秀智积极与相关部门沟通,展示春秋航空的发展规划和安全保障措施;另一方面,他们精打细算控制成本,通过租赁飞机等方式搭建起机队。

18 营谋方略

春秋航空正式开启了低成本运营的征程，王正华和团队"稳中求胜"的策略再次发挥了关键作用。面对航空业高投入、高风险的特性，他没有被眼前的利益冲昏头脑，制定了周密的战略规划：机队扩张上，不盲目追求规模，而是根据市场需求和公司的运营能力，逐步增加飞机数量；航线布局上，先从国内热门航线入手，积累经验和品牌知名度，再逐步拓展国际航线。

王正华始终坚持稳中求进。即使是在旅游产品的定价上，他也要通过大数据分析，精准定位目标客户的价格敏感度，使产品既保证利润空间，又具备市场竞争力。即使是做低成本航空，但在飞行安全和基本服务上，绝不打折扣。

对企业经营者而言，除了"小步快跑"的执行力，更重要的是不断学习和培养团队。这充分体现了王正华的一个特点：依靠学习，驱动创新发展，引领企业走向未来。

2023年8月1日，中央发布《关于实施促进民营经济发展近期若干举措的通知》，再次释放出大力支持民营经济的信号。学习了《通知》后，王正华感慨万千，回忆起当初决心进军航空业时的境况：当初他决心要做航空时，对全世界的航空公司都做过深入分析，发现绝大多数的航空公司都是民营企业，仅有不到百分之十的公司是国有。因此判断民营经济一定是未来的发展趋势。事实证明，他的判断是正确的。

民营经济的优势在于规模小、灵活性高、积极性强。从改革开放到2004年放宽民营资本的市场准入条件，再到如今大力促进民营经济发展，国家始终坚持"两个毫不动摇"，即毫不动摇巩固和发展公有制经济，毫不动摇鼓励、支持、引导非公有制经济发展。这对中国经济的长期发展是有利的。

王正华的创业历程，是一场充满未知与挑战的冒险。在时代的浪潮中，有人急于求成，却折戟沉沙；而王正华始终坚持"以进促稳"的原则，驾驭着企业之舟在商海中破浪前行。从旅行社到航空公司的跨越，从顺应市场需求，到主动探索市场的下一步发展。每一次大胆决策的背后，都源于王正华对于市场大规模的调研分析。只有分析透了，确定自己做的是擅长的事，他才敢想明天。

在线订票系统刚刚推出时，王正华便果断投入资源开始研发。他组建了一支充满激情与创造力的IT技术团队，经过无数个日夜的奋战，成功打造出专属于春

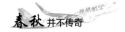

秋航空的高效便捷的在线订票平台。这一平台简化了订票流程，为乘客提供了极佳的用户体验，通过大数据分析，精准预测市场需求，使航班的安排更加合理，资源得到最优配置。

随着移动互联网的兴起，王正华再次敏锐地抓住了机遇。他推动团队开发出功能强大的移动应用程序，让乘客可以随时随地通过手机完成订票、值机、航班动态查询等操作。利用定位技术和个性化推荐算法，该程序为用户推送符合其出行偏好的旅游产品和服务，提高了客户的满意度。

在王正华看来，航空公司积累的海量数据，蕴藏着巨大的商业价值。如何利用这些数据优化航班编排、制定票价策略、提升运营效率，是航空公司面临的重要课题。

在航空运营管理层面，王正华引入先进的飞行监控系统和智能调度软件。实时获取飞机的各项数据，实现了对飞行状态的精准掌控，提高了飞行安全性。智能化的调度系统，能够根据天气变化、机场拥堵等情况，快速调整航班计划，最大限度地减少延误，保障了航班的准点率。

王正华一直认为，航空业的大数据蕴藏着大商机。首先，航空公司的运营会产生大量的数据，飞机每秒飞行也会产生海量运行数据。其次，航空公司有数据运营的需求，几百架飞机的排班、几千个航班的票价，都有优化需求，这些直接影响着航空公司的盈利水平。然而，目前航空公司虽拥有大数据，却没能充分发掘其价值。

具有远见的王正华、王煜父子预见到，在大数据时代，航空公司同样面临数字化转型和智能化发展的迫切需求，需要加快科技创新步伐。他们认为，企业数字化转型通常分为"三个"阶段：第一阶段是流程电子化；第二阶段是信息化建设与流程优化；第三阶段是通过大数据驱动，去发现问题和解决问题。航空公司在安全、准点、节油、航网、收益等方面，均需要借助数字化力量提升运营效率，保障飞行安全，因此数字化运营是未来的关键。

2019年2月18日，春秋航空与空中客车签署战略合作协议，成为国内首家应用空客大数据平台"智慧天空（Skywise）"的航空公司。借助"智慧天空"，春秋航空不仅能够实现更精细化的运营管理，还能加速公司的数字化转型，进一步挖掘数据价值。例如，该平台能对同一条故障信息进行历史数据分析，比较不同处置方式的效果，从而实现精准排故、作预防性故障监控和分析，提升飞行的安全可靠性。

四十余年来，科技创新如同春风化雨，渗透到了春秋集团的每一个角落。凭借着在科技创新方面的持续投入和大胆探索，王正华带领下的春秋集团实现了业务的快速增长，盈利能力稳步提升，成为航空、旅游业的创新典范。

在这个浮躁的时代，太多创业者追逐一夜暴富的神话，梦想着一夜成名。春秋集团的发展历程足以证明：唯有脚踏实地，拥抱创新，方能行稳致远。王正华用自己毕生的创业实践，为后来者树立了一个榜样。他的人生信条，也为我们指明了方向。

他，为何取名"春秋"？

身处变革与挑战并存的时代，王正华站在了人生的十字路口。当时的社会环境，就业机会稀缺，知青和待业青年们渴望能有一份事业，有一个施展才华的舞台。王正华感受到了自己肩上沉甸甸的责任。经过深思熟虑，他毅然投身商海，当时街道办把最不赚钱的旅行社给了他。

王正华的"下海"并非一时冲动，他独具慧眼，看到了人们生活水平逐渐提高，对外面世界的好奇心与渴望与日俱增。旅游，能让人们拓宽视野、增长见识、放松身心，旅游业未来必将成为热门行业。通过旅游，还可以促进不同地区的文化交流，带动经济发展。

关于这家旅行社的名字，王正华有着独特而深远的考量。他翻阅了大量书籍，研究了众多词汇，试图找到一个能够完美诠释他对旅行社期望的名字。一天，他偶然读到一本关于中国历史的书籍，其中对春秋时期的描述，让他眼前一亮。

"春秋"二字，蕴含着丰富的历史文化内涵。它象征着岁月的更迭、四季的轮回，代表着生命的不息与变化的永恒。这正是王正华所期待的旅行社的特质：如"春秋"般稳健持久，在时间的长河中留下深刻的印记。

首先,"春秋"涵盖了万物从萌生到成熟的全过程。他期盼,他的旅行社无论面对何种市场变化和挑战,始终能坚韧不拔,不断发展壮大,能历经风雨,长久地服务广大游客。

其次,春秋时期,是一个思想激荡、百家争鸣的时代,各种学说和理念相互碰撞、交融,绽放出绚烂的智慧之光。他期望,自己的旅行社如同那个时代一样,充满创新的活力和包容的胸怀。他鼓励员工和合作伙伴,勇于提出新的想法,不断推出新产品、新服务,满足游客们日益多样化和个性化的需求。

"春生夏长,秋收冬藏","春"象征着生机与希望,"秋"寓意着收获与成就。王正华期待,每一位选择春秋旅行社的游客,都能在春天般充满希望的旅途中开启美好的行程,感受到大自然的复苏与新生带来的喜悦和活力,在秋天般丰硕的旅途中满载而归,收获满满的回忆、珍贵的体验和深刻的人生感悟。

此外,"春秋"二字还传递着一种平和、温暖且富有诗意的意境,它让人联想到四季中最宜人的两个时节,不冷不热,恰到好处。王正华渴望,他的旅行社能为游客营造出一种如沐春风、舒适惬意的旅行氛围,让每一次的旅程就像在春秋时节漫步,充满愉悦。经过反复的斟酌和思考,他坚定地选择了"春秋"作为旅行社的名字。

决定取名"春秋"后,王正华的内心既激动又忐忑。激动的是,他仿佛看到了一个充满希望和可能的未来在向自己招手;忐忑的是,前方的道路充满了未知和挑战,他不知道此刻的自己能否带领大家成功闯出一片天地。

带着对"春秋"之名的美好期许和坚定信念,王正华踏上了创业征程。起初,春秋旅行社规模较小,面临着诸多困难。凭借敏锐的市场洞察力,他发现了散客旅游市场的巨大潜力,率先推出了适合散客的旅游产品和服务,他确信,只要有梦想,有决心,有努力,一定能够实现目标。

就这样,带着对未来的美好期许,王正华带领着知青和待业青年们,开启了春秋旅行社的拼搏之旅。

在春秋旅行社的发展过程中,引入了先进的信息技术,实现了线上线下的融合发展。春秋旅行社通过建立自己的网站和在线预订系统,为游客提供更加便捷的服务。经过多年努力,从一家默默无闻的小旅行社,逐渐发展成为行业内颇具

影响力的知名品牌，在旅游市场中站稳脚跟。

随着口碑的积累和旅游业务的扩大，王正华并未满足于现状，而是勇敢地向航空领域进军。这一重大决策需要巨大勇气，更需要综合实力和精准判断。

专家们在探讨春秋集团的崛起与成功时，无不称赞其名字的精妙。春在东方，代表着万物复苏、生机勃勃，充满了无限的可能与希望；秋在西方，象征着丰收与富足，是辛勤耕耘后的甜蜜回报。

"春秋"二字，寓意着公司能在更广阔的领域中蓬勃发展，畅行无阻。春秋航空的飞机，从南方的大地起飞，冲向北方的蓝天，划破长空，仿佛要将整个天地拥入怀中。"春秋"二字，笔画数皆为九，而"九"在中国传统文化中被视为天数，寓意着神秘而强大的能量。

王正华深知，一个好名字只是成功的开端，真正的关键在于旅行社是否能持续提供优质的服务、实惠合理的价格和严格可靠的安全保障，赢得广大旅客的认可和喜爱。

"春秋"，看似简单的两个字，蕴含着王正华对未来的无限憧憬和深厚期望。在他的心中，"春秋"不仅仅是一个名字，更是一份承诺，一种追求，一个承载着蓝天梦想的舞台。

品牌建设之魂

一个优秀的品牌所蕴含的价值，不仅在于真实、合理地反映企业的经营状况，而且能够一定程度上体现和塑造企业的社会形象。

在竞争激烈、风云变幻的商业舞台上，春秋集团犹如一颗璀璨的明星，闪耀着独特的光芒。这光芒的背后，离不开灵魂人物王正华，离不开他以品牌赢市场的卓越战略和坚定决心。

回望往昔，旅游和航空市场硝烟弥漫，各大企业群雄逐鹿，王正华敏锐地洞察到品牌建设的关键作用。只有打造独具特色、深入人心的品牌，才能在这场残酷的竞争中抢占先机。

那时身处官场的王正华，敏锐地意识到旅游市场的巨大潜力，怀揣着让普通人也能享受优质旅行的梦想，毅然创立了春秋旅行社。起步之初，资源匮乏、经验欠缺，王正华依托不屈不挠的精神和对市场的研判，带领团队艰苦奋斗。

旅游是集团的核心业务，旅行社自诞生之日起就以"想旅游，找春秋"为使命，致力于为游客打造丰富多彩的旅行体验。王正华带领团队深入挖掘各地的特色资源，无论是历史悠久的文化古迹，还是未被开发的自然风光，都成为他们规划旅游线路的宝藏。

春秋旅行社早期推出的"文化探寻之旅"，涵盖风景如画的江南水乡和神秘壮丽的西部边陲，总是带给游客别样的精彩体验。王正华的团队精益求精，精心挑选那些承载着千年历史的古老城镇，安排游客参观古老的庙宇、传统的手工作坊，参与民间艺术制作，让游客仿佛穿越时空，与历史对话。

为确保游客深度体验当地文化，春秋团队与当地居民和文化传承者建立了紧密联系，挖掘并向游客讲述那些鲜为人知的故事。然而，在推广这条线路时，由于初期宣传渠道有限，报名情况并不理想。王正华果断决定与地方媒体合作，制作专题报道，并邀请旅游达人进行体验分享，从而吸引了更多游客的关注。

此外，旅行社推出"自然奇观之旅"，将游客带往人迹罕至的深山峡谷、广袤无垠的草原和神秘莫测的原始森林。为确保游客获得最佳的旅行体验，在规划这些线路时，王正华曾亲自带队徒步勘察，精心挑选每一个景点。然而，一次行程中，因交通衔接不畅，导致游客等待时间过长，招来了一些不满。王正华立即组织团队优化行程，增加备用方案，以避免类似问题再次发生。

除此之外，王正华注重游客意见反馈，建立和完善客户评价体系，如"每团必访"等，他根据游客的意见和建议不断改进旅游产品和服务。即便如此，春秋旅行社的发展并非一帆风顺。在市场推广初期，品牌知名度不高，游客对新线路的接受度有限，报名人数远远低于预期。资金紧张让公司运营陷入困境，员工士气受到了影响。

王正华一边优化线路设计，提升服务质量，一边加大市场推广力度，与各大旅行社、媒体合作，宣传线路的独特之处。经过各种尝试，春秋旅行社的口碑逐

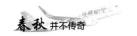

渐树立，游客数量逐年攀升。王正华的成功，不仅在于线路的创新，更在于对服务细节的极致追求。从导游培训，到行程中的餐饮住宿安排，春秋团队对每一个环节都精心策划、严格把关。

在旅行社稳步发展之际，王正华将目光投向了更广阔的天空，萌生了打造低成本航空公司，让"人人都能飞"的宏伟构想。在航空领域，春秋航空以"低票价、高安全、高准点、高效率"为目标，立志为大众提供便捷实惠的空中交通方式。然而，这一征程充满了挑战。

首先，创办春秋航空要面对资金的巨大压力。要知道，购买飞机、购置机场设施、招募专业人员等都需要巨额的资金投入。王正华四处奔走，寻求投资和合作机会，积极争取政府的支持和政策优惠。在融资过程中，他多次遭遇拒绝和质疑，但从未放弃。他和团队持续完善商业计划，最后打动了投资者。

其次，技术和人才的短缺是一大难题。航空业对技术要求很高，当时春秋航空缺乏经验丰富的技术专家和管理型人才。王正华为此不惜重金引进人才，加强内部培训和团队建设，逐步培养起一支专业的航空队伍。为了吸引优秀飞行员和机务人员入列，他亲自与人才们沟通，描绘公司的发展前景，提供良好的职业发展规划。

再次，他开展与国内外知名企业的合作，提升春秋航空的品牌知名度和美誉度。他一向看好特色服务。例如，推出"空中商城"，让乘客在飞行途中能够购买特色商品；通过举办"春秋航空粉丝节"等活动，增强与消费者的互动和粘性；利用互联网和新媒体平台进行推广，通过精彩的宣传视频、生动的社交媒体互动以及客户的口碑，迅速提升春秋航空的品牌形象。

最后，他重视与合作伙伴的携手共进。春秋航空与各地的旅游景区、酒店等建立了长期稳定的合作关系，共同打造优质的旅游和航空服务生态链。这种合作，既提升了春秋集团的服务品质，又增强了品牌影响力。

在企业发展中，春秋航空经历了不少风雨。新航线开通初期，由于市场认知度低，客座率不尽如人意，亏损严重。加之极端天气等不可抗力因素影响，航班延误和取消时有发生，引发乘客诸多不满。

王正华嘱咐团队，越是困难的时候，越要沉住气，要认真倾听乘客的意见，不断改进服务流程，加强与机场和空管部门的沟通协调，提高航班准点率。

一次，由于机械故障，航班大面积延误，乘客情绪激动。为了平息事态，王正华亲自赶赴现场，耐心向乘客道歉并解释情况，积极安排周到的服务和补偿措施，最终化解了危机，赢得了乘客的理解和信任。

凭借着卓越的业绩，春秋航空的知名度很快提升，业绩表现愈发亮眼，终于迎来了上市的重要时刻。为了确保顺利上市，王正华带领团队在民航部门各级领导的支持下，进行了一系列复杂而严谨的筹备工作。从财务审计到合规审查，从招股书的撰写到与证券监管机构的沟通，每一个环节都倾注了春秋人的心血和努力。

筹备上市期间，市场的波动、竞争对手的干扰以及投资者的疑虑等因素，都给春秋航空的上市带来了诸多不确定性。面对压力，王正华与团队沉着应对，凭借扎实的业务基础和清晰的发展战略，向各方展示了春秋的实力和潜力。

值得庆幸的是，春秋航空成功上市，成为资本市场的一颗耀眼新星。上市不仅为春秋航空募集了大量资金，更迅速提升了品牌知名度和市场影响力，为集团的规范化管理和持续发展，提供了更为广阔的平台。

面对已占据主导地位的大型国有航司，春秋航空在航线分配、航班时刻等方面处于劣势。但王正华反而确信，只要坚持低价优质的策略，就能赢得市场份额。"春秋要飞得高、跑得快，就要汇集所有春秋人的奋斗力量。"

上市后的春秋航空，与春秋旅游一同砥砺前行。春秋旅游推出的丰富多样的线路和优质的服务，吸引了越来越多的游客；而春秋航空也在航空市场逐渐站稳脚跟，不断拓展航线网络，扩大机队规模。

企业要实现可持续发展，就必须具备长期的竞争优势。在拓展国际市场时，春秋航空与春秋旅游面对不同国家的文化差异、法规政策、市场需求等方面的严峻挑战，需要深入研究和适应。王正华确信全球化是必然趋势，不惜重金带领团队积极学习国际上的先进经验，与国际合作伙伴建立良好关系。

在开拓东南亚市场时，针对当地的旅游资源和文化特点，王正华推出特色旅游产品和航线，并与当地旅游部门和航空公司合作，共同推广旅游目的地，实现互利共赢。在与当地合作伙伴谈判的过程中，因文化和商业习惯的不同，遇到了诸多障碍。这些都被王正华视为前进路上的"小插曲"，均被他一一化解。

在品牌宣传方面，春秋航空尤推崇"口碑式"的广告宣传，这是王正华节约

成本的一个重要战术。他和团队鼓励那些对体验满意的旅客分享搭乘春秋航空的愉快经历。王正华在接受《中国企业家》采访时，讲述了一个叫阿斌的乘客在博客上写了一篇体验分享性质的文章。他留言道："你是一个伟大的乘客。"类似于这样口碑式的宣传，随即产生了效果，越来越多的旅客开始选择春秋航空。

正是凭借着对品牌建设的用心投入和不懈努力，王正华带领春秋集团取得了令人瞩目的成绩。"爱旅游，选春秋""春秋航空，想飞就飞"等广告语深入人心。春秋集团的成功，无疑是王正华以品牌赢市场的精彩范例，为整个行业树立了标杆。

"传道之师"帮了大忙

春秋人都知道，有两本书对王正华产生了深远影响，一本是《世界旅游业及其哲学》，另一本书是《西南航空》。这两本书，为他提供了宝贵的经验和启示，帮助他在创业道路上披荆斩棘。

20世纪80年代，时任上海市长宁区遵义街道党委副书记的王正华，为了解决大批返城知青的工作问题，创办了春秋旅行社。偶然的机会，他读到了《世界旅游业及其哲学》这本书，深受启发，率先在国内提出了"散客游"的概念。

春秋旅行社的不断发展壮大，促使王正华思考如何进一步拓展业务。这时，他读到了《西南航空》这本书，书中介绍了美国西南航空的成功经验。美国西南航空是一家廉价航空公司，通过降低运营成本和提高效率，为乘客提供低价、便捷的航空服务。这让王正华深受触动，他决定借鉴美国西南航空的经验，创建一家中国的低成本航空公司。

尽管当时国内的航空业处于严格管制之下，民营资本进入航空市场面临诸多限制。但王正华没有被这些困难吓倒，反而更加坚信，随着中国经济的发展和人民生活水平的提高，廉价航空市场必将迎来广阔的发展前景。

实现梦想，靠做梦是远远不够的。王正华带领团队，首先从运作旅游包机业务入手,通过与航空公司合作,承包部分航线的航班,积累了丰富的航空运营经验。通过对美国西南航空公司运营模式的深入研究,将其差异化竞争策略概括为航线规划、机型选择、成本控制与市场营销四个方面。王正华成功领导团队实现了这套方法论在中国市场的本土化改造。

2004 年,春秋航空正式进入航空市场。一个取经时的画面,常常被王正华说起。当他和美国西南航空的副总裁第一次见面时,两人没有握手寒暄,而是模仿室内一幅油画里的两个掰手腕选手,兴致勃勃地进行了一场腕力对决。或许从那个时候起,就预示着春秋航空在成长之路上注定要与多股力量"较劲"。王正华独创的"旅游+航空"的商业模式,也即将接受各方的挑战和市场的考验。

在学习过程中,王正华很注重细节。他发现美国西南航空的机组人员在飞行过程中会积极推销商品,这不仅增加了公司的收入,还为乘客提供了更多的选择。春秋航空随即引入了这一模式,让乘务员在机舱里推销各种产品,包括春秋航空自家的飞机模型。此外,西南航空采用了单一机型的策略,从而降低维修成本和人员培训成本,王正华借鉴了这一经验,选择了空客 A320 作为春秋航空的主力机型,继而实现了规模效应和成本优势。

作为全球低成本航空公司的追随者,春秋航空一直坚持这样的做法:从一点直接飞往另一点,不绕行;用一种型号的空客 A320 飞机,以减轻维修、保养负担;千方百计地避免高价机场费,缩短起飞和降落的时间;减少机上服务;不断降低票价,甚至推出"1 元机票"。

这些做法,自然惹恼了其他航空公司,这些大型航司用"控制飞行员流动"和"价格战"等狠招,试图驱逐这位胆大包天的"闯入者"。但对于在旅游市场深耕二十多年,数次绝处逢生的王正华来说,受打压、遭排挤、被"群殴"早已司空见惯。

面对同行的"各种动作",他固执地作出一篇又一篇大文章。他带领团队建立独立于中航信之外的售票系统,节约了 6%~8% 的成本,让那些大型航司和新兴的民营航司惊叹不已。

当然,仅仅学习运营模式是远远不够的,王正华将从美国西南航空学到的成功经验与中国市场的实际情况相结合,采取了一系列创新举措。

从美国西南航空身上，王正华学到了客户服务的重要性。他带着团队把美国西南航空那套办法研究透了，即"既要机票便宜，又让乘客舒服"。他始终强调，虽然春秋航空的机票价格低廉，但却十分注重服务质量。他尽力排除一切不利因素，努力为乘客提供准时、安全的飞行体验。

在企业发展过程中，王正华亲自参与公司的各项决策，重视员工的培训和团队建设，想方设法地提高员工的工作效率和服务质量。在飞机采购方面，他总能巧妙地把握时机，通过灵活的采购策略降低飞机购置成本。比如，在市场低谷时果断购入飞机，展现出"该出手时就出手"的果敢。

在航线规划方面，他独具慧眼，通过优化航线布局，选择热门但竞争相对较小的航线，提高航班的客座率。像开辟某些旅游热门城市之间的直飞航线，满足特定旅客群体的需求，此乃"人无我有，人有我优"的策略体现。

在人员管理方面，他坚持高效精简的原则，以更低的人力成本，创造更高的效益，做到了"兵在精而不在多"。

倘若有人探究这几年中国最赚钱的航司究竟是哪家，春秋航空必然榜上有名。能取得如此斐然的成就，离不开王正华卓越的商业智慧。

截至2024年末，春秋航空预计机队规模将达到130架。航线覆盖国内外众多城市。春秋航空的成功，不仅为王正华带来了巨大的财富和荣誉，也为中国民营航空业的发展作出了重要贡献。

"如果你要成功，你应该朝新的道路前进，不要跟随被踩烂了的成功之路。"约翰·D.洛克菲勒的这句名言，仿佛是为王正华量身定制的。回顾王正华的创业经历，他的商业智慧和成功经验能为其他创业者带来以下"七个"启示：

一、敏锐的市场洞察力。王正华能够提前洞察到散客旅游市场的潜力以及低成本航空在中国的发展机遇。这要求创业者善于观察市场趋势，发现潜在的需求和机会。

二、创新精神。王正华不断创新商业模式，如在旅游业引入代理商模式、在航空领域推行低成本运营模式。这要求创业者敢于突破传统，尝试新的经营理念和方法。

三、精准定位。王正华明确公司的目标客户群体，无论是做旅游业务还是航空业务，都有清晰的市场定位。这要求创业者找准自身产品或服务的受众，集中资源满足其特定需求。

四、成本控制。注重成本节约和效率提升，"钱一半是赚的，一半是省的"。这要求创业者要严格管理成本，优化运营流程，提高企业的竞争力和盈利能力。

五、坚持与决心。从春秋旅行社到春秋航空，王正华经过了长期的艰苦奋斗。这要求创业者要有坚定的信念和不屈不挠的精神，不能轻易被困难打倒。

六、学习与借鉴。王正华借鉴国内外成功企业的经验，将其有益之处应用于自己的企业。这要求创业者保持学习的心态，学会借鉴成功企业的经验，结合自身实际再进行创新。

七、适应变化。王正华带领企业及时适应市场环境的变化，能不断调整企业的战略和经营策略。这要求创业者具备灵活应变的能力。

王正华的创业故事，向我们展示了一位充满智慧与勇气的企业家，他凭借非凡的勇气和坚定的信念，创造了一个又一个航旅奇迹。

"八字"核心价值观

"奋斗、远虑、节俭、感恩"是春秋集团的企业文化，已成为春秋人身上不可磨灭的烙印。某种意义上，王正华将企业文化打造成春秋的立身之本。印有这几个关键词的宣传图片，在春秋集团及各地的分、子公司随处可见。

首先，是奋斗。奋斗是贯穿企业四十四年发展历程的灵魂。如果说王正华和他的团队当初是围绕着做大做强国内旅游这个目标而奋斗。如今，春秋人的目标应该是成为"美运通""美西南"的中国版本。

说到奋斗，王正华的"最佳搭档"张秀智是绝对的"女汉子"，她几十年如一日，没日没夜地工作。"白加黑""5+2""天天'夜总会'"等词，都是她搞出来的。她从不叫苦，也从不叫累，偶尔生一次病，甚至打着吊瓶去开会，绝不耽误

工作。

说这是一家"玩命"的公司,一点也不为过。春秋集团内部有各种各样的微信工作群。在这些群里,凌晨一两点,还有人在讨论工作,一般会持续到凌晨两三点。每天早晨 7 点左右,群里又开始活跃起来。时任 CEO 的张秀智常在凌晨 1 点左右把她看过的好文章分享到各个工作群。每当这个时候,群里总有很多人迅速作出回应。

每当王正华提起创业的故事时,句句不离张秀智办旅游包机业务成功的故事,以及他们带着老一辈春秋人拼搏的场景。在当代年轻人主张"工作为了享受"时,春秋人始终坚持艰苦奋斗。年轻一代的春秋人,更应不忘初心、砥砺前行。

现在的王煜和王炜,一方面传承了老一辈"奋斗、远虑、节俭、感恩"的优良传统,另一方面又肩负起航旅报国的时代使命。他们锐意改革创新,积极开拓进取,正以自己的实干与担当,推动企业转型升级,矢志实现高质量发展。

那个时候的春秋,像张秀智一样拼命的人很多,他们如"老黄牛",永远不知道什么是疲倦,即使再苦再累,睡上三四个小时,或者工作紧急时小憩十分钟,爬起来又接着干。正是靠着这股不服输的劲儿头,春秋才一步一个脚印,走到了今天。

王正华也时常以张秀智等人的奉献精神激励员工。他常说,春秋从一个小铁皮亭子起步,一点点做到航空公司,后来还成为上市公司,飞机超过 100 架,靠什么?就是奋斗与拼搏。

什么是拼搏?在王正华看来,所有人全身心地投入一件事情中就是拼搏。遇到危险,拧成一股绳,就能闯过雷区。昔日,没人相信中国能发展低成本航空,没有人能够自主研发销售系统和离港系统,也没有差异化服务一说,而这些事情,他和春秋人做到了。靠着大家的埋头苦干,硬是蹚出了一条属于自己的路。如果没有"敢为天下先"的魄力,这些都将是空想。

其次,是远虑。人无远虑,必有近忧。王正华善于观大势、谋全局。在创业初期,春秋旅行社以"小弟弟"般的角色参与竞争,走到今天,虽然有一些进步,但在国际化的大背景下,无论从规模、管理、质量等各方面看,王正华觉得,春秋还是个"小弟弟"。要实现百年奋斗目标,春秋最大的对手是自己,是安于现状,还是坐井观天?没有远虑,没有对长远未来的思考和准备,就不可能在这个残酷的市场中生存。

从旅游到航空，从早期的诺威尔网到航空的 B2C 直销系统、离港系统。也有人花了很多钱、投入了很多资源，就是研发不出来。为何春秋人能坚持自己做？就是因为春秋人有远见。多年以前，王正华说过，他必须要为明天做准备，必须要为十年、二十年之后的事情做准备。多年之后，他的准备一个个都成了现实。

在王正华做旅游的时候，总有人问他，为什么不把挣来的钱分给大家。普通人总是看眼前的利益多一点，长远的利益少一点，这是人之常情。王正华认为自己是"一家之长"，是一个公司的掌舵人，那么多人跟着他，那么多张嘴要吃饭，他不能只顾眼前，不管将来。

最初，很多人都劝他不要搞航空，有政府领导，也有专家，还有民航界的朋友，大家都是好心。很多人帮他算过账，说不亏个三四十个亿根本办不起来。最终，他靠着大家艰苦奋斗省下来的 3 个亿，成功创办了春秋航空。

王正华总结道：正是因为我们有创造性，有预见性，才能在民航业一放开的时候，就有机会率先进来。之后不断地创新，不断地预见未来，不断地积极布局。如果我们不为未来做准备，稀里糊涂地走，一定是一盘死棋。

春秋航空始终坚持长远目标，战略上坚定不移，策略上不急功近利，成功的时候不沾沾自喜，盈利的时候不挥霍无度。王正华凭借精准的预判和适度的把控，赢得了一个又一个第一。面对外界的种种诱惑，他坚持把航旅业务视为主业，心无旁骛地将其做强做大。他心里比谁都清楚，如今取得的这点成绩不过是沧海一粟。市场瞬息万变、竞争激烈，若安于现状，不探索新业务、改进服务，终会坐吃山空。

再次是节俭。春秋集团的口号是"千方百计要节俭"。王正华的节俭理念大家都耳熟能详。赚钱不容易，花钱却是分分秒秒；该花的钱一定要花，在安全投入、员工教育、薪资福利方面，他绝不吝啬；该省的钱，则锱铢必较，"一分钱依然要掰成两半用"，从一张纸、一度电、一滴油做起。绿色环保与低成本运营，其核心皆在于节俭。节约勤俭，既是中华民族的传统美德，亦被王正华视为企业的立身之本。

在一次对外演讲中，王正华提到了节俭的内涵：勤俭节约不仅是一种态度，更是一种价值观。春秋走的是低成本运营道路，注重成本控制。企业需要员工去

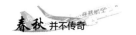

创造明天,因此,他提出两个理念:第一是安全投入不低成本,第二是员工待遇不低成本。在人员培训上,不管是组织干部去国内外开会,还是组织员工参加培训,他都舍得花钱。其他所有的一切,必须无限制地节俭。

创业时,因为资金有限,要节俭,现在公司发展起来了,更要节俭。这并非仅仅因为春秋航空是一家低成本航空公司,而是办公司、做大事,节俭是唯一途径。就是现在,王正华仍会去食堂查看垃圾箱,关注被倒掉的饭菜有多少。他一直说,永远要低成本。曾有人问他,是否还可以再低?他的回答一直是"当然还能再低"。他坚信,整个公司还有很多可以降低成本的地方。

最后是感恩。人,永远要懂得感恩,学会珍惜。这是王正华、张秀智,以及王煜、王炜这两代人经常挂在嘴边的话。这些年,春秋能做成一点事情,不是因为这群创业者有多么能干,而是他们比别人更好地捕捉到了机会。

王正华始终强调要感恩时代、感恩改革开放、感恩员工。得益于改革开放的时代机遇和民航业的蓬勃发展,以及一支精诚团结的队伍,春秋航空方能取得今日之成就。然而,春秋航空的飞机目前才120多架,比起国航、东航、南航等航空公司,规模还小得很多,远不到骄傲的时候。要不是改革开放,王正华自嘲说,60岁的他早就退休了。

如他所言,离开了社会,企业就是无源之水、无本之木。回报社会是企业应尽的义务,而不懂得感恩的企业是没有前途的企业。从这一点上说,春秋通过纳税、提高服务质量、创新产品、降低成本、降低票价,以及济贫帮困、推广"授人健康,功德无量"的太极拳活动等,积极践行着回报社会的承诺。

在公司,王正华一直倡导员工要快乐地工作,快乐地生活。这就要求管理者关爱员工,为员工着想,为员工所求去思考,去引导,去做好员工的工作。在公司好的时期,应该给员工更好的待遇,更多地给国家缴纳税务。

扩大员工的持股比例、改善员工文化生活和增加员工的收入,这些都是春秋对员工应有的回报。赚钱,是企业的生存之道,但不是企业的唯一目的。君子爱财,取之有道。只有和员工一起分享劳动成果,不断地为社会提供优质的服务,才是企业生存和发展的根本。

"奋斗、远虑、节俭、感恩",在王正华看来,这八个字是春秋生存和发展的基石。他希望所有春秋人都能以这八个字为指引，砥砺前行，再创辉煌。奋斗，教我们要为梦想全力以赴，不畏艰难；远虑，提醒我们要有长远的目光，不能被眼前的利益所迷惑；节俭，警示我们要懂得珍惜资源，培养良好的消费和经营习惯；感恩，希望我们心怀善意，以积极的态度回馈社会和他人。

王正华推行的低成本运营模式在当时标新立异，其高瞻远瞩令人钦佩。别人所谓的"抠门"，实则是他精打细算、开源节流的智慧体现。此举，正应了本杰明·富兰克林的那句话："节省一分钱，等于挣得一分钱。"

对下属要有关爱的严

在春秋四十多年的发展历程中，出现了一批又一批为了公司利益勇于奉献的人。这离不开王正华以人为本的管理智慧。

首先，奉献精神。任何一个时代，都有不同时代的烙印和特征，但奉献精神永远不能被熄灭。人在这个世界上，要做成别人做不成的事情，一定要有超人的毅力，超人的奉献。当年，王正华弃仕从商创办的企业，唯有春秋旅行社发展到今天，究其原因，除了敏锐的市场洞察力和卓越的经营管理能力，更离不开一代春秋人的奉献精神。

其次，关爱员工。要让别人奉献，管理者首先要关爱员工，关心他们的前途、未来和家庭。他觉得稻盛和夫的那句话说得非常好：珍视员工、守护员工。

对于稻盛和夫，王正华很敬仰，他赞赏其思想、哲学、观点，也称稻盛和夫的书对他影响很大。日航复苏的奇迹，使他见识到了"稻盛哲学"实用之处，也更加相信稻盛先生的理念。其以人为本的经营思想，对中国广大的中小企业经营者很有参考意义。

王正华在公司发展的不同阶段寻找不同的榜样，如华为创始人任正非、微软联合创始人比尔·盖茨、美国西南航空创始人赫伯·克勒赫。企业家们最关心的

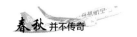

都是有关人的问题。

很多人说,春秋能够成功,关键在于王正华懂得分享,财散人聚。他对高管们说得最多的话就是:你对员工不好,他们凭什么替你卖力?王正华和所有春秋员工分享的,不仅是利益,还有权力和荣誉,以及未来。

谈及财物,王正华觉得,多一个零还是少一个零,区别不大。正如《道德经》第八十一章指出:"圣人不积,既以为人,己愈有;既以与人,己愈多。"大意是圣人从不积攒财富,而是以自身才识奉献于人,反觉自身更加富有、充盈;他把自己的财物赠送给别人,反而觉得拥有的更多。

春秋集团一直流传着这样的一段佳话:王正华对待员工,就像对待自己的家人一样,关爱备至。在每年的工作报告中,都会有一些关爱员工的事例通报,也会新增一些温暖主题活动,让关爱员工这件事更有温度、有高度、有力度。

凡是员工结婚,王正华只要知道,都会到现场祝贺,哪怕是驻外分、子公司的员工,他也要跋山涉水,赶去当证婚人。每逢重大节假日,他和高管们都要亲临一线慰问,与员工一起吃团圆饭。遇到台风、暴雨、大雪等重大灾害,不管白天黑夜,包括他在内的领导层,都会第一时间赶赴现场,和员工一起给予旅客最安全的出行保障。

他的关爱,还体现在对下属的关心和支持上。当有的员工家庭遭遇困难时,他会主动帮助解决,让下属能够安心工作。他关心下属的职业发展,为他们提供培训和晋升的机会。

王正华认为,越是困难的员工,组织越要关心,让他们感受到集体的温暖,从而更好地发挥自身价值。这样,员工会更加为企业着想,为企业省成本。曾经,有一位下属表现出色,王正华给予了他充分的肯定,为他提供了上升平台和发展空间,助力其成为公司的中坚力量。

王正华坚信,企业管理者要始终贴近基层,了解员工的真实需求。他将两个儿子送到美国、日本留学,让他们"自食其力"。他每年组织青年员工深入了解社会,关爱弱势群体,培养他们的责任感和同理心。一次,春秋航空组织青年员工为盲聋哑人服务,这让许多原本对生活不满的年轻人深受触动。他们月薪几千上万,还觉得太少。和这些盲聋哑人待了几天后,他们开始重新审视自己的人生,有人在朋友圈发布感慨:"这些盲聋哑孩子都能够顽强地生活,我们的困难又算什么?"

近年来,虽然整个航空业飞行员的流动性很大,但春秋航空凭借相对较高的工资水平和良好的企业发展势头,依然吸引和留住了一批优秀的飞行员。他们这支队伍比较乐观,且很有奔头。在他们看来,春秋航空是一家有社会责任感的企业。王正华也一直要求所有员工将个人发展与社会、民族利益结合在一起。

追求利益是人之常情。在王正华看来,钱不是万能的。人的精神信仰、理想追求同样重要。他鼓励员工在追求利益的同时,要看得更高更远,倡导干部员工关怀周围的弱势群体、低收入人群。在春秋集团,有很多干部自愿做乐于助人的事情。

当然,王正华也有严厉的一面。他认为这是自己的缺点,即对人过于严格。跟着王正华的第一批创业者,大多被他骂哭过。一老股东说,他曾在老板批评人的时候,劝他嘴下留情,可他说批评就要批评得让你痛,如果不痛,费这么大劲就没有价值了。而且,你越哭,他越生气,批评得越厉害。

这位老股东被批评时,刚要掉泪,王正华便一巴掌拍在桌子上,吓得他眼泪马上缩回去了。批评完之后,王正华自己很快忘记了,之后看人家状态不对,还问人家为什么不跟他说话。回忆起这段往事,老股东不但不怨恨,还笑个不停,说"老板对事不对人,他都是为我们好"。

王正华对下属的严,还体现在他对工作的高标准和高要求上。他要求下属必须严格遵守公司的规章制度,确保工作的质量和效率。在一次项目执行中,一名下属因为疏忽导致了一个小错误。王正华严厉地批评了他,要求他立即采取措施纠正错误,同时制定防范措施,避免类似的问题再次发生。

"对下属要严,要有关爱的严,让他有奔头、有前途。你的严格一定是建立在给别人关爱、给人以前途的基础上。"严与爱的平衡,让下属们在工作中既有压力,又有动力。员工知道,王正华的严格要求是为了让他们更好地成长和发展,而他的关爱,让他们感到温暖和安心。

为了激励员工,王正华推行股权激励政策。他常说:"财散人聚,你爱别人,别人也会爱你。"骨干员工工作努力,业绩突出,王正华便给予他们一定的股权激励。这让他们备受鼓舞,工作更有激情。

此外,王正华对员工的健康也格外重视。公司每年都会组织全面的体检,为员

工建立健康档案。王正华积极倡导太极文化,每日早晨安排员工集体练习太极拳。他认为太极拳既能强身健体,又能修身养性,帮助员工在忙碌的工作中找到内心的宁静。久而久之,太极文化成为春秋集团独特的企业文化之一,深受员工喜爱。

廉洁文化是春秋文化的重要内核。为更好地规范企业员工,让他们树立正确的人生观、价值观,王正华专门设立审计部门和纪检部门,并坚持以"五不""四公开"为核心内容的廉洁制度。"五不"内容是,金钱面前不丢丑、功劳面前不伸手、亲属子女不沾光、不嫖、不赌;"四公开"要求礼品、回扣、赠品、小费都要上交、公开。

这些上交的"礼物",都被统一放到了春秋的集团办公室。包括王正华自己在内,上到公司领导,下到普通采购员,无论收到什么礼品,都会按照规定上交到集团办公室,有专人负责登记、保管。每一份礼品要明确上交人、上交时间、上交日期等。

至今,春秋航空和春秋旅游的干部员工上交的各种礼品合计已超百万元。大到万元现金、小到一支笔。公司每月在春秋内部的社区网站上会公布干部上交礼品的登记情况,接受员工的监督。这些礼品经过审批,主要用于扶贫解困、慰问困难员工和作为公司活动奖品等。

春秋集团看重干部员工的人品,为了强化员工的廉洁意识,员工入职必上廉洁教育课。公司不定期通过"线上+线下"的方式对干部进行廉洁红线教育,同时邀请外部机构或部门做反舞弊宣讲。如在疫情前,公司做过"互联网+企业"的专项反舞弊讲座,让干部职工沐浴清廉之风。

王正华常常告诫员工,要坚守底线,以正直和诚信赢得他人的尊重。例如,有一次,公司准备开展一个重要项目,在招标过程中,有个别员工试图通过不正当手段为某供应商谋取利益。审计部门在审查中发现了端倪,及时上报给王正华。他立刻召集相关人员开会,严肃地指出这种行为的错误,并提醒大家:"我们追求的是公平、公正、合法的发展,绝不能因一时的私利,而损害公司的声誉和大家的共同利益。"

还有一回,部分员工在工作中出现了敷衍塞责、违反公司规章制度的情况。王正华特意召开全体员工大会,强调纪律和规范的重要性。他说:"我关心大家的成长、利益和健康，但更希望大家拥有正直、诚信的精神品质，绝不容忍任何违法、违规、违纪的行为。"

王正华始终强调，一个人的价值，不在于他获得了多少，而在于他的行为是否对得起自己的良心和团队的信任。为此，他不仅严于律己，更积极引导员工树立正确的价值观。他安排并组织了一系列的团队建设活动和培训课程，其目的在于培养员工的责任感、团队合作精神和正确价值观。

对下属的严，是有关爱的严，对自己的严，则是严苛的严。即使在春秋航空上市后，王正华的个人财富迅速增长，他依然保持着清醒的头脑。他从来不觉得这个钱是他自己的。连自己的工资都不会滥用，更何况是投资者的钱。

大家说他是亿万富翁，他却没有概念。他最想和企业家和创业者们分享的一句话是：企业家只是因为比较偶然的机会获得了比较多的财富，应该把这些财富看成社会的，充其量我们只是这些财富的管理员。从另一种角度说，财富的获得源于他人对你的信任和预期，重要的是要把自己的工作做好。

正是在这种关爱与严格并济的管理理念的引领下，春秋集团的员工们才得以在一个充满温暖和正能量的环境中工作，明确做人做事的准则，拥有积极向上的精神状态。大家齐心协力，共同推动着春秋集团的各项业务不断向前发展。

这是一个充满挑战的时代，我们需要更多像王正华这样的领导者。用严格与关爱打造出一支支卓越的团队，带领企业在激烈的竞争中脱颖而出。

太极养生：健康快乐每一天

王正华的与众不同之处，不仅在于他是一位带有传奇色彩的企业家，还在于他另一个广为人知的身份——杨氏太极拳第六代传人。

早在创业前，1975 年，他就已师承杨氏 85 式太极拳第四代传人傅钟文、第五代传人詹闲筱。五十年，无论工作再忙、身在何处，每天早上，王正华都会坚持

打一套太极拳，从未间断。

作为春秋集团董事长，他能做到全年无休，一天工作十二三个小时，带领春秋人取得不菲的成绩，这和他坚持习练太极拳，拥有一个健康的体魄不无关系。

与太极拳结缘，纯属偶然。32岁那年，王正华由于献血感染了乙肝，甚至被医生告知可能只有十年寿命。不服输的他意识到，必须通过运动来强身健体，而太极拳无疑是办公室一族的最佳选择。

在父母的引领下，王正华开始学习太极拳。每天清晨，他都会去中山公园打太极拳，有幸拜师且坚持至今，也由此让王正华深感太极拳的博大精深。坚持习拳，不仅使他年轻时的一些病灶不经意间消失了，更让他工作再忙也精神焕发，业务再烦也思路敏捷，爬黄山、泰山如履平地，加班、出差、洽谈业务也游刃有余。

打太极拳，早已成为王正华的生活习惯，他常常劝诫身边的人，身体健康得靠自己，不要埋怨工作忙，更不要怪出差没时间，打太极拳对场地要求并不高。只需七八平方米的空间，甚至在酒店的走廊或会议室，半个小时就能打一套太极拳。打太极拳一点不能马虎，要全神贯注，头、颈、肩、胸、背、腰、胯等，全部要到位。

直到今天，王正华依然觉得自己的动作不到位，仍有许多不足之处。这正如他的工作状态，他对自己在航空业和旅游业的业绩依然有许多挑剔，认为自己能够做得更好。

这种柔中带刚的运动精髓，深深地融入王正华的人生态度中。王正华常说，做什么事情都要想明白，想明白就要坚持下去。人生有许多事情需要自己把握，对生活、对工作都得是这种态度。正如打太极，拳法绝不能一个力度从头到尾，必须刚柔并济，滴水石穿，亦如做任何事情，都要把握尺度和平衡。

王正华不仅自己习拳，更将太极拳及其蕴含的太极文化视为瑰宝，身体力行地加以推广。他认为，太极拳契合了人民群众对美好生活的向往和更高层次的精神追求，能够强身健体、修身养性。一个人生活在世界上，要多想到别人，要为社会多做些好事。事实上，他习拳时，就已经在想，应如何将太极拳发扬光大，他做了很多努力和尝试。作为一名党员，他在党旗下宣过誓，要为人民谋利益，要做得比别人好一点。

练着练着，他开始动员身边的同事、邻居朋友，甚至毫不相识的人加入锻炼队伍。枯燥乏味的习拳，容易使人半途而废，他便苦口婆心地向他们逐一讲述太极拳的好处和魅力，想尽办法让他们坚持下去。

2004年，王正华开始在自己居住小区教授太极拳，学员人数从几人发展到几十人，再到上百人。他从中挑选出一批对太极拳有悟性且做过爱心公益的学员当教练，不辞辛苦地到附近社区传授辅导。程家桥街道、虹桥街道、新泾镇等，都有习拳爱好者参与其中。

没过多久，他又在公司开班了，组织各部门的人员加入太极习拳行列。针对公司年轻人较多的特点，王正华结合自己几十年的习拳体会，在85式杨氏太极拳基础上略加"改良"，使之更适合年轻人练习。如转腰尽可能要转足，脚尖扣足，步子迈足，下蹲要蹲足，拳脚施展幅度大一点等，这样效果会更好一些。

王正华的举动，深受年轻员工的喜爱，参与习拳的人越来越多。太极拳不仅帮助他们强身健体，摆脱亚健康状态，更让他们在工作之余找到了身心平衡。如今，公司已有几千人参加这项运动，太极拳已融入春秋的企业文化之中。

虽然并非专业教练，但王正华的"学生"已超过3 000人。从始至终，他默默教导，慕名而来的不仅有中国弟子，还有美国、英国、南非等地的洋弟子。他不求回报，只是抱着"授人健康"的心一路坚持。曾经，因一张超低价机票，王正华的名字进入公众视野，但生活中的他，更愿意"弟子们"尊称他一声"总教头"。

王正华对工作认真是大家公认的，对员工更是关怀备至。对工作做得越好的部门，他的意见越多，只要不触犯底线，不是原则性问题，都可以理解。对同行他也乐于教授，不怕竞争，他从不怕"带出徒弟饿死师父"，不担心透露"商业机密"。这些都源于太极文化的熏陶，让他拥有了宽广的胸怀和善良的品格。

研习太极拳多年的他，已经把"太极"修进了内功，并将其融入经营之道。那么，太极高手领导公司是怎样的套路呢？在他看来，人生万事皆如太极，讲究阴阳平衡、刚柔并济。比如上下级的关系，上为阳，下为阴，如果上下对立，必然产生内耗。因此，对待员工，既要严管厚爱，处事公道，又要坚持原则，遵守规范，才能实现和谐共赢。

他特别提到，所谓"严管厚爱"，就是要先关心到位，再管理到位，这两个层

次的顺序不能颠倒。只有让员工感受到真诚的关爱，他们才会接受管理与引导。

他十分关心飞行员，他们是公司部门中掌握安全命脉的人。他关心他们的饮食、住宿情况，询问有哪些方面是需要公司给予帮助的。

客舱部人员他也十分关心，他们与旅客零距离接触，他们的状态和精神面貌如何，在飞行旅途中，是不是全心全意为旅客服务，都是他关注的重点。制度规范是公司的标尺，真正让他们服气的，是领导者对他们的带领和示范。

在王正华看来，打太极拳不仅是一种锻炼方式，更是一种修身养性的途径。每当遇到难题、举棋不定、睡眠不好、心情欠佳时，他都会打上一套太极拳，让身心得到放松，从而更好地应对挑战。这也是他坚持打太极的缘由。

虽然有很多人认为，太极拳是老年人的运动，但王正华心里明白，这种柔重于刚的运动，既锻炼身体，也帮助他领悟人生。无论是过去从事繁忙的航旅工作，还是现在忙于公益事业，手头再忙，也要早起打一套太极拳，这么多年，一天都没有落下。

在王正华眼中，太极拳的一招一式，象征着动静相宜、刚柔并济的人生哲理，是修身养性的绝佳法门。

太极，讲究阴阳平衡。在企业管理方面，王正华善于运用太极的智慧，将春秋航空的内部运营调节得条理清晰，如行云流水，相得益彰。春秋航空在民航界素有"开一条航线就火爆一条"的美誉，即使在中日航线占据优势，仍面临同行纷纷抢滩的境况；其他国际航线更是如此，竞争何其残酷。每次成功试水，总引来市场效仿。王正华的创业成功密码，一直被模仿，从未被超越。

春秋的"太极文化"精髓在于：真心关爱每一位员工，充分激发其积极性和能动性，这在业界广为人知。王正华虽然羡慕拥有大把时光和无限可能性的年轻人，实际上自己的干劲丝毫不输年轻人。

他"指挥"公司和打太极拳一样，从上到下，从左到右，他要求公司上下如同太极拳的招式般环环相扣、协调一致。航空业涉及众多岗位，无论哪个环节出现偏差，都会影响整体运行。因此，每个部门、每个位置、每个员工，都必须严守规矩，密切配合。

将太极融入企业管理，成为春秋人的"必修课"。每天早上，总部员工都会准时跟随王正华打太极拳，高管以上的人员更是不能偷懒，就连他的司机都成了"练家子"。

王正华对太极拳情有独钟。不仅自己坚持习练，还经常鼓励员工练习。他认为，太极拳蕴含的和谐思想，对陶冶人的外在仪表及内在修养是颇有裨益的。太极拳将文化修养、动作技术和拳术理念有机地结合起来，使每一个参加太极拳晨练的员工，不论是身体还是精神，都得到锻炼和提高。春秋集团每年举办太极拳友谊赛，大力倡导和谐之理念。

生活中的王正华，并不是一个浪漫的人，但在春秋的创业史上，他却总能给人带来惊喜和赞叹。

2015年1月21日，开飞十年的春秋航空在上海证券交易所挂牌上市，王正华带领100名干部员工在交易大厅打起了太极拳，为春秋航空的这一历史性时刻助威。这在上海证券交易所是史无前例的场景，也是上交所有史以来，首次有上市公司表演团体太极拳。

2020年疫情期间，直播带货发展得如火如荼，5月19日中国旅游日当天，王正华开启直播首秀，为家乡九龙口带货千万元，他将太极拳也打进了直播间。

2022年7月18日，春秋航空迎来首航十七周年，当晚，王正华再次亮相直播间。他的出场方式十分特别，从现实世界"穿越时空"进入"虚拟空间"，为春秋集团全新发布的"无限空间"平台作推介，与春秋航空的二次元机娘"阿秋"开启了一场"跨次元"互动，共同完成了一段"虚实结合"的太极拳展示。

王正华将太极拳打进上交所，打进直播间，打进"元宇宙"虚拟空间，只因时代变迁。太极文化需要在传承的基础上不断创新，他希望通过元宇宙、虚拟空间、虚拟人等新技术将太极文化发扬光大，吸引更多的年轻人参与到练习太极拳的队伍中来，传承中华优秀传统文化。传授太极拳是"授人以健康，功德无量"的善举。

2021年，王正华有了一个新的身份，他担任上海市闵行区太极拳协会名誉会长，肩负着推广和传承太极拳的重任，他带领着春秋太极拳队，与闵行区太极拳协会携手并肩，踏上了国际舞台，取得不错的成绩。

在第十五届香港国际武术比赛中，王正华被组委会授予"太极传承终身成就

奖"。春秋太极队荣获2个集体项目冠军；个人项目荣获50枚金牌、6枚银牌、1枚铜牌；1名队员荣获个人全能亚军，2名队员荣获个人全能季军。2023年"兴业银行杯"上海城市业余联赛太极拳联赛总决赛暨"春秋杯"长三角太极拳公开赛拉开帷幕，吸引了来自世界各地的28支队伍，共有274名太极拳爱好者参赛。王正华被授予"特别贡献奖"。2024年5月，王正华又率队远赴日本，参加了在日本举办的中日友好太极拳交流大会，并作主题演讲。会上，他带领百余名太极拳爱好者展示春秋太极文化，参演团队荣获多项殊荣。

2024年10月19日，王正华受邀参加在上海举行的永年太极八十周年华诞暨中法建交六十周年太极文化交流大会。他的致辞简短，却句句有力量。表达了对太极文化的敬畏与自豪，倡议太极文化的世界交流与共享，并欣慰地看到太极拳运动深受年轻人喜爱。大会组委会为表彰他毕生传递太极文化的贡献，特别为其颁发了"杨氏太极终身成就奖"。

太极拳作为一种技击拳术，它最本质的特色是"以柔克刚"，这与《道德经》中老子所持的"柔弱胜刚强"的观点不谋而合。最可贵的是，在王正华的带领下，春秋人已经深刻领悟太极精髓，在市场变化中变被动为主动，先发制人，谋求创新发展。

春秋的成功之处，在于运用强大的企业文化来凝聚人心，激励每位员工都能为企业发展奋斗。王正华认为，合理的布局、规划、管理和运营，是企业生命力的源泉，保持活力、健康发展、良性循环，才能帮助企业走向卓越。他坦言，这需要与两个儿子以及春秋的万余名员工齐心合力，共同创造。

时光荏苒，转眼已步入2025年，距离春秋旅行社成立，已经四十四年，春秋航空也已走过二十载。王正华无限感慨，深感时不我待：他还有很多未竟的事业，却已是一个80岁的老人。他深知，健康尤为重要，再忙，也要坚持打太极拳。

每天清晨7时许，在春秋航空办公区域的小广场上，总会出现一位散步的白发老人，他身着太极服，脚穿平底鞋，举手投足间无不透着一股侠气。7点40分，他会准时与春秋的"弟子们"一起打太极，切磋推手，无论寒暑，风雨无阻。

第二十章：酌水知源

> 他，有魄力、远见和能力。弘扬企业家精神，肩负社会责任和使命，处处闪耀人性的光辉。在荒漠里种出了公益林，让大山里「飞」出了空姐空少。

他，不止步于公益路上

2016年11月19日，一段"最抠老板王正华，暖心为摄影师扶梯"的短视频火爆朋友圈。视频的内容很简单：72岁的春秋航空董事长王正华，看见一位摄影师准备爬梯子，便主动过去扶，周围的工作人员看见后，也纷纷上前。这只是关于王正华的一个爱心镜头。

在他看来，企业践行社会责任，不能仅仅停留在"光彩事业"和慈善捐款的层面。在这个新时代，企业应该怀着敬畏之心、感恩之心。他一直在思考，如何将企业的发展与社会责任更好地结合起来。

2018年9月，王正华在西安参加第四届"全球社会企业家生态论坛"，对"承载时代使命，共建生态系统"这个主题，他有着自己独到的见解。企业家做公益要知行合一。企业需要赚钱，才能生存下去。但企业不能只想着赚钱，还要有社会担当。

王正华将春秋集团的社会责任具体概括为三个方面：第一是要给员工更好的生活；第二是不能偷税漏税；第三是积极关注弱势群体，并给予他们帮助。

企业家要凭良心做事，承担更多的社会责任。这是王正华一直秉持的信念。

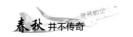

在经济全球化的背景下,他希望与世界各地的企业家一道,在公益路上身体力行。他坚信,在中华民族伟大复兴的征程中,在我国五千多年文明史的哺育下,习近平总书记所倡导的"人类命运共同体"理念,必将成为一面旗帜,引领全球商业走向更美好的未来。春秋人也将在伟大的中国梦实践中,留下自己的印记。

在第四届"全球社会企业家生态论坛"上,王正华分享了他的公益理念,并提出了两点建议:一是企业内部需要营造浓厚的公益氛围,鼓励员工积极参与公益活动;二是企业与企业之间要加强合作,一起参与公益实践,这样既能增进企业之间的互相了解,也有利于带动整个社会的企业关注公益、投身到公益事业中来,让公益更有力量。

多年来,王正华积极探索、创新公益模式,力求让每一份爱心都能发挥最大的作用。2014年,他和张秀智去北京开会时,发现天安门城楼被沙尘暴笼罩,看不清楚。会议结束后,他们立即赶赴河北省康保县,首批捐资1500万元。

拿出那么多钱,干什么呢?在沙化地里种树。有人说在这个地方种树太难,可他偏偏说,种不活树的地方,他偏要来。后来他们用三年时间种活了28万棵树。奇迹是如何发生的?因为用心。

面对乡村振兴的使命,王正华通过航旅电商平台,帮助农民销售优质的农产品,拓宽销售渠道,增加农民的收入,为乡村经济的繁荣注入活力。

除了公益生态造林和乡村振兴帮扶项目,春秋集团还积极投身脱贫扶贫工作。王正华十分重视贫困地区的教育扶贫工作,他强调"扶贫不仅要扶经济,更要扶心、扶志、扶技"。

云南红河州的孩子们在遇上春秋后,生活发生了可喜的改变。为了更好地帮助这里的孩子,王正华责成王煜亲自带队赴红河州考察多次,为贫困学子提供就业机会和技能培训。他不仅仅给他们提供物质上的援助,还帮助他们增加知识储备。目前,他已让近百名红河州的贫困学子实现了蓝天梦想,在当地学校积极开展助学、奖学和支教活动,用实际行动助力当地师生实现梦想,为红河州的教育事业发展贡献力量。

王正华深知,白手起家的春秋集团一路走来历经磨砺,这种经历让王正华和他的团队更懂得互帮互助和履行社会责任的重要性。"授人以鱼,不如授人以渔",这是他始终秉持的理念。

2008年5月13日,汶川地震发生的次日晚上,经多番申请,春秋航空上海直飞绵阳的航班从虹桥机场起飞。考虑到震后的绵阳机场保障能力下降,航班做好了充足准备。在各方的全力配合和协调下,春秋航空的航班终于在绵阳机场成功降落,成为汶川大地震后第一个降落在距灾区最近机场的民航正班航班。航班上的在沪川籍旅客得以救灾寻亲,滞留绵阳机场的上海旅客得以安全回家。

春秋为汶川大地震捐款捐物达600余万元;设立"春秋让爱飞翔专项基金",用于公司内外扶老济困、助医助学等人道援助项目;2019年春秋航空加入全国首个生态扶贫公益慈善基金,捐资150万元……

在"非典"和新冠肺炎疫情期间,春秋航空借助自身优势,实施了免费运送物资、包机送同胞归国等一系列体现企业担当的举措。在欠发达地区和老少边穷地区,搭建"空中走廊",助力中西部地区振兴发展,共计开通50条航线,为无数人提供了就业岗位,加快了这些地区的物资流通速度。

2017年以来,春秋航空还积极执行援疆旅游包机任务,执飞援疆旅游包机119架次。仅2019年,春秋航空就飞行了30趟援疆旅游包机,占上海援疆包机总数的一半以上。2020年至2023年期间,春秋航空又累计执行援疆旅游包机77架次,累计运送旅客264.2万人次,占各省市援疆旅游包机总架次的60%以上。

2023年,春秋集团与上海对口支援的新疆喀什、新疆克拉玛依、西藏日喀则、青海果洛等四地签订了100架旅游包机合作战略协议。通过旅游引流、航空送客,以空中桥梁将上海客源市场与对口地区的文旅资源紧密衔接,带动对口地区经济社会文化发展。

为了促进上海援建新疆喀什四县旅游产业的长远发展,春秋航空深入实地,为巴楚、泽普、叶城等地无偿提供文旅项目策划服务。结合各地区的民族文化和自然资源的差异性特征,从市场目标和产品定位等视角,为当地的文旅发展出谋划策。围绕当地的人文特色与自然风光,在产品开发中有机融入民俗文化、美食体验、民族风情,打造了多条精品旅游线路。

为了促进民族地区文旅产业的可持续发展,春秋集团积极为当地培养文旅人才。例如,多次举办叶城县的摄影培训交流活动,通过"宝山号""援疆号"等

包机，将一批批摄影家送到叶城县采风。组织多位中国摄影家协会会员、知名摄影师到叶城县为当地的摄影从业人员、摄影爱好者开展"零基础新手到摄影家的进阶计划"公益培训。2023年，春秋集团会同莎车县文旅局联合举办旅游景区讲解员培训班，提升当地文旅从业人员的能力水平。

这些公益之举获得了广泛认可，春秋航空荣获上海市"慈善之星"等荣誉，春秋旅游荣获"援疆突出贡献奖"，"春秋方案"旅游援建案例入选2023旅游创业创新政企合作示范案例，此外还荣获全国"万企帮万村"精准扶贫行动先进民营企业奖、全国巾帼建功（脱贫攻坚）先进集体等奖项。

凭借着在脱贫攻坚事业中的突出贡献，中国光彩事业基金会常务理事、春秋航空股份有限公司董事长王煜先后荣获"全国脱贫攻坚奖奉献奖"和"全国脱贫攻坚先进个人"称号，并作为民航界的唯一代表登台领奖，此外，他还荣获上海市优秀共产党员、上海市新冠疫情防控先进个人、上海慈善楷模奖、第六届上海市优秀中国特色社会主义事业建设者，以及上海市民族团结进步先进个人等多项荣誉称号。

王正华始终认为，公益事业是扶危济困的事业，凝聚人心，增强正能量。正因如此，他和春秋人做公益，不是为了给别人看，也不是为了获取荣誉，而是他们相信，参与公益，自己才是最大的、真正的受益者。一家伟大的企业，不仅要在商业上取得成功，更要将"让社会更美好"作为自己的崇高使命。

在公益活动中，王正华总是在时间允许的情况下亲力亲为。他为弱势群体送去温暖和关怀，无论是寒冬里的棉衣棉被，还是节日里的问候和祝福，都传递着他深深的爱意。以员工的生日福利为例，集团所有员工都会在生日那天收到以王正华名义发来的"生日祝福"信息。在这个或许连家人都会忘记的日子，他总会按时送上"走心"的庆贺。这既体现了企业对员工的尊重和关怀，也提升了员工对企业文化的认同感和归属感。这时候的"小福利"有着"大作用"。

有人认为，这只是一件很小的事情，在王正华这里却是一件大事。

首先，员工是企业生存发展的根本，也是最宝贵的财富，如果员工不幸福、不快乐，企业做得再大也毫无意义。

其次，每个员工都是一个独立的个体，都有自己的性格、喜好和需求。通过一些简单而贴心的举措来关爱员工，是对员工个体的尊重。

再次，这种祝福方式，向员工传递了温暖和关怀，让他们感受到自己不仅仅是一个普通员工，更是公司重要的一分子。

每年的年末，王正华必做三件事：企业未来的战略研讨、上党课、开展公益慈善交流会。

在每次的交流会上，他都喜欢与员工们分享一些慈善话题：公益是每个人的权利，它不分大小，不是看你捐了多少钱，而是看你唤醒了多少爱心，是否能够让更多人一同参与；做公益并不能说明你很了不起，你有多么伟大；做公益不是为了改变世界，而是在改变自己，自己变好了，这个世界自然就会好起来。

在扶贫救灾的关键时刻，王正华总是挺身而出。他始终认为，企业不仅要追求商业成功，更要将履行社会责任作为自身发展的一条底线。任何企业都存在于社会之中，都是社会的企业。只有真正回报社会、切实履行社会责任的企业，才能真正得到社会的认可，成为符合时代要求的企业。

在这样一个充满幸福感的时代，王正华希望有更多的年轻人能够参与公益。面对未来，年轻人要有"爱商"，有"爱商"才能在人工智能时代保持独特的价值。

康保公益林，沙漠变绿洲

70岁时，在带领春秋航空成功上市后，王正华又萌生了一个新的爱心梦想：在寸草难生的沙化地植树造林，为北京减少几粒风沙，为康保增加几点绿意，为当地农民增收几元钱。这便是他携股东出资在河北康保县建设公益林的初衷。

从上海飞抵张家口，再驱车向北近三个小时，便可到达康保县满德堂乡张油坊村的地界。离村子不远处，就是春秋公益林生态园区，不论是春暖花开时节来到这里，还是冬雪飘飘时分走进林中，这里满眼皆"绿"，生机勃勃。

王正华常常会来到这里,看看他的公益林长势如何。尤其是妻子走后那一年,他还专程来过一次,在他们夫妻认领的樟子松前伫立许久,想念他们一起认领树苗,一起浇水、培土的点点滴滴。

时间回到2013年,国家的两会在京召开,风和沙尘一起光顾北京,雄伟的天安门也笼罩在沙尘之中,此情此景让正在北京开会的王正华和张秀智等人揪心。回到公司后,他立即召开会议,决定投身公益植树事业,为保卫北京贡献力量。

当年,他们先后考察了云南、甘肃和河北等省的部分干旱、沙化地区,经过一年多的调研,发现位于北京西北部的张家口是首都重要的水源地和风沙源,俗称北京上风上水之地,在首都生态屏障建设中作用非常重要。站在黄土高原的河北康保坝上,凛冽的西北风裹挟着蒙古国地区的沙尘扑面而来。这里海拔1 450米,是保卫北京的最后一道生态屏障。于是,一个宏伟的计划在他心中酝酿:"绿康保、美北京、为地球母亲做一些力所能及的事"。他要在康保的沙化土地上种下一片绿洲。

王正华、张秀智召集股东,举行了一场意义非凡的会议。会议室里气氛凝重而庄严,他站在大屏幕前,屏幕上是康保县沙化土地的照片和相关数据。他的眼神中透露着坚定与决心,声音沉稳而有力:"各位同仁,当我和张秀智看到康保县那片被沙吞噬的土地时,深知我们不能再坐视不管。那里的土地在哭泣,那里的百姓在期盼,我们有责任、有义务为那片土地、为我们的国家和人民做些什么。我计划投入资金,在那片沙化土地上植树造林。"

这一计划并没有立刻得到所有人的支持,部分股东提出了反对意见:在那样恶劣的环境下植树造林,投入巨大且成功率低,风险过高。面对质疑与反对,王正华没有急于争辩,而是向大家分享了作家李春雷所写的《塞罕坝记》,并动情地向大家分享文章中所描绘的塞罕坝从荒漠变为绿洲的过程,他说:"人活在世上,最多不过百年。能给别人、给后代、给地球贡献一份力量,才不虚度人生。塞罕坝的建设者们用青春和汗水创造了绿色奇迹,他们的贡献值得我们骄傲和学习。"

有人觉得在沙漠地区种树造林太过英雄主义,甚至感慨,早知今日土地沙化,当初何必破坏。但他不同意这种说法,每一代人都有自己所处的时代背景和历史条件,重要的是当下如何行动。塞罕坝的建设者们给我们做出了榜样,春秋人应当有所作为。

王正华的话语,深深感染了在场的股东,反对的声音越来越小。大家逐渐被他的坚持和信念打动,开始认真思考这个计划的意义和价值,纷纷表示支持。

康保县的自然环境实在糟糕。常年风沙大,水资源异常缺乏,当地人都说,种活一棵树,比女人生孩子还要难。很多人问王正华,既然是公益植树,为什么不选择更容易种植树木的地方,这样收效更快些。他说:康保县是北京风沙西北方向的最后一个风口,在这里植树造林,才是真正为地球母亲尽孝心。

为了确保树木能够成活,王正华带领团队四处考察学习,去了很多沙漠地种植成功的地方,求教多名林业专家。持续一年多后,终于正式开启了春秋在康保县的生态修复工程。

为了这项公益事业,王正华、张秀智等24名股东和春秋航空、春秋旅游,共同出资近2 000万元,租赁了康保县4 011多亩寸草难生的沙化土地。

2014年5月21日,中国绿色碳汇基金会"为地球母亲"专项基金成立暨春秋集团生态修复工程启动仪式在康保县满德堂乡生态修复工程区举行。会上,春秋集团发起成立了首个以修复生态、孝敬地球母亲为目标的专项基金,并成立了上海市长宁区"为地球母亲"生态保护社,专门负责该项目的实施。

中国绿色碳汇基金会理事长、原林业部副部长刘于鹤参加了启动仪式,并高度评价春秋集团的公益行动。该项目是"为地球母亲"基金在全国资助的第一个生态修复公益项目,不仅为社会各界作出了表率,更对引导社会各界参与京津风沙源区生态修复公益事业,维护首都生态安全和应对全球气候变化具有积极而深远的影响。

河北省林业厅副厅长雷永怀认为,春秋集团率先捐资开展康保县的生态修复工程建设,既符合保护首都北京生态环境的迫切需要,也符合改善河北省生态环境的紧迫需要,这对于引导社会各界参与河北省生态建设起到重要的带头示范作用,意义十分重大。希望有更多的企业、组织和个人积极关注并参与河北省的生态建设。

有了领导们的认可,春秋人铆足了干劲。植树造林并非易事,特别是在康保县这样干旱、沙化严重的地区。不过,在当地政府、林业等部门的指导和大力支

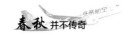

持下，王正华和股东们不怕困难，开始了艰苦的造林之路。

在康保县这样干旱、沙化严重的地区植树造林绝非易事。从规划设计到树种选择，从培育幼苗到组织栽种，每一个环节都倾注了王正华无数的心血。他和团队选择了适应当地环境的樟子松等树种，并将精心培育的幼苗小心翼翼地运往康保。如今，十年前栽下的那些六七十厘米高的樟子松等小树苗，已经长成了四五米高的大树。不仅如此，种植的黄芩等中草药材也长势喜人。

每每看到这片生机勃勃的景象，王正华都会感慨万千。这片坝上的一草一木提醒他们，生态环境没有替代品，破坏之后难以修复。因此人们应该算大账、算长远账，倾力修复生态环境，保护绿水青山。

王正华希望通过在康保植树造林，真正为当地百姓做点实事，当看到种植的林下经济作物中草药材等绽放新绿，他的眼神中充满了笃定："我想让这里的农民过上幸福的日子。"在他的内心深处，社会责任大于企业利益。

尽管当地的"土专家"们都说，康保县自然条件恶劣，是河北省唯一没有常年性河流的县，其地处海拔较高的高寒地区，年均降水量不足350毫米，年蒸发量达1 772毫米，属于干旱风沙区。种庄稼是靠天吃饭，这里十年九旱。种植小麦、油菜，每亩产量仅200斤左右。种粮食亦是如此，种树更是"年年种树不见树，年年造林不见林"。不过，王正华和春秋人并没有被吓倒。

正是他们的坚持和付出，最终将昔日沙化地变成了今日绿洲，这让当地专家和政府部门惊叹不已。他们评价说："春秋人做事很靠谱，而且还是真金白银地投入。从前期的项目筹备、树苗选择，到寻找监理单位和工程队，都慎之又慎。只要对种树有好处，就不惜花重金。这块租用地，原来是地方政府的原有林地，之前种过树，成活率相对较低。春秋投巨资在这里防沙造林，对生态进行修复，是万古千秋的大事。"

王正华和春秋人是如何做到的呢？对这片公益林，王正华真是花费了很多心思，投入了太多的情感。他精心挑选人才，从上海专门派人进驻康保，与当地团队一道，日夜守护着这片土地。每一片林地，都布满了他们的脚印，每一棵树，都凝聚了他们的汗水。团队人员刚来的时候，林地风沙大，一踏上去浑身沾满沙土，眼里只有一片光秃秃的景象，树皮都被羊吃了，小动物更是踪迹皆无。

对于那些加入公益林项目的春秋人来说，来到康保做公益林项目意味着要放弃很多东西，无论在原来的岗位上，有着怎样的成就，都要归零，包括原有的人际关系网络。面临着未知的挑战和变数。

"谁让我是一名党员，有些事是该冲在前面的"。有人说，王正华的理念输出很成功，这位远离上海到康保的"高级护林员"，就是这样被他劝过来的。适应当地的气候，成为这个上海人必须学会的第一课。

康保和上海有着极大的气温差，一年中有半年体感是冬天。刚开始的时候，他们受不了暖气。外面冷，屋里又太热，嘴唇经常起皮。随着岁月的流逝，这些春秋人竟慢慢习惯了当地的供暖，春节回上海过年，都有些不习惯没有暖气的房间了。

春秋集团的力量是强大的。他们聘请当地退休的林业局局长、镇党委书记、村民委员会主任组成顾问班子，并邀请北京、上海、内蒙古的林业大学教授、专家进行指导，论证在康保这样高寒、干旱的高原地区如何种植、培育林木等问题。这些专家团队来后不久，这里就大变样了。

三分造林，七分管林，养护好这片绿海责任重大。由于康保自然条件恶劣，造林难度大，尽管国家项目已投入种苗补助费，但由于自然条件的限制，当地的造林质量不高，造林成功的少、失败的多。在春秋人来此造林前，康保的林木覆盖率很低。

外界都说春秋人是"一根筋"，做任何事情都要追求极致，不达目的誓不罢休。就是这样一群可爱的春秋人，在王正华、张秀智的带领下，依然执着自己的执着，种树与他们经营航空、旅游事业一样，精耕细作才会出"精品"。可是，在不毛之地植树造林，哪有那么简单？

首先，最需要解决的就是干旱缺水的问题。他们在林地周边打了两口深井，为了取水浇树方便。4 011亩林地，用工程队的10辆大水罐车浇灌完要20多天。最初，一个月浇一次，但后期只需在春天浇解冻水，在冬天浇封冻水，待中间的干旱季节，多浇几次水，即可满足树木的生长需要。

靠山吃山，靠水吃水。王正华的美好愿景，是帮助这里农民摆脱贫困，走向富裕。如今已经逐步实现，周边的农民从这片公益林中受益匪浅。据不完全统计，公益林项目区涉及康保县2个乡镇，受益人口达6万多人，创造了4万多名工人的临时就业机会。其中，当地农牧民共计221人参与造林、除草、施肥、抚育等项目，人均获得劳务收入达1.5万元。

春秋人为那里的农民带来的福祉，远远不止这些。过去这个地方常年风沙，缺水，尤其是饮用水。张油坊村的农民饮水一直是大问题，根据村支书的建议，2016年6月，春秋启动了饮用水改造工程，打了口70米深的饮用水井，经张家口市水务局检验，完全符合饮用水的标准，改善了村民的生活品质。春秋人还为村里1500亩旱地，铺设了管道和配套喷灌设施。用水浇地，使这几年莜麦的产量翻番。

此外，春秋人还为"邻里乡亲"送温暖，传递爱心。每逢过年，乡亲们都能收到别致的礼物，如蚕丝被、米面油等。很多农民都主动加入春秋造林护林的队伍。

听说"全球遗鸥仅1.2万余只，被称为高原上'最脆弱的鸟类'，如今有一半在康保"，王正华了解后即刻表态，春秋人在康保种好树的同时，要为这些"大仙鸟"的生存和保护做点力所能及的事情。从那个时候起，春秋人在康保不仅养护公益林，还对遗鸥进行"爱心投喂"，他们特聘了当地的一位贫困户担任投食巡护员。

树成林，鸟成行，是王正华心中另一个美好的愿景。既要生态美，也要百姓富。他离自己提出的"植树造林，改善环境，荒地变得富庶，人民变得幸福"的生态扶贫目标，已经越来越近。

随着时间的推移，康保公益林不断扩大，树木日益繁茂。原本一片死寂的沙化地，现已成了一片充满希望的绿洲。在春秋人的精心看护下，28万株树苗成活率高达90%以上。鸟儿在枝头欢唱，小动物们在林间穿梭，生机与活力重新回到了这片土地上。

康保公益林有了可喜的收获，被原林业部部长刘于鹤赞为"奇迹"，是"华北干旱地区植树造林的典范"。2018年5月7日，王正华、张秀智给全国人大常委会原委员长吴邦国写信报喜。

他们在汇报信中说，为了庆祝康保植树造林"栽植期"的成功，春秋准备在康保县举办一个仪式，想以委员长的名义种下一株樟子松。期盼日后方便之时，他能亲赴康保，视察栽植成活的 28 万棵树苗，检查春秋人为"北京少儿粒沙子"所做的一点工作。

2018 年 5 月 21 日，吴邦国给王正华、张秀智回信说："二十五年前，我参观的春秋还是一家刚起步的民营企业。很多人以怀疑的眼光注视春秋的发展，如今，经过你们的努力，春秋已成为响当当的企业集团。这正印证了企业在改革开放的春风下飞速发展。企业发展了，挣钱了，投身公益回报社会，这种精神难能可贵，相信也会为集团赢得声誉。"

借势而进，顺势而为。2018 年 6 月 20 日，春秋集团和中国绿色碳汇基金会在康保举行了"为地球母亲"康保生态修复项目交接仪式，参会嘉宾现场为认建认养"纪念林"揭牌，鼓励更多企业和社会力量参与生态建设。

张家口市政协原副主席申全民表示，春秋集团对张家口市"两区"建设最前沿的康保县大额捐助和慈善作为，开创了中国企业支持我国国土绿化和应对气候变化事业发展的先河，为社会力量参与林业建设探索了可复制、可推广、能借鉴的生态扶贫宝贵经验，这种以回报社会的态度投身公益事业的精神难能可贵，非常值得肯定和学习。

中国绿色碳汇基金会执行副理事长李怒云也对春秋人的公益之举给予肯定和赞许。春秋的公益林项目，在康保这样一个自然条件差、造林难度大的地方取得这样的成果，实属不易。特别是项目本身，既实现了以王正华为首的春秋人主动回报社会的初衷——"为北京少扬一粒沙、为康保多添一片绿、为农民增加更多收入"，也满足了他们造福子孙后代的夙愿，更引导了企业家和社会各界关注我国生态建设，积极参与京津风沙源区的生态治理公益事业，为社会各界落实国家提出的"创新、协调、绿色、开放、共享"的新发展理念作出了表率。

李怒云还评价，春秋人植树种草药修复生态的善举，值得学习和借鉴，为企业界输出了"植树造林"的公益样本，展现了中国企业家的社会责任感。

其间，春秋公益林种植地举办了多项活动，如"为地球母亲"专项基金成立及项目启动仪式。该项目捐赠了 600 亩碳汇林，作为 2014 年亚洲太平洋经济合作组织（APEC）的"碳中和"林，助力 APEC 会议首次实现"碳中和"。这是中

国政府通过造林方式实现零排放目标的第二个大型国际会议。

国家林草局在考察评估后，对这片生态林给予充分肯定，称其在我国干旱风沙区创建了国际一流的生态修复示范区。这片生态林有效地阻挡了风沙，减少了对北京的沙尘侵袭，为康保县增添了一片绿色希望。

生态修复后，小动物们都回来串门和安家了，生态林焕发出勃勃生机。野鸡、刺猬、老鹰、狐狸，还有鸿雁，都常常能看到，与人相处得很融洽。康保生态环境持续向好，2023年又增植了四季玫瑰、沙棘、樟子松等行道树，公益林绿意葱葱，不仅有玫瑰的芬芳，沙棘果也挂满枝头。

春秋集团在康保做的远不只种树。他们也在积极恢复林中生物的多样性。为了让野生动物更好地生活，他们在林间过道上砌了几个蓄水池，注满清水，并定期清洗，确保小动物们随时都能喝到干净的水。这些小动物似乎也通人性。过去，野鸡总是与人保持百米以上的距离。现在，护林员走到距离它们十几米的地方，它们都不飞不跑。

2023年暑期，春秋集团首次把康保生态项目和文旅产业相融合，联合上海春秋国旅及全国30多家分公司，组织了由石家庄站进出的落地散拼系列旅游团。500多位游客陆续抵达康保旅游，游览后纷纷认领公益树，拉动了当地消费。

为了让中小企业家们共享绿色生态的发展成果，王正华邀请企业家们参观公益生态修复园区，品尝山杏果。2024年春季，公益林又增植樟子松4 600余株，并追加捐资救助在康保栖息的9 000只遗鸥。

康保县原县长魏红侠曾这样评价春秋集团：近年来，康保县不断加大生态建设力度，植树造林，加强湿地及鸟类保护。像春秋集团这样的爱心企业，将植树造林与生态建设融入企业发展，取得了阶段性成果，做了一件造福地方的好事。

2019年以来，王正华持续加大对康保县遗鸥保护的支持力度，通过碳汇基金会林草生态帮扶专项基金资助康保遗鸥保护协会，确保在遗鸥繁殖期进行人工紧急投食，即使在疫情期间也从未间断。

生态好，引得鸟儿归。如今的康保县康巴诺尔湖，已经成为名副其实的"水鸟乐园"，据说这里曾是"盐碱荒滩"。成群结队的红嘴鸥、遗鸥正在这里翩翩起舞，有的觅食，有的栖息，成为湖区一道靓丽风景线。

春秋派驻人员亲眼见证了遗鸥数量从 3 000 余只增长到 9 000 只，它们在康保"安家落户"，这正是春秋航空多年资助康保县遗鸥觅食栖息地生态修复所取得的显著成效。

春秋在康保交出的这份生态保护成绩单，深刻诠释了"良好生态环境普惠民生福祉，绿水青山就是金山银山"的理念。

2024 年 8 月下旬的一个夏日，王正华站在他亲手打造的生态公益林前，眼中满是期待与憧憬。多年前，他带着一腔热血来到这片土地，立志要让它焕发出新的生机。他克服重重困难，从一株株幼苗开始，精心呵护，让这片曾经荒芜的土地，披上了绿装。

这次康保之行，王正华一直很忙碌。即使是在奔赴下一地点的路上，他也一直在和当地团队探讨公益林下一步的规划，就连晚上的时间也不放过，甚至吃饭时也要过问几句。在行程中，他不搞特殊化，没有领导架子，简单、随意、真实、细致。

看着眼前的公益林，王正华思绪万千。他的使命不仅在于当下，更在于未来。他希望下一代春秋人能够接过他手中的接力棒，继续守护和发展这片公益林。他常常对身边的年轻人讲述这片林子的意义："多为北京减少几粒沙，康保就能多增加几片绿，当地农民就能多增收几元钱。这不仅是一片林子，更是我们对美好未来的承诺"。

为了能够随时了解公益林的情况，春秋航空相关部门还在那里安装了全方位的视频监控设备，王正华只要有空，就会到"线上"看一看，他的公益林是不是又长高了，小动物们又多出了几种……

在他的影响下，他的儿子王煜和王炜也对公益林倾注了越来越多的热情，越来越多的年轻人积极投身到这项事业中来。他们学习着王正华的经验和精神，用心去感受这片土地的每一次呼吸和每一个变化。

如今，走进这片林地，人们看到的是一片绿意葱茏的樟子松林带，风吹过，松涛阵阵，这正是王正华和所有为之付出努力的春秋人最欣慰的时刻。他们的努力不仅改变了一片土地的命运，更为子孙后代留下了一笔宝贵的绿色财富。

从脆弱生态到满眼皆"绿"，春秋集团用实际行动走出了一条生态优先、绿色发展的新路子。王正华坚信,只要这份初心不变,这片生态公益林就一定会持续发挥其生态、经济和社会效益,成为造福一方的绿色宝藏。而那减少的风沙、增加的绿意、增收的财富,将是他们努力的最好见证,也是春秋对未来最美好的期许。

红河州扶贫,"山里娃"蜕变记

在云南省南部,有一片美丽而神秘的土地——红河哈尼族彝族自治州。这里山清水秀、民族风情浓郁:红河县,因红河穿境而过得名;绿春县,有"中国山顶第一县"之称;金平苗族瑶族傣族自治县,被授予中国唯一的"中国蝴蝶之乡"称号。

就是这样美丽的地方,依然存在着一些贫困地区。其中,红河县的车古乡利博村、金平苗族瑶族傣族自治县的铜厂乡琼瑶山村和营盘乡水塘村等村庄,贫困状况尤为突出。这些村庄大多地处偏远山区,道路崎岖难行,孩子们上学要走很远的山路。村里的教育资源极度匮乏,学校简陋,师资力量薄弱。

2018年,对于红河州的贫困孩子们来说,是命运转折的一年。这一年,随着王正华的公益思路的不断扩宽,春秋集团也开始将公益重点从生态环保向精准扶贫延伸,为这些贫困山村带来了希望的曙光。

红河州的红河县、绿春县、金平苗族瑶族傣族自治县,是春秋集团党委扩大会部署的对口扶贫地区。何为精准扶贫?即将就业和教育的扶贫、扶志、扶智相结合。为打好这场对口帮扶地区的脱贫攻坚战,集团党委专门成立了扶贫工作组,由春秋航空董事长、集团党委副书记王煜担任组长。

这支由航空、旅游等部门组成的春秋扶贫考察队,先后十余次奔赴红河,秉持着王正华"春秋就是要挑硬骨头,对口帮扶就是要到最难的地方去"的理念,进行摸底调查。对于第一次去红河县车古乡利博村的经历,王煜至今记忆犹新。

他们从上海乘坐飞机到昆明，落地后又马不停蹄地驱车六七个小时，车子绕过一座又一座山头，终于抵达了红河县城。而这仅仅是他们行程的一部分。接下来，车子还要沿着泥泞崎岖的盘山路行驶，才能抵达最终的目的地——车古乡利博村。

这段路并不算长，但险象环生，每一次颠簸、每一个急转弯，都让考察队员们心惊肉跳，也让王煜触动不已。他们到了县城后，还要换乘拖拉机，车一旦开快了，就很颠簸。等到村里的时候，已是漫天繁星、月上枝头了。

这里的一个个村落遗世独立，坐落在山坡上。村落下是一层又一层梯田，仿佛大地的指纹，诉说着岁月的故事。这些梯田里的作物，是村民们主要的经济来源。但由于地处偏僻，又常年受恼人的雨季影响，道路时常被摧毁，这给当地农产品运输带来了极大的困难，绿色生态的红米和畜禽很难及时运出大山，换取财富。王煜望着眼前的景象，五味杂陈。

利博村是一个典型的山区深度贫困村，2017年底，乡村人口共计1 779人，建档立卡未脱贫的有701人，其中包括155名在校学生。

考察团第一次到利博村前，春秋航空已部署了村企结对精准扶贫行动，将扶贫点定在了云南省红河州。

这一次，他们走在蜿蜒的山路上，访问着一户户的贫困家庭，发现当地贫困状况远超他们的想象。原本希望在扶贫时发挥春秋航空在航旅等方面的产业优势，可实地一看，山高路远且交通不便，把他们计划打乱了。

在走访贫困家庭的过程中，王煜发现大山里其实藏着很多有才华、有梦想的"金凤凰"，他们能歌善舞，这让他更加坚定了扶贫的决心："怎样才能让这些贫困的孩子，像一只只金凤凰一样，飞出大山，走出大山呢？扶贫就是要到最穷、最难、最需要我们的地方去。"

回到上海后，王煜立即向集团党委汇报了红河州的实际情况。在随后召开的春秋航空党委会上，他专门就红河州的调研情况作了汇报："来到这些贫困村才发现，这里的人要走出'大山'很难。这里有很多'金凤凰'，我们要想办法帮他们'飞出来'。"

关于红河州扶贫工作的"战略方向"，王正华给出了两个方向：一是稳定就

业,这是最有效、最直接的精准扶贫方式;二是长期坚持,这可以帮助贫困家庭打一个"翻身仗"。

在确定了红河州的"战略方向"后,春秋集团针对当地实际情况,开出了"三道药方",通过实施航线、旅游、教育、就业、消费等一系列措施,春秋集团在脱贫攻坚中承担社会责任且发挥作用。

第一道"药方",是就业扶贫。针对红河州的实际情况,春秋航空在符合民航规章的前提下,适当降低了对身高、学历等方面的要求,到红河州开设最热门的客舱乘务员岗位招聘专场,组织民航体检队在这里开展空勤人员体检鉴定,减少应聘人员的往返之苦。

春秋航空联合中国民用航空飞行学院,把红河州作为飞行专业招生生源地。在招聘中,重点强调"少数民族优选、建档立卡优先"的原则,同步在其官微发布"只问盛放,无问西东"的招聘推文。

此次招聘,也是民航第一次在贫困山区成批地招聘空乘人员,在当地引发强烈反响。金平苗族瑶族傣族自治县团委转发招聘信息当天,在线阅读量过万。考虑到山区的特殊背景,春秋航空人力资源部门专门组织编写了招聘政策答疑汇编手册,与红河三县人社局的专人对接,公布咨询电话和联系人。

春秋航空在红河州招聘乘务员的喜讯,很快便传遍了当地的各个县乡,红河州各县宣传部门通过电视台、广播电台以及纸媒等多种渠道,全面展开宣传。对于符合条件的在外打工人员,扶贫驻村工作队进村入户开展宣传。没过多久,春秋航空决定在当地招募首批乘务员的消息,像一阵春风吹进了贫困山村,吹暖了每一个家庭。孩子们听到这个消息,眼中都燃起了明亮的火花。

春秋人的爱心举措,汇聚了社会各界的力量。经过层层选拔,在800多位报名的各族青年中,共有35名学员脱颖而出,其中17人为贫困户。一场招聘空乘人员的面试会,成了当地一次别开生面的"时装秀",在现场服务的当地干部由衷地感叹道:从没见过这么多出色的本地人才。红河州政府高度评价春秋,认为其为红河州带来了历史性的机遇,推动了当地人才输出从劳务输出向高素质人才输出的转变。

走出大山,改变命运,这件事在红河州的"山里娃"身上真实发生了。不过,被录取只是圆梦万米高空的第一步。接下来，还有更严格的考核和培训在等待着他们。

2018年12月7日，带着欣喜和好奇，35名红河学员乘坐春秋航空的航班赴上海参加空乘职业技能培训，对于建档立卡和少数民族特困户学员，春秋航空均减免了他们的培训费用。但在短时间内学习20余门课程，特别是要通过外语、航空器基础知识等方面的严格考核，对这些"山里娃"来说绝非易事。

其中有一位学员，连续两次英语考试都差了一两分，只剩一次补考的机会，自己都几乎失去了信心："再通不过，我还是回家种地吧。"

"考核标准是80分及格，他们能不能行？""考核标准不能降低，红河州的学员也一个都不能少。"为了不让任何一个"山里娃"掉队，王正华、王煜多次嘱咐培训团队要动脑筋，想办法，一场围绕"红河班"学员的助力行动，在春秋集团内部迅速展开。

春秋航空培训中心不仅为"红河班"配备了双班主任，加强了学习辅导和思想、生活关怀，更组织客舱部的35名党员乘务长与学员进行"一对一"结对帮扶，一个知识点一个知识点地讲解，一个又一个地找问题、补差距，他们的理论培训课课时比常规班增加了30%。为了让他们更好地掌握服务技能，优秀乘务导师进行了现场示范。从微笑的角度到鞠躬的幅度，从端茶送水的姿势到与乘客沟通的语气，每一个细节都反复演示和指导。

春秋航空在生活上也给予他们无微不至的关怀。学员们住进新家，优质的生活设施、一应俱全的生活用品，就连牙刷杯子都整整齐齐地摆放在卫生间，让学员们感受到春秋大家庭的贴心周到。

高强度、快节奏的学习考核，使极个别学员出现了种种不适应，一想起家乡和爸妈，眼泪便止不住地流下来，有的学员甚至受到影响，强烈要求弃学回家。"红河班"负责人千方百计地联系本人和家长，让当地人社部门去做思想工作，通过多次谈心，有思想波动的学员重新回归到了"红河班"。

经过半年的刻苦学习和努力，35名红河"山里娃"终于顺利毕业，成为春秋航空的空姐空少，"飞"上了蓝天。他们穿上整洁的制服，脸上洋溢着自信的笑容，开启了人生的新篇章。

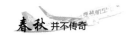

然而，命运的突然改变，走出大山，走进繁华都市，全新的生活环境让一些孩子眼花缭乱。面对突如其来的每月万余元收入，他们有些不知所措。面对各种诱惑，也曾迷失过，在消费上开始大手大脚。

王正华心系这些大山里的孩子，经常主动走到他们中间，了解他们在工作和生活中遇到的问题。当得知有的孩子不懂得合理规划工资，总是购买一些不必要的奢侈品，手里生活费所剩无几时，他马上责成相关人员对每个孩子工资消费情况进行监督，要求他们每月都要拿出大部分工资寄回家里。

针对此事，王正华专门召开恳谈会告诫他们："这份工作来之不易，你们的工资收入要与家人一起分享。这不仅能帮助家里摆脱贫困，也能让你们养成良好的生活习惯和正确的人生观。"

如今，将大部分工资寄回家中，已经成为红河学员们的一种习惯。在王正华、王煜以及各方的关怀下，"山里娃"逐渐懂得了责任与担当，不再乱花钱，而是将辛苦挣来的工资合理规划，一部分寄回家中，帮助改善家庭条件，一部分用于自我提升。

一人就业，全家脱贫，这些红河"山里娃"用自己的奋斗，为家庭带来了新的希望。曾经贫困的家庭，因为孩子的这份工作，有了起色。

在2020年至2022年"抗疫情、保就业、稳就业"的特殊时期，春秋集团面临巨大的经营压力，需要克服各种困难，千头万绪，但依然没有放松脱贫攻坚工作。疫情下，航班和乘务员都减少了，"红河班"的负责人主动关心建档立卡的红河州乘务员，对他们实施政策倾斜，尽可能为他们安排飞行任务，稳定他们疫情期间的收入。

为了帮助更多的红河青年实现"学历教育+蓝天梦想"，2020年4月，春秋航空联合上海开放大学航空运输学院前往红河，推出了"蓝天筑梦计划"，为18名建档立卡的贫困家庭高中毕业生提供为期两年的学历教育和空乘职业培训，减免他们所有的学习、生活费用。

这一举措也使春秋航空成为疫情期间首个前往云南实施扶贫招生计划的上海企业。截至2024年10月，春秋航空已经连续实施7批招聘，累计招募云南和贵州遵义籍乘务员174名，占全部客舱乘务员总数的9.6%，其中哈尼族、彝族等占比92%，原建档立卡户占比超过50%。2019年以来，春秋航空还联合上海开放大学航空运输学院，开创"学历教育＋技能培训"的扶贫就业新模式，已连续招录五期118名筑梦计划学员，其中有4位乘务员已晋升为红河首批乘务长。

教育扶贫是第二道"药方"。在调研中，春秋团队了解到，红河县车古乡利博村、金平苗族瑶族傣族自治县铜厂乡瑶山村、营盘乡水塘村这三个深度贫困村因为条件艰苦，留不住老师。派去的老师待三年服务期一到，大多选择离开。

自春秋人将脱贫攻坚的春风吹进大山深处，一切都变得不一样了。2018年9月，春秋航空与这三个深度贫困村结对，开展助学、奖学、支教等多项教育扶贫行动。针对超过地方规定三年期限，仍坚持留在一线村小任教的9名外来支援老师，春秋航空提供超期服务津贴，捐赠了8000多本图书，丰富了三个村小学和绿春县图书馆的儿童阅览室。

此外，春秋航空给水塘村小学捐赠了10台电脑，孩子们第一次上了计算机课；为利博村小学宿舍更换了破烂的棉被，让孩子们可以睡上一个安稳觉；为3所小学定制了近600件校服，孩子们穿上了新衣。这些举措极大地改善了当地的教学条件和学生的生活环境。

每年因这一系列举措受益的师生有600余人，春秋集团年均颁发助学、奖学和优秀教师奖奖金高达120余万元。

终于，在2020年，云南当地传来喜讯，红河州的红河、金平、绿春3个县全部脱贫摘帽，村里最后一批建档立卡贫困户全部脱贫。

脱贫摘帽不是终点，而是新生活的起点。王正华、王煜、王炜带领下的春秋集团，又开启了"摘帽不摘责任、摘帽不摘帮扶、摘帽不摘政策、摘帽不摘监管"的新征程，并将教育帮扶的重心由助学向奖学倾斜，为乡村振兴培育主力人才队伍提供支持。他们还要乘势而上，帮助更多的"山里娃"飞出大山、反哺大山。

近年来，随着脱贫攻坚战取得胜利，乡村振兴战略的号角也已吹响。春秋集团积极响应国家号召，于2022年开始将教育帮扶的重心由助学向奖学倾斜，陆续扩大结对村中考、高考奖学金范围，并新增红河县第一中学、车古乡初级中学的奖学支教项目，为乡村振兴培育主力人才队伍提供更有力的支持。

春风化雨，润物无声。助学金、奖学金如及时雨般发放。这些资金不仅仅是金钱的援助，更是一份份沉甸甸的希望，为孩子们的梦想插上了翅膀。春秋航空的努力，远不止于此。

春秋航空把教育作为扶贫的精准手段之一。除了红河州，春秋航空还连年资助江西赣州210名建档立卡贫困学生，并为井冈山四所山区中小学捐建厨房设施，改善了4000多名师生的生活条件。

脱贫攻坚的道路上，第三道"药方"是产业帮扶。作为白手起家的民营企业，春秋集团经历了很多磨难。正是这种经历，让其更加懂得"互帮互助"的重要。

此外，春秋航空发挥自身优势，实施航线帮扶，开通革命老区扶贫航线5条，其中大部分是独飞航线。仅2021年1至5月，就执飞红色扶贫航班341班，运输旅客10.7万人次。春秋航空的11条扶贫航线，入选了民航局和文旅部组织的"建党百年百条红色旅游精品线路"。

春秋航空的航线开到哪里，春秋旅游就把游客送到哪里，通过航旅结合的方式，为当地经济注入源源不断的活力。为了拉动当地旅游经济，春秋航空不仅通过机票价格优惠吸引游客去新疆，还积极推行消费扶贫，将新疆瓜果等特产引进春秋航空及春秋旅行社的门店进行销售，单店年销售额突破200万元，有效帮助了当地贫困群众实现增收。

2020年以来，春秋航空还陆续开通了喀什、石河子、克拉玛依等定期航线，持续助力新疆产业发展。根据民航局对新疆和田地区于田、策勒两县的定点扶贫工作部署，春秋集团结合航线优势，花30万元购买了当地葡萄干等土特产，解决了当地贫困百姓农产品对外销售的难题。其中，红河州的一些特产也被拿到飞机上，由"红河班"机组人员推介家乡特产，让乘坐春秋航班的旅客共享大山深处的云南美食。

2014年至今，春秋集团已累计向中西部欠发达地区输送团队游客超过80万人次，仅为上海对口支援的云南就开通了芒市、文山、西双版纳等5条航线，累计输送旅客40.5万人次。

在红河州老百姓心中，王正华、王煜的善举，如同照亮黑夜的明灯，为这里的人们带来了希望和力量。但对他们父子来说，这只是一个开始。未来还会有更多的孩子，在他们帮助下，从大山飞向蓝天。

那些从大山里走出来的孩子，也将带着对家乡的热爱和感恩，在蓝天中绽放属于自己的光芒。

"上海很包容，春秋有大爱。"也许有一天，这些"山里娃"会在万米高空与家乡的亲人朋友不期而遇。

就在2024年9月中旬，红河州的"山里娃"又高兴得合不拢嘴了。春秋航空董事长王煜又一次带队去了红河州，深入调研了"山里娃"在就业、教育扶贫、师资队伍等方面的现状和问题，并制定了相应的对策。他们不仅将就业和教育扶贫纳入当地长远发展规划，更将其作为春秋集团精准扶贫的战略重点，力求取得实效。

让爱飞翔，做温暖的春秋人

让爱飞翔，是王正华发起的又一项公益行动。

做公益，已成为春秋人的常态，春秋人不仅自己做公益，也鼓励身边人参与。"人活在这个世界上，心里要装着别人。"这是王正华的一句经典语录。

2006年7月，春秋航空开航一周年之际，王正华邀请与春秋航空客舱部结对的上海市盲童学校师生，乘坐春秋航空的航班飞往厦门"听琴踏海"。而在2015年7月，春秋航空成立十周年之际，他又选择与盲童学校师生共同举办公益交流会，一段二胡齐奏《赛马》拉开了公益交流会的序幕，表现出春秋人在市场激烈的竞争中，犹如赛马场中的马一般勇敢地向前冲的精神。

让员工们难忘的是，王正华、张秀智将全国各地优秀员工的父母请到上海参加"春航员工感恩父母"的活动。开场由维修部员工演唱原创歌曲《机务赞歌》，歌词激情澎湃，曲调旋律优美："男儿胸怀宽广，志向在四方，激情燃烧青春的岁月，再苦又何妨。拍拍肩，勇敢往前闯……"这也正是春秋一路走来的真实

写照。

2011年12月,在春秋集团成立三十周年之际,王正华没有举办任何庆祝仪式,而是邀请了海内外200余位残障儿童来上海观光联欢,感受魔都的快乐和美好。2014年6月,春秋航空客舱部员工为盲童学校创新探索盲童摄影读图项目募捐,促成设立"春秋让爱飞翔专项基金",用于扶贫济困、助医助学等人道援助项目。

2014年,王正华个人带领春秋集团筹资100万元,设立了上海市慈善基金会长宁分会"春秋让爱飞翔专项基金",致力于生态环保、教育扶贫、就业脱贫等公益项目。

春秋的爱,可以很遥远。自2011年开始,春秋集团就将关爱的目光投向了5 000千米之外的新疆帕米尔高原。从最初2011年开始的资助1个帕米尔孩子,到2024年资助200多名困难学生,春秋集团每年都将助学款准时汇到帕米尔高原,给孩子们实实在在的帮助。每一年暑假,优秀学生们都能获得奖学金。他们邀请合作的边防军人来上海宣讲,"温暖帕米尔"公益项目,已经成为爱民固边的优秀成果。

春秋的爱,也近在咫尺。上海的孩子们不缺物质,可能也不缺亲情,春秋为他们能做些什么呢?2020年起,春秋航空设立"让飞行梦想走近申城青少年"公益活动,针对本市高一、高二的学生,请他们到飞行员培训基地,听听飞行教员讲授飞行课程,或走进飞行模拟机,操纵飞机的起飞和降落。上海要打造世界航空枢纽,急需航空飞行人才。王正华希望在上海乃至全国孩子的心田上,播撒下航空梦想的种子。

春秋的爱,还随处可见。例如,为云南儿童免费承运爱心物资,为长宁区500户特殊家庭组织免费公益旅游。春秋旅游还发起了"关爱星星的孩子"活动,总部有8名股东与毕节市益缘志愿服务协会联手帮扶长冲小学,修建厕所、操场、道路,集团还发动全体员工捐赠秋冬衣物、书包和文具等。

再如,春秋航空主动对接上海市慈善基金会"童心援"小儿先心病专项救治项目,为患儿及其陪同家长来沪提供免费的往返机票等贴心服务。2023年10月9日,云南昭通的12名患儿及其陪同家长共31人飞来上海;10月19日,10名患儿手术成功，顺利返回昭通。类似这样的爱心故事，不胜枚举。

春秋航空客舱服务部的"春之翼"示范组与盲童学校结对已有十八个年头，每次他们都是带着礼物前往，希望通过这份暖心的陪伴，让平日生活在"无影世界"的孩子们，感受到来自春秋大家庭的温暖，使他们能够健康、茁壮地成长。老师们动情地说：春秋航空不是唯一一家和他们结对的企业，但却是唯一一家能坚持十多年一直做公益的企业。

对留守儿童的关爱，也让春秋的公益足迹延伸到了更远的地方。2017年8月，王正华和春秋把对留守儿童的关爱带到了黑龙江，与《黑龙江晨报》联合开展"暑假，我们带留守儿童去上海"公益众筹特别行动，让龙沪两地的留守儿童留下了珍贵的回忆。

在王正华的带领下，公益慈善早已成为春秋企业文化的重要组成部分。从为先天性心脏缺陷病患儿和家属提供免费往返服务，到支持公羊会赴云南抗震救灾，再到开展慈善义演帮助孤独症患儿，以及与"童心援"专项基金达成公益合作协议。

爱心会传播，善意可传递。王正华多次倡议，春秋的股东、干部都要带头做公益。榜样的力量是无穷的，这些行为影响着每一个员工。有的员工前往贫困山区小学支教；有的员工为挽救白血病患者的生命，去做造血干细胞捐献手术；有的员工多次参加为贫困家庭唇腭裂儿童提供免费救治的"中国微笑行动"。长此以往，春秋人形成了一个共识：关爱他人，自己也会快乐。

在春秋集团，公益已融入越来越多人的生活。这些都源于王正华身体力行的践行和倡导，其带领下的30多个公益慈善项目特点是：干部带头做；部门都要做，自掏腰包做；尽量少宣传；发自内心、踏踏实实地做。

正如"酒香不怕巷子深"，一直低调进行的"春秋公益慈善"，最终赢得了社会各界和各方领导的认可，春秋连续多年荣获上海市"慈善之星"等荣誉称号。

王正华始终认为，公益慈善不在于规模大小，而在于扎实和持之以恒。他常说，不以善小而不为，要尽自己所能帮助他人，这是每个人都应该承担的社会责任。王正华的话，总是给人一种温暖的力量，让人心生敬畏。

"我还可以为社会做点什么？"王正华对公益慈善的理解，绝不带任何功利

心。一个有担当的企业,要主动承担更多社会责任。一个有道德的公民,要主动承担更多社会义务。

在他的倡导下,春秋集团定期举行公益交流会,分享心得,凝聚力量。不论对内还是对外的公益交流会,王正华只要有时间就会参与,每次都会进行一番既有深度又有温度的总结。

王正华常常在会上强调,春秋的发展得益于党的改革开放政策,得益于时代机遇的垂青。春秋人必须清醒地认识到,这个社会上还有很多需要帮助的人,还有很多政府一时无法顾及和企业难以触及的地方。

他一直信奉,企业要合法、诚信经营,照章纳税,履行社会责任,善待员工和客户,保护劳动者和消费者的合法权益。国家鼓励支持企业和企业家在有意愿、有能力的情况下积极投身光彩事业和公益慈善事业,致富思源,义利兼顾,自觉履行社会责任。

即使在已经取得一点成绩的今天,做公益也是王正华最大的愿望。

第二十一章：铁汉也有柔情

他，缘何成功

起底春秋集团的成长历程，要问王正华为何成功，中国实战派战略咨询专家潘亦藩的总结是：一次正确的选择，胜过千万次的努力。

2012年，潘亦藩在研究王正华和春秋航空时发现，春秋航空的投资回报率是东航的5倍。那一年东航的投资回报率是2.5%，而春秋航空为12.5%。这意味着，一个票价更低的公司，赚的钱却更多。

这是为什么呢？春秋航空的目标客户是价格敏感人群，包括节俭型人士，基层商务人士和学生，或者一些本来准备坐动车、高铁的人群。这类人群没有特殊情况，不舍得坐头等舱。

如果设置头等舱，卖起来会很艰难。春秋航空的票价太低，如果客座率不高，会亏损。为了保证盈利能力，春秋航空的飞机都采用定制化设计，省去不必要的服务，仅需将乘客从一个目的地安全送抵另一个目的地。

潘亦藩分析说，春秋航空的定位，用一句话可以概括，就是单一经济舱运营的低成本航空公司，其运营模式为"两高""两低""两单""两控"。"两高"指的是高客座率和高周转率，"两低"指的是低成本和低价格，"两单"指的是单一

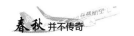

经济舱和单一机型,"两控"指的是控制销售费用和管理费用。这便是王正华的成功之道。

但春秋航空并非在所有方面都比东航或其他航司做得好,也未能满足所有旅客的需求。但为什么还有很多人愿意乘坐春秋航班呢?一个最真实的原因在于它的机票便宜,这一独特优势使他比其他竞争对手更具吸引力,也正是春秋航空目标客户所看重的。因此,王正华成功了。

战略是什么?战略不是把什么都做到完美,不是满足客户的所有需求,更不是在所有方面都超越竞争对手。尤其是民营企业,人才有限,能力有限,资本有限,技术有限,怎么可能什么都做到完美?这不仅做不到,更是没有必要。战略是有所为有所不为,觉得重要的地方,做得比竞争对手多一点,认为不太重要的地方,则可以偷个懒。

一位战略大师曾说过,企业家最重要的是懂得舍。有所不为,方能有所得,舍掉才能得到。正如古语所言,弱水三千,只取一瓢饮。王正华和春秋的事例告诉我们,想别人想不到的,做别人做不到的,这叫创新和创造。把正确的事做完美,选择远比努力更重要。

那么,旅客体验重要吗?当然重要。但在绝对的低价面前,也没那么重要了。毕竟,和1元钱的矿泉水比起来,199元的机票,才是真正打动消费者的东西。

资深媒体人、财经观察家秦朔,2015年在"秦朔朋友圈"中提到王正华,文中说他是上海公认"最抠门"的企业家之一,能够"省钱省到骨子里"。

2015年,时年71岁的王正华,每天凌晨3点准时醒来,通过手机登录"企业驾驶舱",查看前一天春秋航空的各项运营数据,包括收入、成本、利润、客座率等,他的核算精确到每个座位、每个航班、每条航线、每个区域乃至整个公司,能够对比分析当日、昨日、上周及上月的数据。他一边看一边了解,然后会提交一些改进意见,让CEO一上班就能了解情况。

更令人印象深刻的是,秦朔的一位老同事去春秋航空采访时,此时王煜已经接任公司管理职务,特意发过来一段语音:"我们去的时候,小同事为了拍春秋航空大堂里的展览,把灯打开了。之后我发现,他拍完照之后,门卫走过来主动把灯关掉了。我问门卫,他说老董事长说过,凡是人不在的地方,灯不要开,成本控制最关键。"秦朔的老同事无不感叹,开灯关灯,也许仅仅只能省一两元钱,但这种节俭的文化已经深入人心,真是一种强大的力量。

王正华在一次对外演讲时说:"这个世界其实没有办不成的企业,也没有轻松就能办好的企业。那么,奇迹从何而来?一句话:拼搏奋斗的企业精神。""开源"与"节流"并举,厉行节俭、过紧日子,春秋航空用实力证明,低成本航空也能实现盈利。

儿子是看着父亲的背影长大的,员工是看着领导的背影工作的。领导怎么样,是很重要的。不言而喻,领导怎么样,不是靠说,是靠做,不是看一两天,而是看每一天。

复旦大学旅游管理系副教授后志刚在给王正华做管理思想访谈时写到,王正华身上既有那一代创业者的时代特点,也明显带有上海文化熏陶下的地域特征。其管理思想中蕴含着"钱,一半是省的,一半是赚的""做人做生意要诚实正直讲信用"等充满中国传统伦理和朴素情怀的格言。

春秋航空是民营企业,它的身上多少带有王正华个人的鲜明特征。创办春秋以来,王正华一直在第一线奋斗,以身作则,每天工作十五六个小时,对于企业的事务,事无巨细,明察秋毫。对于安全、质量保持高度重视,几十年如一日,如履薄冰,使春秋旅游和春秋航空的客户满意度和安全性始终保持在较高水平。

王正华出于完善公司治理结构的考虑,不再直接参与日常管理,但他仍然坚持每天了解公司运营状况,在战略层面把握春秋集团的发展方向。他知进退,重均衡,垂范后代,激励管理层发挥潜能,激发全体员工的智慧。用他的话说,战略在于做正确的事、组织在于正确地做事、领导力在于用正确的人,一家企业成功的背后,正是这"三大要素"协同作用的结果。

有知名学者说,王正华的成功绝非偶然,他拥有深刻的洞察力,总能在行业的细微变化中捕捉到巨大的商机。当别人还在传统旅游模式中徘徊时,他早已瞄准散客市场,精准定位,这种具有前瞻性的思维模式是春秋崛起的关键。

有经济专家评价,王正华不仅有勇,更有谋。他深知成本控制的重要性,每一个环节都精打细算。这种对成本的极致把控能力,使春秋集团在激烈的市场竞争中拥有了独特优势,大放光彩。

有民航资深人士感慨,王正华对民航业的理解深刻而独到。他敢于打破常规,

引入创新的经营模式。无论是低价策略还是服务创新，都改变了人们对传统民航的认知，为行业带来了新的活力和发展思路。

有业内人士称赞，王正华的坚持和毅力令人钦佩。在创业过程中，他遭遇了无数的困难和挑战，但从未放弃。这种坚韧不拔的精神是他成功的基石，也成为众多创业者学习的榜样。

更有营销专家认为，他是中国航空历史上的重要人物，带领春秋航空成为民营航空第一股，打破了行业的垄断，为消费者提供了更多的选择。他的这种成功经营理念和管理方式，为其他企业提供了可借鉴的经验和启示。

知名学者，以及经济、营销、民航等领域的专家对王正华的评价，可能因个人立场和研究角度的差异而有所不同。但不可否认的是，王正华的个人成就和春秋集团的发展壮大，受到了社会各界的广泛关注和高度认可。他的创业精神、对市场的敏锐洞察力以及在低成本航空领域所进行的大胆创新，都为中国航空业的进步和发展带来了积极的影响。

这些来自不同领域的知名人士，从各自的专业角度对王正华及春秋集团的成功给予了高度评价，让人们更加深入地了解这家企业背后的成功密码。

面对外界的赞誉，王正华始终保持着谦逊的态度。他认为，春秋集团取得了一些成绩，是多种因素共同作用的结果，并非仅仅在于他个人的领导和决策，而是得益于各级政府的大力支持、全体团队的精诚协作、良好的市场环境以及持续不断的技术创新等多种因素的共同作用。

如今，春秋航空在王煜领导下，春秋旅游在王炜带领下，把握时代脉搏，坚持守正创新，业绩一年更比一年好。

两个儿子的星光灿烂

王正华交棒给两个儿子，转眼已有几年时间。当人们惊叹春秋航空和春秋旅游的辉煌成就时，总不禁想起王正华。

对于自己会不会被人想起，或者会不会有一天被淡忘，王正华并不在意，面对这类话题，他都能淡然面对，从不逃避。

他知道，已经不能再用他的旧认知、老眼光去理解今天。年轻人有自己的新模式、新业态、新举措。他也深知，时代在飞速发展，自己的儿子所面临的挑战和机遇已与他当年截然不同。

创业与守业哪个更难？王正华直言，守业更难。创业时没钱没资本，需要破釜沉舟的勇气，通过努力奋斗，更容易成功。当时资金短缺，而现在的经济形势完全不同，竞争太激烈，守业比创业更难，要成功，必须坚持创新。事实上，他的两个儿子身上，已经显现出创新的光芒。

身为春秋航空董事长，王煜践行着"六高、两低、一好"的原则。"六高"即高安全、高准点、高科技、高诚信、高市值、高价值，"两低"即低成本、低票价，"一好"即好服务。王煜以其战略洞察力、市场判断力，以及果断的决策力和卓越的执行力，使春秋航空在竞争激烈的航空市场中找到了独特的定位。

2024年1月16日，民航资源网2022年至2023年民航年度最佳雇主榜单揭晓。春秋航空荣获"民航年度最佳雇主"和"最受大学生喜爱雇主"两项大奖。

2024年7月9日，春秋航空率先发布2024年上半年业绩预告：2024年上半年，春秋航空的归股净利润达12.9亿～13.4亿元，同比增加4.5亿～5.0亿元，同比增幅54%～60%。一季度，春秋航空净利润达8.1亿元；二季度，春秋航空净利润达4.8亿～5.3亿元。

从春秋航空的业绩预告可以看出三点：首先，连续两个季度赚钱。二季度通常是传统民航业的淡季，大部分民航公司都在亏损，但是春秋航空在这个季度却赚钱了，而且利润还不少。

其次，春秋航空在2024年上半年创下历史最好的半年利润纪录。净利润达12.9亿～13.4亿元。此前，春秋航空最高的半年利润纪录是在2019年创造的，为8.538亿元。

再次，旅客的运输量大幅增长，客座率高居行业第一。2024上半年，春秋航空旅客运输量达1391万人次，同比增长27.6%，继续保持高速增长。春秋航空

最有优势的一直是客座率，此次高达91.3%，同比增长了3.4%。

为何能取得如此好的利润成绩？王煜分析，2024年以来，国内外出行市场较去年同期均呈现显著恢复态势，促使公司主营业务状况大幅改善。此外，春秋航空拥有更低的价格，对比其他廉航，春秋航空扎根上海大本营，拥有更多的热门航线与更优质的飞行时间。

王正华深感，是广大旅客对春秋的不嫌弃、不放弃、不抛弃才有了春秋航空今天的成就。何以回报"春粉"？王煜带领下的春秋航空团队，花了很多心思，动了很多脑筋，针对用户的核心需求，提升了服务价值。安全性能强、效率高，成为用户选择春秋航空的理由。

春秋航空高度重视旅客出行的核心需求——安全和准点，在这方面的投入从不吝啬。在航空界，安全凌驾于一切之上。因此在选择机型、硬件、机长、发动机等方面，春秋航空都要最好的，以保障旅客的绝对安全。

作为春秋集团的现任总裁，王炜在旅游业务方面展现出其非凡的创新能力。疫情之后，他精心策划了一系列具有创新性的旅游产品和营销策略，吸引了无数游客的目光。其中尤以"旅游包机+特色主题游"模式最为突出。他打造了一系列特色团，包括针对摄影爱好者的"最美风景摄影团"，满足特定群体需求。

春秋旅游还策划并落地执行了"从初心之地出发"系列活动。2023年11月，组织了从初心之地赴"转折之城"——上海遵义号红色旅游包机活动。2024年8月31日，启动了"从初心之地出发，走好新时代长征路"为主题的上海六盘山号红色旅游包机首发仪式。活动一上线，就抢售一空，首批100名游客于9月1日踏上宁夏，畅享6日红色之旅。

不止于此，王炜亲自策划并精心设定的长白山滑雪线路也很火爆。这条旅行线路，包含优质的滑雪场地和专业的教练指导，融入了当地的特色美食和民俗体验。游客在享受滑雪乐趣的同时，还能感受到独特的地域文化。该线路在每年夏季开启预售，如果下手慢一点，根本抢不到名额。

王炜对旅游市场的未来有着清晰的展望，认为市场将保持增长的势头。目前，类似日喀则、果洛、宁夏等目的地的旅游市场仍处于发展初期，他将持续大力推进这片旅游市场的布局拓展，深耕西北敦煌、东北长白山以及"一带一路"等线路。

王正华对王炜的布局极为赞赏。他叮嘱王炜，春秋旅游要"三驾马车"并行，做好国内游、做强出境游、做大入境游。要围绕中央政策落实"三驾马车"，例如积极响应文化和旅游部印发的《国内旅游提升计划（2023—2025年）》，推动旅行社转型发展。

如今，选择自由行的客人非常多，大部分游客对于旅游的文化、内涵、思想有了更高的需求。而旅行社提供的产品就是为了增强游客在当地的体验感，帮助游客打卡拍照、发朋友圈，帮助游客更好地理解当地文化，获得更有意义的旅行体验。

2023年末，电视剧《繁花》热播，传播了上海这座城市的奋斗精神，激发了全国各地游客来沪旅游的热情。从中国的广州、深圳、重庆，以及海外的日本等地出发前往上海的航班销售火爆，均跻身2024年春秋航空的春运热销榜前列，这实现了王正华航旅融合的战略意图。

令王正华引以为傲的还有，两个儿子相互支持、鼓励，携手并肩作战。疫情期间，春秋航空和春秋旅游都面临巨大挑战。有一次，由于市场波动和竞争对手的压力，春秋航空的客源出现了大幅下滑，春秋旅游的业务受到了冲击。面对这一严峻的局面，王煜和王炜兄弟齐心，共同商讨应对之策。

那段艰难时光里，他们兄弟俩日夜不停地分析市场数据，与团队成员反复研讨解决方案。王煜提出优化航线布局和降低运营成本的策略，王炜则主张加大营销推广力度和提升旅游产品的特色与品质。不久之后，他们成功地克服了困难，春秋航空的客源逐渐恢复并持续增长，春秋旅游的业务也重新焕发出生机。

坚持梦想，必有回响。春秋航空2024年8月29日晚间再次发布半年度业绩报告，报告显示2024年上半年营业收入约98.75亿元，同比增加22.97%；归属于上市公司股东的净利润约13.61亿元，同比增加62.28%。

当下之春秋，已经成为集旅游、航空、酒店、会展、票务、车队、景区、城市旅游观光巴士、体育赛事、第三方支付、融资租赁等业务于一体，年营收超百亿的综合性旅游集团。

在王煜和王炜的带领下，春秋航空的航班飞得更高更远，春秋旅游的业务开展得如火如荼。他们用实际行动证明，属于他们的时代，星光灿烂。

王正华,这位曾经的开拓者,而今正欣慰地看着儿子们在新时代的浪潮中扬帆远航,续写着家族的春秋情怀。

向善向上的感动,不止一面

在繁华的上海滩,王正华是一个备受尊敬的人物,人们亲切地尊称他为"老爷叔"。无论是在街头巷尾,还是在商业巨厦之间,他的名字被人提起时,都带着敬意。

王正华在业内享有盛誉。凭借着自己的智慧和勇气,他在商海的波涛中乘风破浪,创下了一番令人瞩目的事业。他的成功并非偶然,而源于坚定的信念和不懈的努力。对待生意伙伴,他总是以诚信为本,一诺千金,因此赢得了广泛的信任和赞誉。

在春秋人看来,王正华的意义远不止于此。在集团内部,王正华不仅是创始人,更是精神领袖。每当遇到困难和挑战,大家都会想起王正华创业初期的拼搏与坚持,重新燃起斗志。未来的日子里,或许他不会再站在舞台的中央,他的影响力却永远存在。

例如,一次公司面临一个重大的决策,众人各执一词,相持不下。就在这时,王正华站了出来,他没有直接给出答案,而是讲述了自己早年创业时的艰辛经历。回想起当初,办公室简陋逼仄,资金捉襟见肘,资源短缺,前进的每一步都充满了艰难险阻。但他和团队凭借着顽强的毅力和敏锐的市场洞察力,硬是在困境中杀出了一条血路。

如今,站在虹桥机场附近的办公楼,看着天上带有春秋航空"3S"标志的飞机越来越多,航线遍布各地,他感慨万分:这一路走来实在不易。

当年王正华、张秀智等人为了设计出一个能够完美诠释春秋航空精神内涵的标志,可谓是煞费苦心。他们深知,一个看似简单的标志,实则承载着企业的形象、理念与愿景。最初，大家围坐在一起，头脑风暴出无数的创意与概念，但始终觉得不够独特，他们想要设计一个大方、有吸引力、有记忆点的标志。

人民中间有大智慧，王正华随即提出向社会征集商标设计的方案，并公开承诺万元奖励。最后，一份来自新疆的"3S"标设计，获得了王正华的认可。这款设计运用了春秋航空的英文首字母"S"。三个"S"相互重叠、交叉组合，表现出了互动、团结，寓意着安全（Safety）、微笑（Smile）和真诚（Sincerity）。

这个"3S"标志虽只是简单的字母组合，但它们代表着互动，象征着春秋航空与乘客、员工、合作伙伴之间紧密的互动交流，如同齿轮般相互契合，推动着企业不断向前。"3S"象征着团结，每一个"S"就像是春秋航空团队中的一员，它们相互依靠、相互支撑，凝聚成一股强大的力量，无畏风雨，向着目标坚定地飞翔。"3S"还寓意着廉洁，简洁而纯粹的线条，没有丝毫的冗余，彰显出企业清正廉洁的经营之道。当这个标志最终确定并呈现在世人面前时，它所蕴含的深刻内涵逐渐被人们所理解和认可，成为春秋航空的一张独特名片。

随着春秋集团的不断发展，品牌建设不断升级，全国各地的航旅业务蒸蒸日上。王正华欣慰地看到，越来越多的人通过春秋实现了美好的航旅梦想。

"创业不怕起点低，就怕没梦想。只要有梦想，再小的火苗也能燃起熊熊大火。"他的创业之旅，正是"起于微末，发于华枝"。最初，他只有一个小小的想法和有限的资源，怀揣着对未来的坚定信念，他勇敢地迈出了第一步，尝试自己未曾涉足的领域，最终收获成功。

王正华常说："不拼不搏，人生白活；不苦不累，生活无味。"他不分昼夜地工作，不断地学习新知识、探索新领域，用自己的汗水和努力，一笔一画地书写着属于他的商业传奇。

他的身上具有向善、向上的品质。当企业稍有起色时，他首先想到的不是个人的享受，而是如何回馈社会，是如何带领春秋人积极践行慈善以及社会公益。

在贫困地区开展助学，为受灾群众送去温暖和帮助，他邀请从没坐过飞机的当地受助儿童以及留守儿童乘坐春秋航班，到上海看一看国家建设的成就。随着中国经济的持续发展和民生事业的不断改善，这些孩子有望成为未来的民航旅客，低成本航空将会在未来的民航市场中占据更大的份额。

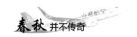

王正华把自己奋斗的成功,归结于改革开放带来的机会。作为得利者,他觉得自己赚的钱受益于改革开放,是整个社会的。他从骨子里坚信,该节约的要节约,该拿出去的要拿出去。近年来,春秋集团的公益事业活动日益丰富,涵盖了教育资助、环保行动等多个领域。比如在偏远山区捐助贫困学生,让更多孩子有读书的机会;组织股东捐款荒漠之地植树造林,让康保的树更绿、更多。

他关心每一位员工的成长和发展,想方设法搭建平台,为他们提供培训和晋升的机会,营造了一个充满关爱的、积极向上的工作环境。他说:"一个人的成功不是真正的成功,带着大家一起成功,那才是真的成功。"

一切的经营,都是在经营"人心"。大多企业都将合作伙伴视为仇敌。王正华则不然,他认为万事之本就是"利他之心"。一个企业想要长久地发展下去,一定要秉持诚信和共赢的原则,不为一时的利益而损害他人的权益,与合作伙伴建立长期稳定的合作关系,共同发展,共同进步。他坚信:"诚信是立业之本,共赢才能长久。"

春秋集团的企业愿景植根于"利他之心",这不仅是春秋团队管理的基石,也是王正华经营哲学的核心。正是凭借着"利他之心",他才能带领春秋集团在多次经济危机中屹立不倒,创造出一个又一个商业奇迹。

疫情过后,随着生活逐渐恢复常态,一些媒体上又频繁出现了王正华的身影。他的威望,是他作为第一代企业家,历经四十余年的奋斗,将企业由小做到大,在行业中备受尊重后才逐步建立起来的。

王正华深知与媒体保持良好关系的重要性。他尊重媒体的工作,乐于与媒体合作,坦诚地分享企业的发展战略和成果。对于媒体的监督和批评,他也虚心接受,将其视为企业改进和提升的动力。

当媒体再次聚焦王正华时,人们看到的不仅仅是他辉煌的成就,更是他背后那份坚韧、智慧和担当。王正华,用他的一生,诠释了何为真正的成功,何为令人敬仰的品质。

媒体和专家称,认识王正华,是一件很美好的事情,他给人的第一印象,永远都是谦逊的。待人接物面面俱到,留有在机关工作的痕迹。他穿着朴素,谈吐不凡,给人一见如故之感,恰似"邻家好爷叔"。他的创业故事可谓从初创阶段的"小荷才露尖尖角",到今天的"映日荷花别样红。"

英雄迟暮,王正华的故事,却远未结束。或许,因为他对春秋集团融入了无限的情感,"退而不休"的生活,反而让他更为忙碌。他笑称,自己是"劳碌命,没事找事。"

现在,虽然他的身体已不如当年健硕,但他那炽热的目光中,仍满含激情。他的智慧如同陈酿的美酒,愈发醇厚。常有年轻的创业者们慕名而来,向他请教,他总是毫无保留地分享自己的心得,为创业者们点亮前行的路灯。

王正华告诫年轻的创业者们,要取得事业和人生的持续成功,有两个条件:第一,先要做一个好人;第二,必须付出不亚于任何人的努力。自助,人助,天助。当你可以充分发挥自身的潜力,周围的人便会由衷地支持你,没有人可以阻挡你获得成功。众望所归,成功在望。

王正华认为,"先富帮后富",是企业家应尽的社会责任。而"先富帮后富"的方式:一是扶贫,一是脱贫。履行好这个社会责任以后,国家才能稳定,企业才能获得更好的发展。企业家要为社会提供资源。

一家有爱有信仰的企业,必将行稳致远、战无不胜;一位敬天爱人、有家国情怀的企业家,自然会赢得人们的尊重。王正华从零到一,创造商业传奇的故事,始终为人们津津乐道。他做企业,重在一个"变"字,以创新变革为引擎,驱动企业不断前行。

时光静静流淌,午后的阳光透过窗棂洒在王正华的书房。他坐在书桌前,翻阅着那些记载着他往昔辉煌的相册和媒体报道,回忆如潮水般涌来……

见证、参与和创造历史

王正华的创业故事与中国的时代发展紧密相连。

我们的祖国是一个传奇,他深感骄傲。他亲历了中国从一穷二白到发展为世界第二大经济体的历程。我们的时代是一个传奇,从解决温饱到小康社会,他是这个时代的奋斗者、见证者、参与者。从一家小小的旅行社发展到上市的春秋航空,他的每一步都精准地踩在了时代的节点上。这一切的成就,离不开国家的支持和时代的机遇。

中华人民共和国成立后,王正华目睹了国家的变迁和航旅业的发展,心中涌动着为国家繁荣贡献力量的热情。一路走来,春秋航空逐渐壮大,成为民航领域的一支重要力量。他见证了公司从无到有、从小到大的发展历程,也参与和创造了中国民航业的一段历史。

春秋的独特经营思路和创新发展成果得到了社会各界的认可。2017年11月16日,身为上海市旅游行业协会常务副会长的朱承蓉,在东方网访谈节目中,掷地有声地用"春秋大义"来形容春秋的诚信建设。

此言论一出,犹如一块巨石投入平静的湖面,在社会上引起了巨大的反响。在旅游行业,常常存在着一些所谓的"行业惯例",春秋却不为所动。面对种种干扰和诱惑,春秋坚守诚信与正道。朱承蓉的评价,正是对春秋这份执着和坚守的高度肯定。

领导者的真诚,在于以身作则,率先垂范。王正华认识到,这是领导处事的原则。左丘明的《国语》有云:"劳则思,思则善心生;逸则淫,淫则忘善,忘善则恶心生。"他深以为然,所谓"忧患兴邦",无论是在艰难困苦中的民族,还是艰苦奋斗的企业,只有经得起苦难,才能屹立于世界。

有人认为,成功靠天赋和悟性,并以此作为自己失败的借口。但春秋人从不信天才、天赋,只相信用心。如果一定要说有所谓的天赋和悟性,在王正华的眼里,就是功夫到了,熟能生巧。

王正华倡导"劳动创造世界",认为西方社会所推崇的"会工作,会生活"的理念并不完全适用于中国。他认同马云"朝九晚五工作方式即自杀"的观点,也认同马化腾"竞争无处不在。其实我们最怕的是团队内部有惰性"的看法。王正华和春秋人始终坚信"劳动创造世界",唯有辛勤劳动,不投机,不取巧,才是长存之道。

时间回到2014年11月12日,在"智慧旅游与大数据"2014旅游行业高峰论坛的现场,气氛热烈而庄重。王正华,春秋集团的灵魂人物,应邀出席并被主办方安排第一个发言。

王正华以沉稳而有力的声音,以《春秋追寻信息化的过去和未来》为题,回顾了春秋旅游创业之初。他指出,当时的旅游业处于相对传统的阶段,他却已经敏锐地捕捉到了信息技术的潜力。

他在发言中称,春秋旅游诞生于一个充满挑战和机遇的时代。从最初的艰难起步,到逐步探索信息技术在旅游领域的应用;从简单的手工记录客户信息,到引入初代计算机系统进行初步管理;从简陋的线下宣传,到初建网站尝试线上推广,每一步都凝聚着春秋人的汗水与智慧……

王正华发言结束后,中国旅游研究院院长戴斌给予王正华和春秋集团高度评价:"春秋旅游的三十多年发展,堪称中国旅游发展的一个生动缩影。王正华先生以其非凡的毅力和敏锐的商业洞察力,引领春秋在时代的浪潮中奋勇前行。他不仅是中国旅游业的创业男神,更是一位充满温情的上海暖男。"

戴斌院长还说,王正华带领的春秋,在文旅业的发展历程中,起到了表率作用。他不仅开创了新的商业模式,更为整个行业树立了诚信与品质的标杆。其鞭策和鼓励的话语,充满了对春秋过往成就的认可与对未来的期许,令在场的每一个人,都对王正华和春秋有了更深的敬意。

航旅业的知名企业家也对王正华和春秋航空给予了高度评价:"王正华是行业的开拓者和引领者,春秋航空在他的带领下,为中国的低成本航空市场开辟了新的道路,其创新精神和务实作风,值得我们每一个人学习。"

业内资深专家感慨道:"王正华的坚持和智慧,让春秋航空在复杂多变的市场环境中崭露头角,他对市场的精准把握和对客户需求的深刻理解,为行业树立了典范。"

旅游行业的权威人士说:"春秋航空不仅改变了人们的出行方式,还为整个航旅业注入了新的活力。王正华先生的卓越领导是关键所在。"

可以说,王正华是一个"先知先觉,思维深邃"的智者,更是一个企业经营管理的高手。他目标明确,思路清晰,既有自律意识,又有以灵魂统帅全员的思想,他带领的春秋集团自然战无不胜。

回首企业的发展之路,从成立之初的默默无闻到如今的行业翘楚,每一次发展、每一次跨越、每一个成就,都离不开对诚信的坚守和对创新的追求。

2010年3月25日,交通运输部原部长李盛霖视察春秋航空时勉励道:"春秋航空过去走在了前头,今天继续走在了前头,希望它将来永远走在前头。"给予春秋航空极高的评价和极大的鼓舞。

这里的"永远走在前头",是春秋人的努力方向。在这个世界上,没有从天而降的幸福,没有不劳而获的收获。一切的成功,都需要一步一个脚印的奋斗,需要锲而不舍的追求。深根固柢,方能长长久久。

作为中国第一个低成本航空公司,春秋航空稳步增长,它在中国取得的成绩是非凡的。在谈及企业以及个人的表现时,一手率领春秋航空走向上市的王正华很谦逊:"我从来不敢说我们成功了,我们只是在路上了,前路还很宽广。"

四十四载春秋,既要对过往历史凝练总结,更要对未来展望。未来路漫漫其修远兮,未尽之美如同璀璨星辰,召唤着春秋人不懈追求。他希望,春秋集团能够在两个儿子的带领下,如鲲鹏展翅,搏击长空,紧跟时代步伐,不断利用新技术提升服务水平,积极拓展市场,让春秋品牌在全国、在亚洲绽放光彩。在实现这一目标的过程中,王正华和春秋人展现出了艰苦奋斗的创业精神。这种精神,为企业发展注入了强大动力,为当代年轻人树立了榜样。

王正华的创业成功,为当代年轻人带来了诸多启示。

其一,有敢于梦想的勇气。从2平方米的铁皮亭子起步,王正华从未因起点低而放弃对大事业的追求。年轻人应勇敢树立远大的理想,不畏惧困难与挑战,为实现自己的梦想而努力拼搏。

其二,有坚韧不拔的毅力。创业之路从来都不是一帆风顺的,王正华在漫长岁月中经历了无数挫折与困境,但他始终没有放弃,凭借顽强的毅力坚持了下来。年轻人在面对困难时,应坚定信念,持之以恒地朝着目标前进。

其三,有勇于创新的精神。王正华不断开拓新的业务领域,创新发展模式,这才使得春秋集团在激烈的市场竞争中立于不败之地。年轻人应敢于突破传统思维,积极探索新的机遇和可能性。

其四,有社会责任感。王正华在追求商业成功的同时,不忘回馈社会,为国家和人民作出贡献。年轻人应将个人发展与社会进步紧密结合起来，用自己的力量为社会创造价值。

今天，我们需要更多像王正华这样的企业家。他们有坚韧不拔的意志、勇于创新的精神和强烈的社会责任感，为国家发展和民族复兴贡献着自己的力量。王正华的创业历史，值得我们每一个人深入学习和借鉴。

未尽之美，春秋四十四年

四十四年，于历史长河而言，不过是短暂的一瞬。春秋集团却经历了一段跌宕起伏、波澜壮阔的奋进历程。回首过往，那些创业初期的艰难困苦，依然清晰如昨。从最初脑海中那个朦胧的构想，到如今发展成为实力雄厚的航旅巨擘。这一路走来，荆棘与鲜花并存，汗水与荣耀交织。

王正华清晰地记得，为了一个关键项目的落地，他和张秀智等人不辞辛劳，日夜兼程，四处奔波，遭遇无数拒绝却从未轻言放弃。面对市场的重重质疑和激烈竞争带来的巨大压力，他带领团队坚定信念，紧咬牙关，奋力前行。

多少个不眠之夜，他独自在办公室里苦思破局之策；多少次激烈的思想碰撞，大家各抒己见，只为找到最佳发展路径；多少回成功时的欢呼雀跃，多少次失败时的黯然神伤，皆化作春秋集团成长的基石。

春秋四十四载，取得了诸多令人瞩目的成就。其开创性地推行低成本航空模式，让飞行不再是少数人的特权，助力更多平凡人实现飞翔梦想；精心打造丰富多元的旅游产品，无论是充满文化底蕴的历史之旅，还是亲近大自然的生态之旅，或是充满冒险与刺激的探索之旅，都为无数游客编织了美好难忘的回忆。

对王正华来说，这些只是阶段性的成果，尚有诸多未尽之美。在这四十四年中，春秋集团尽管一直在进步，仍有提升空间。

服务品质还能提升，每一个微笑、每一句问候、每一次贴心的关怀，都可以更加温暖人心。航线可以进一步拓展延伸，不仅要覆盖国内的更多角落，还要飞向更遥远的地方。旅游体验能够更上一层楼，从行程规划的合理性，到住宿餐饮的高品质，再到导游服务的专业度，每一个环节都可以做得更好。

王正华、张秀智，以及王煜、王炜，他们自始至终都明白一个道理，只有在新时代不断地创新拼搏，才有可能与这个时代同行。每一次取得的进步，都预示着新的发展契机，他们愈发清晰地意识到，还有更高的山峰等待攀登，还有更美的风景等待探寻。

曾经，春秋集团在王正华、张秀智的带领下，一步步发展壮大。如今，春秋航空交由王煜主管，春秋旅游由王炜主持。对于两个儿子的能力，王正华充满信心。但那份对春秋集团深入骨髓的热爱与责任感，使他无法真正置身事外。他常常与王煜探讨春秋航空的未来战略定位，嘱咐他要在保持安全的基础上，不断提升航班的准点率和服务品质，开拓更多有潜力的航线。对王炜，他反复强调春秋旅游要注重游客的旅行体验，挖掘更多独特的旅游资源，创新多元的旅游产品，以满足不同客户群体的需求。

企业的传承与发展，离不开新一代管理者的智慧和努力。他交代王煜和王炜，要坚守初心，秉持诚信经营、安全第一的原则，勇于创新，敢于突破。面对困难时，保持坚韧不拔的毅力；做决策时，要有长远的眼光和全局的思维。他非常相信，年轻一代定能引领春秋集团迈向新的辉煌，去填补那些尚未达成的空白，实现那些尚未实现的愿景。

在王正华的心里，春秋不单单是一家企业，更是他一生的心血和梦想。他"退而不休"，只为看到春秋越来越好，成为行业内的璀璨明珠。看到春秋集团在两个儿子的带领下稳步前进，取得一个个新的成就，他的脸上总会洋溢着欣慰和满足的笑容。

在时代快速发展的浪潮中，新的篇章正在徐徐展开。新的业务领域，就像一片广阔而神秘的新大陆，已经在他们眼前铺展开来。这片新大陆不再局限于传统的旅游线路和航空服务模式，而融合了高科技元素，例如虚拟现实旅游体验、智能化航空飞行系统等。

新的科技方向，如同明亮的灯塔，为他们指引着前行的道路。从大数据分析游客喜好，定制个性化旅游方案，到利用先进的航空材料和发动机技术提升飞行效率与舒适度，每一步都彰显着科技的魅力。

春秋集团关注新科技的应用，吸引了新的人才不断涌入。年轻有活力的技术专家，怀揣着对旅游和航空业的热爱，带来了创新的理念和前沿的知识：有精通人工智能的工程师，设计出能与游客完美交互的智能客服系统；有熟悉新型材料的科研人员，助力春秋航空打造更为轻便的飞行器。这一切的成就，都离不开"创一代"王正华的开创以及"创二代"王煜和王炜的不懈努力。

2024年10月，春秋航空总部搬迁到位于上海市长宁区虹桥路2599号的新办公大楼，与此同时迎来了新AOC（航空运控中心）大厅的正式启动，这标志着春秋航空迈入数字化智能运行的新时代。

王正华伫立在春秋航空总部新大楼前，感慨万千。他的目光仿佛穿越了时光：时间回到了1981年，位于上海市中山公园门口那仅仅2平方米的小铁皮亭子，承载着最初的梦想，简陋却坚韧。再到1993年，定西路1558号四层高的春秋旅游办公楼，那里留下了春秋人奋斗的足迹和成长的汗水。直到2015年9月，长宁区昭化路上的一座10层高、总面积28 000平方米的春秋国际大厦拔地而起……每一次搬迁都见证了春秋的发展。王正华对这片土地有着深厚的热爱和情感。

春秋旅游的办公场地，曾历经"三迁"；春秋航空的办公楼，也有了"两迁"的故事。这些过往经历，还不足以完全展现王正华和春秋人四十多年来的发展变化与时代变迁，每一次迁移，都是他们独特的印记。春秋航空总部新大楼在上海长宁区落成，这不仅是春秋集团的发展，也是对长宁区经济贡献的体现。

2004年9月，虹桥机场的航友宾馆，成为春秋航空梦想起航的港湾。在那个看似平凡的地方，春秋航空开始了它的征程。那里的每一个房间、每一条走廊，都见证了无数春秋人忙碌拼搏的身影。他们怀揣着对航空事业的热情，在简陋的条件下，一步步搭建起春秋航空的骨架。

时光悠悠流转，曾经的小宾馆已无法承载春秋航空日益壮大的身躯。二十年后的今天，这座斥资13亿建造的新大楼赫然挺立。那科技感十足的建筑，象征着春秋航空的实力与自信。它矗立在那里，迎接一个又一个新里程碑。每一块砖

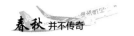

石、每一扇门窗，都好像在诉说一路走来的辉煌与艰辛。

在这个重要的时刻，王正华陷入沉思。他仿佛在与过去的岁月对话，也在向每一位春秋人传递着一种企业的温度：铭记往昔的奋斗，珍惜现在的成就，憧憬美好的未来。他坚信，无论前方是晴空万里还是风雨交加，艰苦奋斗永远是春秋人不变的底色。

2024年12月的一天，王正华静静地站在虹桥机场的一角，初冬的风，有些微凉，轻拂着他斑白的鬓发。他的目光紧紧追随着那一架架春秋航空的飞机，眼中闪烁着欣慰的光芒，就像一位父亲看着自己茁壮成长的孩子。他的心里泛起波澜，那是梦想照进现实的光芒。曾经，"让人人都能飞"，只是他脑海中如幼芽般的一个想法，而如今，看着飞机在蓝天自由翱翔，他深感欣慰，自己的梦想已变为现实，化作无数人的美好旅程。

飞机引擎的轰鸣声，将王正华的思绪拉回到那些峥嵘岁月：那些为了争取航线而四处奔波的日子，那些为了购置飞机而艰难融资的岁月，那些无数次面临挫折却咬牙坚持的瞬间。当他看到飞机划破长空，所有的艰辛、困苦、压力都化作了欣慰。

2025年，蛇年到了，新年新气象。王正华的嘴角微微上扬，目光明亮而温暖，他和春秋人一手打造的春秋集团，他们所热爱的航空和旅游事业，正在为无数人的生活增添色彩，正在编织着一个又一个精彩的人生故事。这一路的风雨兼程，真的极为值得！

王正华哲思集锦

1. 本事都是练出来的,才能都是逼出来的。
2. 世界上一切事物都有规律,但是很多人就是没记性。
3. 做一件事,你要敢想,还要从自己的实际优势出发。
4. 培养竞争对手。对手强大了,我们才能更强大。
5. 要么不干,要干就是"第一",永远走在同行的前面。
6. 但凡要做成一件事情,首先要找到最优秀的人。
7. 人在这个世界上,要做成别人做不成的事情,必须有超人的毅力,超人的奉献。
8. 任何一个时代,有不同时代的烙印,奉献精神永远不能熄灭。
9. 没有平时的积累,关键的时候,谁会来帮你。
10. 对公司来说,谁能给公司创造效益,谁就代表未来的潮流,就支持谁。
11. 路在脚下,不走出去,永远不知道方向在哪里。
12. 要把客人当作衣食父母,把春秋的"啄木鸟精神"发挥到极致。
13. 什么是服务,一定要当好"丫鬟",服务好游客。
14. 我们绝不欠任何人的钱,也不允许任何人欠我们的钱。
15. 当天可以完成的事情,绝不允许拖延到第二天。
16. 我们是小公司,不但要努力要拼命,更要严谨细致,时刻都要战战兢兢、小心谨慎,一点儿都大意不得。
17. 打破常规,在看似不可能的环境中,发现价值创新的地方。
18. 只要我们竭尽全力,努力起跳,一定够得着。
19. 这个世界上,从来没有绝对的公平。做干部,要学会忍耐,要学会吃得起亏,受得住怨。
20. 客人只要不满意,根源一定在我们自己身上。
21. 质量问题,往往从小事开始。

22. 既然是新技术，总有不完善的地方，总有出错的地方，如果一味地求全责备，是达不到效果的。

23. 坚持做低成本航空，走不一样的道路，才能找到自己的生存之道。

24. 踮起脚尖，不断尝试，很多梦想都有可能慢慢实现。

25. 每到山穷水尽处，努力一点，再努力一点。

26. 太极拳，不仅是健身，更是一种文化。

27. 春秋的精神财富：奋斗、远虑、节俭、感恩。

28. 只有自己流过汗挣来的钱才是自己的。

29. 这个世界上是与非，得与失，好与坏，都不是完全绝对的。

30. 对于民营航空，资金和安全这两件事控制住了，不管多困难，总有明天。民营公司只有更灵活，才能活得久。

31. 钱，一半是赚的，一半是省的。

32. 困难不是问题，关键是怎样对待困难。关键是一个企业在困难中该如何面对。

33. 在最好的时候，要有最坏的打算。在最坏的时候，要有最好的希望。

34. 每一次的危难都是一次洗牌，强者存活，弱者淘汰。压抑的需求，也会在危机后爆发。

35. 顺利时准备逆境，繁忙中必存远虑。

36. 抱怨于事无补，只因困难存在，我们才存在。

37. 只有做才可能有机会，不做绝对没有机会。

38. 人有时候要换位思考，才能有激情地迎接明天，不能总是怨天怨地。

39. 企业不怕小，不怕别人看不起，关键在自己。

40. 世界上的任何东西都是需要争取的，给你的往往不会爱惜。

41. 不能永远待在家里，总要往外走，不走出国门，别人就进不来。

42. 从做航空那一年起，我们就是朝着希望、朝着阳光走。

43. 我们不追求名次，更注重人性化的服务。

44. 对于民营的、小的航空公司，不能存一丝隐患，必须小题大做，确保万无一失。

45. 作为草根公司，在管理和决策上，要兼顾创新、冲劲和严谨、稳健。

46. 竞争不一定可怕，正是因为竞争才有机会。

47. 人活在世界上，不要把自己看得太重要。

48. 不要低于成本地杀价，这有悖于经营主旨。

49. 对中国旅游业来说，重点不是花多大的精力去招揽入境游客，而是要规范行业的秩序，让来中国旅游的人，能够得到所期待的旅游体验。

50. 春秋旅游要"三驾马车"并行：做好国内游，做强出境游，做大入境游。

51. 一个人生活在这个世界上，永远是个小学生，必须做功课。

52. 企业在竞争之中求生存，才是正常、健康的发展状态。

53. 准备好功课，机遇来临时，才能抓得住。

54. 事无巨细，能省就省。但有三样不能省，即安全、员工工资和培训。

55. 生活上的节俭，是对地球母亲最好的回报。

56. 在这个世界上，我们要随时关注变化在哪里，不能总是用"一本经"打天下。

57. 我们现在做成了一些事，要把这看成是上苍给我们的"犒赏"，不是自己有多么能干，多么了不起。

58. 企业家的财富，相当程度上只是偶得，应属于社会，应用于成就事业。

59. 人活在地球上，首先得了解最底层的人是怎样的。

60. 员工在最困难、最艰苦的场合下，领导应该出现，以身作则。

61. 你是谁，你有什么优势，你能做什么，想明白就好做了。

62. 当你的优势被别人占领，你还是拘泥在原来的位置，这个市场上就没有你的位置。

63. 企业精力有限，应该做自己最擅长的事。

64. 在对一个行业的商业规则、竞争方式了解清楚前，不要贸然踏入。

65. 春秋走到今天，不是依靠财团，而是靠所有员工共同节约每一分钱。

66. 春秋航空在中国不会发展不好，它只是扮演了市场拓荒者，是第一家在吃螃蟹的公司。

67. 我们只看需求，不论国度，企业要有"地球村"的概念，老是纠结于国内竞争，并非出路。

68. 省钱也有原则，要守法、有德。

69. 航空公司的飞机，只有在天上飞，才能挣到钱。

70. 财务干净，代表着一个人的信誉。

71. 只有做，才可能有机会；不做，绝对没有机会。

72. 春秋能有今天的发展，主要是赶上了改革开放的好时代，这才做成了一点小事。

73. 春秋从不信天才、天赋，只相信用心。

74. 有再多的钱，也没权利糟蹋、浪费，不要成为制造地球灾难的罪犯。

75. 垄断的事不会干，旁门左道不会走，做最辛苦的行业，走最辛苦的路。

76. 关爱员工，干部是公仆。

77. 春秋航空虽然弱小，遇到的困难不少，但它在推动航空的大众化，为实现老百姓上天的梦想上，矢志不渝。

78. 通过低票价让利给老百姓，低价绝不代表低水平服务，而是高服务、高安全、高性价比。

79. 一个人不怕没有地位，最怕自己没有什么东西立得起来。

80. 我们做人、开创事业，如果没有了礼让，什么也不用谈。

81. 春秋的飞机不是我吹上天的，是通过避开激烈竞争的"全服务"航空市场，通过"差异化"赢得市场的。

82. 天赋和悟性，在我们眼里，就是下的功夫多了，熟能生巧。

83. 不信天赋，只讲用心。不能取巧，终生奋斗。不改初心，奉献社会。不贪天功，天时地利。

84. 春秋人信奉"劳动创造世界"。不投机，不取巧，不打擦边球，此乃长存之道。

85. 坚持诚信是做人之道、为人之本，协议上写明的，不折不扣地执行。

86. 为建设航空强国、旅游强国干，为公司干，归根结底也是为自己干。

87. 追求高效和环保成为春秋航空提高生产效率和竞争力的必要因素。

88. 做民营航空，没有困难才奇怪。它是高风险的，必须高安全、高投入。

89. "老王"做事，会把事情想得比较明白。每一个规则的打破，都经过长时间的论证、学习与摸索。

90. 单个企业的力量微不足道，博采众长或许就是推动历史发展的力量。

91. 创新，企业发展不竭的动力；奉献，企业长久生存的源泉。

92. 企业要不断创新，才能创造价值，要为社会创造福祉，对历史负责。

93. 一个人的智力、体力是有限的，人的一生如能做好一件事，就很了不起。

94. 真正系统的管理是在实践中推行，需要滴水穿石，需要每天、每时、每刻系统地学习。

95. 我们正在埋头苦干，若干年以后，当我们回忆往事时就会感慨：我们没有虚度年华，我们正在创造历史。

96. 白手起家，艰苦创业。艰苦才能创业，创业永远艰苦。

97. 敢为天下先，要勇于创新，迎接机遇和挑战。

98. 坚定战略目标，拒绝各种诱惑，心无旁骛。

99. 做最坏的打算，向最好的努力。

100. 坚持理想信念，传承春秋文化，打造人才队伍。

101. 不能只顾眼前的利益，要放眼未来，立足长远。

102. 市场竞争，优胜劣汰，唯有竞争，才有可能立足于这个世界。

103. 坚持低成本的运营模式，省之于旅客，让利于旅客。

104. 反对一切铺张浪费，一切够用就好。

105. 办企业首先是为员工，为跟随你的人。

106. 这个世界很公平，有工匠精神者，赢得这个世界。

图书在版编目(CIP)数据

春秋并不传奇/贾杰著. --上海：复旦大学出版社,2025.4. -- ISBN 978-7-309-17890-6

Ⅰ. K825.38

中国国家版本馆 CIP 数据核字第 2025X7U034 号

春秋并不传奇
CHUNQIU BINGBU CHUANQI
贾　杰　著
责任编辑/刘西越

复旦大学出版社有限公司出版发行
上海市国权路 579 号　邮编：200433
网址：fupnet@ fudanpress.com　http://www.fudanpress.com
门市零售：86-21-65102580　团体订购：86-21-65104505
出版部电话：86-21-65642845
上海盛通时代印刷有限公司

开本 787 毫米×1092 毫米　1/16　印张 26.75　字数 419 千字
2025 年 4 月第 1 版
2025 年 4 月第 1 版第 1 次印刷

ISBN 978-7-309-17890-6/K・860
定价：88.00 元

如有印装质量问题,请向复旦大学出版社有限公司出版部调换。
版权所有　　侵权必究